알기 쉬운 요한계시록 주해

정통 요한계시록

| **심상효** 지음 |

쿰란출판사

추천사

금번에 심상효 목사님이 《정통 요한계시록》을 출판하게 되어 축하를 드립니다.

종말론이 혼탁해지는 시대에 다양한 학설 중 분명한 시각을 갖고 접근한 귀한 책입니다. 종말론적 신앙을 잘못 악용하는 이단 사이비가 판치는 세상에서 본서는 목회자뿐 아니라 일반 성도님들에게 올바른 진리로 인도하는 좋은 길라잡이가 되리라 여겨집니다.

요한계시록은 종말과 천국을 소개하는 정경이지만 해석과 접근에 있어서 까다로운 부분이 있어 책을 쓰기가 쉽지 않았을 줄 압니다. 하지만 저를 포함하여 몇 분 신학대학 총장님들과 학자들의 감수를 거친 책이므로 성경적으로나 신학적으로 별 무리 없이 소화해도 괜찮으리라 사료되어 적극 추천합니다.

본서가 한국 교회를 위해 잘 활용되기를 주님의 이름으로 기원합니다.

예수 소망!

김삼환 목사

(명성교회 원로, 증경총회장)

추천사

할렐루야! 모범적인 목회자로서의 영성과 성서학 전공자로서의 학자적인 지성을 겸비하신 심상효 목사님께서 수년 동안 기도하며 연구하고 노력한 끝에 마침내 말세를 살아가는 성도들의 지대한 관심의 대상이자 가장 난해한 성경책으로 알려져 접근이 힘들었던 '요한계시록'에 대한 주석을 출간하게 되신 것을 진심으로 축하드립니다.

"사람은 책을 만들고, 책은 사람을 만든다"라는 말처럼 한 권의 책을 세상에 내놓음으로써 읽는 사람들로 하여금 사람다운 사람이 되게 하는 일도 귀합니다. 하물며 성경에 약속된 주님의 재림이 그 어느 때보다도 임박하게 느껴지는 이때, 잠든 영혼들을 깨워 영생천국에 대한 영광스런 확신으로 인도해 주는 책인 '요한계시록'에 대한 훌륭한 주석서 출간이야말로 얼마나 값지고 고귀한 일인지 생각하게 됩니다.

무엇보다도 2020년 9월 말 현재, 적어도 1천만 명 이상의 감염자와 백만 명 이상의 사망자를 기록하고 있는 팬데믹(코로나 전염병)으로 인하여 지구촌 전체가 온통 공포에 사로잡혀 개인의 죽음과 우주적 종말에 대하여 생각하지 않을 수 없는 상황이 되었습니다. 이러한 상황에서 종말론의 집대성으로 간주되는 요한계시록에 대한 주석의 출현이야말로 시의적절한 일이 아닐 수 없습니다.

이 책의 출간이 우리에게 중요하고 시의적절한 또 다른 이유로서, 말세가 되면 이단과 적그리스도가 많이 등장할 것이라는 주님의 예고대로 이 시대는 '신천지'를 비롯한 각종 이단들이 활개를 치고 있으며, 이들 모든 이단들이 요한계시록을 근거로 하여 성도들을 미혹하고 있기 때문입니다. 우리 교단의 이단연구 전문가로 알려져 있는 심 목사님께서는 지난 2천 년의 기독교 역사에 등장했던 바 요한계시록에 대한 정통적 해석들을 제시할 뿐만 아니라 그 역사에 등장했던 각종 이단들의 잘못된 해석과 교리들을 낱낱이 파헤쳐 폭로해 주고 있다는 사실이 통쾌하기까지 합니다.

지금까지 제가 읽은 요한계시록에 대한 그 어떤 주석서보다도 이해하기 쉽고 흥미진진한(?) 내용과 구성을 제시하고 있는 이 책 가운데서 확인되는 하나의 새롭고 독특한 관점이 있다면, 그것은 종말에 반드시 일어날 파루시아, 즉 주님의 재림과 관련하여 지금까지 정통 기독교 안에 존재하던 세 가지의 가설(무천년설, 후천년설, 전천년설) 가운데 전천년설을 지지하는 심 목사님의 주장이 가장 성서적이고 합리적인 가설로 보이게 된다는 사실입니다.

"자신에게 틀림없이 다가올 죽음과 영생천국에 대해서는 아무리 준비해도 부족하고, 그 준비는 빠르면 빠를수록 좋다"는 어느 선배 목사님의 말씀을 기억하면서, 이 책의 구석구석에서 경고하는 바와 같이, 찬란한 물질문명의 유혹과 쾌락의 물결에 휩쓸려 그토록 소중한 주님의 재림과 영생천국에 대한 소망을 잊어버린 현대 교회의 안타까운 현실을 직시하게 됩니다.

이 책을 읽는 모든 독자들이 그 어떤 일보다도 우선적으로 집중해야 할 일, 즉 자신의 죽음과 영생천국, 그리고 그에 앞서 밤중에 도둑같이 오실 주님을 기다리면서 각자 정신을 차리고 깨어 기도하는 계기가 되길 간절히 바랍니다. 그러한 마음으로 이 책을 한국교회의 모든 성도들이 반드시 읽어야 할 필독서로 추천하는 바입니다. 샬롬!

장영일 목사

(전 장로회신학대학교 구약학 교수 및 총장)

추천사

요한계시록을 주석하고 그 내용을 설명하는 것은 매우 어려운 일이다. 성경을 매우 깊이 연구한 학자들도 요한계시록 주석은 쉽게 할 수 없는 큰 어려움이 있다. 요한계시록은 조금만 잘못 해석하면 이단이 될 위험도 있고, 성도들을 심각하게 그릇된 방향으로 인도할 수 있다. 심상효 목사님께서 《정통 요한계시록》을 집필하시고 원고를 내게 보내셨을 때 한편으로는 많이 걱정이 되고, 또 한편으로는 큰 기대도 되는 두 가지 감정이 같이 있었다.

그러나 심상효 목사님의 《정통 요한계시록》을 자세히 읽으면서 많은 감동이 몰려왔다. 우선 이 요한계시록 주석은 개혁주의 신학의 전통 가운데 본류에 뿌리를 내리고 있는 해석이기 때문에, 큰 안도감이 나를 사로잡았다. 물론 심상효 목사님의 특수한 해석도 있다. 그러나 전체적으로는 개혁주의 신학의 본류를 뚫고 나오는 큰 물결이 도도하게 흐르고 있다. 개혁주의 신학의 시각에서 요한계시록을 해석하면서, 요한계시록이 갖고 있는 참된 의미가 무엇인지 심상효 목사님께서 잘 주석하고 설명해 주고 있다.

심상효 목사님의 《정통 요한계시록》이 갖고 있는 더 큰 장점은, 학문적인 복잡함보다는 살아 계신 하나님 말씀을 웅장하게 전달하는 데 있다. 곳곳에서 정신을 차리고 바르게 신앙생활을 하고, 어떠한 환난과 고난이 있더라도 끝까지 믿음을 지키고 바르게 살아야 한다는, 회개와 결단을 일으키는 메시지가 장엄하게 전달되고 있는 것이다. 요한계시록은 로마 황제 도미티안 박해기에 소아시아의 박해 상황에 처한 성도들에게 주신 하나님의 말씀이지만, 동시에 쉽지 않은 상황 속에서 믿음을 지키는 오늘의 성도들에게 주신 하나님의 말씀이다. 심상효 목사님의 《정통 요한계시록》은 성도들의 믿음을 파괴하는 오늘날의 수많은 도전들이 무엇이며, 정신을 차리고 어떻게 이것들을 이겨야 할지를 매우 상세하게 설명하고 있다. 이 책은 "요한계시록"을 살아 있는 계시의 말씀으로 만드는 힘이 있다.

심상효 목사님의 《정통 요한계시록》이 갖는 또 하나의 장점은, 각 주제에 대한 다양한 신학적 관점 및 해석이 매우 잘 정리되어 있는 데 있다. 이는 독자들로 하여금 폭넓은 신학을 알게 하는 큰 장점이 있다. 또한 다양한 관점을 나열만 한 것이 아니고 바른 신학적, 주석학적 답을 얻게 하는, 바른길을 설득력 있게 제시하고 있기 때문에 매우 독특한 가치가 있다.

이 책이 성도들의 시야를 넓게 하고, 바른길을 깨닫게 하고, 주님 만나는 그날까지 성도들이 정신을 차리고 바르게 신앙생활을 하는 데 귀히 사용되기를 바란다.

김명용 목사

(전 장신대 총장/온신학아카데미 원장)

추천사

요한계시록이란 책은 밧모 섬에 유배된 요한에게 상징적으로 계시해 주신 것을 요한이 듣고 자신이 이해한 대로 기록한 책으로, 내용 전체를 영적·신학적·체계적으로 바르게 이해하기 매우 어려운 책이다. 이와 같은 이유 때문에 후세의 많은 신학자들조차 심오한 뜻을 이해하거나 해석하는 것을 포기하였다.

그러나 신천지와 싸워 이긴 영적 전사인 총회 이단사이비대책위원회 심상효 목사님은 진리를 깊이 탐구하는 건전한 호기심과 계시의 말씀이 바르게 선포되도록 하려는 사명감으로 요한계시록 주해서를 세상에 내놓게 되었다.

요한계시록은 십자가와 부활로 승리하신 그리스도께서 창세로부터 지금까지 이 세상을 다스리시고 장차 재림하셔서 인류와 역사를 심판하시고 구원 통치를 완성하신다는 내용이다. 따라서 요한계시록을 읽고 듣고 지킴으로 복을 받도록 주신 언약 성취의 매뉴얼이다. 그러나 안타깝게도 요한계시록이 이단·사이비 집단의 잘못된 종말론과 왜곡된 성서해석의 전유물처럼 잘못 이해되어 왔다.

만시지탄(晩時之歎)의 감은 있지만 상아탑이 아닌 교회에서 무릎으로 성령 안에서 쓰신 요한계시록 주석주해서는, 포스트 코로나로 불확실한 미래에 대한 불안과 염려에 사로잡힌 신인류 시대에, 산 소망과 부활의 바른 신학과 신앙을 세워 주는 충분한 길잡이가 될 것임을 확신한다.

이 책의 특징은 아래와 같이 크게 네 가지로 정리할 수 있다.

첫째, 성경의 놀라운 구속역사를 모든 이들에게 쉽고 바르게 알려주고자 하는 그리스도 중심의 계시록 해설서이다. 이 책을 제대로 읽고 이해하면 성육신한 예수를 만나게 된다는 것이다.

둘째, 복잡한 계시록을 전체적이고 통시적으로 깨닫게 해준다. 기독교 신학의 핵심인 성경을 읽고 묵상하며 은혜의 깊은 곳을 쉽게 찾고 실천하게 하는 안내서이다.

셋째, 정돈된 논리와 실제적 도전과 삶에 적용이 탁월한 책이다. 전문 신학자들도 쉽게 설명할 없는 신학적 논쟁 주제들을 매우 쉽고 간결하게 도표화하고 일목요연하게 정리해 놓았다.

넷째, 저자의 풍부한 목양경험과 신학적 훈련은 초대교회로부터 현대에 이르는 이단사상들을 일목요연하게 성경적 관점에서 문제점을 파헤치고 성경적인 대안들을 내놓았다.

따라서 저자의 축적된 신앙적 연구 저작을 통해 말씀에 갈급한 영적 욕구와 보다 성숙한 삶을 갈망하는 모든 분들에게 필독서로 간주되어 전 세계 교회에 기쁨으로 추천하며 갑절의 은혜를 간구하는 바이다.

김성기 목사

(총회부흥전도단 대표단장/대한민국 새희망운동본부 대표회장/대전서노회장)

추천사

과거 한국 교회는 종말론 과잉이었다. 사탄, 말세, 재림, 심판, 지옥 등에 대한 메시지들이 넘쳐나고, 성경의 종말론적 징조들을 잘못 해석하고 현재 일어나는 사건에 직접 대입하기도 했다. 전쟁과 기근과 지진과 쓰나미 소식에 종말이 아닐까 걱정했다. 생명책이나 십사만 사천에 이름이 있을지 염려하고, 666이나 열 뿔, 열 왕이 누구인지, 무슨 의미인지 궁금해하고, 직통계시에 의지해 재림 날짜를 계산하고 꿰맞췄다. 잘못된 목적을 위해 종말론을 악용하기도 했다. 그런 왜곡된 종말론이 교회를 혼란스럽게 하고, 이단 사이비들에게 심각하게 이용되었다.

그런데 요즘은 어떤가. 잘못된 종말론에 대한 반작용 때문인지, 아니면 무관심 때문인지 종말론 메시지가 사라지고 있다. 몰트만의 말대로 "그리스도교는 단지 부록에서만이 아니라 전적으로, 그리고 완전히 종말론이요, 희망이며, 앞을 바라보는 전망이요, 앞으로 나아가는 행진"이며, "모든 그리스도교적 설교, 모든 그리스도교적 실존과 모든 교회의 특징은 종말론적인 방향을 지니고" 있는데도 말이다. 왜곡된 종말론 과잉도 문제지만 종말론의 부재도 문제다.

이러한 두 상황, 즉 잘못된 종말론과 종말론의 무관심 현상 속에서 요한계시록 주해가 출판되어 신선하고 반갑다. 사실상 요한계시록을 해석하는 것은 참으로 어렵고 위험스러운 작업이다. 이런 어려움에도 그리고 목회라는 바쁜 상황 속에서도 난해한 요한계시록을 주해한 심상효 목사님의 노력에 박수와 감사를 보낸다. 심 목사님의 《정통 요한계시록》은 학문적 결과들을 바탕으로 일반 교인들이 읽어도 이해하기 쉽도록 풀어 쓴 책이다. 일목요연한 내용 요약, 역사적 배경에 대한 설명, 그리고 많은 도표와 사진들은 요한계시록을 이해하는 데 상당한 도움을 제공한다. 뿐만 아니라 요한계시록의 전체 의도와 목적을 크게 염두에 두면서 본문들을 해석해 나가고 있다.

흔히 요한계시록을 세계의 종말이나 최후의 심판에 대한 예언, 공포와 비극의 책으로 오해한다. 그러나 요한계시록은 역사의 비극적 재난과 파국을 의도하는 책이 아니다. 오히려 그리스도인들에 대한 희망의 책이다. 거대한 악에도 불구하고 궁극적으로 하나님이 승리하시며, 끝까지 인내할 때 새하늘과 새땅이 주어진다는 희망과 위로의 메시지를 그리스도인들에게 전달하려는 요한의 편지다. 이것을 이 책은 잘 설명해 주고 있다.

또한 이 책의 장점은 곳곳에 있는 특주이다. 그 특주들은 많은 학문적 정보와 견해들을 제공해 줄 뿐만 아니라 교회사적, 한국적 상황과 적절히 연결시킴으로써 계시록 본문의 의도를 더욱 도드라지게 한다. 요한계시록을 깊이 알고자 하는 분들은 먼저 이 책을 읽기를 권한다. 잘못된 종말론에 빠지지 않고 바른 종말론을 정립하는 데 좋은 길잡이가 될 것이다.

김도훈 교수(장로회신학대학교)

추천사

본서는 평신도는 물론이거니와 목회자들의 신앙과 목회 사역에 유익을 위해 집필된 도서이다. 요한계시록은 많은 그리스도인들이 목회자·신학자들의 전문적인 풀이 없이 쉽게 접근하기 어려워하는 책이다. 하나님의 말씀으로 사모하며 즐겨 읽기에는, 자칫 '읽는 중에 잘못된 신앙으로 빠져들게 되면 어쩌나' 하는 두려움이 앞서는, 사뭇 많은 그리스도인들에게서 소외된 성경이기도 하다.

저자는 그러한 아이러니함을 간파하여, 요한계시록의 소외를 극복하고 종말론의 현재적 관점을 전망하며, 그리스도인의 신앙에 꼭 필요한 성경으로서의 자리매김에 소중한 다리 놓기를 하고 있다. 특히 저자는 기존의 요한계시록 주석서와 설교집이 지닌 한계를 보완하여 그리스도인들의 신앙생활에 필요한 실제에 접근하였다. 따라서 독자들은 《정통 요한계시록》을 통해 요한계시록에 대한 이해만이 아니라 기독교 신앙의 핵심 교리를 배울 수 있으며, 요한계시록을 통해 많은 그리스도인의 신앙을 유린하는 이단사상의 실체 또한 알게 될 것이다.

하나님의 감동하심과 한국 교회에 대한 애정에 의해 출간된 본서를 통해 독자들과 많은 그리스도인들에게 요한계시록에 대한 오해가 불식되고, 신앙에 책망과 바르게 함과 의로움의 교육이 일어나고, 그 무엇보다 요한계시록에 계시된 예수 그리스도를 더 깊이 묵도하며 그분을 더욱 사랑하는 은혜가 함께하길 기대한다.

김영권 총장(대전신학대학교)

추천사

오랫동안 이단사이비 사역에 종사하시며 바른 신앙을 수호하기 위해 애써 오신 심상효 목사님의 《정통 요한계시록》이 출간됨을 매우 기쁘게 생각합니다.

심상효 목사님의 저서는 기존의 너무 난해했던 요한계시록 주석들이나 학술적 소양이 부족했던 설교집들에 훌륭한 대안이 될 수 있는 학문적 깊이와 목회적 관점을 동시에 갖춘 책이라고 생각합니다.

복음주의적 관점에서 참신하고 폭넓은 해석을 제시하는 심상효 목사님의 저서가 이단사설의 온상이 되어 온 요한계시록에 대한 바른 이해를 도모할 수 있는 길잡이 역할을 하리라고 기대합니다.

황민효 교수

(호남신학대학교/통합 총회이단사이비 상담소장)

일러두기

《정통 요한계시록》을 집필하면서 다음과 같은 다섯 가지 생각을 갖고 접근했다.

첫째, 학자들이 쓴 주석서들이나 설교집을 어렵지 않게 찾을 수 있지만 주석서는 학자들의 견해가 너무 다양하여 복잡한 면이 있고, 설교집은 학문적 가치가 부족하고 요점 정리 외로는 전체 맥락을 파악하는 데 있어 한계가 있다. 따라서 본서는 독자가 주석을 쉽게 이해하고 바른 의미를 통해 이 시대를 진단하고 종말을 준비시키는 데 역점을 두었다. 한마디로, 저자 중심의 주석이라기보다 독자 중심적 주해라고 정의할 수 있을 것이다.

둘째, 본서는 7년 대환난에 대한 여러 견해 중 전 3년 반 후에 성도의 휴거가 일어나고 후 3년 반 동안에는 불신자들이 환난을 당한다는 전천년설 입장에서 저술되었다. 다른 말로 표현한다면, 전 3년 반 이후에 주님이 재림하시며 후 3년 반 후에 주님의 지상 강림이 이루어지고 천년왕국이 나타난다는 학설을 기저로 하고 있다. 하지만 무천년설을 완전히 배제한다는 의미는 아니다. 여러 설이 제시된 데에는 각 학설마다 일장일단이 있기 때문이다. 문자적 해석을 기조로 하는 전천년설주의를 바탕으로 무천년설의 주장을 수용하는 자세를 취했다.

셋째, 다른 요한계시록에 대한 주석에서 쉽게 찾아보기 힘든 팁 포인트(Tip Point)를 제공하였다. 팁 포인트는 요한계시록을 오역하거나 자의적으로 해석해서 발생된 이단사설, 논쟁이 되고 있는 난해구절, 부연설명이 필요한 이론 등을 집약해서 요점 정리를 한 것이다. 팁 포인트는 기독교 기본교리를 충분히 반영하여 체계적인 논거를 제시함으로써 혼돈스런 논쟁이나 궁금한 점을 해결해 주는 흥미로운 역할을 할 것이다.

넷째, 본서는 학문적 연구를 도외시하지 않았다. 여러 종류의 주석과 참고서적을 인용하여 기존의 역사적인 틀을 중시하면서 동시에 무리한 해석을 지양하려고 노력했다.

그러나 본서가 가장 역점을 두었던 것은, 요한계시록이 말하려고 했던 주안점을 성경 내에서 찾아보려는 시도라고 말할 수 있다. 성경적 타당성과 논리를 추구한 책인 동시에 그 진리를 오늘을 사는 현대인에게 쉽게 전달하고자 했다. 그래서 원어는 학자가 아닌 독자를 위해 한글로 음역했으며, 저자명도 영문 이름의 혼동을 가져오거나 특별한 경우를 제외하고는 한글로 기입했다. 학자나 목사들이 읽을 만한 책은 적지 않게 있으나 평신도를 아우르는 주석 내지 주해서는 발견하기가 용이하지 않다. 따라서 《정통 요한계시록》은 '딱딱한 책'이란 인상을 주지 않으려고 최대한 노력을 기울였다.

다섯째, 히브리어는 히, 헬라어는 헬로 표기하였다. 그리고 한자 세대나 신세대의 이해를 돕기 위해 간혹 영어나 한자를 삽입했음을 밝혀 둔다.

목차

III 결론(역사의 종말과 예수 재림)

팁 포인트(Tip Point)

I

서론

구약을 율법서, 역사서, 시가서, 예언서로 나눌 수 있는 것처럼 신약도 복음서(마태, 마가, 누가, 요한), 역사서(사도행전), 서신서(로마서-유다서까지 21권), 그리고 예언서(요한계시록)로 분류할 수 있다. 요한계시록은 사도 요한이 AD 95년경 밧모 섬에 유배되었을 때 기록한 것으로, 종말에 일어날 일을 우리에게 일러 줌으로써 깨어 있는 신앙생활을 하도록 권면한 책이다.

1. 요한계시록의 배경

1) 저자: 사도 요한, AD 90-96년 사이에 기록됨

예수님 승천 후 250년간 열 번에 걸쳐 로마제국의 박해가 그리스도인들에게 가해졌다. 특히 사도 요한은 2차 박해인 도미티안 황제 시절 밧모 섬에 유배당하게 되는데, 그곳에서 예수 그리스도의 계시를 받아 이 책을 집필했다. 밧모 섬의 현재 이름은 파티노이다.

참고로 저자가 사도 요한인가에 대한 의구심은 늘 제기되어 왔다. 그 이유는 크게 세 가지이다. 첫째, 사도 요한이 도미티안 황제 때까지 살았을 가능성이 희박하기 때문이다. 둘째, 사도 요한이 저술한 요한복음과 요한서신은 문체가 너무 차이가 난다는 점이다. 셋째, 신학적 입장 또한 상당한 차이를 보이고 있다. 따라서 오늘날 상당수의 학자들이 요한이 쓴 것은 맞지만 사도 요한이 아닌, 소아시아 교회의 최고 지도층에 있었던 요한일 것으로 추정하고 있다.

하지만 예수님께서는 십자가상에서 사도 요한에게 육신의 어머니 마리아를 당부하셨다(요 19:26-27 - "예수께서 자기의 어머니와 사랑하시는 제자가 곁에 서 있는 것을 보시고 자기 어머니께 말씀하시되 여자여 보소서 아들이니이다 하시고 또 그 제자에게 이르시되 보라 네 어머니라 하신대 그때부터 그 제자가 자기 집에 모시니라"). 실상은 조카 요한에게 마리아를 부탁하신 것이다.

로마 가톨릭은 이 말씀에 근거하여 마리아에게 예수님 외에는 자식이 없다고 주장한다. 평생 동정녀였다는 근거 구절로 삼고 있으나 이러한 해석은 마가복음 6장 3절과 배치된다(막 6:3 - "이 사람이 마리아의 아들 목수가 아니냐 야고보와 요셉과 유다와 시몬의 형제가 아니냐 그 누이들이 우리와 함께 여기 있지 아니하냐 하고 예수를 배척한지라"). 아무튼 사도 요한이 행한 예수님을 대신한 효도로 말미암아 성경의 약속대로 땅에서 장수하는 복을 누렸으리라 사료된다(출 20:12).

다음으로 정경화의 필수요건은 사도성에 기인한다. 요한계시록이 정경에 들어온 것은 많은 사람들이 상당한 진통을 겪은 후 후대에 첨가된 것으로 알고 있지만 실제로는 이레니우스(AD 144-190), 무라토리언 캐논(2C), 터툴리안(AD 160-220), 알렉산드라의 클레멘트(2C 후반-3C), 오리겐(AD 185-254), 유세비우스(AD 260-339), 아타나시우스(AD 369), 불가타역에서 정경임을 당연시하였다.

이처럼 모든 교회에서 보편적으로 정경으로 인정받은 책을 호모레고메나(Homolegomena)라고 하고, 베드로전서, 요한이서, 요한삼서, 유다서, 야고보서처럼 논란이 있었던 책을 안티레고메나(Antilegomena)라고 하는데(《위키백과》), 요한계시록은 전자에 속한다. 이는 요한계시록의 저자가 사도 요한임을 초대교부들이 인정한 데서 기인했다고 생각된다.

2) 열 번의 로마 박해사건

(1) 네로(Nero) 황제(AD 54-66?)

네로 황제는 자신이 정신이상 증세로 일으킨 로마시의 화재 사건을 종말을 추구하는 기독교인들의 소행이라고 누명을 씌웠다. 피해 지역은 주로 로마시와 그 주변에 그쳤지만 기독교인들의 머리를 불태워 네로 황제의 정원을 밝힐 만큼 잔인한 박해를 행했으며, 이때 바울과 베드로 사도가 순교하였다.

(2) 도미티안(Domitian) 황제(AD 90-96)

도미티안 황제는 자기를 숭배하지 않는다(황제숭배 거부)는 이유로 기독교인들을 박해했는데, 피해 지역이 로마와 소아시아 지방까지 확대되었다. 이때 로마의 클레멘트가 순교하였으며, 사도 요한은 밧모 섬에 유배되었다.

(3) 트라얀(Trajan) 황제(AD 98-111)

기독교도가 애국심에 대해서 의심받던 다른 단체들과 함께 산발적으로 수난을 당했는데, 기독교인들은 발각되면 사형 집행을 당했다. 주요 순교자들로는 이그나시우스, 시므온, 소지무스, 루프스 등이 있다.

(4) 하드리안(Hadrian) 황제(AD 117-138)

트라얀 황제의 정책이 고수되었고, 기독교인에 대한 은닉, 거짓 증거도 처벌 대상이 되었다. 주요 순교자로는 텔레스, 포루스를 꼽을 수 있다.

(5) 마르쿠스 아우렐리우스(Marcus Aurelius) 황제(AD 161-180)

《명상록》의 저자로도 익히 알려진 마르쿠스 아우렐리우스 황제는 스토아 철학을 견지하는 관계로 자연학, 논리학, 윤리학과 상치되는 기독교를 박해하였으며, 자연재해의 원인이 기독교 때문이라고 비난하기도 하였다. 주요 순교자로는 저스틴 마터, 포티누스, 블랜디나 등이 있다.

(6) 셉티무스 세베루스(Septimus Severus) 황제(AD 202-211)

기독교로의 개종을 금지시켰으며, 레오니다스, 이레니우스, 페르페투아 등이 순교하였다.

(7) 막시미누스(Maximinus) 황제(AD 235-236)

기독교 성직자를 처형하였으며, 기독교인들이 암살당한 전임황제를 지지했다는 이유로 박해를 시작하였다. 히폴리투스 등이 순교했으나 이미 대세는 기독교로 기울어가고 있었으며, 기독교인들이 무리를 지어 성주에게 찾아가서 순교를 원한다며 죽여 달라고 호소하는 지경에 이르렀다(정기문).

(8) 데키우스(Decius) 황제(AD 249-251)

황제숭배 외에 다른 신에 대한 예배가 금지되어 박해가 전국에 걸쳐서 일어났고, 기독교 박멸을 꾀하였다. 파비아누스, 예루살렘의 알렉산더 등이 순교의 관을 썼다.

(9) 발레리안(Balerian) 황제(AD 257-260)

기독교인의 재산을 압수하고 기독교인의 집회를 금지하였다. 오리겐, 키프리안, 식스투스 2세 등이 순교했다.

(10) 디오클레티안 갈레리우스(Diocletian Galerius) 황제(AD 303-311)

기독교 여명이 동터 오르기 전 가장 짙은 새벽의 임흑기와 같았다. 교회는 무너지고 성경은 불태워졌으며, 모든 기독교인들의 권리는 정지되었고, 기독교인들은 이방신의 제물이 되기도 했다. 마우리티우스, 알반 등이 순교의 제물로 하나님께 드려졌으며, 오랜 시간 흘렸던 수많은 성도의 피와 눈물이 기독교 공인의 서막을 장식하고 있었다(박형민).

3) 집필 동기

요한계시록의 직접적 배경이 된 도미티안 황제의 박해(Domitian, AD 81 96)를 상술해 보면 다음과 같다. 예루살렘과 성전을 초토화시킨 티투스(Titus) 황제의 뒤를 이어 권좌에 앉게 된 도미티안은 처음에는 기독교에 대해서 관심이 없었다. 하지만 로마 전통의 신을 재건하려는 황제의 계획이 기독교인들에 의해 무산되면서 박해를 점화시키는 계기가 되었다. 도미티안은 자신의 금은 신상을 만들어 황제 숭배를 강요하며 예루살렘에 보내던 헌금을 황제에게 바치라는 칙령을 발했는데, 이것 역시 기독교인들이 반발하고 나서자 가혹한 박해를 단행하였다.

도미티안 황제는 로마의 신들이 기독교도들에게 노했다고 주장하면서 재산 몰수, 추방, 맹수와 결투 시키기를 서슴지 않았다. 이때 사도 요한은 밧모 섬에 유배되었으며, 끓는 물에 집어넣었다가 꺼내는 잔학한 고문으로 전신 화상을 입게 되었다고 전해진다(이동원). 따라서 사도 요한의 요한계시록 집필 동기는 고난과 박해에 굴하지 않고 신앙을 지키도록 신도들을 고무시키기 위한 것이었다고 볼 수 있다(《그랜드 종합주석》).

4) 요한계시록의 전체 구성

<table>
<tr><th>구분 \ 장</th><th>1장</th><th>2-3장</th><th>4장</th><th>5장</th><th>6:1-8:5</th><th>8:6-11장</th><th>12-14장</th><th>15-16장</th><th>17-18장</th><th>19장</th><th>20장</th><th>21-22장</th></tr>
<tr><th></th><th>서론</th><th>본론 1</th><th colspan="2">본론 2</th><th colspan="5">본론 3 (7년 대환난)</th><th colspan="3">결론(역사의 종말과 예수 재림)</th></tr>
<tr><td rowspan="2">내용</td><td rowspan="2">계시를 주시는 예수 그리스도</td><td rowspan="2">(지상의 환상) 일곱 교회에 보내는 편지</td><td rowspan="2">(천상의 환상) 하늘 보좌와 경배</td><td rowspan="2">인봉된 책과 어린양</td><td rowspan="2">일곱 인 재앙</td><td rowspan="2">일곱 나팔 재앙</td><td rowspan="2">환난과 구원 예고</td><td rowspan="2">일곱 대접 재앙</td><td rowspan="2">음녀 바벨론의 멸망</td><td>어린양의 혼인잔치</td><td>천년왕국</td><td>새 하늘과 새 땅</td></tr>
<tr><td>아마겟돈 전쟁의 종결</td><td>곡과 마곡의 전쟁</td><td>후기</td></tr>
</table>

5) 요한계시록 집필 의도(주제)

(1) 성경은 모든 역사의 처음과 마지막을 가르쳐 주고 있다.

(2) 성경은 구속사(구원사) 중심으로 읽어야 한다.

(3) 모든 역사의 주관자는 하나님이시다.

(4) 말세에는 감당하기 어려운 시험이 있다. 따라서 교회는 저항 공동체를 지향해야 한다.

(5) 예수 그리스도는 만왕의 왕으로 속히 재림하신다.

(6) 이 세상 끝 날에는 천국과 지옥으로 나뉘어지며, 보상과 심판이 있다.

(7) 사탄과 그의 추종세력은 지옥 형벌에 떨어진다.

(8) 현 역사가 마친 다음에는 신천신지가 있다.

(9) 교회의 성도는 순결을 유지하여 세마포 옷(옳은 행실)을 입어야 한다.

(10) 계시의 중심은 예수 그리스도이시다.

2. 요한계시록 해석 방법

(1) 우화적인 방법

자유주의 신학자들이 선호하는 방법으로, 이들은 예언을 믿지 않는 고로 종말에 대한 예언서라고 생각하지 않고, 기독교의 선과 사탄의 악이 벌이는 대결이라고 주장한다. 하지만 역사를 다 배제하는 것은 옳지 않다.

(2) 과거적 해석 방법

이미 다 일어난 것을 다루었으므로 다가올 시대와는 상관이 없다는 해석이다. 로마 박해 상황에서 비유와 상징으로 기록하여 환난을 피했다는 설이다.

(3) 역사적 해석 방법

역사적 해석 방법을 최초로 시도한 사람은 12C 피에로의 조키아노인데, 그는 환상 가운데 요한계시록의 1,260일이 사도시대부터 현대까지 서양 역사의 사건들을 예언한 것이라는 말을 듣고 요한계시록을 당시 역사에 끼워 맞춰 해석했다(양형주).

안식교는 이러한 논리적 배경하에 요한이 살던 시대부터 종말까지 중요사건을 중심으로 기록했다고 주장하고 있으나 무리한 해석이다.

이단 신천지도 역사적 해석 방법을 적용하여 지금이 요한계시록 19장의 시대라고 말하고 있다.

(예) 1세기가 1장, 2세기가 2장…15장이 15세기 때 종교개혁….

(4) 미래적 해석 방법

요한계시록 1-3장은 사도 요한 당시의 일이고, 4-22장까지는 아직 성취되지 않은 예언적 사건을 다루고 있다고 보는 견해로, 전천년주의자들이 이 해석을 선호한다(김상복).

(5) 온신학적 해석방법

요한계시록에 나타난 말씀들이 '당시대적 해석'을 기저로 하여 현대와 종말을 아우르는 말씀이라는 해석 방법이다. 일차적으로는 도미티안 황제 아래 박해받고 있는 성도들을 향한 말씀이지만 동시에 오고 오는 모든 세대들을 향한 하나님의 말씀이라는 통전적 입장을 취하고 있으며, 가장 타당성이 있다(김명용).

3. 요한계시록의 장별 구성

1장: 승천하신 예수님의 영광스러운 모습(과거)

2-3장: 당시 존재했던 소아시아 일곱 교회에 대한 영적 상황의 경고와 격려(현재)

4-5장: 하늘 보좌 장면

6-18장: 7년 대환난 시대(일곱 인 재앙, 일곱 나팔 재앙, 일곱 대접 재앙)

- 7장: 인 맞은 144,000명
- 12장: 여자와 용

- 13장: 짐승 두 마리
- 14장: 어린 양과 144,000명

19장: 어린 양의 혼인 잔치(아마겟돈 전쟁의 종결)

20-22장 5절: 천년왕국과 새 하늘과 새 땅

22장 6-21절: 후기(에필로그)

4. 요한계시록 접근에 대한 성도의 자세

(1) 요한계시록은 두려움을 주는 책이 아니라 환난당한 성도에게 소망을 주는 책이다.

(2) 요한계시록에 내재된 비유와 상징은 하나님께서 다 밝히지 않고자 하시는 섭리가 내재되어 있으므로 무리한 해석을 시도하지 않아야 한다(벧후 1:20-21).

(3) 지나친 해석이 해로운 반면, 난해하다고 해서 전혀 손대지 않는 것도 바른 자세가 아니다.

II

본론

성경 본문이 원래 말씀('그때 그곳')하고자 했던 의미를 추적하는 것이 주석이라면, 주해는 그 본문의 세계를 현재의 독자들('오늘 여기')에게 생생하게 들려주려고 하는 데 주안점을 둔다. 주석이 저자 중심적이라면, 주해는 독자 중심적이라고 말할 수 있다. 이 책은 원어 중심적인 주석보다 회중(교인)을 대상으로 한 주해/강해에 역점을 두고 서술하려고 한다. 학문적인 접근보다, 어렵다고 생각되는 요한계시록을 오늘날 교인들이 어떻게 하면 쉽고 보다 정확하게 접근할 수 있을까를 염두에 두고 성경적 해석을 지향하였음을 미리 밝혀 둔다.

1장

예수 그리스도의 계시

| 계 1:1–20 |

1예수 그리스도의 계시라 이는 하나님이 그에게 주사 반드시 속히 일어날 일들
을 그 종들에게 보이시려고 그의 천사를 그 종 요한에게 보내어 알게 하신 것
이라

2요한은 하나님의 말씀과 예수 그리스도의 증거 곧 자기가 본 것을 다 증언하
였느니라

3이 예언의 말씀을 읽는 자와 듣는 자와 그 가운데에 기록한 것을 지키는 자
는 복이 있나니 때가 가까움이라

4요한은 아시아에 있는 일곱 교회에 편지하노니 이제도 계시고 전에도 계셨고
장차 오실 이와 그의 보좌 앞에 있는 일곱 영과

5또 충성된 증인으로 죽은 자들 가운데에서 먼저 나시고 땅의 임금들의 머리
가 되신 예수 그리스도로 말미암아 은혜와 평강이 너희에게 있기를 원하노라
우리를 사랑하사 그의 피로 우리 죄에서 우리를 해방하시고

6그의 아버지 하나님을 위하여 우리를 나라와 제사장으로 삼으신 그에게 영광
과 능력이 세세토록 있기를 원하노라 아멘

7볼지어다 그가 구름을 타고 오시리라 각 사람의 눈이 그를 보겠고 그를 찌른
자들도 볼 것이요 땅에 있는 모든 족속이 그로 말미암아 애곡하리니 그러하리

라 아멘
8주 하나님이 이르시되 나는 알파와 오메가라 이제도 있고 전에도 있었고 장
차 올 자요 전능한 자라 하시더라
9나 요한은 너희 형제요 예수의 환난과 나라와 참음에 동참하는 자라 하나님
의 말씀과 예수를 증언하였음으로 말미암아 밧모라 하는 섬에 있었더니
10주의 날에 내가 성령에 감동되어 내 뒤에서 나는 나팔 소리 같은 큰 음성을
들으니
11이르되 네가 보는 것을 두루마리에 써서 에베소, 서머나, 버가모, 두아디라,
사데, 빌라델비아, 라오디게아 등 일곱 교회에 보내라 하시기로
12몸을 돌이켜 나에게 말한 음성을 알아보려고 돌이킬 때에 일곱 금 촛대를 보
았는데
13촛대 사이에 인자 같은 이가 발에 끌리는 옷을 입고 가슴에 금띠를 띠고
14그의 머리와 털의 희기가 흰 양털 같고 눈 같으며 그의 눈은 불꽃 같고
15그의 발은 풀무불에 단련한 빛난 주석 같고 그의 음성은 많은 물 소리와 같
으며
16그의 오른손에 일곱 별이 있고 그의 입에서 좌우에 날선 검이 나오고 그 얼
굴은 해가 힘 있게 비치는 것 같더라
17내가 볼 때에 그의 발 앞에 엎드러져 죽은 자같이 되매 그가 오른손을 내게
얹고 이르시되 두려워하지 말라 나는 처음이요 마지막이니
18곧 살아 있는 자라 내가 전에 죽었었노라 볼지어다 이제 세세토록 살아 있어
사망과 음부의 열쇠를 가졌노니
19그러므로 네가 본 것과 지금 있는 일과 장차 될 일을 기록하라
20네가 본 것은 내 오른손의 일곱 별의 비밀과 또 일곱 금 촛대라 일곱 별은
일곱 교회의 사자요 일곱 촛대는 일곱 교회니라

1) 계시록 1장의 구조

(1) 1-8절 - 예수 그리스도의 계시
(2) 9-20절 - 요한이 본 예수 그리스도의 형체

2) 각 절 주해

⑴ 1-8절 – 예수 그리스도의 계시

① 1절

a) "예수 그리스도의 계시라"

계시(revelation)는 '커튼을 열어젖혔다'는 뜻이다. 커튼 너머에 있는 것은 지혜나 지식으로 깨달을 수 없다. 커튼을 열면 어린아이도 알지만 휘장 뒤에 있으면 박사라도 알 수 없다. 따라서 봉해진 진리를 사도 요한에게 열어 주셔서 있는 그대로 신자에게 전달한 것이므로 어렵다는 생각을 뒤로하고, 요한계시록이란 인간이 이해할 수 있도록 한 책이라는 것을 주지하고 접근할 필요가 있다. 성경은 문자적으로 봐야 하는 구절도 있고, 해석으로 받아야 할 대목도 있다. 이 두 가지를 성령의 조명하에 잘 적용시키고 조화시키는 것이 중요하다.

b) "반드시 속히 일어날 일들을"

이 구절은 초대교회 성도들에게 지대한 영향을 미친다. 예수 그리스도의 재림이 당시대에 이뤄질 줄 알았기 때문에 성도들이 만날 때마다 인사도 '마라나타'(Maranatha: '주여 속히 오시옵소서')라고 하였다. 예수님의 재림 지연으로 인해 빚어진 일은 크게 두 가지이다.

첫째, 정경화 작업이다.

예수님의 수난, 부활, 승천을 목격했던 사도들과 증인들이 죽어감에 따라 글로 남겨야 할 필요를 느꼈다. 물론, 이단사설이 횡행하고 가짜 문서가 나도는 것에 대한 일차적 방어가 필요했지만, 사도들이 순교함에 따라 당시 정경화 작업은 절실했다고 볼 수 있다.

둘째, 전천년설의 후퇴이다.

2-3세기가 지나면서 예수님의 재림 시기를 조정할 필요를 느꼈으며, 무천년설이 등장하기 시작한다. 하지만 여전히 전천년설은 임박한 재림 의식과 함께 미국 댈러스 신학교, 무디 성경학교와 무디에게 영향을 받은 아펜젤러와 언더우드, 그리고 요한계시록을 1만독 했다는 길선주 목사와 초대 한국교회 신자들에게 여전히 큰 영향을 주었다(정동섭).

팁 포인트(Tip Point)

1. 재림 신앙의 중요성

오늘날 시대에 재림 신앙이 약해진 이유는 크게 두 가지이다.

하나는 재림에 대한 기대가 불발되었기 때문이다. AD 999년에도 재림에 대한 큰 소동이 있었다. 19C 재림에 대한 예언과 실패로 말미암아 이단으로 표류된 단체가 제칠일 안식교 재림교회다. 그 이후 1992년 10월 28일 이장림이 주도한 단체는 종말론으로 세상에 큰 물의를 일으켰고, 결국 그는 사기죄로 수감되었다. 이처럼 반복된 재림 예언의 실수가 '양치기 소년'의 거짓말 같이 되어 신자와 세상에 긴박감을 사라지게 하고, 재림에 대한 말씀을 경시하게 하는 악영향을 끼쳤다.

다른 하나는 정통 기독교계 일부가 예수 재림 사상을 세대주의 사상으로 몰아 초대교회부터 견지해 온 긴박한 재림론을 잘못된 사상으로 치부해 버린 결과를 초래한 것이다.

세대주의는 성경의 역사 시대를 일곱 가지로 분류한다. 즉 타락 전의 무죄시대, 선악과 타락 사건부터 노아까지에 걸친 양심시대, 인간통치시대(노아-아브라함), 약속시대(아브라함-모세), 율법시대(모세-예수 그리스도), 은혜시대(현 시대, 교회시대), 그리고 천년왕국시대이다. 잘못된 세대주의자들은 시대별 구원자를 말한다. 노아, 아브라함, 여호수아, 다윗, 예수 그리고 천년왕국시대에는 자기 이름을 넣어 새 시대의 구원자로 둔갑하여 사람들을 그릇된 이단에 빠뜨린다. 물론 틀린 교리이다. 과거나 지금이나 영원토록 구원자는 예수 그리스도 한 분이시다(드와이트 펜테코스트).

이들은 십계명을 존중하지만 꼭 지킬 필요가 없다고 주장한다. 십계명은 율법시대의 산물이기 때문이라는 논리이다. 믿는 성도가 영적 이스라엘임도 부정한다. 그 이유는 구약은 이스라엘 민족에게 국한되었다고 보는 것이다. 세대주의자들은 구약과 신약을 단절시키는 큰 오류를 지니고 있다. 하지만 이들이 이 시대에 예수님께서 오신다고 역설하기 때문에 이것도 잘못된 교리라고 보기에는 무리가 있다.

물론 초대교회 교인들에게 그랬던 것처럼 우리가 사는 현 세대에 예수님이 안 오실 가능성이 크다 할지라도 긴박한 재림론은 뜨거운 영성과 열정을 가진 목사, 선교사, 신자들에게 주님께서 혹 이경이나 혹 삼경에 오실지 모른다는(눅 12:35-40) 긴장감을 주어, 그들로 하여금 밤낮없이 열심을 품고 주를 섬기게 하였다(롬 12:11). 긴박한 재림론이 신도를 깨어 있게 만든 것이다(마 25:13).

주님의 이와 같은 의도는 마태복음 24장 32-34절에 잘 요약되었다.

마 24:32-34 "무화과나무의 비유를 배우라 그 가지가 연하여지고 잎사귀를 내면 여름이 가까운 줄을 아나니 이와 같이 너희도 이 모든 일을 보거든 인자가 가까이 곧 문 앞에 이른 줄 알라 내가 진실로 너희에게 말하노니 이 세대가 지나가기 전에 이 일이 다 일어나리라"

긴박한 재림을 시사한 성구는 요한계시록 22장 6-16절, 20-21절 외에도 대표적 구절로 마태복음 16장 28절, 요한계시록 1장 3절 등을 꼽을 수 있다.

마 16:28 "진실로 너희에게 이르노니 여기 서 있는 사람 중에 죽기 전에 인자가 그 왕권을 가지고 오는 것을 볼 자들도 있느니라"
계 1:3 "때가 가까움이라"(종말의 때, 재림의 때)

전천년설, 후천년설, 무천년설에 대한 분류는 요한계시록 20장 천년왕국에서 자세히 다루도록 하겠다.

② 3절 "이 예언의 말씀을 읽는 자와 듣는 자와 그 가운데에 기록한 것을 지키는 자는 복이 있나니 때가 가까움이라"

요한계시록에 대한 바른 이해는 요한계시록이 환난을 말씀하는 두려운 책이 아니라 축복의 책이라는 것이다. 요한계시록이 말하는 축복은 세속적 축복이 아니라 부활과 시공을 초월한 영원한 세계, 즉 천국이 신자들에게 약속되었다는 것이다.

(2) 9–20절 – 요한이 본 예수 그리스도의 형체

하나님을 본 사람은 없고, 볼 수도 없다(딤전 1:17, 6:16). 하지만 하나님께서는 하나님의 형상인 예수 그리스도를 우리에게 보여주셨다.

요 14:9 "예수께서 이르시되 빌립아 내가 이렇게 오래 너희와 함께 있으되 네가 나를 알지 못하느냐 나를 본 자는 아버지를 보았거늘 어찌하여 아버지를 보이라 하느냐"

골 1:15 "그는 보이지 아니하는 하나님의 형상이시요 모든 피조물보다 먼저 나신 이시니"

승천하시고 다시 오실 예수님을 실제로 본 사람은 없다. 기약이 이르면 그의 나타나심을 보이신다고 하셨다(딤전 6:15). 우리가 물론 마음으로 볼 수는 있다(마 5:8). 하지만 보좌 우편에 계신 예수님은 장차 재림 때, 그리고 천국 곧 새 하늘과 새 땅에서 영원히 보게 될 것이다(계 22:4). 그런데 사도 요한에게 요한계시록 1장에서 환상을 통해서 자신을 드러내셨다.

① 10-17절: 부활하신 예수님의 모습

사람들이 신비한 경험을 통해 예수님을 만나 보았다고 하지만 그것은 신빙성이 결여된 경우가 허다하다. 그에 비해 사도 요한이 환상 중에 본 재림 예수는 우리에게 시사하는 바가 크다.

■ 요한이 본 부활 예수의 모습

10절 음성: 나팔 소리 같은 큰 음성

13절 옷: 발에 끌리는 옷

13절 가슴: 금 띠를 띠고

14절 머리와 털: 희기가 흰 양털 같고 눈 같으며 그의 눈은 불꽃 같고

15절 발: 풀무 불에 단련한 빛난 주석

15절 음성: 많은 물소리와 같으며

16절 오른손: 일곱 별이 있고

16절 입: 좌우에 날선 검이 나오고

16절 얼굴: 해가 힘 있게 비치는 것 같더라

팁 포인트(Tip Point)

2. 구약에서 찾아본 그리스도의 형상

몸: 그 몸이 황옥 같다(단 10:6).
얼굴: 그 얼굴빛이 번갯빛 같다(단 10:6).
눈: 그 눈은 횃불 같다(단 10:6).
팔과 발: 빛난 놋과 같다(단 10:6).
옷: 세마포 옷을 입었다(단 10:5).
옷자락: 성전에 가득하였다(사 6:1).
허리: 우바스 순금 띠를 띠었다(단 10:5).
허리 이상: 단 쇠 같아서 그 속과 주위가 불 같다(겔 1:27).
허리 이하: 불 같고 사방으로 광채가 난다(겔 1:27).
모양: 사람의 모양 같다(겔 1:26).
말 소리: 무리의 소리와 같다(단 10:6).

■ 야훼 하나님을 만난 사람들

구약에서 야훼 하나님을 본 사람은 없다. 그것은 곧 죽음을 의미했다(출 19:21, 33:20). 그럼에도 불구하고 구약에 하나님을 만나는 체험을 한 사람들이 등장한다. 야곱(창 32:30), 모세와 십보라(출 4:24-26), 기드온(삿 6:12-23), 마노아 부부(삿 13:3-23), 이사야(사 6:1-7) 등에게 나타나셨다. 하나님의 현현은 음성으로(출 3:5), 빽빽한 구름 가운데에서(출 19:9), 우레와 번개와 나팔 소리와 산의 연기 중에(출 19:16-18), 흑암 중에(출 20:21), 불 가운데에서(출 24:17), 폭풍 가운데에서(욥 38:1), 그리고 환상으로(단 8:15) 나타나셨다(왕대일).

② 17절 "처음이요 마지막이니"

알파와 오메가는 창조와 종말, 창조와 부활을 의미한다.

③ 18절 "이제 세세토록 살아 있어 사망과 음부의 열쇠를 가졌노니"

예수 그리스도는 영원한 천국뿐 아니라 사망과 음부의 권세도 갖고 계신다.

히브리어 '스올'을 번역하면 음부이다. 헬라어로 '하데스'인데 '무덤'을 뜻한다. 구약에서 사용된 대표적인 용례가 요나이다. 요나는 물고기 뱃속에서 자신의 심경과 상태를 스올로 표현했다(욘 2:2b - "내가 스올의 뱃속에서 부르짖었더니 주께서 내 음성을 들으셨나이다"). 음부(스올)가 어떤 곳인지를 가늠케 하는 구절이다.

신약에서는 누가복음 16장 19-31절에 나오는 부자와 나사로의 비유에서 음부라는 단어가 나온다(눅 16:23ff - "그가 음부에서 고통 중에 눈을 들어 멀리 아브라함과 그의 품에 있는 나사로를 보고"). 여기서는 음부가 뜨거워 못 견디는 불신자의 사후 세계로 묘사되어 물조차 없는 고통의 장소(눅 16:24)이며, 적막하고(시 94:17) 흑암한 곳이다(시 143:3).

그렇다면 음부와 지옥은 어떻게 다른가?

우선 신자가 죽으면 낙원(파라다이스)에 들어간다(눅 23:43 - "예수께서 이르시되 내가 진실로 네게 이르노니 오늘 네가 나와 함께 낙원에 있으리라 하시니라"). 신자의 영혼은 낙원에서 두 가지 양상을 지닌다. 하나는 수면설이고, 다른 하나는 아브라함의 품이다(눅 16:23). 즉 굉장한 기쁨의 장소이다(빌 1:23-24 - "내가 그 둘 사이에 끼었으니 차라리 세상을 떠나서 그리스도와 함께 있는 것이 훨씬 더 좋은 일이라 그렇게 하고 싶으나 내가 육신으로 있는 것이 너희를 위하여 더 유익하리라"). 낙원에 있던 영혼은 예수님께서 다시 오실 때 변화하여 육체적 부활을 하고, 천년왕국 이후 새 하늘과 새 땅 즉 천국에서 영원히 부활체로 사는 것이다. 한마디로 낙원은 천국 대기소이다. 신자가 죽으면 육체는 사라지고 영혼은 낙원으로 갔다가 주님 재림 때 육체 부활을 맞이하는 기다림의 장소이다.

음부(스올)는 불신자가 죽으면 내려가는 곳으로, 고통 중에 있다가 세상 끝 날 백보좌 심판(계 20:11 - "또 내가 크고 흰 보좌와 그 위에 앉으신 이를 보니 땅과 하늘이 그 앞에서 피하여 간 데 없더라") 후에 육체가 부활하여 유황 불못에 떨어지는데 여기가 지옥이다. 불신자는 고통 중에 있다가 영원한 육체를 갖고 지옥에서 영원히 고통 받는다.

지옥의 원어는 '게헨나'로 '게'는 '계곡', '헨나'는 '힌놈'이란 뜻이다. 게헨나는 예루살렘의 남쪽 계곡을 지칭하는데 여기서 사악한 우상숭배자들이 몰렉에게 자기 자식을 불 위로 지나게 하는 인신제사를 드렸다. 후에 사람들이 경멸의 뜻을 담아 "도벳의 골짜기"라고 칭하였으며, 쓰레기 소각장이 되었다. 이스라엘 사람들은 더럽고 추한 쓰레기 소각장에서 구더기도 죽지 않는 꺼지지 않는 지옥불(막 9:43)을 연상했다.

지옥의 다른 말은 옥(벧전 3:19 - '영혼의 감옥'), 무저갱(無底坑, 눅 8:31 - '밑에 끝이 없는 갱도'), 어두운 구덩이(벧후 2:4), 유황 불못(계 20:14) 등으로 사용되었다.

팁 포인트(Tip Point)

3. 천국과 지옥의 의문점

천국과 지옥에 대해 불신자나 혹은 신자들 중에도 크게 3가지 의문점을 갖고 있다.

첫째, '사랑의 하나님이 왜 지옥을 만들었을까?'이다. 이에 대한 의구심에 사로잡혀 발생된 이단이 제칠일 안식일 예수재림교회(일명 안식교)이며, 이 설교에 은혜 받아 세워진 이단 교주가 여호와증인의 창시자인 찰스 T. 러셀이다. 영국의 실존주의 철학자 버트런드 러셀은 《나는 왜 기독교인이 아닌가》라는 책에서 "무화과 때가 아니어서 열매를 맺지 못한 무화과나무를 저주하여 말라 죽게 하는 편협한 신이라면 믿지 않겠다. 더욱이 자기를 믿지 않는다고 해서 영원한 지옥 형벌로 떨어뜨리는 잔인한 하나님이라면 믿지 않겠다"고 선언하여 당시 많은 젊은이와 지성인을 불신의 늪에 빠뜨렸다. 하지만 하나님의 선과 악을 인간의 기준과 잣대로 측량할 수 없다. 구원은 하나님의 고유영역이며 하나님의 주권, 토기장이 되심을 믿는 것, 이것이 구원에 이르는 믿음의 첫걸음이기 때문이다.

둘째, '지옥에 있는 영혼 소멸설'이다. 한평생 동안 예수님을 영접하지 않았다고 해서 영원한 지옥 형벌은 너무 가혹하다는 학설이다. 하지만 천국과 지옥은 4차원의 세계이다. 시공을 초월한 세계이다. 우리는 천국에서 영원을 맞이할 것이다. 예수님은 영원에서 시간으로 들어오셨다가 33년 만에 다시 부활하시어 영원으로 가신 메시아요 부활의 첫 열매이다. 우리 신자들도 예수님을 따라 천국에 들어가는 것이며, 예수님께서 바로 천국과 부활에 이르는 문이다. 불교나 힌두교, 그리고 세상 종교는 시간(역사) 속에서 영원을 찾으려 했기 때문에 실패했다. 구원은 예수 그리스도라는 분 외에는 길이 없으며, 이미 도달한 천국과 지옥은 무시간의 세계이므로 영혼이 소멸될 수도 없고, 구더기도 죽을 수 없다.

셋째, '천국이 과연 어디에 존재하는가?'에 대한 의문이다. 부활 승천하신 예수님은 화성이나 목성으로 가셨는가? 그러므로 예수님을 영접할 때 예수님은 천국을 가지고 신자의 마음에 거하여 예수님께서 신자를 통치하는 것이 천국이라는 견해이다. 이 말은 일단 맞는 말이다. 천국은 예수님의 통치가 이루어지는 곳이다(주기도 "나라가 임하옵시며"). 하지만 천국의 장소적 개념을 간과해서는 안 될 것이다.

예수님은 천당의 개념을 분명히 말씀하였다[요 14:2 – "내 아버지 집에 거할 곳(many rooms)이 많도다 그렇지 않으면 너희에게 일렀으리라 내가 너희를 위하여 거처를 예비하러 가노니"]. 우리가 다만 3차원의 세계에서 발견하지 못할 뿐이다.

---

④ 20절 "일곱 별은 일곱 교회의 사자요 일곱 촛대는 일곱 교회니라"

2장과 3장에 나오는 소아시아 일곱 교회의 서막을 열면서 1장을 매듭지었다.

2장

소아시아의 일곱 교회(1)

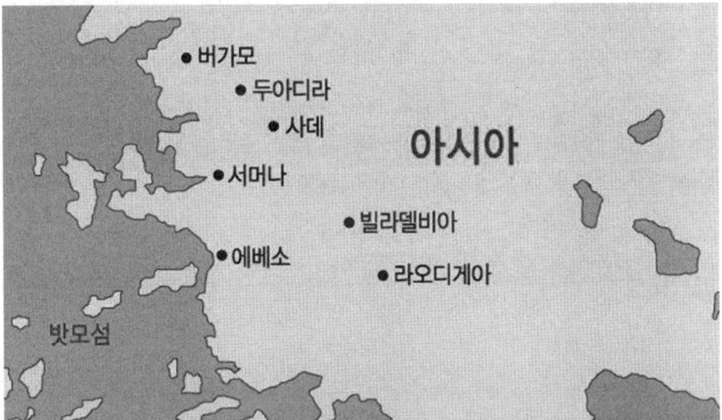

2장과 3장은 소아시아 일곱 교회를 향한 성령의 메시지가 사도 요한을 통해 선포되어 역사 속에 현존하는 교회들의 지침서가 되고 있다. 에베소 교회(2:1-7), 서머나 교회(2:8-11), 버가모 교회(2:12-17), 두아디라 교회(2:18-29), 사데 교회(3:1-6), 빌라델비아 교회(3:7-13), 라오디

게아 교회(3:14-22)가 현재 터키 지역인 소아시아에 존립해 있었는데, 지중해 연안에서 시계 방향으로 내륙을 향해 진행하여 교회들마다 장단점을 지적하면서 하나님께서 기뻐하시는 교회의 참모습을 오늘날 신자에게 제시해 주고 있다.

1) 1-7절 에베소 교회

|계 2:1-7|

1에베소 교회의 사자에게 편지하라 오른손에 있는 일곱 별을 붙잡고 일곱 금
촛대 사이를 거니시는 이가 이르시되
2내가 네 행위와 수고와 네 인내를 알고 또 악한 자들을 용납하지 아니한 것과
자칭 사도라 하되 아닌 자들을 시험하여 그의 거짓된 것을 네가 드러낸 것과
3또 네가 참고 내 이름을 위하여 견디고 게으르지 아니한 것을 아노라
4그러나 너를 책망할 것이 있나니 너의 처음 사랑을 버렸느니라
5그러므로 어디서 떨어졌는지를 생각하고 회개하여 처음 행위를 가지라 만일

그리하지 아니하고 회개하지 아니하면 내가 네게 가서 네 촛대를 그 자리에서 옮기리라
6오직 네게 이것이 있으니 네가 니골라 당의 행위를 미워하는도다 나도 이것을 미워하노라
7귀 있는 자는 성령이 교회들에게 하시는 말씀을 들을지어다 이기는 그에게는 내가 하나님의 낙원에 있는 생명나무의 열매를 주어 먹게 하리라

에베소는 바울이 3년간 두란노 서원에서 복음을 전하며 교회를 세운 도시로, 기독교와 밀접한 연관을 갖고 있다. 주변 국가와 로마의 식민지로 얼룩진 역사에도 불구하고 로마 속국 중 가장 큰 도시인 동시에 유명한 상업도시, 항구도시로 아데미 신전과 주후 1세기 도미티안 신전이 존재했었다.

(1) 칭찬

① 2절 – 행위와 수고와 인내가 있었다.

② 2절 – 악한 자들을 용납하지 않았다.

③ 2절 – 자칭 사도의 거짓된 것을 드러내었다.

팁 포인트(Tip Point)

4. 신사도 운동

사도권 논쟁은 고린도후서의 주제 중 대표적인 것이었다. 복음서에 나타난 사도의 조건은 다음과 같다.

첫째, 예수님의 부르심,

둘째, 예수님과의 공생애 3년,

셋째, 부활의 주님을 목격한 자,

넷째, 부활의 주님을 증거하는 자라는 네 가지를 구비해야 한다(행 1:21-26).

사도에 관한 네 가지 요건 중 사도 바울에게는 예수님의 부르심과 공생애가 없으므로 사도 조건에 맞지 않았다. 이것에 대해 바울이 자기 자신을 변호한 서신이 고린도후서이다. 복음서의 사도는 12사도에 제한되었지만 사도행전의 사도는 교회가 파송한 사도이다. 사도의 의미가 전이되었던 것이다.

바울과 바나바(행 14:14), 실라와 디모데(살전 2:7) 등이 12사도 외에 사도로 이름이 거명되었다. 따라서 사도행전 이후 시대는 복음을 위해 예수님이 부르시고 세상에 파송한 자들이라고 확대 해석이 가능하다. 특히 바울은 자신을 이방인의 사도로 자처했다(갈 2:8). 이는 마치 제자가 복음서에서는 12제자로 국한되었으나 사도행전에서는 예수를 따르는 무리(행 19:1)로 의미가 확대 변천된 것과 유사하다. 그래서 오늘날 우리도 제자교육이란 용어를 서슴없이 사용하고 있다.

하지만 사도라는 말의 사용은 제자에 비해 훨씬 제한적이었음에 분명하다. 당시에도 자칭 사도가 있었던 것을 보면, 교회의 인정을 받지 않고 날뛰던 무리가 있었을 것으로 추론된다. 에베소서 4장 11-12절에 보면, 예수님께서 세우신 네 부류가 나오는데 사도, 선지자, 복음 전하는 자, 목사와 교사이다. 이들을 세운 목적은 "성도를 온전하게 하여 봉사의 일을 하게 하며 그리스도의 몸을 세우려 하심이라"고 기록되어 있다. 교회를 세우는 데 사도가 큰 역할을 감당한 것으로 보인다. 따라서 교회와 상관없는 사도직이란 존립할 수 없다.

요즘 논란이 되고 있는 '신사도 운동'을 자칭 사도 운동이라고 치부하고 싶지는 않더라도 예언, 통변 등의 은사자가 목사를 경시하는 풍조로 인해 교회 분란의 소지가 나타났음을 반성해야 할 필요가 있다. 은사를 주신 이유는 교회의 덕을 세우게 하려 하심이다(고전 14:26). 반면 초자연적 은사는 초대교회에서 끝났다고 주장하는 자세도 폭을 넓힐 필요가 있다. 자기와 다른 방식으로 예수님을 섬긴다고 이단은 아니기 때문이며, 방언과 신유 등 현상적인 면을 고려하지 않을 수 없다(고전 14:39-40). 뻐드렁니는 교정의 필요가 있는 것이지 이로 인해 치아를 다 뽑아낼 수는 없는 것과 같은 이치이다.

④ 3절 – 인내와 근면

⑤ 6절 – 니골라 당을 미워함

팁 포인트(Tip Point)

5. 니골라 당과 구원파

니골라 당은 율법주의와 대척점에 있는 이단이다. 율법주의란 율법을 지켜야 구원을 받는다고 가르치는 유대교를 중시한 기독교인들에게서 발현되었다. 은혜의 복음을 멀리하고 다시 유대교로 회귀하려는 움직임이 그 안에 내재되어 있었으며, 이것을 배격한 서신이 갈라디아서이다. 빌립보서 3장 2절에 나오는 '개들'이란 율법주의 구원을 주장하는 자들이며, 손할례당도 같은 맥락이다. 이 반대편에 니골라 당이 있다.

니골라는 시리아 안디옥에서 태어났으며, 사도행전 6장에 나오는 7명의 안수집사 중 한 명이었다. 교회사에 의하면, 구원받으면 율법의 행위에 제약받지 않는다는 교리를 펼쳤다. 십자가에서 율법을 폐기했으므로 이제 율법을 지킬 필요가 없다는 논리였다. 당시 니골라 당의 교리가 누룩처럼 퍼져서 도덕적 타락과 방종을 낳았다.

오늘날 구원파가 이 교리를 이어받은 것이라 할 수 있다. 한마디로 성화(聖化, sanctification)를 무시하는 종파인데 세계적으로도 많이 파급되어 있으며, 회심도 쉽지 않다. '믿기만 하면 구원을 받는다'는 진리는 첫 단추일 수는 있지만 완성은 아니다. 율법에 제사법, 의식법은 폐지되었지만 도덕법이 폐기된 것은 아니다. 그래서 십계명은 신자가 하나님 나라에서 지켜야 할 도덕법인 것이다. 우리는 다음의 몇 구절을 상기해 볼 필요가 있다.

약 2:22-26 "네가 보거니와 믿음이 그의 행함과 함께 일하고 행함으로 믿음이 온전하게 되었느니라 이에 성경에 이른 바 아브라함이 하나님을 믿으니 이것을 의로 여기셨다는 말씀이 이루어졌고 그는 하나님의 벗이라 칭함을 받았나니 이로 보건대 사람이 행함으로 의롭다 하심을 받고 믿음으로만은 아니니라 또 이와 같이 기생 라합이 사자들을 접대하여 다른 길로 나가게 할 때에 행함으로 의롭다 하심을 받은 것이 아니냐 영혼 없는 몸이 죽은 것같이 행함이 없는 믿음은 죽은 것이니라"

요일 2:3-6 "우리가 그의 계명을 지키면 이로써 우리가 그를 아는 줄로 알 것이요 그를 아노라 하고 그의 계명을 지키지 아니하는 자는 거짓말하는 자요 진리가 그 속에 있지 아니하되 누구든지 그의 말씀을 지키는 자는 하나님의 사랑이 참으로 그 속에서 온전하게 되었나니 이로써 우리가 그의 안에 있는 줄을 아노라 그의 안에 산다고 하는 자는 그가 행하시는 대로 자기도 행할지니라"

⑵ 책망

4절 – 처음 사랑을 버림

신자에게 예수님과의 첫사랑이 있다는 것은 중요하다. 이것은 신혼부부의 허니문과도 같다. 하지만 시간이 지나면서 자신도 모르게 타성, 권태, 지긋지긋함이 밀려온다. 억지 충성이 강요된다. 첫사랑이 식는 지점이 있다. 그래서 5절에 "어디서 떨어졌는지를 생각하라"고 권고한다. 엘리사의 제자가 나무를 하던 중 도끼가 물에 빠졌을 때 엘리사가 도끼를 잃어버린 지점이 어디냐고 그 제자에게 물었다(왕하 6:6). 정신병도 언제 왜 그렇게 되었는지 그 지점을 찾는 것이 중요하다. 기도, 말씀, 교회가 멀어지거나 기쁨이 상실되었다면 처음 사랑을 잃어버린 까닭이다.

⑶ 주님의 요구

5절 – 회개하지 않으면 촛대가 옮겨짐

에베소 교회처럼 열심히 충성해도 사랑이 없기 쉽다. 사랑 없는 충성은 오래가지 못한다. 그러면 사명의 촛대가 다른 사람, 다른 교회로 옮겨짐을 주의시키고 있다. 섬김에 제일 중요한 것은 사랑이다(요 21:15-17). 사랑의 표지는 행복이며, 행복이 사라질 때 신자는 신앙 특히 처음 사랑을 점검해 봐야 한다.

⑷ 결과

7절 – 이기는 자에게 하나님의 낙원에 있는 생명나무의 열매를 먹게 하신다.

신자에게 주어진 특권 중 하나는 생명나무 과실을 먹게 되는 것이다. 선악과를 먹은 인간은 생명나무로 접근하기가 불가능해졌고(창 3:22-24), 죽을 수밖에 없는 존재가 되었다. 장차 영광의 천국에는 생명수가 흐르는 강 좌우편에 생명나무의 과실이 있음을 말씀하고 있으며, 잎사귀는 만국을 치료하는 약 재료가 된다(계 22:1-2). 신자는 천국에 관해 '이미-아직 아니'(Already-Not yet)의 삶을 살고 있다. 예수 그리스도를 영접하면 이미 내 마음에 천국이 이루어진 것이고, 완전하지는 않지만 치료의 역사가 나타나며 영생을 맛보며 살게 하신다.

2) 8-11절 서머나 교회

서머나는 주전 300년경 알렉산더 대왕이 만든 계획도시로, 아름답고 무역이 왕성하며 황제숭배 사상이 많았는데 인구는 20-30만 정도였던 것으로 추산되고 있다. 과학과 의학도 발달했고, 로마의 지시에

도 순종적이어서 로마의 큰 호응을 얻었다. 하지만 서머나 교인들이 황제숭배를 거부할 뿐 아니라 황제숭배 헌금을 거절하자 경제적 불이익을 주었기에 서머나 교인들은 경제적 손해를 감내해야 했다.

|계 2:8-11|

8서머나 교회의 사자에게 편지하라 처음이며 마지막이요 죽었다가 살아나신 이가 이르시되

9내가 네 환난과 궁핍을 알거니와 실상은 네가 부요한 자니라 자칭 유대인이라 하는 자들의 비방도 알거니와 실상은 유대인이 아니요 사탄의 회당이라

10너는 장차 받을 고난을 두려워하지 말라 볼지어다 마귀가 장차 너희 가운데에서 몇 사람을 옥에 던져 시험을 받게 하리니 너희가 십 일 동안 환난을 받으리라 네가 죽도록 충성하라 그리하면 내가 생명의 관을 네게 주리라

11귀 있는 자는 성령이 교회들에게 하시는 말씀을 들을지어다 이기는 자는 둘째 사망의 해를 받지 아니하리라

여기서 각 교회에 대한 말씀 서두에 있는 예수님의 모습을 먼저 모아보겠다.

- 2장 1절 에베소 교회: 오른손에 있는 일곱 별을 붙잡고 일곱 금촛대 사이를 거니시는 이, 그러므로 예수님은 주의 종을 붙잡고 계시며 교회를 돌보시는 분이시다.
- 2장 8절 서머나 교회: 처음이며 마지막이요 죽었다가 살아나신 이, 알파와 오메가가 되시며 부활하신 분이시다.
- 2장 12절 버가모 교회: 좌우에 날선 검을 가지신 이, 말씀의 검을 갖고 계신 분이시다.
- 2장 18절 두아디라 교회: 그 눈이 불꽃 같고 그 발이 빛난 주석 같은 하나님의 아들, 빛나는 눈으로 우리를 감찰하시고 밝은 빛을 발하셔서 심판주 되시는 하나님의 아들 메시아이시다. 주석은 심판의 의미를 담고 있다.

- ■3장 1절 사데 교회: 하나님의 일곱 영과 일곱 별을 가지신 이, 하늘 보좌의 천사와 주의 종을 다스릴 권세를 지니신 분이시다.
- ■3장 7절 빌라델비아 교회: 거룩하고 진실하사 다윗의 열쇠를 가지신 이, 예수님의 대표적 속성은 거룩과 진실이며 하늘문과 이 세상의 문을 열고 닫으시는 능력이 있으신 분이시다.
- ■3장 14절 라오디게아 교회: 아멘이시요 충성되고 참된 증인이시요 창조의 근본이신 이, 아멘은 '진실로'란 뜻으로 예수님의 별명이다. 아멘에는 네 가지 뜻이 담겨 있는데 바로 진실, 믿음, 충성, 헌신이다. 그래서 기도 마무리마다 성도들은 아멘을 한다. 충성은 '외길을 간다'란 뜻이다. 외도가 없는 삶을 사신 주님은 인간의 본보기가 되신다. 참된 증인이 되셔서 부활과 영생을 몸소 보이시며 우리의 길이 되셨다. 창조의 근본이 되신다. '예수님이 인간이다. 특히 첫 번째 피조물이다' 등 여러 이단사설이 많았으나 예수님은 창조의 근본이 되시는 참 하나님(Vere Deus)이시요, 참 인간(Vere Homo)이시되 죄는 없으신 분이시다(히 4:15).

팁 포인트(Tip Point)

6. 삼위일체 이단

교부시대 때는 삼위일체에 대한 이단이 많았다.

첫째, 양태론이다. 하나님, 예수님, 성령님이 동일하시다는 이단이다.

둘째, 삼신론이다. 세 분 하나님이 다 각각이라는 견해로, 오늘날 여호와 증인의 뿌리가 되었다.

셋째, 아리우스주의이다. 그들은 하나님께서 성자, 성령을 창조하시고 성자, 성령은 피조물이라고 주장하였다(증빙 구절: 골 1:15 – “그는 보이지 아니하는 하나님의 형상이시요 모든 피조물보다 먼저 나신 이시니”).

넷째, 성부종속론이다. 예수님도 하나님이시지만 하나님보다 열등하다는 이론이다.

다섯째, 양자론이다. 예수님께서 세례 받으실 때 메시아가 되셨다는 이단학설로, 에티오피아 정교회 등 상당한 신자를 오늘날에도 보유하고 있다. 정설(正說)은 요한이 말씀한 바 예수님은 하나님이시요, 동시에 하나님의 아들 그리스도이시며 참 구세주이시다(요 1:1–4 – “태초에 말씀이 계시니라 이 말씀이 하나님과 함께 계셨으니 이 말씀은 곧 하나님이시니라 그가 태초에 하나님과 함께 계셨고 만물이 그로 말미암아 지은 바 되었으니 지은 것이 하나도 그가 없이는 된 것이 없느니라 그 안에 생명이 있었으니 이 생명은 사람들의 빛이라”).

– 제100회기 지역별 총회 이단사이비–이슬람교 대책세미나

⑴ 칭찬

① 9절 “내가 네 환난과 궁핍을 알거니와 실상은 네가 부요한 자니라”

환난과 궁핍에 대한 오해와 편견을 버리고 성경이 말씀하는 바를 살펴보자.

첫째, 환난과 궁핍은 누구에게든지 있을 수 있다.

둘째, 가치 없는 고난이 있다.

벧전 4:15 “너희 중에 누구든지 살인이나 도둑질이나 악행이나 남의 일

을 간섭하는 자로 고난을 받지 말려니와"

셋째, 가치 있는 고난이 있다.

처벌은 나쁜 사람이 좋은 사람에게 받는 것이고, 박해(핍박)는 좋은 사람이 나쁜 사람에게 받는 것이다.

넷째, 빈부가 믿음의 척도는 아니다. 가난해도 믿음에 부요할 수 있다.

> **약 2:5** "내 사랑하는 형제들아 들을지어다 하나님이 세상에서 가난한 자를 택하사 믿음에 부요하게 하시고 또 자기를 사랑하는 자들에게 약속하신 나라를 상속으로 받게 하지 아니하셨느냐"

그렇다면 서머나 교인은 왜 박해를 받았는가?

서머나 교인은 기독교 만민평등사상을 가지고 있었다. 하나님 앞에서는 황제나 노예나 평등하다는 인식이 권력의 미움을 샀다. 서머나 교인이 지녔던 원수까지도 사랑하는 '십자가 정신'이 반역자들에 대한 관용으로 비쳐져서 로마 반란을 부추길 수 있다고 로마 정부는 판단했다. 기독교 평화 정신은 로마의 무력 평화(PAX ROMANA)에 정면 배치되었고, 오히려 이와 같은 평화주의가 민중의 마음을 사로잡았다. 하나 더 꼽는다면 기독교 페미니즘이다. 하나님 앞에 남녀가 동등하다는 남녀 평등사상은 여성에게 급속히 파고들어 당시대의 가치관을 흔들기에 충분했다. 특히 이러한 기독교 정신과 더불어 황제숭배 거부는 250년간 300만 명의 순교자를 낳게 만들었다.

로마 박해 시기는 크게 3기로 나눈다.

제1기가 네로 황제부터 도미티안 황제까지이다.

제2기가 트라얀 황제부터 막시미누스 황제까지(AD 98-249)인데, 마르쿠스 아우렐리우스(AD 64-97)가 당시 가장 심했다.

제3기가 데키우스 황제부터 디오클레시안 갈레리우스까지이다(AD 249-313).

열 황제 시대를 거치면서 로마제국의 쇠퇴, 기독교의 급속한 성장, 교회가 국가 내 국가라는 위협적인 존재로 인식되면서 재산 몰수, 동물과의 격투, 광산 노동, 유형(流形), 처녀는 사창가에 보내지는 악형과 극형에 처해지곤 했다. 결국 이들의 고난에 굽히지 않았던 순교의 피가 로마를 뒤집는 결과를 가져왔던 것이다.

② 9절 – 자칭 유대인

소아시아 일곱 교회 중 에베소 교회에는 자칭 사도(2:2), 서머나 교회는 자칭 유대인(2:9), 두아디라 교회에는 자칭 선지자(2:20)가 있었다. 자칭 유대인은 서머나 교인을 비방할 목적으로 이루어진 사탄의 회당이었다. 믿음으로 살려고 할 때 사탄의 훼방이 있음을 간과하면 안 된다.

③ 10절 "십 일 동안 환난을 받으리라"

십 일은 숫자적 10일, 짧은 기간, 혹은 10명의 로마 황제(54년 네로-305년 디오클레시안 때까지)가 다스린 250년간이라는 세 가지 견해가 있다. 배교하면 살려 주고 고집하면 죽인다고 하는 양면작전 때문에 "죽도록 충성하라"는 권면이 나왔다. 이 뜻의 원래 의미는 죽기까지, 즉 순교하기까지 충성하라는 말이다.

(2) 책망

서머나 교회는 칭찬만 있고 책망이 없다. 빌라델비아 교회도 칭찬만 있었다.

도표로 일곱 교회의 특징을 알아보도록 한다.

① 일곱 교회의 칭찬과 책망

일곱 교회	칭찬	책망	이긴 자에게 주신 약속
에베소 (2:1–7)	자칭 사도의 거짓을 드러냄(2:2) 니골라 당의 행위를 미워함(2:6)	처음 사랑을 잃어버림(2:4)	생명나무의 열매(2:7)
서머나 (2:8–11)	환난과 궁핍을 견딤(2:9) (자칭 유대인의 비방)	없음	생명의 관(2:10)
버가모 (2:12–17)	충성된 증인 안디바가 죽을 때 믿음을 버리지 않음(2:13)	발람과 니골라 당의 교훈을 지킴(2:14–15)	감추었던 만나와 흰 돌(2:17)
두아디라 (2:18–29)	사업과 사랑과 믿음과 섬김과 인내가 처음보다 더 많음(2:19)	자칭 선지자 이세벨을 용납함(2:20) (행음과 우상제물을 먹음)	만국을 다스리는 권세와 새벽별(2:26–28)
사데 (3:1–6)	옷을 더럽히지 않은 자 몇 명이 있음(3:4)	행위가 온전치 않음(3:2)	흰옷과 생명책의 이름(3:5)
빌라델비아 (3:7–13)	작은 능력으로도 배반치 않음(3:8) 인내의 말씀을 지킴(3:10)	없음	하나님 성전의 기둥이 되게 함(3:12)
라오디게아 (3:14–22)	없음	미지근한 신앙(3:16) 신앙 빈곤, 벌거벗은 수치, 눈먼 신앙(3:17–18)	아버지 보좌에 함께 앉음(3:21)

(장흥길)

② 일곱 교회의 특징

에베소 교회	첫사랑을 잃은 교회
서머나 교회	고난을 이긴 교회
버가모 교회	세속에 물든 교회
두아디라 교회	행음에 빠진 교회
사데 교회	잠들어 버린 교회
빌라델비아 교회	선교하는 교회
라오디게아 교회	미지근한 교회

(김장환)

(3) 주님의 요구

10절 "죽도록 충성하라"

충성이란 무슨 일을 맡겼든지 작다고 하지 않는 것이다.

충성이란 자기 위치를 떠나지 않는 것이다.

충성이란 끝까지 가는 것이다.

충성이란 단심이다. 우리 몸은 대개 콩팥, 폐, 눈, 귀같이 두 개이지만 심장은 하나이다. 심장을 주는 것이 신앙고백[credo – cre(심장) + do(준다)]이다.

(4) 결과

① 10절 – 생명의 관을 주신다.

② 11절 – 이기는 자에게는 둘째 사망의 해를 받지 않게 하신다.

두 번 태어나면(거듭나면) 한 번 죽고, 한 번 태어나면 두 번 죽는다. 백보좌의 불신자 심판, 지옥 형벌을 면하게 해주신다. 백보좌 심판은 세상 끝 날에 있을 심판이며, 20장 천년왕국에서 세밀히 다루도록 하겠다.

3) 12-17절 버가모 교회

버가모는 고대 그리스의 부유하고 강력한 도시로 해발 350m 정도에 위치했고, 서머나 교회에서 북쪽으로 80km 떨어졌으며 에게해에서 26km 정도 떨어진 에베소, 서머나와 더불어 소아시아 3대 도시 중 하나였다. 버가모에는 제우스(로마인은 주피터라고 부름), 박카스, 미네르바 등 그리스 신전들이 있었으며, 제우스 신전 옆에 아우구스투스 황제를 기리는 황제숭배의 전(殿)도 있었다.

아스클레피온이란 뱀을 숭상하던 신전도 있었는데 주전 400년부터 주후 400년까지 800년간 치유 신전으로 유명하여 사람들이 몰려들었다. 치유의 방식은 환자를 대리석 길을 걷게 한 후 온천수에서 목욕을 하게 하고 지하 터널을 지나 의사에게 나아가도록 했는데 거

기서 의사는 심리요법으로 자신감을 준 후 극장에서 음악을 듣게 하는 음악 치유를 동원하였다. 그 후에 아스클레피온 신 앞에서 기도와 서약을 하게 했다. 결국 우상숭배와 미신요법으로 사람을 치유했던 것이다.

양피지의 발달로 도서관도 유명했는데 20만 권의 책을 소장하였다. 주로 타락과 관련된 서적이어서 버가모를 사탄의 권좌가 있는 곳이라고 주님은 간명하게 지적하셨다.

|**계 2:12–17**|

12버가모 교회의 사자에게 편지하라 좌우에 날선 검을 가지신 이가 이르시되
13네가 어디에 사는지를 내가 아노니 거기는 사탄의 권좌가 있는 데라 네가 내
이름을 굳게 잡아서 내 충성된 증인 안디바가 너희 가운데 곧 사탄이 사는 곳
에서 죽임을 당할 때에도 나를 믿는 믿음을 저버리지 아니하였도다
14그러나 네게 두어 가지 책망할 것이 있나니 거기 네게 발람의 교훈을 지키는
자들이 있도다 발람이 발락을 가르쳐 이스라엘 자손 앞에 걸림돌을 놓아 우상
의 제물을 먹게 하였고 또 행음하게 하였느니라
15이와 같이 네게도 니골라 당의 교훈을 지키는 자들이 있도다
16그러므로 회개하라 그리하지 아니하면 내가 네게 속히 가서 내 입의 검으로
그들과 싸우리라
17귀 있는 자는 성령이 교회들에게 하시는 말씀을 들을지어다 이기는 그에게는
내가 감추었던 만나를 주고 또 흰 돌을 줄 터인데 그 돌 위에 새 이름을 기록
한 것이 있나니 받는 자밖에는 그 이름을 알 사람이 없느니라

(1) 칭찬

13절 – 하나님의 이름을 굳게 잡아 충성된 증인 안디바가 순교할 때도 믿음을 저버리지 않았다.

교회나 개인이나 환경이 낮일 때 하나님을 잘 믿으면 축복을 받지만, 환경이 밤일 때 하나님을 잘 섬기면 고난을 받는다. 남자가 군

대에 갔을 때, 여자가 불신 가정에 시집갔을 때 개인에게는 밤을 통과하고 있는 셈이다. 이런 현상은 교회 역사에도 동일하게 적용된다. 전설에 의하면 안디바는 도미티안 황제 때 달궈진 청동기 가마에서 죽었다고 하는데 버가모 교인들은 이에 위축되지 않고 하나님을 붙잡으며 신앙을 지켰다고 한다.

⑵ 책망

① 14절 "발람의 교훈을 지키는 자들이 있도다"

발람에 대한 기사는 민수기 22장에서 25장까지 4장을 할애했는데 그는 국가적인, 그리고 이웃 나라 모압까지 소문난 국제적인 예언자였다. 모압 왕 발락의 사주를 받아 이스라엘을 저주하려 했으나 하나님의 역사와 강한 금지 명령으로 도리어 축복을 빌게 되었다. 그 이후 이스라엘과 성경의 전승에 따르면, 모압 왕 발락이 뇌물을 주고 이스라엘을 공략할 비법을 묻게 된다. 이때 발람은 이방 여인을 이스라엘 남자에게 접근시켜 음행과 결혼을 하게 하고 우상숭배에 빠뜨리면 하나님의 진노를 사서 멸망하게 될 것을 일러주는데 결국 이것이 실효를 거두게 된다. 이 바알브올의 사건으로 죽은 사람이 이만 사천 명에 이르게 되고(민 25:9) 그 후 발람은 거짓 선지자의 예표가 되었다.

② 14절 "이스라엘 자손 앞에 걸림돌을 놓아 우상의 제물을 먹게 하였고 또 행음하게 하였느니라"

우상 제물에 관해 하나님께서 얼마나 싫어하시는지 시편 106편 28-30절에 나타나 있다.

시 106:28-30 "그들이 또 브올의 바알과 연합하여 죽은 자에게 제사한 음식을 먹어서 그 행위로 주를 격노하게 함으로써 재앙이 그들 중에 크게 유행하였도다 그때에 비느하스가 일어서서 중재하니 이에 재앙이 그쳤도다"

신약에서는 로마서 14장 13-23절, 고린도전서 8장, 10장 23-33절에 수록되어 있는데 대표적인 성구 3곳만 여기에 적기로 하겠다.

롬 14:20-21 "음식으로 말미암아 하나님의 사업을 무너지게 하지 말라 만물이 다 깨끗하되 거리낌으로 먹는 사람에게는 악한 것이라 고기도 먹지 아니하고 포도주도 마시지 아니하고 무엇이든지 네 형제로 거리끼게 하는 일을 아니함이 아름다우니라 "
고전 8:7-8 "그러나 이 지식은 모든 사람에게 있는 것은 아니므로 어떤 이들은 지금까지 우상에 대한 습관이 있어 우상의 제물로 알고 먹는 고로 그들의 양심이 약하여지고 더러워지느니라 음식은 우리를 하나님 앞에 내세우지 못하나니 우리가 먹지 않는다고 해서 더 못사는 것도 아니고 먹는다고 해서 더 잘사는 것도 아니니라"
고전 10:27-29 "불신자 중 누가 너희를 청할 때에 너희가 가고자 하거든 너희 앞에 차려 놓은 것은 무엇이든지 양심을 위하여 묻지 말고 먹으라 누가 너희에게 이것이 제물이라 말하거든 알게 한 자와 그 양심을 위하여 먹지 말라 내가 말한 양심은 너희의 것이 아니요 남의 것이니 어찌하여 내 자유가 남의 양심으로 말미암아 판단을 받으리요"

성경에서 우상 제물, 제사 음식은 하나님의 노를 격발하게 하고, 신자의 연약한 믿음을 상하게 하고, 신자의 양심을 더럽힌다고 말씀하고 있다.

③ 니골라 당의 교훈을 따르는 자들이 있다.

⑶ 주님의 요구

16절 "회개하라"

자복이 점(點)이라면 회개는 선(線)이다. 자복이 자신의 잘못을 깨달은 순간이라면, 회개는 탕자가 돌아오는 기간과 거리와 같다. 천국에 들어갈 자는 오직 믿음, 회개한 자, 그리고 어린아이와 같이 순수한 신앙인이라고 성경은 말씀하고 있다.

⑷ 결과

① 17절 – 감추었던 만나를 주심

만나는 하나님께서 양식이 없어 불평하는 이스라엘 민족에게 주신 하늘 양식이다(출 16장). 이 만나를 기념하여 한 호멜을 담아 놓은 만나 항아리를 증거판 옆에 두어 간수하게 하였다. 그러니까 법궤 안에는 십계명 돌비와 만나 항아리, 그리고 아론의 싹 난 지팡이가 있었다. 십계명 돌비가 변함없는 하나님의 말씀, 즉 로고스를 의미한다면 만나는 매일의 생명 양식을 뜻한다. 로고스의 말씀이 인간의 마음에 부딪혀 변화를 일으킬 때 생명력 있는 레마의 말씀이 된다. 그런데 지방교회나 신천지 이단들은 '감추었던 만나'란 말씀을 가지고 신도들을 다음과 같이 미혹하고 있다.

팁 포인트(Tip Point)

7. 감추었던 만나

일례로 신천지 강사였던 대전 예안교회 강성호 목사는 신천지에서 '아버지가 방에 들어가신다'를 '아버지 가방에 들어가신다'라고 읽고 아버지와 가방을 띄어쓰기한 사이에 '감추어진 만나'가 있다고 설명하는 교활한 이단이 신천지라고 말했다(강의 내용). 오늘날 이단사이비는 '감추어진 만나'를 오용 혹은 악용하여 자기 방식대로 해석(Eisegesis)한다.

② 17절 – 흰 돌을 주신다.

로마시대 재판 시 유죄는 검은 돌, 무죄는 흰 돌을 주는 데서 이 말씀이 비롯되었다. 그리고 그 돌 위에 새 이름을 기록하였다. 하나님과 만난 사람 중 이름을 새로 받은 사람들이 있다. 구약에서는 아브람이 아브라함으로, 사래가 사라로, 야곱이 이스라엘로 바뀌었다. 신약에서는 대표적인 사람이 베드로와 바울이다. 베드로는 예수님께서 새로 지어 주신 이름으로 변덕쟁이 '시몬'에서 '반석'으로 변할 것을 암시하였다. 바울은 스스로 '사울'(큰 자)에서 '바울'(작은 자)로 개명하였다.

4) 18–29절 두아디라 교회

두아디라는 버가모에서 동남쪽으로 대략 33km 지점에 위치하고 있으며, 도시 이름은 '향기로운 제사' 혹은 '희생'의 뜻을 갖고 있다. 두아디라는 빌립보 교회의 첫 영접자인 자주장사 루디아의 고향(행 16:14)으로 성경은 소개하고 있다. 두아디라는 버가모와 사데를 잇는 교통의 요충지이며 중요 군사도시, 상업도시였는데 초대교회 당시 이미 상인조합 길드가 조직되어 있을 만큼 번성했으나 현재는 유적을 찾아보기 어렵다. 단지 사료에 의해 질그릇과 자줏빛 염료가 유명했던 것으로 추측되는데 이를 뒷받침하는 성경적 흔적으로는 자주물감 장사였던 루디아를 꼽을 수 있다.

두아디라 교회는 가장 작은 도시의 교회였지만 가장 많은 12절을 할애하였다.

|계 2:18-29|

18두아디라 교회의 사자에게 편지하라 그 눈이 불꽃 같고 그 발이 빛난 주석과 같은 하나님의 아들이 이르시되

19내가 네 사업과 사랑과 믿음과 섬김과 인내를 아노니 네 나중 행위가 처음 것보다 많도다

20그러나 네게 책망할 일이 있노라 자칭 선지자라 하는 여자 이세벨을 네가 용납

함이니 그가 내 종들을 가르쳐 꾀어 행음하게 하고 우상의 제물을 먹게 하는도다
21또 내가 그에게 회개할 기회를 주었으되 자기의 음행을 회개하고자 하지 아
니하는도다
22볼지어다 내가 그를 침상에 던질 터이요 또 그와 더불어 간음하는 자들도
만일 그의 행위를 회개하지 아니하면 큰 환난 가운데에 던지고
23또 내가 사망으로 그의 자녀를 죽이리니 모든 교회가 나는 사람의 뜻과 마
음을 살피는 자인 줄 알지라 내가 너희 각 사람의 행위대로 갚아 주리라
24두아디라에 남아 있어 이 교훈을 받지 아니하고 소위 사탄의 깊은 것을 알지
못하는 너희에게 말하노니 다른 짐으로 너희에게 지울 것은 없노라
25다만 너희에게 있는 것을 내가 올 때까지 굳게 잡으라
26이기는 자와 끝까지 내 일을 지키는 그에게 만국을 다스리는 권세를 주리니
27그가 철장을 가지고 그들을 다스려 질그릇 깨뜨리는 것과 같이 하리라 나도
내 아버지께 받은 것이 그러하니라
28내가 또 그에게 새벽 별을 주리라
29귀 있는 자는 성령이 교회들에게 하시는 말씀을 들을지어다

⑴ 칭찬

① 19절 – 사업과 사랑과 믿음과 섬김과 인내가 있었다.

- ■사업은 행위로 행동하는 교회를 암시한다(여전도회의 선교를 위한 사업은 성경적 근거가 있다).
- ■사랑은 기독교 최고의 덕목이다. 에베소 교회는 사랑 빼고 다 있었다.
- ■믿음은 기독교인의 첫발이며, 모든 신앙 행위의 첫 단추이다. 예수 제일주의가 믿음이다.
- ■섬김은 봉사의 필수 덕목이다.
- ■인내는 결실의 절대적 요소이다. 이에 비해 조급은 망하는 마음이며, 도화선이 짧다는 의미로 멸망하는 근거가 된다.

② 나중 행위가 처음보다 많다. 점점 발전하는 교회이다.

(2) 단점

① 20절 "자칭 선지자라 하는 여자 이세벨을 네가 용납함이니"

이세벨은 무당을 겸했던 시돈 왕 엣바알의 딸로 북이스라엘 7대 왕 아합(재위 BC 876-854, 22년간)의 아내가 되었는데(왕상 16:29-31), 바알 신을 북이스라엘에 전파하여 아합 가문을 몰락시키고 북이스라엘에 우상을 퍼뜨린 악한 왕비였다. 이세벨은 아합 가문뿐 아니라 딸 아달랴를 남유다 여호사밧 왕의 며느리로 주어서 남유다 여호사밧 왕가까지 말살시켰다.

이 모든 비극의 배후에는 시돈(페니키아)과 연합하여 자신의 입지를 굳건하게 하고자 했던 아합, 그리고 부와 명성이 극에 달했음에도 하나님께서 미워하시는 아합 가문과 혼인하여 인간적 평화 관계를 원했던 남유다 여호사밧 왕의 불신앙이 있었다.

이와 같은 역사적 배경으로 보아 무시할 수 없었던 세력을 가진 불신앙의 여인을 교회에 받아들이고 잘못, 특히 음행을 묵과한 것으로 추측된다. 결국 이 사악한 여자는 주의 종들을 음행에 빠뜨리고 우상의 제물을 먹게 함으로 교회의 영적 질서를 문란하게 했던 것으로 보인다.

② 21절 – 주님께서 회개의 기회를 주셨는데 회개하지 않았다.

가인은 회개의 기회를 주셨어도 회개하지 않았고, 다윗은 나단의 충고에 회개하였다. 가룟 유다는 회개의 자리에서 밖으로 나가 밤을 만났고, 베드로는 회개 후 사명을 되찾았다.

⑶ 잘못의 결과

① 22절 – 이세벨을 침상에 던지겠다.
병상에서 못 일어나는 삶이다. 죽음보다 힘든 인생을 맞게 된다.

② 22절 – 같이 간음한 자들도 회개치 않으면 큰 환난 가운데 던지겠다.
음행이 환난을 불러온다.

잠 7:25-27 "네 마음이 음녀의 길로 치우치지 말며 그 길에 미혹되지 말지어다 대저 그가 많은 사람을 상하여 엎드러지게 하였나니 그에게 죽은 자가 허다하니라 그의 집은 스올의 길이라 사망의 방으로 내려가느니라"

③ 23절 – 사망으로 그의 자녀를 죽이겠다.
교회 음행은 무서운 결과를 초래한다. 하나님께서 각 사람의 행위대로 갚아 주신다고 말씀하셨다.

갈 6:7 "스스로 속이지 말라 하나님은 업신여김을 받지 아니하시나니 사람이 무엇으로 심든지 그대로 거두리라"

⑷ 주님의 당부

① 24절 – 사탄의 깊은 것을 알라.
- 사탄은 간계를 갖고 있다(엡 6:11). 악한 계획을 파악하는 것이 중요하다.
- 사탄은 악한 생각을 넣는다. 가룟 유다에게 예수를 팔 생각을

넣었다(요 13:2).

- 사탄은 시험을 갖고 온다(마 4:1-11).
- 사탄은 위장을 잘한다. 광명한 천사로 가장한다(고후 11:14).
- 사탄은 틈을 탄다(엡 4:26-27).
- 마귀의 무기는 속임수(거짓)(창 3:1-7)와 불화살이다(엡 6:16).
- 마귀의 목적은 우리를 죽이고, 멸망시키려는 것이다(요 8:44).

요 8:44 "너희는 너희 아비 마귀에게서 났으니 너희 아비의 욕심대로 너희도 행하고자 하느니라 그는 처음부터 살인한 자요 진리가 그 속에 없으므로 진리에 서지 못하고 거짓을 말할 때마다 제 것으로 말하나니 이는 그가 거짓말쟁이요 거짓의 아비가 되었음이라"

사탄의 깊은 것을 모르면 다른 짐을 지울 수 없다. 사탄에게 번번이 당해서 교회를 어지럽히고 마귀의 도구가 되기 때문이다.

② 25절 – 너희에게 있는 것 즉 19절에 말씀한 사업, 사랑, 믿음, 섬김, 인내를 굳게 잡으라.

⑸ 이기는 자와 끝까지 주님 일을 지키는 자(사명을 감당한 자)에게 보상하신다.

① 26절 – 만국을 다스리는 권세

나라와 제사장(계 1:6), 즉 분봉왕으로 삼아 주신다.

② 27절 – 철장

철 막대기로 세상과 마귀의 세력을 질그릇같이 부수게 하신다.

③ 28절 – 새벽별을 주신다.

새벽별(Morning Star)은 예수 그리스도를 의미한다.

팁 포인트(Tip Point)

8. 정명석(JMS)과 문선명 교주

문선명의 혼음교리를 이어받은 정명석은 자기 이름 앞 글자(initial letter)를 따서 'JMS'라는 이단 단체를 조직하여 젊은 여고생, 여대생 수천 명을 미혹하였다. 'JMS'란 이름을 'Jesus Morning Star'(예수 새벽별)로 위조 개명하여 자신이 재림주라고 자처했는데 혼인을 빙자한 사기 혐의로 대전 교도소에서 10년간 복역하였다. 정명석의 정신적 스승이었던 문선명도 자신의 이름(Moon Sun 明)으로 개조하여 혹세무민하였고, 사후에도 아내 한학자와 자녀들에 의해 무시 못할 세력을 유지하고 있으나 최근 어머니, 자식 간의 싸움으로 점입가경이 된 실정이다(〈이단분류와 반증교리〉).

사탄의 기원은 이사야 14장 12-20절로 보고 있는데, 본래 하나님 옆에서 찬양했던 천사로 알려져 있으며 그 이름을 루시퍼로 명명하고 있다. 이사야 14장 12절에 "너 아침의 아들 계명성(새벽별)이여"라고 사탄의 원래 명칭을 지칭하고 있는데 하나님과 비기려고 했다가 천사에서 타락하여 사탄(마귀)이 된 것이다. 그래서 이단은 끊임없이 자신들을 재림주라 하여 하나님과 동등하려고 하며 순진한 교인들을 미혹한다.

예수 그리스도와 사탄의 본래 이름이 '새벽별'이었다는 것은 아이러니하다. 하지만 사탄과 사탄의 종과 추종하는 무리는 결국 지옥 불못에 떨어지게 된다(계 20:10, 21:8).

3장

소아시아의 일곱 교회(2)

5) 1-6절 사데 교회

사데는 서머나 동쪽 85km 지점에 위치했으며, 소아시아의 서부에 존재했던 리디아 왕국의 수도로서 동서로 뻗어 있는 교차로를 가진

상업도시이면서 군사도시였다. 한때는 염색과 보석 공예로 유명했고 금화가 처음 사용되기도 했다. 특히 사데 성곽은 난공불락의 요새로 바사(페르시아)의 고레스 왕(키루스 왕)과 수리아의 안티오쿠스 3세 때를 제외하고는 정복된 적이 없었다.

역사적으로는 구약시대 사르밧(옵 1:20)으로 추정되고 있으며, 사도 요한 당시에는 키벨레 여신숭배가 성행했는데 밀의종교(密儀宗教) 형식을 가졌으며 그 영향을 받았다. 사데가 음행과 우상숭배의 온상지였으므로 사데 교회도 나쁜 영향을 받지 않을 수 없었다.

| 계 3:1–6 |

1사데 교회의 사자에게 편지하라 하나님의 일곱 영과 일곱 별을 가지신 이가 이르시되 내가 네 행위를 아노니 네가 살았다 하는 이름은 가졌으나 죽은 자로다

2너는 일깨어 그 남은 바 죽게 된 것을 굳건하게 하라 내 하나님 앞에 네 행위의 온전한 것을 찾지 못하였노니

3그러므로 네가 어떻게 받았으며 어떻게 들었는지 생각하고 지켜 회개하라 만일 일깨지 아니하면 내가 도둑같이 이르리니 어느 때에 네게 이를는지 네가 알지 못하리라

4그러나 사데에 그 옷을 더럽히지 아니한 자 몇 명이 네게 있어 흰옷을 입고 나와 함께 다니리니 그들은 합당한 자인 연고라

5이기는 자는 이와 같이 흰옷을 입을 것이요 내가 그 이름을 생명책에서 결코 지우지 아니하고 그 이름을 내 아버지 앞과 그의 천사들 앞에서 시인하리라

6귀 있는 자는 성령이 교회들에게 하시는 말씀을 들을지어다

(1) 책망

① 1절 – 사데 교회

사데 교회는 다른 교회와 달리 책망부터 시작하고 있다. '사데'란

뜻은 '새롭다'는 의미를 지니고 있었는데 이름과 달리 세상과 세속에 물들어 싱싱함을 잃어가고 있었다.

② 1절 – 일곱 영과 일곱 별

요한계시록에서 일곱은 완전수이다. 하늘의 수 3(성부, 성자, 성령)과 땅의 수 4(동서남북)를 더한 수가 7이요, 곱한 수가 12이다. 일곱 영은 하나님을 보좌하는 천사로 볼 수 있으며, 일곱 별은 일곱 교회의 사자(보내심을 받은 자)라고 말할 수 있다(계 1:20).

③ 1절 "살았다 하는 이름은 가졌으나 죽은 자로다"

외면만의 그리스도인은 죽은 신앙의 사람이다. 행위가 구원의 조건일 수는 결코 없지만 참된 구원을 받았다고 하면 회개에 합당한 열매(마 3:8), 성령의 열매(갈 5:22-23), 빛의 열매(엡 5:9)를 맺는 것이 마땅하다. 소금을 먹으면 물을 마시기 마련이다.

마 7:21 "나더러 주여 주여 하는 자마다 다 천국에 들어갈 것이 아니요 다만 하늘에 계신 내 아버지의 뜻대로 행하는 자라야 들어가리라"
요 5:29 "선한 일을 행한 자는 생명의 부활로, 악한 일을 행한 자는 심판의 부활로 나오리라"
약 2:26 "영혼 없는 몸이 죽은 것같이 행함이 없는 믿음은 죽은 것이니라"

(2) 주님의 요구

2-3절에 나타난 5가지 권면

① 일깨우라.

성도를 각성시켜라. 사데 교인들은 과거 리디아 왕국의 번영에 집착하고 현재에 만족하고 미래의 비전을 상실했다. 그러므로 영적 대각성(awakening)이 있어야 한다.

② 굳건하게 하라.

아직 죽지 않은 것을 살려야 한다. 세상을 이기기 위해 신앙은 다져져야 한다. 다 죽은 것이 아니다. 소망이 여전히 있다.

③ 생각하라.

복음을 어떻게 받고 어떻게 믿게 되었는지를 다시 생각해 보라. 예수님을 만난 첫 감격과 눈물, 구원의 희열이 넘치던 첫사랑의 시절을 생각하라(과거를 돌아봄).

④ 회개하라.

'회개'(메타노에오)란 한 번에 끝나는 것이 아니다. 회개는 잘못된 지점에서 원래로 돌아오는 것일 뿐 아니라 계속 잘못을 시정하여 하나님께로 나아감을 뜻한다. 그래서 개혁교회의 모토(motto)를 '계속되는 갱신'에 두었다.

⑤ 믿음을 지키라.

만일 각성하고 돌이키지 않으면 주님께서 도둑같이 임하신다. 이 말은 무방비 상태로 있다가 기름을 준비하지 못한 처녀같이(마 25:8-12) '밖에 쫓겨나 슬피 이를 갊이 있으리라'(마 25:30)는 말과 동일한 뜻이라고 보아도 무방하다.

⑶ 칭찬

4절 – 옷을 더럽히지 아니한 자 몇 명이 있다.

하나님은 의인을 찾으신다. 소돔과 고모라에서도 의인 열 명을 찾으셨다(창 18:22 이하). 기드온과 300명 용사에서도 조심하며 경계하는 자를 뽑으셨다(삿 7:4-8). 예레미야에게도 의인 한 사람이 없음을 탄식하셨다(렘 5:1).

흰옷의 일차적 의미는 예수 그리스도를 의미한다. 따라서 신자는 예수 그리스도로 옷 입어야 한다(롬 13:14). 이차적 의미는 우리의 의(義) 즉 성도의 옳은 행실(계 19:7-8)이다. 따라서 예수 그리스도로 옷 입은 것은 예수 그리스도께서 은혜로 주시는 구원의 옷이지만 두 번째 옷은 '의의 겉옷'으로 우리가 날마다 씻는 성화의 삶을 통해 주어지는 것이다. 성화(sanctification)는 예수의 피(프, sang)로 빠는 계속적이고 반복적인 행위이면서 홍해를 건넌 이스라엘 선민들이 경험했던 교회생활과 연관 지을 수 있다. 구원받은 우리는 예수 그리스도와의 만남, 즉 예배와 교회생활을 통해 제2의 구원을 이루어 가야 한다. 여기서 '옷을 더럽히지 않은 자'는 '영적 단장을 한 자'로 바꾸어 말할 수 있다.

⑷ 보상

① 5절 – 흰옷을 입게 하신다.

② 5절 – 이름을 생명책에서 지우지 않겠다.

구원받을 사람의 명부를 의미한다. 자세한 것은 20장 12절에서 다루겠다.

팁 포인트(Tip Point)

9. 구원의 상실에 대하여

여기에서 구원의 상실에 대한 문제를 생각해 본다. 4세기 어거스틴-펠라기우스 논쟁으로 대별되는데 어거스틴은 구원에 관한 은총론을 주장했으며, 이에 반해 펠라기우스는 자유의지론을 제시하여 구원에 대한 인간의 책임을 강조하였다.

결국 펠라기우스가 이단으로 정죄되었고, 어거스틴의 사상은 종교개혁 시대로 내려와 칼빈 때 칼빈의 5대 강령 즉 전적 타락(Total depravity), 무조건적 선택(Unconditional election), 제한 속죄(Limited atonement), 불가항력적 은혜(Irresistible grace), 성도의 견인(Perseverance of Saints)으로 그 사상을 계승하였다. 그 이후 감리교의 창시자 요한 웨슬레는 다시금 펠라기우스의 구원관을 접속시킨다.

20세기에 이르러서는 칼 바르트가 인간에게 구원의 능력은 없지만 멸망을 선택하는 자유는 있다는 말로 구원과 자유의지에 대한 논쟁은 일단락되었다.

구원에 있어서 '한번 구원은 영원한 구원'이란 명제는 교파별로 일치하는 것으로 보인다. 하지만 영원한 보장(eternal security)은 교파 간에 이견이 있다.

구원을 잃어버릴 수 있는가?

장로교는 성도의 견인을 교리화하여 구원은 잃어버리지 않는다고 본다. 거듭 태어난 자가 어찌 다시 어머니 뱃속에 들어갈 수 있는가? 하나님께서 택하신 자녀를 마귀가 빼앗을 수 있는가? 구원의 이중 예정을 확신한다. 이에 비하여 로마 가톨릭은 치명적인 죄, 가령 살인죄 등으로 구원 상실이 가능하다고 보고 있으며, 루터교와 알미니안은 칭의, 중생한 자는 구원을 잃을 수 있으나 택함 받은 자는 구원이 보장된다고 보고 있다. 감리교(웨슬리안), 성결교, 오순절파도 범죄하면 구원을 잃을 수 있다고 가르치고 있다(김상복).

출애굽기 32장 32절에 "그러나 이제 그들의 죄를 사하시옵소서 그렇지 아니하시오면 원하건대 주께서 기록하신 책에서 내 이름을 지워 버려 주옵소서"라고 기도한 모세의 간구를 면밀히 고찰하면 성경에서 구원의 상실을 다루고 있음을 부인할 수 없다.

③ 내 아버지와 천사들 앞에서 시인하리라.

기독교에 박해와 수난, 그리고 순교가 많은 이유는 구주 예수 그리스도에 대한 믿음과 관련된 질문에 분명히 자신이 신자임을 밝혀야 한다는 의식이 깔려 있기 때문이다. 가령 이슬람교는 '타끼야' 교리라고 해서 위경에 거짓말해도 괜찮다고 가르치고 있다. 반면 기독교는 신앙의 정체성이 분명해야 주 예수께서 그날에 부인하지 않으심을 약속하셨기 때문에, 예수님께서 하나님 앞에서 우리를 시인하신다는 말씀은 정직과 지조가 내포되어 있다고 봐야 할 것이다.

마 10:32-33 "누구든지 사람 앞에서 나를 시인하면 나도 하늘에 계신 내 아버지 앞에서 그를 시인할 것이요 누구든지 사람 앞에서 나를 부인하면 나도 하늘에 계신 내 아버지 앞에서 그를 부인하리라"

6) 7-13절 빌라델비아 교회

역사적으로 빌라델비아는 '형제애'라는 이름의 뜻을 지녔으며, 사

데에서 40km 동쪽에 위치한 소아시아 리디아의 성읍으로 소아시아 고원지대와 서머나를 잇는 주요 산업도시였다. 1세기경에는 로마가 절정기를 이루어 유럽, 아시아, 아프리카를 지배하고 있었는데 11대 황제 도미티안 때는 기독교를 많이 탄압하였다. 그 원인은 도미티안 황제는 국력을 위해 황제숭배를 통해 황제 신격화를 시도했는데 토착신과 우상숭배자들과 유대교는 순종적이었지만 기독교는 유독 황제숭배를 반대했기 때문이다.

로마가 정치 중심지라면 소아시아는 문명과 경제의 중심지여서 신전도 가장 빨리 완공되었고, 황제숭배 명령도 일찍이 요청되었다.

|**계 3:7-13**|

7빌라델비아 교회의 사자에게 편지하라 거룩하고 진실하사 다윗의 열쇠를 가
지신 이 곧 열면 닫을 사람이 없고 닫으면 열 사람이 없는 그가 이르시되
8볼지어다 내가 네 앞에 열린 문을 두었으되 능히 닫을 사람이 없으리라 내가
네 행위를 아노니 네가 작은 능력을 가지고서도 내 말을 지키며 내 이름을 배
반하지 아니하였도다
9보라 사탄의 회당 곧 자칭 유대인이라 하나 그렇지 아니하고 거짓말하는 자
들 중에서 몇을 네게 주어 그들로 와서 네 발 앞에 절하게 하고 내가 너를 사

랑하는 줄을 알게 하리라
[10]네가 나의 인내의 말씀을 지켰은즉 내가 또한 너를 지켜 시험의 때를 면하게 하리니 이는 장차 온 세상에 임하여 땅에 거하는 자들을 시험할 때라
[11]내가 속히 오리니 네가 가진 것을 굳게 잡아 아무도 네 면류관을 빼앗지 못하게 하라
[12]이기는 자는 내 하나님 성전에 기둥이 되게 하리니 그가 결코 다시 나가지 아니하리라 내가 하나님의 이름과 하나님의 성 곧 하늘에서 내 하나님께로부터 내려오는 새 예루살렘의 이름과 나의 새 이름을 그이 위에 기록하리라
[13]귀 있는 자는 성령이 교회들에게 하시는 말씀을 들을지어다

⑴ 칭찬

① 8절 "네가 작은 능력을 가지고서도 내 말을 지키며"

빌라델비아 교회는 마태복음 25장 달란트 비유에 나오는 한 달란트 맡겨진 자 같은 교회였다. 빌라델비아는 지진이 많아서 가난했던 도시였고 유대인의 박해도 많았다. 하지만 포도주 생산은 풍요로웠던 것으로 전해지며 포도주를 소아시아 300여 교회에 나눠 주는 섬김의 삶을 살았다.

② 8절 – 작은 능력을 가지고도 주님의 이름을 배반하지 않았다.

예언의 큰 능력을 가졌던 발람 선지자, 큰 힘을 은사로 받았던 삼손, 전무후무한 지혜를 받았던 솔로몬, 그리고 권력을 부여받은 수많은 왕들이 주님을 배반했다. 신약에서는 예수님의 재정을 맡았던 가룟 유다가 넘어졌다. 세리 마태를 제치고 회계를 맡았던 것으로 보아 머리 회전이 빠르고 돈궤를 지고 다닐 만큼 건강했지만 마귀의 속삭임에 무너졌다. 수제자 베드로도 닭 울기 전 세 번 예수님을 부인했지만 회개의 기회를 얻어 십자가의 길을 갔다. 능력과 위치와 부가 믿음을 지켜 주는 방패나 산성이 아니다. 적은 능력을 받고, 작

은 일을 맡았다 할지라도 어떤 경우라도 주님을 시인한다면 그는 승리자이다.

③ 10절 – 인내의 말씀을 지켰다.

약 5:10–11 “형제들아 주의 이름으로 말한 선지자들을 고난과 오래 참음의 본으로 삼으라 보라 인내하는 자를 우리가 복되다 하나니 너희가 욥의 인내를 들었고 주께서 주신 결말을 보았거니와 주는 가장 자비하시고 긍휼히 여기시는 이시니라”

(2) 보상

빌라델비아 교회는 서머나 교회처럼 칭찬만 있고 책망이 없는 교회였다.

① 8절 – 열린 문을 두었다.

- 하늘 문(창 28:12; 말 3:10; 마 3:16; 계 4:1)
- 구원의 좁은 문(눅 13:24)
- 복음의 문(고후 2:12)
- 전도의 문(골 4:3)
- 소망의 문(호 2:15)
- 예수님 자신으로서의 문(요 10:7, ‘구원의 문’; 요 10:9-10 ‘생명의 문’)

대부분의 학자들은 선교의 문으로 이해하고 있다.

② 9절 – 사탄의 회당 곧 자칭 유대인들이 와서 절하게 함(이단들이 굴복하고 개종함).

③ 10절 – 시험의 때를 면하게 하신다.

'장차'라는 말이 이후에 나오는 것으로 보아 7년 대환난의 어려움을 겪지 않게 하신다는 뜻으로 보아도 무방하다. 평소에 열심인 학생에게 무시험 전형과 같은 것이다.

시 121:7 "여호와께서 너를 지켜 모든 환난을 면하게 하시며 또 네 영혼을 지키시리로다"

(3) 권면

① 11절 – 면류관을 빼앗기지 말라.

- ■의의 면류관: 완주자에게 주심(딤후 4:8).
- ■영광의 면류관: 본이 되는 생활을 한 자에게 주심(벧전 5:4).
- ■생명의 면류관: 순교자(계 2:10), 인내한 자에게 주심(약 1:12).
- ■자랑의 면류관: 양육한 사람에게 주심(빌 4:1).
- ■썩지 않을 면류관: 절제한 자에게 주심(고전 9:25).
- ■계시록의 면류관: 믿음을 지킨 자에게 주심(계 14:14).

각자에게 주시는 상급과 면류관을 굳게 잡아야 한다.

② 12절 – 이기는 자가 되라.

a) 성전의 기둥이 된다.

교회의 기둥이 된다는 것은 하나님의 축복이다. 기둥이 썩으면 안 된다. 기둥이 없어도 안 된다. 기둥이 교회를 지탱한다.

–구약에 나타난 성전 기둥의 예표

- ■솔로몬 성전에는 놋 기둥 야긴과 보아스가 있었다(왕상 7:21).
- ■예레미야 때 성전에는 쇠 기둥이 있었다(렘 1:18).

– 신약에서 기둥은 기둥 같은 사도요 중직자이다.

■ 예루살렘 교회의 야고보, 게바, 요한(갈 2:9)이 기둥이었다.

■ 스데반, 빌립, 브로고로, 니가노르, 디몬, 바메나, 니골라 등 7명의 안수집사가 기둥이었으나 그중 니골라는 썩은 기둥이 되었다(행 6:1-6).

b) 기둥 위에 하나님의 이름과 하늘에서 내려오는 새 예루살렘 성의 이름, 그리고 예수님의 이름을 기록한다.

그러므로 교회의 기둥이요 중직인 나에게 살아서 움직이는 복음이 되게 하시겠다는 약속이다.

7) 14–22절 라오디게아 교회

라오디게아는 소아시아 브루기아의 수도이며 골로새에서 서쪽으로 25km, 에베소에서 동쪽으로 180km 떨어진 곳에 위치했다. 교통

의 요지이며 상업으로 부요했으며, 라오디게아 근처의 히에라볼리에서 흘러내리는 온천물로 인한 질병 치료와 콜로니온이라는 안약으로 명성을 날린 의학 도시였다. 그런데 히에라볼리에서 6.5km 끌어오는 온천수가 라오디게아에 이르면 미지근한 물이 되었는데 이러한 위치적 배경이 라오디게아 교회의 당시 신앙 상태와 맞물렸다.

현재 라오디게아는 여러 번의 지진으로 땅속에 묻힌 도시가 되었고, 유적으로는 로마식 야외 운동장과 원형극장 터만 남아 있다. 라오디게아 교회는 에바브라가 설립한 교회(골 4:12-13)로, 골로새 교회와 함께 사도 바울의 영향을 많이 받은 교회였으나 부요함과 안일함에 젖어 책망만 받은 유일한 교회가 되었다.

| 계 3:14–22 |

14라오디게아 교회의 사자에게 편지하라 아멘이시요 충성되고 참된 증인이시요 하나님의 창조의 근본이신 이가 이르시되

15내가 네 행위를 아노니 네가 차지도 아니하고 뜨겁지도 아니하도다 네가 차든지 뜨겁든지 하기를 원하노라

16네가 이같이 미지근하여 뜨겁지도 아니하고 차지도 아니하니 내 입에서 너를 토하여 버리리라

17네가 말하기를 나는 부자라 부요하여 부족한 것이 없다 하나 네 곤고한 것과 가련한 것과 가난한 것과 눈먼 것과 벌거벗은 것을 알지 못하는도다

18내가 너를 권하노니 내게서 불로 연단한 금을 사서 부요하게 하고 흰옷을 사서 입어 벌거벗은 수치를 보이지 않게 하고 안약을 사서 눈에 발라 보게 하라

19무릇 내가 사랑하는 자를 책망하여 징계하노니 그러므로 네가 열심을 내라 회개하라

20볼지어다 내가 문 밖에 서서 두드리노니 누구든지 내 음성을 듣고 문을 열면 내가 그에게로 들어가 그와 더불어 먹고 그는 나와 더불어 먹으리라

21이기는 그에게는 내가 내 보좌에 함께 앉게 하여 주기를 내가 이기고 아버지 보좌에 함께 앉은 것과 같이 하리라

22귀 있는 자는 성령이 교회들에게 하시는 말씀을 들을지어다

(1) 책망

① 15절 – 행위가 뜨겁지도 않고 차지도 않고 미지근한 신앙

교파들마다 강조하는 면면이 다르다. 같은 운동선수라도 특기가 있고 음식점마다 특징이 있듯이 교파마다 제각각 강조하는 주안점이 다르다. 장로교는 신앙 인격을, 감리교는 진실한 신앙 태도를, 침례교는 신앙 간증에 중점을 둔다. 오순절 교회는 열정적 기도와 방언 은사에, 루터교는 충성된 그리스도인의 자세에, 퀘이커 교도는 청결한 믿음에 역점을 두고 있다. 성공회는 교인의 긍지를, 구세군은 봉사에 초점을 두고 있다(김장환).

같은 한 하나님을 믿으며 삼위일체를 인정하며 사도신경을 고백해도 차이가 있다. 성경은 절대 불변의 말씀이지만 교단의 말씀은 구별점이 있고 불완전한 부분을 내포하고 있으며, 설교는 하나님 말씀이지만 오류를 범할 여지가 있다.

성결교는 감리교를 갱신, 개혁하고자 했던 한국만의 종파라고 보면 될 터인데, 부흥사 중심의 열정으로 시작했다고 볼 수 있다. 그 대표적인 부흥사가 이성봉 목사이다. 이 모든 교파가 한 하나님을 믿지만 교인의 성격과 취향을 반영하여 하나님의 부르심을 받은 성도들이 교파와 교회를 이루었다.

뜨거운 것과 찬 것은 원래 히에라볼리의 온천수와 골로새의 생수를 의미했는데, 물 사정이 안 좋았던 라오디게아에서 미지근한 상태가 되었다. 뜨거운 것이 감정이라면 찬 것이 이성이라고 바꾸어 말할 수 있는데 설명을 돕기 위해 장로교와 감리교를 대별하면 이해에 도움이 되리라 생각된다. 칼빈 신학은 한마디로 말씀 신학이다. 그러나 감리교는 성령 체험을 강조하고 주관적이다. 칼빈이 믿음을 구원의 중요한 은총의 수단이라고 보았다면 요한 웨슬레는 성결과 사

랑을 중시했는데 사랑을 구원의 방편으로 생각하였다. 그러므로 주님은 라오디게아 교회에 다음과 같이 권면하신다. “네가 차든지 뜨겁든지 하기를 원하노라.” 라오디게아의 온천물처럼 미지근하면 “토하여 버리리라”고 말씀하셨다.

잠 17:27b “냉철한 자는 명철하니라”

② 17-18절 – 너 자신을 알라.

a) “나는 부요하다”라고 하나 실상은 믿음이 가난하다.

그러므로 경제적 부보다 불로 연단한 금 같은 믿음으로 신앙의 부요를 지녀야 한다.

b) 벌거벗은 줄 모른다.

그러므로 흰옷을 사서 입어 벌거벗은 수치를 가리라.

흰옷은 옳은 행실, 세마포 옷이다(계 19:8).

c) 눈먼 것을 알라.

바리새인은 영적 소경이다. 예수님은 바리새인의 형식적 신앙을 몹시 싫어하셨고, 심지어 저주까지 퍼부으셨다.

팁 포인트(Tip Point)

10. 바리새인의 특징(마 23:1-36)

① 말만 하며 행하지 않는다.

② 무거운 짐을 남에게 지우며 자신은 손가락 하나도 움직이려 하지 않는다.

③ 행위를 보이고자 한다(외식).

④ 높은 자리와 문안 받는 것을 좋아한다(교만).

⑤ 천국 문에 자기도 들어가지 않고 남들도 못 들어가게 한다.

⑥ 교인을 더 지옥 자식이 되게 한다.

⑦ 눈먼 인도자여서 같이 구덩이에 빠진다.

⑧ 하루살이는 끓어내고 낙타는 삼킨다(소소한 것은 집착하고 큰 것은 넘어간다).

⑨ 겉은 깨끗하나 속은 탐욕과 방탕이 가득하다.

⑩ 회칠한 무덤이다. 겉으로는 사람에게 옳게 보이려 하고 안에는 외식과 불법이 가득하다.

즉, 겉과 속이 다른 신앙인, 하나님보다 사람을 의식하는 신앙인, 가라지 신앙인이다.

---

(2) 주님의 요구

① 19절 "열심을 내라"

'열심'의 헬라어는 '제오'로 '끓어오르다'라는 의미이다. 그러므로 타오르는 교회가 되라고 말씀하신다. 라오디게아 교회가 면직물 생산의 중심지이며 요새여서 전쟁이 없고 큰 의과대학과 온천이 있고, 핍박도 이단도 없는, 아무 문제없는 교회이다 보니 차츰 뜨거운 신앙에서 미지근한 신앙으로 변해갔다. 하나님 없이도, 기도 없이도 잘되고 있다 보니 빈 껍데기 신앙이면서 잘 믿은 결과라고 자신들을 오판했던 것이다.

롬 12:11 "부지런하여 게으르지 말고 열심을 품고 주를 섬기라"

② 19절 "회개하라"

자신을 자각할 때 회개가 터진다. 자기 자신을 못 볼 때 문제가 생기며, 영적 소경이 될 때 바리새인 신앙으로 변질되는 것이다.

요 9:40-41 "바리새인 중에 예수와 함께 있던 자들이 이 말씀을 듣고 이르되 우리도 맹인인가 예수께서 이르시되 너희가 맹인이 되었더라면 죄가 없으려니와 본다고 하니 너희 죄가 그대로 있느니라"

③ 주님이 마음 문을 두드리실 때 열라.

장로교단의 시조 요한 칼빈은 불가항력적 은혜(irresistible grace)를 교리화했지만 감리교의 요한 웨슬레는 인간 책임을 간과하지 않았다. 예수님께서 내 맘을 인격적으로 두드리실 때 영접해야 하며, 영접은 인간 편에 있다. 하나님의 은혜와 인간의 믿음이 만나는 곳에 구원이 있다. 요한계시록은 구원과 상급에 있어 인간 책임의 중요성을 강조하고 있다.

⑶ 이긴 자의 보상

① 20절 - 주님을 받아들이면 주님께서 그 안에 거하시며 영원토록 함께하신다(주님과의 동행).

② 21절 - 예수님 보좌에 함께 앉게 하신다.

팁 포인트(Tip Point)

11. 이단 신천지의 '이긴 자'

신천지 예수교 증거장막성전 교주 이만희는 구약시대의 이긴 자는 야곱, 신약시대의 이긴 자는 예수, 계시록시대의 이긴 자는 이만희라고 하여 구원자의 반열에 자신을 올려놓았다(사 14:13).

이단, 특히 한국교회의 이단들은 삼시대를 주장하는데 구약, 신약, 새 언약시대로 구분하여 제2의 예수 혹은 재림주 행세를 하여 교인과 세상 사람을 미혹한다. 어떤 이단들은 비슷한 경로를 밟아 생명나무가 셋이 있는데 창세기 시대 생명나무(창 3:22), 예수 생명나무, 자신이 생명나무라고 참칭하여 예수님과 비기려 한다(사 14:14).

8) 요한계시록 1–3장의 정리

(1) 1–3장은 성령의 감동을 받은 요한의 첫 번째 환상 이야기이다.

(2) 1장에는 표제와 인사, 그리고 예수 그리스도의 모습을 그렸다.

(3) 2–3장에는 주님께서 소아시아에 있었던 7개의 초대교회를 향한 메시지를 던지심으로써 당시와 오늘을 사는 기독교인들에게 주의할 점과 가야 할 길을 제시하셨다.

팁 포인트(Tip Point)

12. 초대교회부터 현대에 이르는 이단사상

요한계시록을 임의로 해석하여 신자를 미혹시킨 이단세력은 초대교회에도 많았으며, 성경의 정경화 작업에 큰 영향을 주었다. 이단에 대한 성경의 묘사와 중심 구절을 여기서 살펴본다.

① 마 7:15 – 양의 옷을 입은 이리

② 요 10:8–9 – 절도요 강도

③ 행 20:29 – 사나운 이리

④ 고후 6:15 – 벨리알(유대교 외경에 나오는 야비한 자, 건달, 사악한 자를 말한다.)

⑤ 고후 11:14 – 광명한 천사

⑥ 빌 3:2 – 개들(유대교 율법주의자)

⑦ 빌 3:2 – 행악하는 자들[십자가에서 율법이 폐기되었으니 막 살아도 된다는 사람들로 니골라 당 같은 사람들이요, 오늘날 구원파 같은 사람들이다. 한마디로 성화를 인정하지 않는 이단이다. 혹자는 장로교를 비판하면서 '한번 구원은 영원한 구원'임을 주장하는 교리에 대해 니골라 당, 구원파 같은 방종의 교파로 오인하고 있는데 실상은 그렇지 않다. 장로교는 구원교리에 있어서는 이신칭의(롬 1:17)를 확립하여 구원은 '오직 믿음'으로만 가능하다는 은혜의 교리를 설정한 한편 마태복음 5–7장에 나타난 산상수훈으로 장로교의 윤리를 제시하여 교리와 윤리의 두 기둥을 바로 정립했다. 이와 같은 사상은 사도 바울이 로마서, 갈라디아서, 에베소서 등에서 보여준 교리(indicative)와 윤리(imperative)와 일치한다.]

⑧ 빌 3:2 – 몸을 상해하는 자들(극단적인 고행을 추구하여 자기 힘으로 하나님의 은혜의 보좌에 나아가려는 잘못된 방법을 추구했던 종교인들

로 이방제사 방식에서 나왔다. 칼과 창으로 피를 흘리며 응답의 불을 끌어내리려고 했던 바알과 아세라 선지자(왕상 18:28) 같은 자들이다.

⑨ 딤후 3:8 – 얀네와 얌브레 같은 자(모세 시대에 지팡이로 뱀을 만든 술사의 이름으로 전해지고 있다.)

⑩ 벧후 2:1 – 거짓 선생

⑪ 딤후 2:17 – 후메내오와 빌레도 같은 자(부활이 지나갔다고 설파하여 교인을 미혹하는 암적 존재들이다. 혹 어떤 자유주의자들은 십자가는 사실이나 부활은 신앙 사건이라고 말하는데 이것은 암과 같은 위험한 이단사상이다. 불트만의 신학사상도 이와 맥락을 같이한다. 《부활과 부활 신앙》에서 예수 그리스도의 십자가는 실제 사건이나 부활은 실제 사건이었는지 의심스럽다고 보았다. 불트만은 실제적인 예수 부활보다 신자가 믿는 부활 신앙이 더 중요하다고 말했다. 이 말은 부활에 대한 의심이 기저에 깔려 있다. 기독교 진리에 있어서 십자가와 부활이 역사적 사건인 동시에 신앙 사건임을 분명히 해야 할 필요가 있다. 불명확한 언어가 불신을 조장할 수 있으며, 기독교의 가장 위대한 진리를 희석시킬 수 있다.)

⑫ 벧후 2:15 – 발람 같은 거짓 선지자

⑬ 요일 2:18 – 적그리스도(요일 2:22 – "거짓말하는 자가 누구냐 예수께서 그리스도이심을 부인하는 자가 아니냐 아버지와 아들을 부인하는 그가 적그리스도니")

⑭ 요이 1:7 – 미혹하는 자(요이 1:7 – "미혹하는 자가 세상에 많이 나왔나니 이는 예수 그리스도께서 육체로 오심을 부인하는 자라 이런 자가 미혹하는 자요 적그리스도니")(예수 그리스도께서 육체로 오심을 부인하는 자들은 초대교회에서 4세기까지 기독교에 달라붙어 교회를 어지럽힌 영지주의를 뜻한다. 기독교에 가장 큰 피해를 주었던 영지주의는 구약의 하나님은 악한 신이고 육체는 나쁜 것으로 보아 예수님의 성육신(incarnation)과 예수님의 인성을 부인했다. 영지주의의 극성이 요한일서, 요한이서의 집필 배경이 되었다.)

⑮ 유 1:4 – 가만히 들어온 사람(하나님의 은혜를 도리어 방탕한 것

으로 바꾸고 예수 그리스도를 부인하는 자들이다.)

⑯ 유 1:7 – 다른 육체를 따라가는 자(동성 연애하여 소돔과 고모라에서 불 심판을 받은 자들이다.)

⑰ 유 1:8 – 꿈꾸는 자(신 13:1–3 – "너희 중에 선지자나 꿈꾸는 자가 일어나서 이적과 기사를 네게 보이고 그가 네게 말한 그 이적과 기사가 이루어지고 너희가 알지 못하던 다른 신들을 우리가 따라 섬기자고 말할지라도 너는 그 선지자나 꿈꾸는 자의 말을 청종하지 말라 이는 너희의 하나님 여호와께서 너희가 마음을 다하고 뜻을 다하여 너희의 하나님 여호와를 사랑하는 여부를 알려 하사 너희를 시험하심이니라")[꿈을 꾸며 하나님으로부터 잘못된 신으로 끌고 가는 거짓 선지자로 이적을 수반하기도 하는데 한국 박태선(천부교 교주, 1981년 개명)과 같은 자들이다. 그는 6·25 사변 때 공산주의를 피하여 구들장을 뚫고 숨어서 하루 8시간씩 기도했다고 한다. 수많은 계시와 이적을 행하며 한강 백사장 집회에서는 치유된 환자의 목발이 한 트럭분이 나왔다고 한다(동아일보 게재). 말씀이 빈약하고 사람들이 떠받들게 되자 감람나무를 사칭하고 교주로 탈바꿈하였다. 박태선의 발 씻은 물을 치료제로 복용하기도 한 웃지 못할 사례들이 허다하다. 한국 교회 200만 성도 시절 70만 명이 넘어갔다고 하니 그 폐해를 가히 짐작할 수 있다. 결국 성경에 대한 무지와 영적 교만이 낳은 한국 기독교의 비극적 역사이며, 그 계통을 이은 자가 신천지의 이만희 교주이다. 이들을 가인의 길을 행하는 자(유 1:11), 발람의 어그러진 길로 몰고 간 자(유 1:11), 고라의 패역을 따라간 자들(유 1:11)이라고 성경적 예를 들고 있다. 오늘날 잘못된 예배, 성적 문란, 교회를 분열시키는 자들이 다 이런 부류라는 것이다. 특히 불의의 삯을 받고 성적 문란을 일으킨 발람 선지자는 오늘날 통일교의 문선명 교주와 흡사하다. 신학교를 중퇴한 것으로 알려진 그는 선악과 사건을 사탄과 하와의 결합으로 보았으며, 이로 인해 태어난 자식이 가인이라고 미혹시켰다. 그래서 가인의 후손인 인류에게

예수는 불완전한 구원자이며 육체 구원을 위하여 자신과 '피갈음' 즉 성교(性交)를 통해 깨끗해진다는 해괴한 교리를 만들었다. 자신도 간통죄로 2년간 복역하다가 6·25 사변으로 인해 잔여 형기 3년을 채우지 않고 출소하게 되었는데, 그 이후 이와 같은 성혈교리(聖血敎理)로 이화여대, 연세대를 중심으로 교세를 확장해 갔다. 교세가 불어나 직접 '피갈음'이 한계에 부딪히자 대체 방안으로 등장한 것이 합동결혼식이다. 고라의 패역은 교회를 갈라놓고 교단을 분리하는 악의 세력이다. 오늘날 이런 자들은 교리보다는 윤리적 문제를 발생시켜서 그리스도의 몸 된 교회를 나누고 있다. 다른 한편 대부분의 이단들은 기성 교회를 비판하고 기존 교회에 대해 멸망을 향해 가는 바벨론으로 지칭하여 자기들만의 구원을 강조하고, 폐쇄성을 고수하여 교인들을 영적 소경으로 만들어서 주님의 교회를 해치고 있다. – 〈이단 분류 및 반증 교리〉

⑱ 자칭 사도(계 2:2 참조), 자칭 유대인(계 2:9 참조), 자칭 선지자(계 2:20 참조), 사탄의 회(계 3:9)

⑲ 계 22:18 – 말씀을 더하는 자[코란(이슬람), 원리강론(통일교), 몰몬경(말일성도 예수 그리스도의 교회)]

⑳ 계 20:19 – 말씀을 감하는 자[초대교회 3대 이단은 영지주의, 몬타누스, 마르시온이다. 그중에서 마르시온주의자들은 하나님과 결혼했으니 결혼은 필요 없다(딤전 4:3)고 하며 바울의 10개 서신만 인정했다. 이에 정통교회에서 자극을 받아 정경화 작업에 박차를 가했는데 AD 397년 카르타고 회의에서 정경이 확정되었으며, 이를 주도한 인물은 아타나시우스이다.]

이단에 대한 성경적인 관점

① 이단에 빠진 자는 애당초 심판받을 자였다(살후 2:11-12 – "이러므로 하나님이 미혹의 역사를 그들에게 보내사 거짓 것을 믿게 하심은 진

리를 믿지 않고 불의를 좋아하는 모든 자들로 하여금 심판을 받게 하려 하심이라"). 그러므로 상종하지 말라(요이 1:10-11 - "누구든지 이 교훈을 가지지 않고 너희에게 나아가거든 그를 집에 들이지도 말고 인사도 하지 말라 그에게 인사하는 자는 그 악한 일에 참여하는 자임이라").

② 딛 3:10 - "이단에 속한 사람을 한두 번 훈계한 후에 멀리하라"(한번 빠진 자들은 돌이키기가 쉽지 않다.)

③ 이단에 빠진 자를 건지라(약 5:19-20 - "내 형제들아 너희 중에 미혹되어 진리를 떠난 자를 누가 돌아서게 하면 너희가 알 것은 죄인을 미혹된 길에서 돌아서게 하는 자가 그의 영혼을 사망에서 구원할 것이며 허다한 죄를 덮을 것임이라"). - 〈제100회기 지역별 이단 사이비, 이슬람 대책 세미나〉

이단에 대한 우리의 자세

① 영을 분별하라(요일 4:1). ② 미혹하는 자를 제거하라(겔 13:9). ③ 진리를 사수하라(잠 23:23; 요이 1:1-4).

⑷ 성령이 교회에 하시는 말씀을 들어야 한다.

여기에서 나오는 세 단어를 주목해 보면 성령, 교회, 말씀이다. 성령은 예수의 영이고, 교회는 예수의 몸이며, 성경은 예수의 말씀이다.

팁 포인트(Tip Point)

13. 로마 가톨릭 구원관의 문제점

"귀 있는 자는 성령이 교회들에게 하시는 말씀을 들을지니라"는 구절은 에베소 교회, 서머나 교회, 버가모 교회, 두아디라 교회, 사데 교회, 빌라델비아 교회, 라오디게아 교회에게 주신 말씀 끝에 계속 반복하여 일곱 번 기록되었다. 여기서 성령과 교회와 말씀의 관계를 짚고 넘어가고자 한다. 직접으로 표현하면, 개신교와 로마 가톨릭의 관계 및 로마 가톨릭의 문제점의 근원을 살펴보고자 한다.

사도행전 2장에 나타난 오순절 성령사건으로 말미암아 교회가 탄생했다. 동정녀 마리아를 통한 예수 그리스도의 육체적 탄생에도 성령께서 개입하셨고, 그리스도의 몸 된 교회의 태동에도 성령께서 그 문을 여셨다. 교회의 네 가지 표지는 하나의 교회, 거룩한 교회, 보편적 교회, 사도적 교회이다(니케아 신경 참조. 원어로는 "Una, sancta, catholica et apostolia ecclesia"이다. - 〈마태복음에 나타난 교회론〉). 이 중에서 로마 가톨릭은 사도적 교회에 가장 큰 비중을 둔다.

사도적 교회란 사도의 전승 위에 세워져 있으며, 사도들의 표준적 권위, 가르침과 지도를 받는다는 것을 의미한다. 그렇다면 개신교의 교회론과 로마 가톨릭의 교회론의 분수령은 어디일까? 이것은 마태복음 16장 13-20절에 나타난 베드로의 신앙고백에서 찾아볼 수 있다. 베드로의 신앙고백 즉 "주는 그리스도시요 살아계신 하나님의 아들"(마 16:16)이라는 대답에 예수님은 흡족해하시며 베드로에게 다음과 같은 축복의 말씀을 하신다. "또 내가 네게 이르노니 너는 베드로(원어: '페트로스')라 내가 이 반석(원어: '페트라') 위에 내 교회를 세우리니 음부의 권세가 이기지 못하리라"(마 16:18).

로마 가톨릭은 이 말씀에 근거하여 베드로 1대 교황 위에 교회가 세워졌다고 주장한다. 그리고 베드로의 교황권을 계승하여 교회는 존속된다고 본 것이다(김명용). 이와 같은 사고방식 속에 교황은 '지상의 하나님'이요 '무오한 분'이란 결과를 빚어냈다. 따라서 교황의 말을 하나님의 정확무오한 말씀이라고 본다. 갈릴레오가 지동설을 펼쳤을 때 로마 교황청은 지동설의 반론으로 여호수아 10장 12절을 들었다("태양아 너는 기브온 위에 머무르라 달아 너도 이 아얄론 골짜기에서 그리할지어다"). 로마 교황청은 지구가 돌면 "지구야 멈추라"고 하지 않았겠냐고 반문하였다. 화형을 면하기 위해 갈릴레오는 자신의 뜻을 굽혔으나 교황청을 나오면서 "그래도 지구는 돈다"라는 유명한 말을 남겼다. 훗날 지구 자전설이 과학적으로 입증되자 교황청에서 교황의 무오한 말이 틀렸었다고 말할 수 없게 되자 "지금부터 돌아도 된다"라는 궁색한 답변을 내놓았다.

그러나 마태복음 16장 18절 본문을 자세히 살펴보면 시몬의 새 이름 베드로는 원어가 '페트로스'로 '페트라'라는 커다란 바위덩이에서 비롯된 작은 바위 덩어리를 의미한다. 그러므로 베드로는 변덕 인생에서 반석 인생으로 뒤바뀌는 축복을 받았다는 뜻이요, 베드로의 신앙고백 위에 세워진 교회 그리고 예수 그리스도의 반석 위에 세워진 교회로 해석해야 올바르다고 할 것이다. 원어의 연구 부족으로 인한 한마디의 오역으로 인해 사도적 교회가 베드로 교회, 심지어 교황의 교회로 둔갑하였다. 이 사도적 교회의 지나친 강조의 문제점은 비단 여기서 그치지 않는다. 교회가 성경을 선택했다고 보는 것이다. 이제는 교황의 말이 성경보다 우위를 차지했다(뵈트너).

이와 같은 성경의 약화가 서구를 중세의 암흑시대로 몰아넣어서 무지가 상식이 되고 말았다. 중세를 무너뜨린 결정적 오류 중 하나가 '면죄부'이다. 베드로 성당의 무리한 건축비를 충당하기 위한 테셀의 설교는 종교개혁의 발화점이 되었다. 하지만 보다 근본적인 문제는 예수 그리스도 외에 구원받을 수 있는 다른 길을 열어 놓았다는 점이다. 죽은 자도 돈으로 구원된다는 어처구니없는 교리가 당시에 양식 있는 지식인의 분노를 자아내기에 충분했다. 그리고 이러한 잘못된 교리는 다원주의라는 비성경적 구원관의 모태가 되었다(김진원).

게다가 로마 가톨릭에서 성경보다 교회를 우위에 두고, 교황의 말이 성경보다 앞선 결과 다원주의뿐 아니라 마리아 숭배 사상 등 지나친 확대 해석으로 나아가게 되었으며, 구원에 관한 성경의 본질인 '이신칭의'(롬 1:17)보다 선행을 구원조건으로 하는 행위구원으로 흐르는 오류를 범하게 되었다. 이는 성경의 잣대(canon)를 저버린 비극적 결과이다(롬 1:17 - "복음에는 하나님의 의가 나타나서 믿음으로 믿음에 이르게 하나니 기록된 바 오직 의인은 믿음으로 말미암아 살리라 함과 같으니라"). 교회가 선택해서 성경이 정경이 되었다고 말하기보다 성경이 갖고 있는 내면의 진리와 가치, 그리고 복음의 능력으로 인해 현재의 성경을 정경으로 채택하지 않을 수 없었음을 로마 가톨릭은 인정해야 할 것이다.

당시에 바른 진리를 모색했던 마틴 루터와 존 칼빈을 비롯한 종교개혁자들의 외침이 '오직 은혜, 오직 믿음, 오직 예수, 오직 말씀'이 된 것은 이러한 역사적 배경과 관련이 깊다. 구원의 길은 예수 그리스도 외에 없으며(행 4:12) 오직 예수만이 유일한 구원자이시다.

행 4:12 "다른 이로써는 구원을 받을 수 없나니 천하 사람 중에 구원을 받을 만한 다른 이름을 우리에게 주신 일이 없음이라 하였더라"

(5) 소아시아의 일곱 교회는 현재 터키 지역에 있었는데 그곳은 지금 이슬람 지역이 되었다. 앞으로 교회의 가장 적대세력은 이슬람이 될 가능성이 크다.

팁 포인트(Tip Point)

14. 이슬람

소아시아의 일곱 교회는 결국 이슬람의 손에 넘어가고 말았다. 20세기 초반에 2억 명에 불과했던 이슬람은 2020년 현재 17억 명 신도를 자랑하고 있으며, 2080년이 되면 유럽은 자연히 이슬람의 무제한 출산 정책으로 말미암아 이슬람화될 것을 리비아 대통령 카다피가 공언한 바 있다. 현재 전 세계에서 이슬람의 포교를 막아내고 있는 나라는 아프리카 중부 지역에 위치한 에티오피아, 콩고 민주공화국, 우간다, 나이지리아 4개국 외에는 찾아보기 힘들다. 오직 이 4개국만이 이슬람 포교의 남진을 막아내고 도리어 나이지리아의 경우 1년에 70만 명, 에티오피아는 1년에 40만 명이 예수 그리스도께 돌아오고 있다.

왜 기독교는 이슬람에게 약한가?

이슬람은 주지하다시피 AD 610년 아라비아에서 무함마드가 창시한 종교로 유일신인 알라를 믿으며, 경전은 코란이다. 이슬람의 본래 의미는 '신에게 복종한다'는 뜻으로 이슬람 교도가 자신들의 종교를 지칭할 때 '이슬람'이란 말을 사용한다. 무슬림이란 이슬람을 믿는 사람들이다. 비유컨대, 이슬람이란 기독교로(종교로), 무슬림이란 크리스천으로(이슬람을 믿는 사람들) 바꿔서 생각하면 이해가 쉬울 것이다.

그렇다면 이슬람이 표방하는 것처럼 이슬람은 '평화의 종교인가?' 그들의 말처럼 이슬람은 평화적이지 않다. 그 이유는 그들의 경전 코란의 가르침이 폭력을 수반하고 있기 때문이다. "종교는 강제로 하지 말지니라"(코란 2:256)는 평화를 위장하기 위한, 폐지된 교리(Mansukh: 취소교리)이다. 이전 교리는 이후 교리에 의해 자동 무효가 되는데 이후 교리는 "이교도는 만나는 대로 죽이라"(코란 9:5)이며, 무함마드가 죽기 직전의 어록이었기 때문에 이것을 변경할 도리가 없다. 다음 코란의 구절은 이슬람의 전쟁 이유에 대해 잘 설명하고 있다. "알라께서 비무슬림들을 영원히 증오하시기 때문에(코란 60:1-6) 진정한 무슬림이라면 비무슬림을 철저히 미워함으로 알라에 대한 사랑을 증명할 수 있다." "너희가 얼마나 잔인하냐는 것을 알 수 있도록 네 이웃의 불신자들과 싸우라"(코란 9:123).

이와 같이 무슬림은 코란을 연구할수록 배타적이 되고 공격적이 될 수밖에 없다(이만석). '지하드'(알라를 위한 전쟁)는 십자군 시대뿐 아니라 현재도 진행형이며, 성경의 역사를 살펴보면 공산주의 다음으로 나타날 기독교의 박해 세력은 이슬람이지 않을까 염려하지 않을 수 없다. 시대마다 황제숭배, 마녀사냥, 공산주의 등으로 기독교의 발자취는 고난의 연속이었고, 그 고난이 기독교를 더 순수하게 하고 응집되게 하며 연단된 믿음을 갖게 했다.

요한계시록의 일곱 교회의 번영과 쇠퇴를 보며 이단사설, 잘못된 사상, 이슬람 등 안팎으로 고개를 드는 세력에 대한 예방책을 위해 미리 대비하는 유비무환의 지혜가 절실하다 하겠다.

4장

천상의 교회와 예배 장면

| 계 4:1–11 |

1이 일 후에 내가 보니 하늘에 열린 문이 있는데 내가 들은 바 처음에 내게 말
하던 나팔 소리 같은 그 음성이 이르되 이리로 올라오라 이후에 마땅히 일어
날 일들을 내가 네게 보이리라 하시더라

2내가 곧 성령에 감동되었더니 보라 하늘에 보좌를 베풀었고 그 보좌 위에 앉
으신 이가 있는데

3앉으신 이의 모양이 벽옥과 홍보석 같고 또 무지개가 있어 보좌에 둘렸는데
그 모양이 녹보석 같더라

4또 보좌에 둘려 이십사 보좌들이 있고 그 보좌들 위에 이십사 장로들이 흰옷
을 입고 머리에 금관을 쓰고 앉았더라

5보좌로부터 번개와 음성과 우렛소리가 나고 보좌 앞에 켠 등불 일곱이 있으
니 이는 하나님의 일곱 영이라

6보좌 앞에 수정과 같은 유리 바다가 있고 보좌 가운데와 보좌 주위에 네 생
물이 있는데 앞뒤에 눈들이 가득하더라

7그 첫째 생물은 사자 같고 그 둘째 생물은 송아지 같고 그 셋째 생물은 얼굴
이 사람 같고 그 넷째 생물은 날아가는 독수리 같은데

8네 생물은 각각 여섯 날개를 가졌고 그 안과 주위에는 눈들이 가득하더라 그

들이 밤낮 쉬지 않고 이르기를 거룩하다 거룩하다 거룩하다 주 하나님 곧 전
능하신 이여 전에도 계셨고 이제도 계시고 장차 오실 이시라 하고
9그 생물들이 보좌에 앉으사 세세토록 살아 계시는 이에게 영광과 존귀와 감
사를 돌릴 때에
10이십사 장로들이 보좌에 앉으신 이 앞에 엎드려 세세토록 살아 계시는 이에
게 경배하고 자기의 관을 보좌 앞에 드리며 이르되
11우리 주 하나님이여 영광과 존귀와 권능을 받으시는 것이 합당하오니 주께서
만물을 지으신지라 만물이 주의 뜻대로 있었고 또 지으심을 받았나이다 하더라

1) 계시록 4장의 구조

⑴ 1–3절 – 하늘 보좌의 환상(지상의 교회에서 천상의 교회로 바뀜)

⑵ 4–8a절 – 하나님의 보좌 주위에 24장로, 번개와 음성과 뇌성, 보좌 앞의 일곱 등불과 일곱 영, 수정 같은 유리바다, 네 생물의 모습이 나온다.

⑶ 8b–11절 – 심판주 하나님께 대한 절대 순종과 찬양을 드리는 환상이다.

2) 각 절 주해

⑴ 4장 1절

① 1절 "이 일 후에"

요한계시록 4-18장은 두 번째 환상 이야기이다. 장면이 현재에서

미래로, 지상에서 천상으로 변환하고 있다.

② 1절 "하늘에 열린 문이 있는데"

a) 이스라엘 사람들은 하늘이 3개라고 생각하고 있다.

우리가 살고 있는 우주공간(sky), 하늘과 하늘 사이의 물층 즉 궁창(firmament), 그리고 천국(heaven)이다. 노아 홍수 때 하늘에서 내렸던 많은 물은 궁창(창 1:7)의 물이 쏟아진 것으로 본다(시 148:4 - "하늘의 하늘도 그를 찬양하며 하늘 위에 있는 물들도 그를 찬양할지어다"). 무신론적 과학자들은 전 세계가 물에 덮이려면 바닷물의 세 배가 있어야 하는데 그 많은 물이 어디에 있느냐고 반문하면서 전 세계 노아홍수에 대해 회의를 품고 있다. 그러나 노아 시대에는 산이 낮았던 것으로 생각된다(시 104:8 - "주께서 그들을 위하여 정하여 주신 곳으로 흘러갔고 산은 오르고 골짜기는 내려갔나이다"). 노아 시대 이후 조산운동이 시작되어 높은 산과 깊은 골짜기가 생기고 계속 진행 중에 있다. 그리고 많은 물은 궁창의 물로 신앙적 해석이 가능하다. 한 걸음 더 나아가 사도 바울이 경험했던 삼층천(고후 12:2 - "셋째 하늘")은 천국을 가리킨다고 보아도 무방하다.

b) 성경에서 죽음을 보지 않고 승천한 분은 셋이다.

바로 에녹, 엘리야, 그리고 구주 예수 그리스도이다. 그렇다면 그분들이 승천한 곳은 어디인가? 그곳은 4차원의 세계이며, 영적 세계라고 말할 수 있다. 이 영적 세계는 장소의 개념을 포함한다. 예수님은 분명 요한복음 14장 2절에서 "내 아버지 집에(Father's house) 거할 곳(many rooms, mansions)이 많도다…내가 너희를 위하여 거처(place)를 예비하러 간다"라고 말씀하셨다.

c) 꿈과 환상을 통해 보여진 세계이다.

요한계시록도 사도 요한이 본 영적 신비세계이며, 현재를 포함한 먼 미래를 보여준 예견이지만, 창세기 28장에 야곱이 꿈에 본 하늘을 향한 사닥다리도 이 범주에 속한다고 할 수 있다. 뿐만 아니라 욥기에 나타난 천상회의(욥 1:6-12, 2:1-6), 미가야가 본 천국 어전회의(왕상 22:19-23) 등도 이를 뒷받침하는 좋은 실례이다.

d) 구약에 나타난 수많은 꿈과 환상, 신약에서도 예수님 탄생에 대한 여러 번의 현몽, 아나니아의 환상(행 9:10-19), 고넬료와 베드로의 환상(행 10장), 바울이 보았던 드로아의 환상(행 16:6-10) 등도 하늘 문이 열린 증상이라고 말할 수 있다.

다만 미가야를 대적했던 시드기야와 400명의 분별없는 선지자들, 예레미야 때의 거짓선지자들 즉 바스훌(렘 20:1-3), 하나냐(렘 28:1-11), 스마야(렘 29:24-32) 같은 가짜 선지자는 어느 시대나 있었으므로 조심해야 할 것이다. 말세의 징조 중 대표적인 것이 거짓 선지자의 출현이다(마 24:4-5, 23-26; 막 13:5-6; 눅 21:8; 살후 2:8 등). 정상적인 은사자라 할지라도 인간적 생각과 실수의 여지를 성경은 간과하지 않는다["예언하는 자는 둘이나 셋이나 말하고 다른 이들은 분별할 것이요"(고전 14:29)]. 부작용이 있음을 인정한다 할지라도 '하늘 문'이나 '환상', '계시' 자체를 무시하는 것은 성경적 자세가 아니다. 우리에게 천국과 지옥 그리고 천상의 세계, 영적 세계가 있음은 분명하다(《10가지 초월적 은사》).

⑵ 2절 – 하늘 보좌에 앉으신 이

하늘 보좌에 앉으신 분은 성부 하나님이라고 생각된다. 400년간 만들어져서 신자의 믿음을 정립한 사도신경(Credo '심장을 드린다')에서도 "하늘에 오르사, 전능하신 하나님 우편에 앉아 계시다가"로 쓰여 있으며, 스데반이 순교 직전 목격한 천국 보좌의 장면에서도 예수님께서 하나님 보좌 우편에 서신 모습이었다(행 7:55-56).

보좌 위에 앉으신 하나님은 우주 전체를 창조하시고 종말에 심판주가 되시며 모든 영광을 받기에 합당하신 분이다.

⑶ 3절

- 벽옥(jasper): 하나님의 거룩성(푸른 빛)
- 홍보석(carnelian): 하나님의 심판(붉은색 루비, 홍옥)
- 무지개: 하나님의 언약(창 9:13)
- 녹보석(emerald): 하나님의 은혜를 상징한다.

⑷ 4절 – 이십사 장로들("흰옷을 입고 머리에 금관을 쓰고 앉았더라")

① 12지파와 12제자를 의미한다.
② 대선지자와 소선지자를 의미한다.
③ 천사들을 지칭한다.
④ 이스라엘 장로들(출 24:11)
⑤ 유대 교회
⑥ 뛰어난 성경인물 24명
⑦ 신구약의 모든 교회를 대표하는 자들로 해석하는데, ⑦번이 가장 설득력이 있다.

⑸ 5절 – 일곱 영

일곱은 완전수로 일곱 영은 완전하신 성령님의 상징적 표현이다.

⑹ 6a절 – 보좌 앞에 '수정과 같은 유리바다'

죄인이 하나님께 나아가려면 예수님의 보혈로 깨끗해진 자만이 나아갈 수가 있다.

⑺ 6b–9절 – 네 생물

① 네 생물에 대한 여러 견해들

a) 유대 랍비들의 주장

출애굽 당시 이스라엘의 12지파는 각 지파마다 기(旗)가 있었다. 이 12지파들은 네 개의 진으로 나뉘어 가나안 땅으로 행진했는데 제1진 동편에는 유다가 사자기를 들고 진행했으며, 제2진 남편에는 르우벤의 인자기, 제3진 서편에는 에브라임의 송아지기, 제4진 북편에는 단이 독수리기를 들고 전진했다고 주장한다(민 2:10-34).

b) 피조물의 대표이다(바이스, 플루머 등).

c) 사자는 지구의 왕, 송아지는 문명의 대표, 사람은 성읍과 들, 독수리는 하늘의 세력이다(렌스키).

d) 사자는 성자의 왕권, 소는 그리스도의 희생, 독수리는 성령, 인자는 재림을 상징한다(이레니우스).

e) 초대교회는 4복음서라고 주장했다.

마태는 사자 복음, 즉 이스라엘의 왕으로 오신 예수 그리스도, 마가는 소 즉 그리스도의 십자가 희생, 누가는 사람(인자) 복음, 요한은 독수리 복음 즉 하나님의 아들이시며 하나님이신 예수 그리스도를 의미한다고 보았다.

f) 성령이라고 보는 학자들이 있는데 근거가 부족하다.

g) 천사장으로 보는 견해가 있다.

h) 에스겔 10장 7-22절에 근거하여 그룹으로 보는 견해가 있다.

(겔 10:20 - "그것은 내가 그발 강가에서 보던 이스라엘의 하나님 아래에 있던 생물이라 그들이 그룹인 줄을 내가 아니라")

상징성은 유사하고 형태는 차이가 나지만 가장 무난한 해석으로 사료된다.

i) 그 외에 네 생물을 해석하는 대신에 네 생물 그 자체로 보자는 것이 필자의 견해임을 밝혀 둔다.

② 네 생물의 위치는 하나님 보좌를 중심으로 네 생물이 앉은 보좌가 각각 있었다.

③ 네 생물이 하는 일

a) 하나님을 보필하고 찬양한다(11절).

b) 어린양 심판을 보좌하는 역할을 한다(6:1, 15:7).

c) 네 생물은 여섯 날개를 가졌다.

이 모습은 이사야 6장 2-4절에 나타난 스랍의 모습과 비슷하다. 두 날개로 얼굴을 가렸다는 것은 겸손을, 발을 가렸다는 것은 순종을, 그리고 쉬지 않고 날고 있는 두 날개는 쉬지 않는 찬양과 활동을 말한다. 날개와 몸에 눈이 가득했다 함은 통찰력을 상징하는데, 예리한 통찰력으로 하나님을 보좌하고 있다는 것을 나타낸다.

스랍과 비슷한 날개가 있지만 스랍은 아니며, 하나님을 경배한다는 점에서 성령 하나님도 아니다.

d) 네 생물은 예배의 주관자로 네 생물이 찬양을 시작하자 이십사 장로(4:11)가, 천사(5:12)가, 만물(5:13)이 순서대로 하나님을 찬양한다.

④ 네 생물에 대한 묘사는 에스겔 1장을 배경으로 하는데, 에스겔의 네 생물은 한 그룹 안에 사람, 사자, 송아지, 독수리의 네 얼굴을 다 지니고 있는데 반해 요한계시록의 네 생물은 각각 단 하나의 얼굴을 갖고 있다는 차이점이 있다.

⑤ 8절 "밤낮 쉬지 않고 이르기를 거룩하다 거룩하다 거룩하다"

이스라엘 사람들에게 두 번 반복은 강조를, 세 번 반복은 최상급의 찬미를 의미한다(사 6:3 참조). 지극히 높으신 창조주 하나님(4:11)께 영광과 존귀와 찬사를 최고로 드리는 네 생물과 이십사 장로의 모습은 참된 경배자의 예표이다.

(8) 10절 "자기의 관을 보좌 앞에 드리며"

이십사 장로가 하나님 앞에 관을 드리는 것은 구원과 상급 이 모든 것이 주님으로 말미암은 은혜이기 때문이다. 자격이 없는 자로 하나님께 찬양 드리는 자가 되었다는 겸손과 감사의 표시이다. 브리지(M. Bridge, 1851)와 트링(G. Thring, 1874)이 작사한 찬송가 25장의 "면류관을 벗어서 주 앞에 드리세"는 이와 같은 심정을 찬송에 담은 것이라 할 수 있다.

팁 포인트(Tip Point)

15. 신천지가 말하는 네 생물

신천지는 네 생물은 네 천사장이라고 주장하면서 요한계시록 4장과 6장에 나오는 네 생물이 사복음서라는 전통적 해석에 반기를 들며, "요한이 본 네 생물(계 4장)은 초림예수가 오시기 약 600년 전 에스겔 선지자가 본 하나님 보좌 주위의 네 생물(겔 1장)과 같다. 사복음서 기록 훨씬 이전부터 네 생물이 언급되었으므로 네 생물과 신약의 사복음서는 무관하다"라고 주장을 펴고 있다. 그들은 네 생물이란 하나님의 네 군대장관으로, 네 얼굴은 심판의 권세를 비유하며 비상시의 천군(천상의 군대)의 심판권이라는 논리를 펴면서 기성 교회를 공격하고 있다.

하지만 신천지인들의 논리 이면을 보면 그들이 말하는 네 생물이란 전도그룹, 장년그룹, 부녀그룹, 청년그룹으로 나누고 사람들을 대표로 세운 아이러니가 있다. 요한계시록의 네 생물의 실상이라고 하면서 사람으로 둔갑시키는 앞뒤가 안 맞는 신천지 집단은 한마디로 기독교계의 암적인 영적 사기꾼이라고 말할 수 있다.

5장

두루마리와 어린 양

요한계시록 4장과 5장에 나타난 하늘나라 보좌의 환상은 하나님께서 개인사부터 세상 역사와 우주를 통치하시는 분임을 의미한다. 앞으로 나타날 일곱 인(印, seal), 일곱 나팔, 일곱 대접의 진원지가 하나님의 보좌라는 말이다.

하늘나라 보좌의 환상이 4장과 5장 두 곳에 같이 나타나고 있다. 4장의 하늘나라 보좌에 앉으신 분은 성부 하나님이신 데 비해 5장에 나타난 하늘보좌는 일찍이 죽임을 당하신 대속제물 예수 그리스도께 초점을 맞추고 있다. 보좌에 앉으신 분은 삼위일체 하나님이시지만 4장은 경배 받기에 합당하신 하나님, 5장은 구속주 예수 그리스도께 보다 집중하고 있다.

팁 포인트(Tip Point)

16. 삼위일체론

삼위일체는 2천 년 역사에 논란이 많았던 학설이다. 그럼에도 삼위일체론은 정설이고 삼위일체를 잘못 접근하면 삼신론이 되기도 하고, 양태론에 빠지기도 한다.

어떻게 하나가 셋이고 셋이 하나인가?

어거스틴도 삼위일체에 관한 질문을 받고 인간의 작은 머리로는 설명할 수 없는 진리라며 명확한 대답을 피했다.

하나님이 태양이고 빛은 예수님이고 열은 성령님과 같다는 식의 설명은 양태론이고, 아버지가 회사에서는 과장이고 교회에서는 집사라고 하는 표현 역시 양태론이다. 성부 하나님께서 직접 십자가에 못 박히셨다고 하면 양태론에 걸려든 것이고, 용인될 수 없다.

개인적으로 삼위일체를 다음과 같이 설명하고 싶다.

하나님은 성부 하나님, 성자 하나님, 성령 하나님 세 위격으로 존재하지만 본질(essence)은 한 분 하나님이시다. 비유를 든다면 아버지와 어머니는 두 분이시지만 한 몸이시다. 소의 새끼가 송아지, 사람의 아들이 사람인 것처럼 하나님의 아들은 하나님이시다. 뿐만 아니라, 이 성삼위 하나님은 항상 함께 다니신다. 그래서 삼위 즉 하나님의 세 위격은 역할에 따라 다르시지만 항상 같은 뜻, 같은 행동을 하신다. 성부 하나님, 예수님, 성령님의 관계가 아버지, 어머니, 아들처럼 세 분이면서 분리할 수 없는 것과 흡사하다. 창조주 하나님, 구속주 예수님, 섭리주 성령님께서는 예수님을 영접할 때 내 맘에 함께 내주하신다. 신자는 예수님과 동행하고, 성령님과도 동행하고, 성부 하나님과도 함께한다. 세 위격 중 한 분이 다른 두 분과 동떨어지거나 다른 뜻을 품지 않으신다. 그런 점에서 하나님은 삼위일체(Trinity)이시다.

한 문장으로 요약하면, "성부, 성자, 성령은 한 하나님이시지만 동시에 성자는 성부가 아니며, 성령도 성자가 아니시며, 그분들이 각기 고유한 존재(peculiar substance)를 지니신다는 믿음", 이것이 바로 정통 삼위일체론이다(왕대일).

| 계 5:1–14 |

1내가 보매 보좌에 앉으신 이의 오른손에 두루마리가 있으니 안팎으로 썼고
일곱 인으로 봉하였더라
2또 보매 힘 있는 천사가 큰 음성으로 외치기를 누가 그 두루마리를 펴며 그
인을 떼기에 합당하냐 하나
3하늘 위에나 땅 위에나 땅 아래에 능히 그 두루마리를 펴거나 보거나 할 자가
없더라
4그 두루마리를 펴거나 보거나 하기에 합당한 자가 보이지 아니하기로 내가
크게 울었더니
5장로 중의 한 사람이 내게 말하되 울지 말라 유대 지파의 사자 다윗의 뿌리가
이겼으니 그 두루마리와 그 일곱 인을 떼시리라 하더라
6내가 또 보니 보좌와 네 생물과 장로들 사이에 한 어린 양이 서 있는데 일찍
이 죽임을 당한 것 같더라 그에게 일곱 뿔과 일곱 눈이 있으니 이 눈들은 온
땅에 보내심을 받은 하나님의 일곱 영이더라
7그 어린 양이 나아와서 보좌에 앉으신 이의 오른손에서 두루마리를 취하시니라
8그 두루마리를 취하시매 네 생물과 이십사 장로들이 그 어린 양 앞에 엎드려
각각 거문고와 향이 가득한 금 대접을 가졌으니 이 향은 성도의 기도들이라

9그들이 새 노래를 불러 이르되 두루마리를 가지시고 그 인봉을 떼기에 합당
하시도다 일찍이 죽임을 당하사 각 족속과 방언과 백성과 나라 가운데에서 사
람들을 피로 사서 하나님께 드리시고
10그들로 우리 하나님 앞에서 나라와 제사장들을 삼으셨으니 그들이 땅에서
왕 노릇 하리로다 하더라
11내가 또 보고 들으매 보좌와 생물들과 장로들을 둘러선 많은 천사의 음성이
있으니 그 수가 만만이요 천천이라
12큰 음성으로 이르되 죽임을 당하신 어린 양은 능력과 부와 지혜와 힘과 존귀
와 영광과 찬송을 받으시기에 합당하도다 하더라
13내가 또 들으니 하늘 위에와 땅 위에와 땅 아래와 바다 위에와 또 그 가운데
모든 피조물이 이르되 보좌에 앉으신 이와 어린 양에게 찬송과 존귀와 영광과
권능을 세세토록 돌릴지어다 하니
14네 생물이 이르되 아멘 하고 장로들은 엎드려 경배하더라

1) 각 절 주해

⑴ 1절 "오른손에 두루마리가 있으니 안팎으로 썼고 일곱 인으로 봉하였더라"

① 오른손은 권세와 권위를 보여준다.

② 두루마리에는 애가와 애곡과 재앙의 말이 기록되어 있다고 보는 것이 합당하다.

이 두루마리에 앞으로 전개될 일곱 인의 재앙과 심판의 말씀이 담겨 있기 때문이다. 이와 같은 생각의 성경적 배경은 에스겔 2장 9-10절, 다니엘 12장 1-4절, 그리고 9절에서 찾아볼 수 있다.

겔 2:9-10 "내가 보니 보라 한 손이 나를 향하여 펴지고 보라 그 안에

두루마리 책이 있더라 그가 그것을 내 앞에 펴시니 그 안팎에 글이 있는데 그 위에 애가와 애곡과 재앙의 말이 기록되었더라"

단 12:1, 4 "그때에 네 민족을 호위하는 큰 군주 미가엘이 일어날 것이요 또 환난이 있으리니 이는 개국 이래로 그때까지 없던 환난일 것이며 그때에 네 백성 중 책에 기록된 모든 자가 구원을 받을 것이라…다니엘아 마지막 때까지 이 말을 간수하고 이 글을 봉함하라 많은 사람이 빨리 왕래하며 지식이 더하리라"

③ 인봉

안팎에 기록한 두루마리는 고대 근동의 계약 관행으로 이집트 바빌로니아, 헬라인, 로마인들이 중요한 계약서나 유언장에 일곱 개 봉인을 하고 일곱 명의 증인을 둔 것에서 비롯되었다. 안에는 상세한 내용을 수록하고 밖에는 요약본 형식으로 기록하여 완전수를 의미하는 일곱 개의 인봉(印封)을 하였다(박형민).

(2) 2절 "힘 있는 천사가…누가 그 두루마리를 펴며 그 인을 떼기에 합당하냐"

요한계시록에 힘 있는 천사는 세 군데에 나타난다. 요한계시록 5장 2절 본문 외에도 10장 2절에서 작은 두루마리를 들고 있는 힘센 다른 천사가 나타나고, 18장 21절에는 큰 맷돌 같은 돌을 바다에 던져 바벨론의 멸망을 암시했다.

성경에 천사의 존재를 많이 기록했는데 여기서 천사의 종류와 역할을 살펴보도록 한다.

팁 포인트(Tip Point)

17. 천사론

천사(헬, '앙겔로스')는 '소식을 전하는 자'라는 뜻을 가진 하나님의 사자(使者: 심부름꾼)이다.

성경에서 찾아볼 수 있는 천사의 종류와 역할을 요약해 본다.

① 천사의 종류

- 그룹(케루빔): 하나님의 경비천사와 같아서 인간이 범접할 수 없도록 지키는 역할을 한다. 생명나무로 가는 길을 지켰고(창 3:24), 지성소의 휘장에 그룹의 문양(출 26:31-33)을 새겨 놓음으로써 인간이 지성소로 들어오지 못하도록 금지시켰다. 그리고 법궤 위에 있는 지성소를 그룹들이 서로 마주보게 함으로써 하나님 주변의 호위무사와 같은 일을 수행했다(출 37:9). 그룹 사이에 하나님께서 거하셨고(사 37:16), 그룹이 있는 곳에 사람이 접근하면 죽음의 결과를 초래했다.
- 스랍(세라핌): 성전에서 하나님을 노래하는 존재로 이사야서 6장에 여섯 날개 가진 천사로 나타난다. 인간을 정결케 하는 제단 숯불을 이사야의 입술에 갖다 대었던 점을 고려하면 스랍은 하나님의 거룩성을 찬양하며 인간의 성결과 관련되어 있음을 짐작할 수 있다(사 6:1-6).
- 미가엘: 군대 천사장으로 마귀와 싸우는 일을 한다(단 10:13).
- 가브리엘: 구약에서 다니엘에 두 번, 신약에서 스가랴에게 한 번, 마리아에게 한 번 총 네 번 나타난다. 미가엘이 전사(戰士)라면 가브리엘은 하나님의 전령 혹은 꿈 해석자로 볼 수 있다(참고로 외경 에녹서와 토비트 등에는 미가엘, 우리엘, 라파엘, 가브리엘 4명의 천사장이 나온다. 7대 천사는 사리엘, 라구엘, 라미엘이 추가

되나 기독교 정경에는 미가엘과 가브리엘의 이름만이 등장한다).

- 루시퍼: 타락한 천사로 기원은 이사야 14장 12-20절이다. 12절의 "계명성" 즉 새벽별은 요한계시록에서 가리키는 예수 그리스도와 달리, 마귀를 상징한다. 원래 찬양 천사장으로 알려져 있는데 하나님과 비기려 했다가 스올 맨 밑에 떨어지는 신세가 되었다. 사탄(Satan)은 귀신의 왕이요, 귀신은 사탄의 졸개이다. 사탄과 귀신은 인간을 유혹하며 괴롭히면서 인간을 지옥으로 끌고 간다. 욥기 1-2장에 사탄은 참소자, 그리고 불행과 질병을 유발시키고 사람을 시험하는 존재로 묘사되고 있다.
- 육체를 가진 천사: 창세기 18장에 나타난 천사 셋이나 19장에 나오는 롯의 가정을 방문한 두 천사를 보면 눈에 보이지 않는 천사뿐 아니라 육체를 지닌 천사도 있었음을 암시한다. 천사가 식사하는 모습도 히브리서 기자는 인용하고 있다(히 13:2 - "손님 대접하기를 잊지 말라 이로써 부지중에 천사들을 대접한 이들이 있었느니라").
- 육체를 가지고 타락하여 지옥에 있는 천사: 창세기 6장 2절에서 "하나님의 아들들이 사람의 딸들의 아름다움을 보고 자기들이 좋아하는 모든 여자를 아내로 삼는지라"에 대한 통전적 해석은 셋의 후예(창 5장)가 가인의 후예(창 4:16-24)를 사랑하여 타락했다고 보는 설이다. 하지만 이것 못지않게 학자들이 강렬히 제시하고 있는 학설은 천사와 인간의 사랑으로 보는 견해이다(김상복, 장영일 등). 이 천사와의 동성연애가 노아 때 물 심판을 초래했다는 것이다. 다른 증빙 구절로는 롯의 가정에 들어간 '두 천사와 우리가 상관하겠다'(창 19:5)는 말의 본뜻은 동성연애라고 보는 설이 유력하다. 그래서 소돔과 고모라가 동성연애로 멸망했으며, '동성연애자'의 영어 철자가 '소도미'(sodomy)가 된 것이다. 유다서 1장 6-7절을 보면 더욱

구체화 된다.

유 1:6–7 "또 자기 지위를 지키지 아니하고 자기 처소를 떠난 천사들을 큰 날의 심판까지 영원한 결박으로 흑암에 가두셨으며 소돔과 고모라와 그 이웃 도시들도 그들과 같은 행동으로 음란하며 다른 육체를 따라('천사'라고 봄)가다가 영원한 불의 형벌을 받음으로 거울이 되었느니라"

사탄은 지금 지상에서 활동하며 인간을 괴롭히고 지옥 백성으로 삼으려다가 끝 날에 무저갱, 지옥 불에 떨어질 것이다. 아직 우리 곁에 사탄은 존재한다. 그러면 어떤 천사들이 "영원한 결박으로 흑암에 갇혀 있다"는 말인가? "그들과 같은 행동으로 음란하며 다른 육체를 따라갔다"는 무엇을 뜻하는가? 소돔과 고모라의 죄와 동일한 죄는 동성연애이고 소돔의 주민들이 천사들에게 동성연애를 요구했다는 점을 착안하면 육체를 가졌던 일부 천사가 인간과 동성연애를 하다가 과거에 영원한 결박으로 흑암에 갇힌 것이라고 보는 견해는 상당히 설득력이 있다(김상복, 장영일).

- 찬양천사: 여호와를 송축한다(시 103:20 – "능력이 있어 여호와의 말씀을 행하며 그의 말씀의 소리를 듣는 여호와의 천사들이여 여호와를 송축하라").
- 수호천사 : 신자를 보호하고 돕는다(히 1:14 – "모든 천사들은 섬기는 영으로서 구원받을 상속자들을 위하여 섬기라고 보내심이 아니냐").

② 천사가 하는 일

- 하나님께 경배와 찬양을 한다.
- 인간을 보호하고 돕는다(히 1:14).
- 인간에 대한 보고를 한다(창 28:12; 벧전 1:12).
- 하나님의 말씀을 전한다(눅 2:10; 마 28:5 등).
- 하나님과 회의한다('미가야의 환상' 왕상 22:20–23).

■하나님의 심판을 대행한다[아라우나의 타작마당에 선 전염병을 퍼뜨리는 죽음의 천사(삼하 24:15-17), 앗수르 군사 십팔만 오천 명을 죽인 천사(사 37:36) 등].

■요한계시록에 나타난 천사 - 사도 요한을 안내한다. 하나님 심판을 대행한다.

③ 예수님께서 언급하신 천사의 모습

신자가 부활하면 천사와 같아지는데 장가도 안 가고 시집도 안 가고 하늘에 있는 천사와 같아진다고 하셨다(마 22:30; 막 12:25).

④ 주의할 점

천사는 숭배의 대상이 아니다.

골 2:18a "아무도 꾸며 낸 겸손과 천사 숭배를 이유로 너희를 정죄하지 못하게 하라"

---

(3) 3-5절 - 인을 떼기에 합당한 자

"유대 지파의 사자(Lion) 다윗의 뿌리"는 예수 그리스도를 일컫는다.

① 창세기 49장 9절에 유다 지파의 별명이 '사자 새끼'이다.

유다 지파에서 구약시대 최고의 통치자 다윗이 나왔으며, 다윗의 혈통에서 예수 그리스도가 태어나셨다(롬 1:3-4 - "그의 아들에 관하여 말하면 육신으로는 다윗의 혈통에서 나셨고 성결의 영으로는 죽은 자들 가운데서 부활하사 능력으로 하나님의 아들로 선포되셨으니 곧 우리 주 예수 그리스도시니라").

히브리서 기자는 "우리 주께서는 유다로부터 나신 것이 분명하도다"(히 7:14)라고 선언하였다. 왜 예수 그리스도는 유다 지파여야 하는가?

레위 지파 아론의 제사로는 단회적 죄 사함밖에는 효력이 없었다(히 10:1 "율법은 장차 올 좋은 일의 그림자일 뿐이요 참 형상이 아니므로 해마다 늘 드리는 같은 제사로는 나아오는 자들을 언제나 온전하게 할 수 없느니라"). 아론의 제사는 양심을 온전케 할 수도 없었다(히 10:1). 그러므로 멜기세덱(히 7:15-17)의 반차(계통)를 따라서 나온 제사장이어야 '단번에 – 영원한'(once and for all) 효력을 가진 제사를 드릴 수 있었다. 예수 그리스도는 아론의 반차를 따라 출생하지 않고 영원한 대제사장 멜기세덱의 뒤를 이은 대제사장이시다.

② 예수 그리스도는 이새의 아들 다윗의 후손으로 동정녀 마리아에게서 태어나심으로 무흠한 어린 양이 되셨다.

자기도 죄인이고 사형수로 죽을 인생이 남을 위해 대신 죽을 수는 없다. 무흠하신 하나님의 아들 그리스도께서 죄를 전가 받아 십자가에 죽으심으로 우리는 살고 예수님은 죽으셨다. 예수 그리스도께서 반드시 동정녀 탄생으로 죄가 없으셔야 하는 이유는 여기에서 설명된다. 메이첸의 말처럼 동정녀 탄생의 교리는 기독교 사활(死活)이 걸려 있다.

> **사 11:1** "이새의 줄기에서 한 싹이 나며 그 뿌리에서 한 가지가 나서 결실할 것이요"

③ 예수님은 유다 '사자'(Lion) 지파에서 나오셔서 우리의 왕이 되시는 동시에 우리를 위해 죽으시는 희생양으로 '사랑의 왕'이라고 정의할 수 있다.

④ 예수 그리스도는 대제사장인 동시에 어린 양이 되신다.

여기서 기독교 속죄론과 구원론의 관계를 고찰해 본다.

팁 포인트(Tip Point)

18. 속죄론과 구원론

구약 레위기에 나타나는 5대 제사 즉 번제, 소제, 화목제, 속죄제, 속건제의 핵심은 속죄이다. 한마디로 제사의 요점은 속죄에 있다(김명용). 다섯 가지 제사를 드리면서 자기를 부인하는 삶, 자기 마음을 빻아서 드리는 부드러운 마음, 화목제물이 되시고 죄를 사하시는 예수 그리스도와 우리를 연판 지을 수 있다.

속죄가 어떻게 이루어지는가?

속죄는 내 죄를 짐승에게 전가시켜서 내 죄를 뒤집어쓴 짐승(소, 양, 비둘기)은 죽고 나는 사는 것이다. 기독교의 속죄론은 자기 죄로 자기가 처벌받는 것이 아니라 제3자에게 전가시킴으로 자신은 용서받는다는 속죄론을 갖고 있다. 이것이 대속(代贖, the Redemption, the Atonement)이요, 구속(救贖, 죗값을 치르고 자유하게 함) 즉 죄 사함이다(엡 1:7 – "우리는 그리스도 안에서 그의 은혜의 풍성함을 따라 그의 피로 말미암아 속량 곧 죄 사함을 받았느니라"). 예수 그리스도가 속죄양, 희생양(ransom)이 된 것이다.

이 대속의 개념은 출애굽 시 유월절 어린 양을 잡아 문 좌우 설주와 인방에 발라서 어린 양의 대속의 피로 죽음의 사자가 유월(逾越, passover)한 데서 비롯되는데, 예수 그리스도는 유월절 어린 양이 되어 우리의 죄를 지시고 십자가에 달려 돌아가셨다. 그래서 세례 요한은 예수 그리스도를 '온 인류의 죄를 지고 가는 하나님의 어린 양'(요 1:29)이라고 표현한 것이다. 우리의 구원은 공짜('은혜')로 주어졌지만 구원은 하나님의 아들[히, 메시아; 헬, 크리스토스 = '그리스도'로 음역, 영어 Christ, 한국어 구세주(救世主 - 세상을 구원하신 분)]의 값비싼 보혈(보배로운 피)로 말미암은 것이다.

기독교를 제외한 모든 종교는 은혜의 구원이 아니라 자력구원(自力救援)이요, 행위구원이다. 이러한 행위구원 교리는 이단도 마찬가지이다.

행위구원의 문제점을 살펴보면 다음 4가지를 들 수 있다.

첫째, 로마 가톨릭은 죄 사함을 위해 고해성사[신부 앞에서 하는 죄의 고백(confession)]와 보속(잘못하면 대가를 치러야 하는 것)이 필요하다.

하지만 기독교의 본질은 우리가 죄를 자백하면 예수 그리스도께서 대제사장이 되셔서 하나님께 나아가 내 죄를 대속해 주신다. 그러므로 히브리서는 예수님께서 속죄양인 동시에 대제사장이심을 천명하고 있다. 예수님의 피 때문에 하나님은 우리 죄를 간과하시는 것이다(롬 3:25 - "이 예수를 하나님이 그의 피로써 믿음으로 말미암는 화목제물로 세우셨으니 이는 하나님께서 길이 참으시는 중에 전에 지은 죄를 간과하심으로 자기의 의로우심을 나타내려 하심이니"). 우리가 죄를 고백하는 순간 죄를 묻지도 않고 정죄하지 않고 넘어가시며 심지어 도말(塗抹, 페인트로 칠해서 다시 못 보게 함)하신다.

하지만 구원받은 사람이 잘못을 저지르거나 반복할 때 징계가 온다. 하나님은 친아들에게, 사랑하는 자에게 징계를 주시며, 징계가 없으면 사생아요 친아들이 아니다(히 12:4-13).

둘째, 천주교나 유대교 등은 선행이나 고행을 통해 의인이 되려고 한다.

그러나 바른 진리는 우리가 애써도, 힘써도 의인이 되지 못한다. 그래서 로마서 3장 21절에 율법 외에 한 의(義)가 나타났다고 말씀한다. 하나님께서 구원을 위해 율법을 주셨는데 우리는 행위로 구원에 이를 수 없으므로 다른 한 '의' 즉 예수 그리스도를 선물로 주신 것이다. 이 예수님을 구주로 믿을 때 구원을 얻는 것이므로 은혜구원인 것이다. 자격이 없는데 의인 삼아 주셨기에 감사와 구원의 감격이 크고 깊다.

셋째, 로마 가톨릭, 유대교, 이단 등은 점진적으로 의인이 된다. 그래서 로마 가톨릭의 경우 구원받으려면 7성례와 공덕사상이 절대요소이다. 잘해야 천국에 가는 것이다. 그래서 그들에게는 세례, 성찬이 중요하다. 성찬하고 점점 구원으로 가는 것이다.

바른 진리는 '칭의'(justification)가 순간에 이뤄진다고 본다. 예수를 영접하면 즉각 의인이 된다(진용식). 그리고 의인이 된 순간부터 점차 예수 피로 성화(sanctification)되어 간다. 영원한 나라에 도달했을 때 완전한 성화인 영화로운 몸이 되는 것이다. 따라서 점진적 구원의 교리는 문제가 있다.

넷째, 현대 이단들의 잘못된 구원관은 성경은 비유이며 비유를 풀어야 구원받는다고 한다(진용식). 이러한 대표적 이단이 신천지(신천지 예수교 증거장막성전)이다. 성경은 비유만 있지 않다. 성경은 잠언(격언), 이야기(아브라함, 이삭, 야곱, 요셉 이야기), 이스라엘 역사, 예수님의 행적과 행위, 설교, 이적, 비유 등을 통하여 말씀하고 있으며, 특별히 비유는 비유라고 선명하게 말씀하신다 "천국은 마치" "이것은 비유니"(갈 4:24)].

이단들이 비유를 강조한 데는 일례로 교주들이 '구름을 타고 오지 않았기' 때문이다. 그래서 신천지는 말씀을 구름으로 비유한 것이라고 교인들을 미혹하여 이만희 자신을 '비유를 풀어주는 말씀 속에서 온 목자'로 탈바꿈시켜 새 시대 재림주로 둔갑한 것이다. 안상홍 증인회도 '구름'을 사람이라고 가르친다. 이 근거를 히브리서 12장 1절의 "구름 같이 둘러싼 허다한 증인"에서 제시하고 있다. 어린아이도 읽으면 알다시피 이 말은 '많다'는 의미로 구름이란 단어를 사용한 것이지 '구름'이 '사람'이란 말은 아니다. 대표적인 알레고리 해석이다. 안상홍 증인회는 이러한 오역을 진리로 가장하여 결국 재림주는 구름 즉 사람의 배에서 태어난다고 억지 주장을 펼치는데 순진한 사람들이 걸려드는 것이다.

기독교 참 진리를 요약하면 다음과 같다.

첫째, 예수님만이 유일한 구원자이시다.

둘째, 예수님만이 우리 죄를 대속하시는 하나님의 어린 양(ransom)이시다.

셋째, 예수님은 단번에 영원한 속죄를 이루셨다. 더 이상의 구약에서 행했던 짐승의 제사는 필요하지 않다(히 10:8-10).

넷째, 살아서 예수님을 영접해야 구원받는다(롬 10:10b - "입으로 시인하여 구원에 이르느니라").

다섯째, 의인이 되었다는 말은 '무죄 확정'의 법정 판결이다. 일사부재리 원칙으로 다시 죄를 묻지 않는다.

여섯째, 우리는 여전히 의인이면서 죄인이다. 따라서 광야교회(교회생활)를 지나면서 우리는 성화되어 영원한 가나안(천국)에 들어가게 된다.

일곱째, 우리는 언약 백성이다. 그러므로 믿어야 구원받는다. 예수 그리스도께서 온 인류의 죄를 위해 속죄양이 되셨지만(은혜의 사건) 이를 개인적으로 받아들일 때(믿음의 사건) 구원의 역사는 일어난다. 구원은 하나님의 은혜와 인간의 믿음이 만나는 곳에서 이루어진다.

결국 구약의 어린 양으로는 단회적이고, 우리의 양심의 문제를 해결할 수 없다(히 10:1). 구약의 어린 양은 그림자이며 참 형상이 아니다. 참 형상 예수 그리스도께서 우리의 구원주가 되시고 인을 떼는 적격자이다.

---

(4) 5절 – 이긴 자

예수 그리스도를 '이긴 자'로 표현하고 있다.
첫째, 마귀를 이긴 자이다(마 4:1-11).
둘째, 세상을 이긴 자이다(요 6:33).
셋째, 미움을 이긴 자이다(눅 23:34).
넷째, 죽음을 이긴 자이다(롬 5:12-19).

(5) 6절 – 일곱 뿔, 일곱 눈, 일곱 영

일곱은 완전을 상징하며, 뿔은 권세 혹은 힘으로 볼 수 있다. 일곱 눈은 이 세상 만물을 감찰하시는 분이라는 뜻이다(슥 4:10b - "이 일곱은 온 세상에 두루 다니는 여호와의 눈이라"). 일곱 영은 완전하신 주의 성령을 의미한다.

(6) 7–8절 "그 어린 양이… 그 두루마리를 취하시며 네 생물과 이십사 장로들이 그 어린 양 앞에 엎드려"

여기서 '엎드려'(히, '솨아')는 거룩하신 하나님께 완전히 '엎드려' 경배한다는 뜻이다. '경배한다'는 헬라어 '프로스퀴네오'는 동방박사처럼 '하나님께 찾아가 경배 드리는' 것으로 뉘앙스가 조금 다르다.

⑺ 9–10절

① 새 노래

하나님의 어린 양 예수 그리스도께서 앞으로 행하실 구원 역사에 대한 감격의 찬양이다.

② "일찍이 죽임을 당하사…피로 사서 하나님께 드리시고"

구원받은 우리 즉 교회는 예수님께서 피 값을 주고 사신 것이다. 여기서 피 값이란 십자가 보혈이요, 죄와 사망의 노예로부터 해방시키는 속전(ransom)의 의미를 내포한다.

③ "그들로…나라와 제사장을 삼으셨으니 그들이 땅에서 왕 노릇 하리로다"

'나라와 제사장'은 요한계시록 1장 6절에도 나왔는데 우리의 신분이 예수 그리스도 안에서 장차 왕 같은 제사장이 된다는 것이다. 우리가 예수님을 영접한 순간 신분의 변화가 생기는 동시에(무천년설 시각) 장차 천년왕국에서 그리스도가 통치자가 되실 때 성도들은 그 나라의 백성이 될 뿐 아니라 그 통치권에 참여함을 뜻한다. 성도들은 이미 그리고 장차 도래할 새 하늘과 새 땅에서 왕과 같은 신분을 소유하게 된다. 다음 두 성경 구절이 나라와 제사장을 이해하는 데 도움이 될 것이다.

벧전 2:9a "너희는 택하신 족속이요 왕 같은 제사장들이요 거룩한 나라요 그의 소유가 된 백성이니"

눅 19:11–27 '므나의 비유' - 한 므나로 열 므나 남긴 종은 열 고을의 권세를 받는다. 한 므나로 다섯 므나 남긴 종은 다섯 고을의 권세를 받는다.

⑻ 9–14절 - 사도 요한이 들은 세 가지 음성

① 9–10절 - 네 생물과 이십사 장로들이 부른 새 노래

② 11–12절 - 수많은 천사들의 음성

찬송내용: "죽임을 당하신 어린 양은 능력(신적 권능)과 부(그리스도의 전인적 충만)와 지혜(세상을 꿰뚫는 통찰력)와 힘(밖으로 표출된 능력)과 존귀(만왕의 왕 만주의 주 되심)와 영광(하나님께 돌리는 칭찬)과 찬송(모든 피조물에게 높임 받으심)을 받으시기에 합당하도다."

③ 13–14절 - 모든 피조물의 찬양

찬송내용: "보좌에 앉으신 이(하나님)와 어린 양(예수 그리스도)에게 찬송과 존귀와 영광과 권능을 세세토록(영원토록) 돌릴지어다."

⑼ 14절 – 네 생물의 '아멘'과 장로들의 경배

네 생물, 이십사 장로, 천사들과 모든 피조물이 천상의 예배에서 하나님과 어린 양 예수께 경배하는 모습은 상상만 해도 장엄하다.

6장

7년 대환난의 시작, 일곱 인 재앙

예수 그리스도 재림 전에 일어날 종말 심판에서 점점 심각해지고 재난의 강도가 고조되는 첫 단계가 일곱 인의 재앙이다. 시작점인 일곱 인(6-7장), 마지막 심판에 앞서서 나타나는 일곱 나팔의 재앙(8-11장), 마지막 재앙으로서의 일곱 대접의 재앙(15-16장), 그리고 많은 물 위에 앉은 음녀 바벨론의 심판과 멸망(17-18장)으로 진행된다.

[도표] 일곱 인/일곱 나팔/일곱 대접

	일곱 인 (6–7장)		일곱 나팔 (8–9장)	일곱 대접 (15–16장)	애굽 재앙과 비교 (출 7–10장)
첫째 인/ 나팔/대접	첫째 생물 – 흰 말	외적 전쟁(적그리스도가 배후세력)	피 섞인 우박과 불	악한 종기	(7번째) 우박과 불덩이 (6번째) 독종
둘째 인/ 나팔/대접	둘째 생물 – 붉은 말	내적 전쟁	바다 1/3이 피가 됨	바다가 피가 됨	(첫번째) 물이 피가 됨

셋째 인/나팔/대접	셋째 생물 – 검은 말	경제문제	기갈: 물 1/3이 쓴 쑥이 됨(못 먹음)	강과 물 근원이 피가 됨 (시 78:44)	나팔 재앙보다 대접 재앙의 강도가 심해짐 (제1재앙)
넷째 인/나팔/대접	넷째 생물–청황색 말	검과 흉년과 사망과 땅의 짐승으로 땅 1/4을 죽임(사망)	해와 달과 별의 1/3이 어두워짐	해가 사람을 태움	(9번째) 흑암
다섯째 인/나팔/대접	순교자들의 원성–"기다리라"–순교자수 더 필요함		황충	어두움과 종기	(8번째) 메뚜기 재앙 (욜 1:4 메뚜기 재앙) (6번째) 종기 (9번째) 흑암
여섯째 인/나팔/대접	지진, 해가 어두워지며 달이 핏빛이 된다.		금 제단 네 뿔–사람1/3이 죽음(전쟁)	아마겟돈 전쟁 준비	(2번째) 개구리 재앙
삽입	(7장) 144,000명의 환상		(10장) 힘 센 천사와 작은 두루마리 (11장) 두 증인	(12장) 여자와 용 (13장) 두 마리 짐승 (14장) 세 천사가 전하는 말과 마지막 수확	
일곱째 인/나팔/대접	긴 침묵(8:1)이 있고 일곱 나팔 환상이 열린다.		세상 나라가 하나님 나라가 됨	바벨론의 멸망	

[부연 설명]

① 인 – 나팔 – 대접으로 갈수록 강도가 심해진다.
② 출애굽 시 애굽인들이 경험한 10가지 재앙과 요엘서 같은 구약적 배경은 유사점이 많다.
③ 인과 나팔의 재앙은 자연계 심판이 주를 이루지만 대접 재앙에서는 사탄과 같은 영적 세력에 심판의 비중이 실려 있다.
④ 전천년주의자들은 7년 대환난을 종말의 때 나타날 재앙으로 보는 데 비해서 무천년주의자들은 예수 초림 이후가 말세이므로 말세지말(末世之末)로 갈수록 재앙의 강도가 세지는 것으로 이해한다(천년왕국은 요한계시록 20장에서 설명하도록 한다).

|계 6:1–17|

[1]내가 보매 어린 양이 일곱 인 중의 하나를 떼시는데 그때에 내가 들으니 네
생물 중의 하나가 우렛소리같이 말하되 오라 하기로

[2]이에 내가 보니 흰 말이 있는데 그 탄 자가 활을 가졌고 면류관을 받고 나아
가서 이기고 또 이기려고 하더라

[3]둘째 인을 떼실 때에 내가 들으니 둘째 생물이 말하되 오라 하니

[4]이에 다른 붉은 말이 나오더라 그 탄 자가 허락을 받아 땅에서 화평을 제하여
버리며 서로 죽이게 하고 또 큰 칼을 받았더라

[5]셋째 인을 떼실 때에 내가 들으니 셋째 생물이 말하되 오라 하기로 내가 보니
검은 말이 나오는데 그 탄 자가 손에 저울을 가졌더라

[6]내가 네 생물 사이로부터 나는 듯한 음성을 들으니 이르되 한 데나리온에 밀
한 되요 한 데나리온에 보리 석 되로다 또 감람유와 포도주는 해치지 말라 하
더라

[7]넷째 인을 떼실 때에 내가 넷째 생물의 음성을 들으니 말하되 오라 하기로

[8]내가 보매 청황색 말이 나오는데 그 탄 자의 이름은 사망이니 음부가 그 뒤를
따르더라 그들이 땅 사분의 일의 권세를 얻어 검과 흉년과 사망과 땅의 짐승
들로써 죽이더라

[9]다섯째 인을 떼실 때에 내가 보니 하나님의 말씀과 그들이 가진 증거로 말미
암아 죽임을 당한 영혼들이 제단 아래에 있어

[10]큰 소리로 불러 이르되 거룩하고 참되신 대주재여 땅에 거하는 자들을 심판
하여 우리 피를 갚아 주지 아니하시기를 어느 때까지 하시려 하나이까 하니

[11]각각 그들에게 흰 두루마기를 주시며 이르시되 아직 잠시 동안 쉬되 그들의
동무 종들과 형제들도 자기처럼 죽임을 당하여 그 수가 차기까지 하라 하시
더라

[12]내가 보니 여섯째 인을 떼실 때에 큰 지진이 나며 해가 검은 털로 짠 상복같
이 검어지고 달은 온통 피같이 되며

[13]하늘의 별들이 무화과나무가 대풍에 흔들려 설익은 열매가 떨어지는 것같이
땅에 떨어지며

[14]하늘은 두루마리가 말리는 것같이 떠나가고 각 산과 섬이 제자리에서 옮겨
지매

[15]땅의 임금들과 왕족들과 장군들과 부자들과 강한 자들과 모든 종과 자유인
이 굴과 산들의 바위틈에 숨어

16 산들과 바위에게 말하되 우리 위에 떨어져 보좌에 앉으신 이의 얼굴에서와
그 어린 양의 진노에서 우리를 가리라
17 그들의 진노의 큰 날이 이르렀으니 누가 능히 서리요 하더라

1) 각 절 주해

(1) 2절 첫째 인

① 2절 "흰 말이 있는데 그 탄 자"

요한계시록 19장 11절에 나오는 충신과 진실이라는 이름을 가지고 공의로 심판하는 백마 탄 자는 예수 그리스도가 분명하다. 하지만 여기서 흰 말 탄 자는 재앙을 가지고 오는 자로 보아야 한다. '이긴 자'가 아니라 '이기고 또 이기려고' 안간힘을 쓰는 적그리스도 세

력으로 보는 것이 맞다. 재앙을 가지고 오는 자라고 보아야 문맥에도 어긋나지 않는다.

첫째 인에서부터 넷째 인까지의 네 마리 말에 관하여 스가랴 1장 8절에 나타난 네 마리 말을 배경으로 한다는 설(說)이 있기는 하나 여기서 백마를 그리스도로 보기에는 맨 끝에 나오는 한 마리 말에 지나지 않아 존엄성의 면에서 문제가 발생한다. 또한 평안과 70년 만에 이스라엘 회복을 전하는 스가랴의 문맥으로 보아 재앙을 가져오는 본문의 말씀과는 거리가 있다. 말 네 마리가 나오기는 하지만 색깔도 차이가 있을 뿐더러 억지로 연관을 짓는 것은 바람직하지 않다.

■ 백마 탄 교주들

1. 양도천 교주　2. 박명호 교주　3. 안상홍 교주　4. 이만희 교주

(대전 종교문제연구소 제공)

② 하나님의 말씀은 칼(히 4:12)이지만 마귀의 무기는 활이다.

시 11:2 "악인이 활을 당기고 화살을 시위에 먹임이여 마음이 바른 자를 어두운 데서 쏘려 하는도다"

사탄은 어두운 곳에서 쏜다. 사탄은 우리를 보지만 우리는 사탄을 볼 수 없다. 기도할 때 우리는 사탄의 궤계와 흐름을 파악할 수 있다.

엡 6:16 "모든 것 위에 믿음의 방패를 가지고 이로써 능히 악한 자의 모든 불화살을 소멸하고"
계 9:10 "또 전갈과 같은 꼬리와 쏘는 살이 있어 그 꼬리에는 다섯 달 동안 사람들을 해하는 권세가 있더라"

(2) 3–4절 – 둘째 인: 붉은 말을 탄 자는 큰 칼을 가진 자로 전쟁을 의미한다.

죽음을 불러오는 천사도, 심지어 인간에게 불행을 가져오는 마귀조차도 하나님의 허락 안에서 행해진다. 욥기 1-2장에 나타난 사탄도 하나님의 허락이 있고나서야 욥을 테스트했다. 사탄이 사람을 죽일 수 없다는 말은 설득력이 없다. 사탄은 욥의 열 자녀를 재난과 습격으로 죽이고 바람과 하늘에서 불을 떨어뜨리는 능력과 악인을 부르는 초능력이 있다. 다만 하나님의 허락이 없으면 그 선을 넘을 수 없는 제한된 존재가 사탄이다.

흰 말을 탄 자가 적그리스도를 표방한 악한 지도자로 사람들에게 죽음을 가져왔다면 붉은 말은 전쟁을 의미한다(마 24:5-8 참조).

(3) 5–6절 – 셋째 인: 검은 말을 탄 자는 경제를 망치는 재앙을 가져온다.

검은 말을 탄 자의 손에는 '저울'이 들려 있다. 그런데 네 생물 사이에서 "한 데나리온에 밀 한 되요 한 데나리온에 보리 석 되로다 또 감람유와 포도주는 해치지 말라"는 음성이 들려왔다. 데나리온은 노동자의 하루 품삯이다(마 20:2). '되'(헬, '코이니케스')는 건강한 남자의 하루 식량이다. 보리는 가난한 자의 식량이었다. 그러므로 한 데나리온에 밀 한 되 혹은 보리 석 되란 말은 일용직 노무자가 하루 벌어서 자기 혼자 먹을 만큼의 식량이든지 아니면 가난한 세 식구 분량의 보리를 살 수 있는 정도의 금액을 가리킨다. 정상적인 노무자 임금은 당시나 지금이나 밀 12되 정도의 일당을 받는 것으로 통용되었다. 화폐가치는 역사적으로 혹은 지역별로 차이는 있지만 곡물의 저울은 변함이 없다.

빈궁한 삶이 요즈음 유행처럼 번지는 '혼족'(혼자만 사는 가구)으로 내몰 것을 요한계시록은 이미 예견하였고 점차 일반화될 것이다. 요즈음 젊은이들이 결혼을 못하는 이유는 경제 문제가 태반이다. 맞벌이하면서 자녀가 없는 시대(TONK족: 'Two Only No Kids')도 경제와 쾌락적인 삶의 결과물일 수 있다.

'감람유와 포도주는 해치지 말라'는 속뜻을 살피면 없어도 될 잉여의 물품은 재앙의 천사가 오히려 손대지 않는다. 따라서 일반인은 입에 풀칠하기가 어려워 기호식품은 있어도 못 사 먹고, 가진 자는 손쉽게 구할 수 있어서 상대적 박탈감이 심해지게 된다. 한마디로 사람들이 그날그날 겨우 살아가는 비참한 시대가 펼쳐질 것이다. 이에 비해 포도주는 향락식품이다. 미래가 없는 사람이 손쉽게 술을 구입해서 밥 대신 술을 사 먹는 노숙자 같은 희망 없는 삶이 가속화될 것이다. 하지만 셋째 인을 떼는 시대에 나타나는 처절한 곤핍은 아직 도래하지 않았다.

(4) 7–8절 – 넷째 인: 청황색 말이 나오는데 탄 자의 이름이 사망이다.

① 음부('스올')가 뒤를 따른다.

음부는 죽어서 불신자가 가는 지하세계이다. 죽음보다 더 비참한 것은 믿지 않고 죽은 자이다.

② 사망이 권세를 얻어 땅 4분의 1을 죽이는데 그 방식은 검, 흉년, 사망, 그리고 땅의 짐승들로써 한다.

이 말씀은 에스겔 14장 21절과 일맥상통한다("주 여호와께서 이같이 이르시되 내가 나의 네 가지 중한 벌 곧 칼과 기근과 사나운 짐승과 전염병을 예루살렘에 함께 내려 사람과 짐승을 그중에서 끊으리니 그 해가 더욱 심하지 아니하겠느냐").

a) 검은 전쟁을 의미한다('소묵시록' 마 24:7; 막 13:8; 눅 21:10).

전쟁은 하나님께 속한 것이며 말세에는 전쟁의 소식이 많아진다.

타락 후 가인은 동생 아벨을 죽였고, 라멕은 칼의 노래를 불렀으며, 수많은 전쟁은 끊일 날이 없었다. 말세에는 더욱 심해질 것이다.

b) 기근은 독한 화살이다(겔 5:16).

아브라함 때의 기근부터 기근에 자식을 삶아 먹는 이야기(왕하 6:24-29) 등 수많은 굶주림의 이야기가 성경에 나온다. 기근은 우상숭배가 만연했을 때, 의인의 피를 많이 흘렸을 때, 하나님의 말씀을 청종하지 않은 결과이다(레 26:18-20). 엘리야의 일곱 번 부르짖는 기도(왕상 18:41-46) 혹은 다윗이 기브온 백성의 원한을 풀어줄 때 하나님은 비를 내려 주셨다(삼하 21장).

휴전선을 사이에 두고 남한은 쌀이 남아돌고 북한은 기아선상에서 허덕인다. 하나님을 경외하고 예배의 자유가 생길 때 다시 풍족해질 것이다. 말세 때는 하나님을 배역함으로 기근이 처처에 많아질 것이다.

레 26:26 "내가 너희가 의뢰하는 양식을 끊을 때에 열 여인이 한 화덕에서 너희 떡을 구워 저울에 달아 주리니 너희가 먹어도 배부르지 아니하리라"

c) 사망은 정확히 언급되고 있지 않으나 전염병으로 해석하는 것이 타당하다(렘 14:1-12).

성경에서 대표적인 전염병 기사는 모세의 지도력에 도전한 고라당 사건으로 고라의 가족과 자손, 지휘관들이 심판을 받았다. 이에 모세와 아론에게 대드는 이스라엘 민족 사천칠백 명이 역병으로 죽은 기사가 나온다(민 16:41-50). 다른 곳에는 다윗이 인구조사를 함으로 애꿎은 백성 7만 명이 역병으로 죽은 기사가 나온다(삼하 24장). 전염병은 순식간에 많은 인명을 살해한다. 하나님은 질서의 하나님이시며 동시에 지도자의 잘못이 얼마나 위중한가를 보여주는 실례이다. 말세는 교회의 질서가 무너지고 지도자들의 교만으로 인한 전염병, 그리고 하나님을 잊어버려서 발생하는 염병이 많아질 것이다(신 28:20). 기근과 전염병을 고치는 성경구절 한 구절을 소개한다.

대하 7:13-14 "혹 내가 하늘을 닫고 비를 내리지 아니하거나 혹 메뚜기들에게 토산을 먹게 하거나 혹 전염병이 내 백성 가운데에 유행하게 할 때에 내 이름으로 일컫는 내 백성이 그들의 악한 길에서 떠나 스스로 낮추고 기도하여 내 얼굴을 찾으면 내가 하늘에서 듣고 그들의 죄를 사하고 그들의 땅을 고칠지라"

d) 땅의 짐승 즉 사나운 짐승이 우리를 죽게 할 것이다.

원래 에덴동산에서 인간과 짐승의 관계는 좋았다. 아담과 하와는 동산을 관리하는 청지기였고 짐승의 이름을 지어 주며 관리했다(창 2:19). 짐승과의 의사소통이 가능했던 것이며, 오늘날 개에게서 그런 흔적을 살펴볼 수 있다.

인류에게 죄와 사망이 들어오고 결국 노아 홍수의 심판을 받게 된다(창 6-9장). 노아 홍수는 세상에 많은 변화를 가져왔다. 먼저 조산운동이 생겨나고 지진이 나타났다. 궁창의 물층도 사라져서 자외선을 직접 받게 됨으로 피부의 노화가 빨라졌다. 그리고 지구가 23.5도 기울어지면서 춘하추동이 생겼다(창 8:22). 결국 겨울이 생겨나자 인류는 식량의 부족 문제에 봉착하게 되고, 하나님께서는 모든 살아 있는 동물을 인류에게 먹게 하셨다(창 9:3).

이제는 인간과 짐승은 화평의 관계가 아니다. 짐승은 사람을 두려워하여 피하게 되었으며, 의사소통도 단절되었다. 짐승과 의사소통이 이뤄진다면 애원하는 짐승을 잡아먹을 수 없기 때문이다. 이제 인류와 짐승은 서로 무서워하고 피하는 존재가 되었다. 심지어 짐승의 반격으로 말미암아 매독, 에이즈(AIDS), 그리고 요즘 유행하는 메르스, 사스, 조류독감, 코로나 19 바이러스도 창궐하고 있다. 사나운 짐승이 된 것이다. 인류와 짐승이 다시 사랑으로 회복되는 시기가 천년왕국이다. 하나님은 인간뿐만 아니라 짐승을 긍휼히 여기신다(욘 4:11). 언젠가 독사 굴에 어린이가 손을 넣고 장난쳐도 물지 않는 새 에덴이 천년왕국과 함께 전개될 것이다(사 11:6-9).

⑸ 9–11절 – 다섯째 인: 순교자들의 호소

무죄하게 죽은 순교자들은(9절) 그들이 흘린 무죄한 피에 대한 공의와 보수를 호소하고 있다(10절). 때가 되어 순교자의 숫자가 차면 보응해 주겠다고 주님은 약속하고 계신다(11절).

① 하나님 말씀을 지키고 증거하다가 순교한 영혼들의 순교의 피가 번제단 밑에 뿌려져 있다(레 4:7 참조).

번제물 위에 피를 붓는 제사를 '전제' 혹은 '관제'라고 한다. 관제는 부속 제사이다. 사도 바울은 자신이 순교하여 전제로 피를 희생 제물 위에 뿌릴 것을 예견했다.

딤후 4:6 "전제와 같이 내가 벌써 부어지고 나의 떠날 시각이 가까웠도다"

② '땅에 거하는 자들'은 순교자를 박해한 사탄의 자식을 말한다.

③ 하나님은 순교의 피를 갚아 주신다.

난해구절은 순교자들이 자신의 피에 대해 보복해 달라는 구절인데, 예수님이나 스데반은 가해자의 용서를 구했다(눅 23:34; 행 7:60). 하지만 구약의 마지막 순교자 사가랴는 여호와께 억울한 죽음을 신원해 달라고 하였다(대하 24:22). 신원(伸冤, 헬, '에크디케오')은 보응과 보복의 의미를 담고 있다. 그런 점에서 7년 대환난은 은혜의 때가 아니라 심판의 날로 이해할 수 있다.

④ 흰 두루마기에서 '흰'은 '정결함, 의로움, 승리와 영생'을 의미한다. 즉 구원의 예복이다.

⑤ '동무 종들과 형제들'은 순교자들의 탄원부터 마지막 순교자가 나올 때까지의 모든 순교자들을 지칭하는데, 이 모든 순교자의 숫자가 차기까지 잠시 쉬고 있으라고 주님은 말씀하신다.

그러므로 하나님은 개인, 국가, 인류, 역사의 종말에 있어 정한 기간 혹은 숫자가 채워질 때까지 기다리시는 분이다(롬 11:25-26 - "형제들아 너희가 스스로 지혜 있다 하면서 이 신비를 너희가 모르기를 내가 원하지 아니하노니 이 신비는 이방인의 충만한 수가 들어오기까지 이스라엘의 더러는 우둔하게 된 것이라 그리하여 온 이스라엘이 구원을 받으리라 기록된 바 구원자가 시온에서 오사 야곱에게서 경건하지 않은 것을 돌이키시겠고"). 따라서 종말이나 하나님의 진노와 심판의 기간은 가변적일 수 있다.

(6) 12-17절 – 여섯째 인: 지진이 나고 해가 검어지고 달이 피같이 되고 천체(天體)가 풀어진다.

① 말세, 즉 주님의 재림시기가 다가올 때 천체에 이상이 생긴다는 성경의 표현은 요한계시록뿐 아니라 복음서의 소묵시록(마 24:29; 막 13:24; 눅 21:25-26)과 사도행전 2장 20절, 그리고 베드로후서 3장 12절 등에도 나타나 있다.

> **행 2:20** "주의 크고 영화로운 날이 이르기 전에 해가 변하여 어두워지고 달이 변하여 피가 되리라"
> **벧후 2:12** "하나님의 날이 임하기를 바라보고 간절히 사모하라 그날에 하늘이 불에 타서 풀어지고 물질이 뜨거운 불에 녹아지려니와"
> (구약 참조 - 사 13:10, 50:3; 렘 4:23; 겔 32:7-8; 욜 2:31, 3:15; 암 8:9-10; 미 3:6 등)

혹자는 하늘과 해와 달과 별이 변하는 대격변 현상을 세계 도처의 권력체제가 무너지고 전복되는 현상을 상징한다고 보는 견해를 제시하나 차후에 있을 신천신지를 고려한다면, 그리고 창조주 하나님의 전능하심을 인정한다면 인간의 이해를 뛰어넘는 천체의 격동은 준엄한 종말의 역사적 사실로 받아 들여야 한다.

② 땅의 임금들과 왕족들, 장군들, 부자들, 강한 자들, 모든 종과 자유인이 굴과 산들의 바위틈에 숨는다.

영어에서 '끝 날'이란 구절은 두 가지 즉 'the last day'(끝 날)와 'the last days'(마지막 시대)로 표현된다. 모든 일에 마지막(the last day)은 있다. 그러나 마지막 시대(the last days)는 빈부귀천과 상관없이 모든 자에게 임할 심판임을 암시한다. 이것은 지금까지 있어 왔던 일반적인 심판이 아니라 하나님 최후 심판의 날이요, 심판주 되신 어린 양 예수 그리스도가 온 인류와 우주만물에 행하시는 '큰 날'(17절)이다. 이스라엘을 심판하시고 열방을 심판하시는 구약에서 보여주는 '여호와의 날'(사 13:6, 9; 겔 13:5; 욜 2:11; 습 1:14)은 최후심판(큰 날)에 대한 전초전이요, 그림자이다. 이 점을 고려하면 군왕들이 나서며 관원들이 서로 꾀하여 여호와와 그 기름 부음 받은 자(그리스도)를 대적하려고 할 때 하늘에 계신 이가 비웃으시는 것은 당연하다(시 2:2-4).

영국 국가를 찬송가 70장에 수록하면서 써 내려간 작시는 여전히 말세를 대비하고 살아가는 깨어 있는 성도들에게 많은 것을 시사한다. "피난처 있으니 환난을 당한 자 이리 오라. 땅들이 변하고 물결이 일어나 산 위에 넘치되 두렵잖네. 이방이 떠들고 나라들 모여서 진동하나 우리 주 목소리 한 번만 발하면 천하에 모든 것 망하겠네"(새찬송가 70장 1-2절).

7장

십사만 사천 명의 인(印, seal) 맞은 하나님의 백성(삽입환상 1)

여섯 번째 인과 일곱 번째 인을 떼는 사이에 십사만 사천에 대한 삽입환상을 사도 요한은 보게 된다.

요한계시록 본론 부분(4-18장) 사이에 끼워 넣은 일곱 개의 삽경(揷景, inserting) 중 첫 번째 장면이다.

[참조] 7가지 삽경

1) 인 맞은 십사만 사천 명(7:1–17)
2) 힘 센 천사와 작은 두루마리(10:1–11)
3) 두 증인(11:1–13)
4) 여자와 용(12:1–17)
5) 짐승 두 마리(13:1–18)
6) 십사만 사천과 세 천사의 말(14:1–20)
7) 바벨론 심판(17:1–18:24)

|계 7:1–17|

[1]이 일 후에 내가 네 천사가 땅 네 모퉁이에 선 것을 보니 땅의 사방의 바람을
붙잡아 바람으로 하여금 땅에나 바다에나 각종 나무에 불지 못하게 하더라

[2]또 보매 다른 천사가 살아 계신 하나님의 인을 가지고 해 돋는 데로부터 올라
와서 땅과 바다를 해롭게 할 권세를 받은 네 천사를 향하여 큰 소리로 외쳐

[3]이르되 우리가 우리 하나님의 종들의 이마에 인치기까지 땅이나 바다나 나무
들을 해하지 말라 하더라

[4]내가 인침을 받은 자의 수를 들으니 이스라엘 자손의 각 지파 중에서 인침을
받은 자들이 십사만 사천이니

[5]유다 지파 중에 인침을 받은 자가 일만 이천이요 르우벤 지파 중에 일만 이천
이요 갓 지파 중에 일만 이천이요

[6]아셀 지파 중에 일만 이천이요 납달리 지파 중에 일만 이천이요 므낫세 지파
중에 일만 이천이요

[7]시므온 지파 중에 일만 이천이요 레위 지파 중에 일만 이천이요 잇사갈 지파
중에 일만 이천이요

[8]스불론 지파 중에 일만 이천이요 요셉 지파 중에 일만 이천이요 베냐민 지파
중에 인침을 받은 자가 일만 이천이라

[9]이 일 후에 내가 보니 각 나라와 족속과 백성과 방언에서 아무도 능히 셀 수
없는 큰 무리가 나와 흰옷을 입고 손에 종려 가지를 들고 보좌 앞과 어린 양
앞에 서서

[10]큰 소리로 외쳐 이르되 구원하심이 보좌에 앉으신 우리 하나님과 어린 양에
게 있도다 하니

[11]모든 천사가 보좌와 장로들과 네 생물의 주위에 서 있다가 보좌 앞에 엎드려
얼굴을 대고 하나님께 경배하여

[12]이르되 아멘 찬송과 영광과 지혜와 감사와 존귀와 권능과 힘이 우리 하나님
께 세세토록 있을지어다 아멘 하더라

[13]장로 중 하나가 응답하여 나에게 이르되 이 흰옷 입은 자들이 누구며 또 어
디서 왔느냐

[14]내가 말하기를 내 주여 당신이 아시나이다 하니 그가 나에게 이르되 이는 큰
환난에서 나오는 자들인데 어린 양의 피에 그 옷을 씻어 희게 하였느니라

[15]그러므로 그들이 하나님의 보좌 앞에 있고 또 그의 성전에서 밤낮 하나님을
섬기매 보좌에 앉으신 이가 그들 위에 장막을 치시리니

16 그들이 다시는 주리지도 아니하며 목마르지도 아니하고 해나 아무 뜨거운 기운에 상하지도 아니하리니
17 이는 보좌 가운데에 계신 어린 양이 그들의 목자가 되사 생명수 샘으로 인도하시고 하나님께서 그들의 눈에서 모든 눈물을 씻어 주실 것임이라

1) 계시록 7장의 구조

(1) 1–8절 – 이 땅에서 벌어지는 환난에서 보호받는 인침 받은 십사만 사천 명에 대한 환상

(2) 9–17절 – 승리한 성도가 하나님 보좌와 어린 양 예수 앞에 서서 승리의 찬양을 부르는 모습

1절과 9절에서 "이 일 후에"라는 표현을 사용하여 두 장면을 차별화시키고 있는데 전자는 지상에서의 십사만 사천 명의 모습인 반면 후자는 천상의 찬양 모습이다.

2) 각 절 주해

(1) 1–8절 첫 번째 단락 – 십사만 사천 명에 대한 환상

① 네 천사가 땅의 사방의 바람을 붙잡아

천사는 앞서 천사론에서도 언급했던 것처럼 하나님을 보필하고 찬양하며 신자를 수호하는 선한 역할을 감당하는 천사도 있지만, 심판을 집행하는 천사도 있다. 여기에서 등장하는 네 천사는 바람

을 사용하여 후자의 사역을 단행하는 존재로 보인다.

성경에서 바람도 크게 두 종류인데 하나는 성령의 바람(행 2:2)이고, 다른 하나는 심판과 환난의 바람이다. 그래서 '바람 분다'는 말이 어려움을 뜻하는 경우에 많이 사용된다.

욥기 1장 19절에 보면 욥의 종이 "거친 들에서 큰 바람이 와서 집 네 모퉁이를 치매 그 청년들 위에 무너지므로 그들이 죽었나이다"라고 욥에게 보고를 한다. 그리고 그 배후세력이 하나님께 허락받은 마귀의 활동임을 알려주고 있다. 이와 비슷하게 바람을 일으켜 사람들을 불행과 고통으로 비참하게 만드는 천사들도 있는데 본문에 나오는 네 천사가 그 같은 역할을 하고 있으며, 또 다른 임무를 맡은 천사가 네 천사의 재앙을 막고 있다.

② 3-4절 - 하나님의 인을 가지고 해 돋는 데로부터 올라온 천사는 땅과 바다를 해롭게 하는 천사들을 향해 하나님의 종들의 이마에 인치기까지 땅이나 바다를 해하지 말라고 말하고 있다.

③ 하나님의 인이란 하나님의 소유와 책임지시겠다는 효력의 발생을 의미한다. 여기서 말하는 하나님의 인을 성령의 인에 비견할 수 있다.

구약에서 에스겔 9장 4-6절에 보면 여호와께서 먹 그릇을 찬 사람에게 분부하기를 가증한 일, 즉 우상숭배를 한 일로 말미암아 탄식하고 애통하는 자들의 머리에 표를 그리고 심판의 살육에서 그들을 제외시킬 것을 말씀하고 있다. 여기서 '표'는 하나님의 보호요, 유월절 어린양의 피와 같이 재앙을 면하는 표식(mark)과 같다. 여기서 '표'란 하나님의 인과 흡사한 역할을 한다.

신약에서 성령님은 세 번 인(도장)으로 비유되었다. 에베소서 1장 13-14절을 보면, "약속의 성령으로 인치심을 받았으니 이는 우리 기업의 보증(금)이 되사 그 얻으신 것을 속량하시고"라는 말씀이 있다. 영어에 'LAY AWAY'이란 단어가 있다. 아이들 속어로 '찜해 놓은 것'이다. 백화점에 가서 마음에 드는 물건을 봤는데 가지고 있는 돈이 부족할 때 일부 금액을 지불하고 잔금을 가져올 테니 다른 사람에게 매매하지 말 것을 손님이 점원에게 요청하면 그 물건 앞에 'LAY AWAY'이라는 팻말을 놓는다. '임자가 있다'는 뜻이다.

성령님은 도장을 찍어서 자기 소유를 삼으시고 영원한 날 천국까지 인도하심을 약속하신 것이다. 성령께서 이미 죄의 노예로 있는 우리를 속량(속전)하시고 다시 되사셔서 계약서에 도장을 찍으심으로 마귀나 세상이 결코 손대지 못하도록 소유하시고 인도하시며 보호하시는 약속의 표증이 인인 것이다(엡 4:30b - "성령 안에서 너희가 구원의 날까지 인치심을 받았느니라")(김상복).

이와 대척점에 짐승의 표(계 13:17)가 있다. 배교자나 불신자의 오른손 안이나 이마 안에 표를 받게 해서 매매를 제한함으로 신자를 박해하는 도구가 되는 표가 있다. 신자는 이마에 인 맞은 자가 되어 지상에서 네 천사가 시행하는 땅과 바다와 나무로 인한 고통에서 벗어나는 하나님의 은혜와 보호를 누려야 한다.

④ 4-8절 - 인치심 받은 자의 수가 십사만 사천

a) 십사만 사천은 여러 가지 설이 존재하나 구약 12지파×신약 12사도×1,000('무수히 많다'는 의미)=144,000명이라는 해석이 가장 유력하다.

즉 구약과 신약시대에 존속해 왔던 모든 참 신자의 무리로 보는 견해가 가장 설득력이 있다.

b) 인 맞은 십사만 사천 명이란 유다 지파, 르우벤 지파, 갓 지파,

아셀 지파, 납달리 지파, 므낫세 지파, 시므온 지파, 레위 지파, 잇사갈 지파, 스불론 지파, 요셉 지파, 베냐민 지파에서 각 일만 이천씩 총 십사만 사천이다.

특징적인 것은 단 지파가 빠져 있고 그 대신 므낫세 지파와 요셉 지파로 대치되어 12지파 수를 맞추고 있다. 많은 학자들은 단 지파가 이단 지파로 타락했기 때문에 12지파에서 제외된 것으로 본다. 이러한 생각의 배경은 사사기 17-18장에 나오는 미가의 집에 있었던 은 신상을 강제로 가로채고 자격 없는 일반인 제사장을 세워 단 지파의 제사장을 삼은 데서 연유한다.

다른 한편으로 요셉 지파는 에브라임과 므낫세로 나뉘어 두 분깃을 야곱에게서 받았다. 장자 두 몫이 르우벤에게서 요셉에게 넘어간 것이다. 그런데 그 안의 면면을 살펴보면 므낫세는 두 번이나 기록한 반면 왜 에브라임이라는 말을 기록하기 꺼려 했을까? 이것은 열왕기상 12장 25-32절에 나타나 있듯이 북이스라엘의 대표 지파가 에브라임이고 북이스라엘의 초대 왕이 여로보암이었던 바, 그가 행했던 변질된 종교행위로 말미암아 야훼 종교에 큰 손상을 입힌 까닭이다. 단과 벧엘에 금송아지를 세우고 일반인으로 제사장을 삼고 초막절을 여덟째 달 열다섯째 날로 변경하여 악한 선례를 남겼는데 그 이후 왕들이 나쁜 선례의 전철을 밟아 북이스라엘은 우상숭배가 만연했다. 북이스라엘 멸망 이후에는 민족주의를 말살시키려는 앗수르의 인구분산 정책으로 말미암아 북이스라엘 민족이 타 지역으로 분산 이주하면서 우상을 섬기는 이민족들과 혼인하게 됨으로 혼합주의 신앙으로 변질되었다.

참고로 창세기 49장에 야곱의 12지파 축복이 나오는데 야곱은 공과(功過)를 따라 축복과 저주를 했다. 신명기 33장에는 모세의 축복이 수록되어 있는데 모든 지파를 축복했다는 점에서 야곱의 축복과는 차별을 이룬다. 다만 시므온 지파는 축복에서 언급하지 않았는데 바알브올 사건 등으로 이방인과의 통혼, 우상숭배에 연루되어 모세의 속을 많이 썩였기 때문으로 추측된다.

아무튼 인 맞은 십사만 사천 명은 환난 가운데 보호받는 택한 백성이다. 애굽의 10가지 재앙에서 볼 수 있듯이 피, 개구리, 이 재앙까지는 애굽인과 함께 이스라엘 민족도 고통을 받으나 넷째 재앙이었던 파리 재앙부터는 이스라엘 민족이 거주하는 고센 땅을 구별하여(출 8:22) 하나님께서 자기 백성을 보호하셨다. 고대 벽화에 그려진 애굽인의 눈 밑에 검은 색깔의 칠은 파리를 쫓기 위해 바른 약으로 알려져 있다.

하나님께서 이스라엘 민족을 긍휼히 여기셨듯 여섯째 인의 재앙까지는 신자가 불신자와 함께 7년 대환난의 초기 고난을 같이 겪으나 이제 일곱째 인의 재앙부터는 선민 이스라엘, 영적 이스라엘, 믿는 하나님의 자녀는 하나님의 특별한 보호가 있음을 추론할 수 있다(마 24:21-22 - "이는 그때에 큰 환난이 있겠음이라 창세로부터 지금까지 이런 환난이 없었고 후에도 없으리라 그날들을 감하지 아니하면 모든 육체가 구원을 얻지 못할 것이나 그러나 택하신 자들을 위하여 그날들을 감하시리라").

c) 이 열두 지파는 12지파를 상징하는 12개의 보석으로 새 예루살렘 성의 기초석을 이루어 찬란히 빛나고 있다(계 21:19-20).

d) 12사도는 여기에서는 거론되고 있지 않으나 예수님께서 그 제자들에게 보좌에 앉아 열두 지파를 다스리는 권세를 부여하셨다.

눅 22:29-30 "내 아버지께서 나라를 내게 맡기신 것같이 나도 너희에게 맡겨 너희로 내 나라에 있어 내 상에서 먹고 마시며 또는 보좌에 앉아 이스라엘 열두 지파를 다스리게 하려 하노라"

e) 한 가지 덧붙이면 역사적으로 수많은 이단들이 '인 맞은 십사만 사천 명'을 악용해서 제멋대로 십사만 사천의 거짓 교리를 자작(自作)하여 하나님의 백성을 미혹했는데 몇 가지를 소개하면 다음과 같다.

팁 포인트(Tip Point)

19. 이단의 십사만 사천 교리

- 박태선 천부교: 감람나무(박태선) 문으로 들어오는 십사만 사천이 구원받는다.
- 안식교: 십사만 사천만 구원받는다. 과거 주 6일 수업일 때도 토요일 날 학교도 포기하고 안식일 교회에 출석하는 이유이다(666은 일요일 교인이라고 가르침).
- 여호와의 증인: 십사만 사천은 이미 찼다. 이 땅에서 천국을 이루려고 한다.
- 안상홍 증인회: 십사만 사천은 영육 부활을 하고 다른 사람들은 영 부활만 한다.
- 신천지: 많은 문제를 야기하고 있는 신천지의 핵심 교리는 세 가지이다. 첫째는, 천국이 이 땅에 이루어지고 천국은 걸어서 가는 곳이라고 가르치는데 그 장소를 대한민국 경기도 과천이라고 주장하고 있다. 사탄이 예수님을 모방하듯이 기독교를 흉내내어 이긴 자 이만희가 있는 곳이 천국이라는 엉뚱한 주장을 펼치고 있다. 둘째로, 육체영생 교리이다. 육체영생은

'신인합일'이라고 하여 이만희 육체에 예수의 영이 들어왔고 순교자의 영이 신천지 신도의 몸에 들어와 하나가 되면 신인합일되어 천 년 동안 육체영생을 하면서 왕 노릇 하며 산다는 것이다. 하나님의 영이 육체가 된 예수에게 임했고 예수의 영이 육체 이만희에게 임했다는 논리를 전개하면서 신도들도 역시 순교자의 영과 하나 되는 영적 혼인을 이루어 '첫째 부활'을 한다는 것을 골자로 하고 있다. 이만희 교주나 신천지인이 죽으면 안 되는 이유는 몸이 없어지면 순교자의 영이 거할 처소가 사라지기 때문이다. 셋째, 십사만 사천 교리이다. 인 맞은 십사만 사천 인은 제사장권이 부여되어 세계를 다스리며 부귀영화를 누리게 된다는 것으로, 기독교 진리인 분봉왕(눅 19:11-27 '므나 비유' 참고)과 흡사하다.

우스운 것은, 시간이 얼마 안 남았다면서 임박한 종말론을 내세워 사람들을 미혹시키며 곧 끝날 세상이니 생명보험도 파기하라고 가르치면서 정작 이만희 교주를 비롯한 집권 세력은 뒤로 땅을 매입하고 있다는 사실이다.

십사만 사천에 들어가려면 실적이 중요한데 그 실적이 자리 헌금, 충성과 섭외('전도'의 신천지인 용어)이다(진용식). 그래서 수많은 젊은이들이 맹목적 충성을 하면서 학업과 가정마저 팽개친다. 정상적인 신자는 남을 구원하기 위해 전도하지만 신천지인은 자기가 구원받기 위해 전도하는 셈이다. 하지만 그들에게 구원이란 없다.

십사만 사천 교리는 이단들이 회원으로 하여금 한눈을 못 팔게 하고 열심을 종용하는 단골 메뉴이다.

(2) 9–18절 두 번째 단락 – "이 일 후에"에서 장면이 천상의 구원받은 성도로 바뀌고 있다.

① 9절 – (각 나라와 족속과 백성과 방언에서) 큰 무리가 흰옷을 입고 손에 종려 가지를 들고 보좌 앞과 어린 양 앞에 서서 찬양한다.

- 여기서 '큰 무리'란 구원받은 총수를 말한다.
- 흰옷은 보혈로 빤 옷이다(계 7:14). 옳은 행실의 세마포이다(계 19:8). 예수 그리스도로 옷 입는 것이다(롬 13:14). 천국 혼인잔치의 예복이다(마 22:10-14).
- 종려 가지는 예수님께서 십자가를 지시기 전 예루살렘에 입성하실 때 이스라엘 백성이 흔드는 종려나무 가지를 연상케 한다(종려주일의 기원). 종려나무가 뜻하는 것은 크게 네 가지이다.

첫째, 종려나무는 별명이 불사조(Phoenix)이다. 그 이유는 종려나무를 다 베고 남은 그루터기에 불을 피워도 다시 싹이 난다. 그래서 부활과 승리의 상징이기에 천국에 있는 성도가 흔드는 것으로 볼 수 있다.

둘째, 유대인들이 예배 때 머리에 쓰는 키파는 종려나무에서 왔다. '하나님의 군대'를 상징하며, 하나님의 지배를 보여준다. 종려나무는 불에 타도 안 죽지만 맨 위에 있는 '키파 트마림'이란 줄기를 꺾으면 죽는다. 따라서 하나님과의 관계가 꺾이면 죽는 존재가 기독교인이다.

셋째, 의인을 상징하고(시 94:12), 30m까지 자라면서도 속이 꽉 찬 알곡 신자를 의미한다. 유대인들은 나팔절 저녁에 원수가 사라지길 바라는 마음으로 종려나무 열매를 먹는다. 의인 앞에 마귀, 적군, 저주, 원수는 사라진다.

넷째, 다산(多産)을 상징한다. 종려나무는 히브리어로 '타마르'(다

말)이다. 유다의 며느리, 압살롬의 누이나 딸의 이름이 '타마르'이다. 이 이름은 유대 나라에서 다산을 의미한다. 자식을 많이 낳으라는 축복의 이름이다(류모세). 그러므로 신자는 많이 전도하고 믿음의 자녀를 잘 양육해야 한다. 이 자녀들은 천국에서 신자의 자랑과 기쁨의 면류관이 될 것이다(빌 4:1).

② 10절 "큰 소리로 외쳐"

하늘로부터 흰옷을 입은 수많은 무리들은 우렁찬 찬양을 성삼위 하나님께 드리고 있으며, '외쳐'(헬, '크라주신')는 계속되는 동작을 나타내는 현재형으로 하나님 찬양하기를 쉬지 않고 있음을 보여준다.

③ 11-14절

흰옷 입은 성도들이 종려 가지를 들고 하나님과 어린 양을 찬양하자(9-10절) 모든 천사가 보좌와 장로들과 네 생물들의 주위에 있다가 하나님께 경배하며 "아멘 찬송과 영광과 지혜와 감사와 존귀와 권능과 힘이 우리 하나님께 세세토록 있을지어다 아멘" 하며 화답한다.

장로 중 하나가 흰옷 입은 자들이 누구이며 어디서 왔는지 묻는다. 이것은 장로가 몰라서가 아니라 사도 요한에게 각인시켜 주기 위함이며, 사도 요한은 "내 주여, 당신이 아시나이다"라는 겸양의 답변으로 경청의 자세를 취한다.

흰옷 입은 자들은 큰 환난에서 나온 자들이다. 이들은 태초부터 세말까지 어린 양의 보혈로 씻음 받아 구원받고 환난에서 나온 순금 같은 승리의 성도들이다(욥 23:10). 혹자는 승리한 성도들을 7년 대환난에 국한하고 있으나 문맥상 구원받은 총수, 칼빈이 말한 바 구원받은 불가시적 교회(invisible church)로 보는 것이 마땅하다.

영원한 천국에서 구원받은 신자는 성삼위 하나님께 영광과 찬송을 드리게 될 것이다. 찬송은 인간의 창조 목적이다(사 43:21).

④ 15-17절

성도의 특권 중 하나는 하나님 보좌 앞에 나아갈 수 있게 된 사실이다. 하나님께서 금지하신 선악과, 그 금단의 과실은 죄와 사망, 그리고 고통의 삶으로 인류를 내몰았다. 실낙원(Lost Paradise)이 된 것이다. 이뿐 아니라 생명나무 근처에 얼씬거리지 못하도록 그룹과 화염검을 두셨다. 흙에서 왔으니 흙으로 가는 먼지 같은 인생이 되었다.

창세기 4장에 가인이 아벨을 죽인 후 가인에게 가해진 벌은 설상가상으로 하나님을 뵙지 못하는 신세로 전락했다. 하나님이 보호의 표를 주사 가인을 보호하신다는 약속을 받았건만 불신의 늪에 허우적거리며 놉 땅에 거주하면서 제일 먼저 한 일이 성(城)을 쌓는 일이었고, 아들의 이름을 따서 에녹 성이라고 하였다.

이제 성주(城主, Lord)가 생기고 성 안에 피신해 사는 백성이 생기면서 인류는 계급이 생겼다. 그리고 하나님 없이 사는 인류의 삶의 쾌락을 위해 세상 음악이 나왔으며(창 4:21 - "그의 아우의 이름은 유발이니 그는 수금과 퉁소를 잡는 모든 자의 조상이 되었으며"), 하나님의 창조원리를 떠나 첩을 두면서 여러 개의 '갈비뼈'를 품에 안게 되었고(창 4:19 - "라멕이 두 아내를 맞이하였으니 하나의 이름은 아다요 하나의 이름은 씰라였더라"), 이 땅은 가벼운 상처 때문에 힘없는 소년을 죽이는 무법천지로 변모하고 말았다(창 4:23b - "나의 상처로 말미암아 내가 사람을 죽였고 나의 상함으로 말미암아 소년을 죽였도다").

인간은 율법으로도 하나님께 나아가는 데 실패했다(롬 3:23). 그런데 하나님의 또 다른 의(義, righteousness), 바로 예수 그리스도의 보혈로 말미암아 죄 사함을 받아 하나님께 나아가는 은혜를 입게 된 것이다. 예수님이 십자가에서 못 박히심으로 지성소 앞에 드리운 휘장을 찢으셨다(막 15:37-38 - "예수께서 큰 소리를 지르시고 숨지시니라 이에 성소 휘장이 위로부터 아래까지 찢어져 둘이 되니라"). 하나님께 나아가는 새 길이 열린 것이다. 그래서 이제 예수님 안에서 우리는 직접 제사드릴 수 있는 만인제사장이 되었다. 할렐루야!

그러므로 기독교는 사제를 통해 고해성사로 용서받아 하나님께 나아가는 간접종교가 아니다. 이처럼 하나님과 다시 교통하는 은혜가 천상예배에서는 찬송으로 더 극대화된 것을 본문은 보여주고 있다.

성도는 예배뿐 아니라 천상 성전에서 밤낮 기쁨으로 섬기는 존재이다. 이 땅의 섬김이 천국까지 이어질 것이다. '섬김'(헬, '라트류오')은 하나님을 곁에서 보필한다는 의미이며, 동시에 하나님과 함께 교제하는 영광을 누린다는 뜻이다.

> **히 9:14** "하물며 영원하신 성령으로 말미암아 흠 없는 자기를 하나님께 드린 그리스도의 피가 어찌 너희 양심을 죽은 행실에서 깨끗하게 하고 살아 계신 하나님을 섬기게 하지 못하겠느냐"

'장막'(tent)는 구약시대의 성막(tabernacle)에 상응하는 것으로 하나님의 임재의 상징이며, 혹독한 고난으로부터의 보호를 뜻한다. 천국은 죽음이나 애통이나 곡함이나 아픈 것이 다시 없는 곳이다(계 21:4). 어린 양 예수는 목자가 되셔서 우리 믿는 신자들을 수정같이 맑은 생명수 샘(계 22:1)으로 인도하시고, 영원에서 영원까지 참 목자장이 되신다.

우리는 이 땅에 살면서 목마른 존재이다. 사람이 죽을 때 찾는 말은 "물"이라고 한다. 예수님께서도 십자가상에서 "내가 목마르다"("딥

소")라고 하셨다. 갈급한 것이 인생이다. 돈, 권력, 인기, 세상의 어떤 것도 가질수록 목마르다. 하지만 예수님은 목마른 수가 성 여인에게 영생하도록 솟아나는 샘물을 주셨다(요 4:14). 예수님은 나를 믿는 자는 성경에 이름과 같이 그 배에서 생수의 강이 흘러나오리라고 하셨다(요 7:38). 그리고 이 생수의 강이 바로 성령이라고 말씀하신다(요 7:39). 우리는 언젠가 영원한 천국에서 주님께서 주시는 영원함과 시원함을 주는 생명수 샘물을 먹게 될 것이다.

8장

일곱 나팔 재앙(1)

일곱째 인을 떼면서 일곱 나팔 재앙이 시작된다. 요한계시록 8장은 일곱 나팔 재앙 중 4가지를 다루고 있고, 9장 1-12절에서는 다섯째 나팔 재앙('화', 禍, Woe), 9장 13절-11장 14절까지는 여섯째 나팔 재앙, 11장 15절-14장 20절까지는 일곱째 나팔 재앙의 순서로 진행되고 있다.

요한계시록 15-16장까지는 가장 큰 재앙인 일곱 대접의 재앙을 다루고 있으며, 그 연속선상에서 바벨론 심판을 17-18장에서 매듭 지으며 열세 장에 걸친 7년 대환난(6-18장)은 막을 내린다. 그리고 비로소 19장에서부터 어린 양의 혼인 잔치가 전개된다.

요한계시록을 읽고 이해하는 데 있어서 진행도식을 파악하고 있으면 이해의 맥락을 잡는 데 용이하다. 머릿속에 진행 방향을 숙지하지 않으면 흐름을 놓칠 수 있다.

요한계시록 6장에서 일곱 인, 일곱 나팔, 일곱 대접의 재앙과 애굽의 10가지 재앙을 도표화했으나 여기서 요한계시록에 기록된 재앙과 출애굽기에 나타난 애굽의 10가지의 재앙을 다시 한 번 비교하고자 한다.

애굽의 10재앙	물-피 (출 7:14-25)	개구리 (출 8:5-6)	이, 파리, 악질 (출 8:16-9:6)	독종 (출 9:8-11)	불과 우박 (출 9:13-25)	메뚜기와 기근 (출 10:1-19)	어둠 (출 10:21-22)	장자 죽음 (출 12:29)
계시록의 재앙	바닷물-피 (8:8,16:3)	개구리 같은 귀신의 영 (16:13-14)	언급 없음	헌데와 종기 (16:2, 10-11)	불과 피 섞인 우박 (8:7)	큰 기근 (6:5-6)	해, 달, 별이 어두워짐 (8:12)	악한 자는 유황불로 (20:15)
비고	일곱 나팔 재앙, 일곱 대접 재앙	일곱 대접 재앙		일곱 대접 재앙	일곱 나팔 재앙	일곱 인 재앙	일곱 나팔 재앙	최후 심판

| 계 8:1-13 |

1일곱째 인을 떼실 때에 하늘이 반시간쯤 고요하더니
2내가 보매 하나님 앞에 일곱 천사가 서 있어 일곱 나팔을 받았더라
3또 다른 천사가 와서 제단 곁에 서서 금 향로를 가지고 많은 향을 받았으니
이는 모든 성도의 기도와 합하여 보좌 앞 금 제단에 드리고자 함이라
4향연이 성도의 기도와 함께 천사의 손으로부터 하나님 앞으로 올라가는지라
5천사가 향로를 가지고 제단의 불을 담아다가 땅에 쏟으매 우레와 음성과 번
개와 지진이 나더라
6일곱 나팔을 가진 일곱 천사가 나팔 불기를 준비하더라
7첫째 천사가 나팔을 부니 피 섞인 우박과 불이 나와서 땅에 쏟아지매 땅의 삼분
의 일이 타 버리고 수목의 삼분의 일도 타 버리고 각종 푸른 풀도 타 버렸더라
8둘째 천사가 나팔을 부니 불붙는 큰 산과 같은 것이 바다에 던져지매 바다의
삼분의 일이 피가 되고
9바다 가운데 생명 가진 피조물들의 삼분의 일이 죽고 배들의 삼분의 일이 깨
지더라
10셋째 천사가 나팔을 부니 횃불같이 타는 큰 별이 하늘에서 떨어져 강들의 삼
분의 일과 여러 물샘에 떨어지니
11이 별 이름은 쓴 쑥이라 물의 삼분의 일이 쓴 쑥이 되매 그 물이 쓴 물이 되
므로 많은 사람이 죽더라

[12]넷째 천사가 나팔을 부니 해 삼분의 일과 달 삼분의 일과 별들의 삼분의 일이 타격을 받아 그 삼분의 일이 어두워지니 낮 삼분의 일은 비추임이 없고 밤도 그러하더라

[13]내가 또 보고 들으니 공중에 날아가는 독수리가 큰 소리로 이르되 땅에 사는 자들에게 화, 화, 화가 있으리니 이는 세 천사들이 불어야 할 나팔 소리가 남아 있음이로다 하더라

1) 각 절 주해

(1) 1-5절 – 향과 기도

① 1절 "일곱째 인을 떼실 때에 하늘이 반시간쯤 고요하더니"

일곱째 인을 떼면서 일곱 나팔의 재앙이 시작되는데 반시간쯤 고요가 흐른다. 여섯째 인까지의 재난보다 더 심각한 일곱 나팔의 재앙을 앞두고 마치 폭풍전야와 같은 정적이다.

② 2절 "일곱 천사가 서 있어 일곱 나팔을 받았더라"

본문의 일곱 천사가 어떤 천사인지는 불분명하다. 혹자는 일곱 나팔의 특수임무를 집행하는 천사들이 유대인이 염두에 두고 있는 일곱 천사장 즉 우리엘, 라구엘, 미가엘, 라파엘, 사리엘, 가브리엘, 예레미엘(위경 에녹1서 20:2-8)이라고 말하는 사람들도 있으나 확대 해석을 할 필요는 없고, 심판을 실행하는 천사들로 보면 무난하다(《그랜드 주석》).

③ 3-4절 – 제단과 금 제단

제단과 금 제단을 구분하기 위해 모세의 성막(tabernacle)이나 솔로몬 성전(temple)을 상기할 필요가 있다. 특히 모세의 성막은 본문

을 이해하는 데 결정적인 역할을 한다.

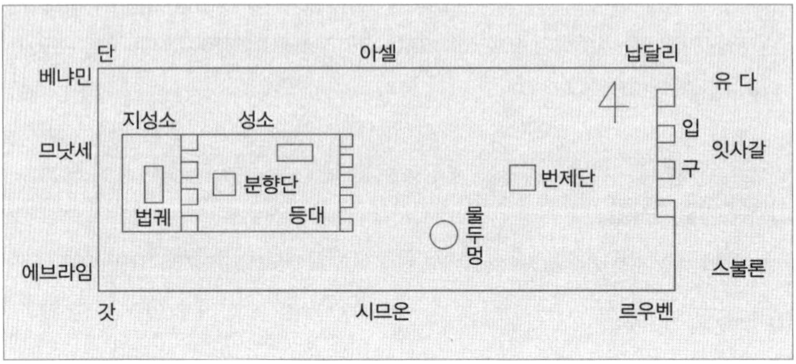

[성막 구도][1)]

요한계시록 5장 8절에는 향이 성도의 기도라고 명시되어 있다. 그러나 본문을 자세히 살피면 다른 천사가 금 향로를 가지고 많은 향을 받고 모든 성도의 기도와 합하여 하나님 보좌 앞 금 제단에 드리려고 한다. 여기서의 향은 성도의 기도와 대별된다. 기도와 향의 관계를 살펴보려고 한다.

먼저 기도의 향을 피우는 분향단의 장소이다. 모세의 장막에는 분향단의 위치가 성소에 위치한 것에 비해(출 30:1-5) 히브리서에는 지성소에 금향로가 있는 것으로 되어 있다(히 9:3-4). 이것의 차이에 대한 필자의 견해는, 기도 향단은 불을 피우기 위해 성소에 있는 것이 합리적인 반면 지성소 안의 금향로는 1년에 한 번씩 대제사장이 출입할 수 있음에 따라 냄새 제거용 향로로 보아야 한다(출 30:34-38).

이 거룩한 향을 만들 때 사용되는 네 가지 재료가 소합향, 나감

1) https://blog.naver.com/zenerius/220687724680

향, 풍자향과 유향이다. 소합향은 인도나 팔레스타인 지방에서 자라는 나무에서 채취한 향이다. 태양열을 받아 저절로 나오는 고무 진액 같은 향이어서 하나님을 향한 간절한 마음을 상징한다. 나감향은 홍해 해안에서 수집되는 갑각류 껍질에서 채취한 향으로 나감향을 얻기 위해 갑각류를 곱게 빻아야 했다. 나감향은 마음이 곱게 빻아진 심령이 깨진 기도를 의미한다. 풍자향은 아라비아 관목의 일종인 '유향수'라는 나무를 자를 때 고무가 채집되는데 이 진액으로 만들었다. 풍자향은 독소를 제거하는 데 사용되었으며, 회개의 기도를 말한다. 즉 영혼의 독소를 제거하는 기도가 하나님께 상달되는 기도이다. 유향은 유향나무 송진으로 만든 향으로 향기를 발하는 특징이 있다. 이 향은 성경 역사에서 동방박사가 가져오기도 했으며, 관유를 제조할 때도 사용되었고, 떡상에 있던 진설병에도 두었던 향이다. 유향은 한마디로 잡냄새를 제거하고 성소 안을 향기로 채우는 역할을 했는데 이 향은 그리스도인의 향기(고후 2:15)라고 하겠다.

이 향들이 기도에 서려 있을 때 하늘 보좌의 진정한 금 제단에 상달될 것이다. 구약의 제단과 금 제단은 장차 올 하늘 제단의 모형이라고 말할 수 있다.

참고로 기도 방식 중 성막형 기도가 있다. 구약의 성막은 하나님께 나아가는 영적인 모형이다. 오늘날 눈에 보이는 성막은 없다. 그리스도인이 바로 "하나님의 성전"(고전 3:16)이다. 하나님은 오늘날 그리스도인을 성전 삼고 그 안에 거하신다. 이 기도 방식은 상상의 방법을 동원하여 번제단에서 보혈의 은혜로 출발한다. 십자가 보혈의 구속에 대한 감사기도로서 구원과 치료와 저주에서의 해방과 마귀가 훼파된 것을 감사한다. 다음으로 물두멍 앞에서 회개의 기도를 함으로 주께서 더 이상 우리의 죄를 기억하지 아니하신다. 등대 앞에서 성령의 임재하심을 기도한다. 진설병 앞에서 믿음의 능력을 간구하고 매일 성경을 읽도록 다짐하며 말씀을 떠나서는 살 수 없음을 고백한다. 향단 앞에서 경배와 감사를 한다. 이 향단은 24시간 내내 향기를 피우는 것으로 속죄나 중보와 상관없이 오직 하나님만을 위해 "향"을 태운다(출 30:7-8). 그리고 언약궤 즉 말씀이신 예수 그리스도 앞에서 기도한다. 끝으로 속죄소 앞에서 하나님과 만난다. 이 속죄소가 시은좌['은혜를 베푸시는 장소'(출 25:17-22)로 하나님의 영광이 임재하는 은총의 장소]이다. 이 하나님의 보좌 앞에서 우리는 마음을 열고 모든 기도의 제목을 내어놓는다. 이 속죄소가 하나님과 내가 만나는 장소(meeting place)인 셈이다(홍영기). 이런 기도가 쌓여서 하늘 성전에 올라감을 상상하고 기도하며 기뻐하라.

여기에 덧붙여서 하나님께서 기뻐하시는 기도의 유형을 나열해 본다.

a) 아브라함의 겸손의 기도(창 18:27)
b) 모세의 영혼을 걸고 승부하는 중보기도(출 32:32)
c) 죄악을 품지 않는 기도(시 66:18)
d) 정직한 기도(잠 15:8)
e) 의인의 기도(잠 15:29)
f) 다니엘의 정시기도(단 6:10)
g) 골방기도(마 6:5-6)
h) 그의 나라와 그의 의를 먼저 구하는 기도(마 6:33)
i) 합심기도(마 18:19)
j) 강청기도(눅 11:5-13)
k) 과부의 반복기도(눅 18:1-8)
l) 세리의 자복하는 기도(눅 18:13)
m) 예수님의 이름으로 구하는 기도(요 16:24)
n) 감사하며 드리는 기도(빌 4:6-7)

o) 쉬지 않고 드리는 기도(살전 5:17)

p) 의심치 않는 믿음의 기도(약 1:6)

q) 엘리야의 간절한 기도(약 5:17)

r) 죄를 자백하는 기도(요일 1:9)

s) 하나님 뜻대로 구하는 기도(요일 5:14)

하나님께 드리는 기도와 향을 생각하면 기도의 즐거움과 기도를 허락하신 하나님께 감사가 절로 나올 것이다.

④ 5절

a) “제단의 불을 담아다가 땅에 쏟으매”

성도들의 기도에 대한 하나님의 응답이 심판으로 나타났다. 이런 사실은 하나님께서 순교자들의 호소를 간과하지 아니하시고 때가 되면 신원해 주시려고 한 점(6:6-11)을 반추해 보면 납득이 된다. 왜 하나님은 심판하시는가? 구약은 공의를, 신약은 사랑(은혜)을 선포하고 있다. 물이 공의라면(암 5:24 - “오직 정의를 물같이, 공의를 마르지 않는 강같이 흐르게 할지어다”) 산은 사랑에 비견된다.

이 세상에서 일어나는 소리가 하늘에 상달되는 것이다. 아벨의 핏소리가 땅에서 들리고(창 4:10), 소돔과 고모라의 죄악의 소리(창 18:20-21), 이방 나그네나 고아와 과부의 비명 소리(출 22:21-23), 전당 잡힌 옷 때문에 벗고서 떨고 있는 사람들의 소리(출 22:26-27), 품꾼에게 주지 아니한 삯 때문에 부르짖는 원망의 소리(약 5:4-5)가 만군의 여호와 하나님께 들린다. 더욱이 성도들의 기도나 순교자들이 신원해 달라는 의인의 소리를 결코 무시하지 않으시는 공의의 하나님이시다. 공의는 하나님의 속성이다. 이와 같은 하나님의 속성에 비추어 지옥을 이해해야 한다.

우리 성도들은 좋은 말, 선한 소리, 칭찬의 소리가 울려 퍼지고 하늘에 닿도록 해야 한다. 하나님은 '하나님의 귀에 들린 대로 행하시는 분'이시기(민 14:28) 때문이고, 의인의 말은 한마디도 그냥 듣지 않으시기 때문이다.

> **삼상 3:19** "사무엘이 자라매 여호와께서 그와 함께 계셔서 그의 말이 하나도 땅에 떨어지지 않게 하시니"

b) "우레와 음성과 번개와 지진이 나더라"

성경에서 뇌성, 음성, 번개는 하나님의 능력과 위엄을 상징하고 지진은 하나님의 징계를 나타내는데, 네 가지를 동시에 보여줌으로써 하늘과 땅에 이루어질 하나님의 심판을 강력히 예고하고 있다.

(2) 6-13절 – 일곱 나팔의 1-4재앙

① 7절 "첫째 천사가 나팔을 부니 피 섞인 우박과 불이 나와서"

첫째 나팔 재앙의 대상은 땅으로, 땅 3분의 1과 수목 3분의 1이 타버리고 각종 푸른 풀도 다 타버리는 재앙이다.

무천년주의와 전천년주의를 월남전을 예로 들어 설명하면 다음과 같다. 무천년주의자들은 예수 초림 이후에 교회 천 년 속에 이루어지는 전쟁과 불의 재앙으로 파악하지만 전천년주의자들은 월남전의 전쟁피해와 산불을 앞으로 다가올 7년 대환난의 예표로 이해하면서 잔혹한 7년 대환난은 아직 오지 않았다고 생각한다.

월남전에서 나무에 숨어 있는 베트콩을 섬멸하려고 소화기를 사용했는데 나무가 전소되자 산소 부족으로 지구의 공기 밸런스가 안 맞아서 오존층이 뻥뻥 뚫리는 결과와 함께 상당한 자연 훼손을 가져왔다. 만일 수목 3분의 1이 사라지면 심각한 환경 문제가 발생한다. 인도네시아 밀림, 아마존 강 유역의 밀림을 함부로 베어내면 지구의 허파가 병들어 버리고, 우리 인간과 생태계에 커다란 폐해를 주게 된다.

참고로 영적 해석을 하는 사람들은 '땅'을 세상 죄인들이 사는 곳으로, '수목'은 세상 권세자로(렘 7:20), 각종 푸른 풀은 평민으로(사 40:7) 해석한다. 이러한 영적 해석을 하는 대표적인 사람으로 헹스텐베르크(Henstenberg)를 꼽을 수 있는데 이런 영적 해석은 오리겐 이후 알레고리 해석이라고 하여 교회사에서 금지시킨 해석 방법이다. 이와 같은 영적 해석 방법은 이단으로 흐를 수 있는 경향이 있고, 실제로 이단들이 즐겨 사용하는 해석 방법으로 인식되어 왔다.

② 8-9절 "둘째 천사가 나팔을 부니 불붙는 큰 산과 같은 것이 바다에 던져지매…"

둘째 나팔은 바다에 재앙을 갖고 온다. 불붙는 큰 산 같은 것이란 무엇을 뜻할까? 지나친 해석은 금물이다. 하지만 바다에서의 해상전쟁으로 풀이해 볼 수 있다. 또한 지축을 흔들 만한 핵폭탄이 육지에 떨어져서 그 여파로 불붙는 산이 바다에까지 악영향을 미치는 것으로 상상해 볼 수 있다. 앞서 말한 헹스텐베르크는 8절을 세계적 전쟁으로 이해하고, 9절의 '배'는 도시를 지칭한다고 보았다.

이와 같은 엄청난 재앙이 나타나면 바다의 3분의 1이 피가 되고, 바다 생물이 3분의 1이 죽고, 배들도 3분의 1이 파선된다. 그 결과 죽은 물고기가 둥둥 떠다니고, 배들의 부서진 선박 쓰레기가 바다에 차고 넘쳐서 바다가 죽게 된다.

3분의 1은 일곱 인 재앙 때에 일어났던 4분의 1보다는 피해 정도가 크지만 아직도 하나님의 긍휼과 자비의 여지가 많이 남아 있다고 볼 수 있다.

③ 10-11절 "셋째 천사가 나팔을 부니 횃불같이 타는 큰 별이 하늘에서 떨어져 강들의 삼분의 일과 여러 물 샘에 떨어지니…"

횃불 같은 큰 별에 대한 해석은 크게 다섯 가지가 있다.

첫째, 지도자들을 의미한다(욥 9:7; 단 8:10).

둘째, 교회 지도자로 이단사상을 유포시킨 자들인데 아리우스나 펠라기우스 같은 자들을 말한다. 그리고 그들이 끼친 해악을 '타는 횃불'로 보았다.

셋째, 인본주의 사상(Lenski의 주장) 또는 교권주의(Glasgow의 견해)로 보고, 성도의 영적 생명을 질식시키는 것으로 해석한다.

넷째, 자연계의 현상으로 유성이 떨어져서 강들과 여러 물 샘에 들어가 못 먹는 물로 만든다는 것이다. 이 이론이 가장 본문에 가까우나 큰 별이 그 많은 강과 물 샘에 떨어져서 써서 못 먹는 '쓴 쑥'이 된다는 것은 납득하기 쉽지 않다.

다섯째, 억지로 풀이하기보다 요엘 2장 10절 말씀같이 마지막 때에 하나님의 심판이 천체에서 생기고 그 악영향이 물을 오염시킨다고 보는 것이 타당하다. 지구상의 큰 강은 100개 이상인데 그중에 3분의 1을 사용하지 못함으로 앞으로 식수난에 허덕이게 될 것이다. 지구상의 물 가운데 식수로 쓸 수 있는 물은 0.2%에 지나지 않는다. '쓴 쑥'이 된다는 말은 물이 없어서 고통을 겪게 될 것이며, 그 결과 물로 인한 전쟁이 발생하게 된다는 것을 의미한다.

오늘날도 상류에 있는 나라보다 하류에 있는 나라가 국방력이 강하다. 물을 끊는 즉시 전쟁으로 물을 확보해야 하는 까닭이다. 출애굽기 15장 22-26절에 나타난 마라의 쓴 물 같은 현상이 세상의 3분의 1을 뒤덮을 때 나타날 원망과 비명은 나라의 기반이 흔들리고 물 부족 현상은 전쟁의 단초가 될 것이다. 모세의 기도로 인한 나뭇가지가 해결책이듯이 마지막 때 숨통은 기도와 십자가의 능력 외에는 기대할 수 없다.

④ 12절 – 넷째 천사가 나팔을 부니 해, 달, 별 삼분의 일이 타격을 받다.

천체의 이상은 출애굽 시 아홉 번째 재앙과 예수님께서 매달리신 십자가상에서도 나타났다. 하나님께서는 우주만물을 만드신 분이며, 여호수아의 기도를 듣고 해와 달을 멈추게 하신 능력의 하나님이시고(수 10:12-13), 히스기야를 고치실 때 증표로 해의 일영표를 10도나 거꾸로 가게 하신 분이시다(사 38:8).

마지막 때 일월성신에 이상이 생긴다는 예수님의 말씀은 소묵시록(마 24:29; 막 13:24-25; 눅 21:25)에 명확히 나타나 있으며, 베드로의 오순절 설교(행 2:19-20)나 베드로후서 3장 10절(벧후 3:10 - "그러나 주의 날이 도둑같이 오리니 그날에는 하늘이 큰 소리로 떠나가고 물질이 뜨거운 불에 풀어지고 땅과 그중에 있는 모든 일이 드러나리로다") 등에도 나타나 있다.

넷째 천사의 나팔 재앙이 시작되면 해의 3분의 1이 어두워져서 낮의 길이가 짧아지는데 그때는 낮 8시간, 밤 16시간의 시대가 되어 아침 8시에 해가 떠서 오후 4시면 해가 지게 될 것이다.

그러나 명심할 것은 아직도 완전한 멸망이 아니라는 점이다. 공의가 실현되고 있다 할지라도 하나님께서는 여전히 죄인이 구원받기를 원하시는 사랑의 하나님이시기 때문이다.

⑤ 13절 "독수리가 큰 소리로…화, 화, 화가 있으리니"

성경에서 짐승이 말한 곳은 세 군데이다. 창세기 3장의 뱀, 거짓 선지자 발람의 나귀(민 22:28-30), 그리고 본문이다.

여기서 화, 화, 화라는 말의 뜻은 다섯째(9:1), 여섯째(9:13), 일곱째 나팔의 재앙(11:15)을 말한다. 여섯 번째 나팔과 일곱 번째 나팔 사이에 힘센 천사와 작은 두루마리(10장), 두 증인(11:1-14)에 대한 말씀이 나오고 있기 때문에 문맥의 흐름을 잘 파악해야 혼돈을 일으키지 않는다.

독수리를 천사로 보는 학자들의 견해도 있으나 독수리는 독수리 그 자체로 보는 것이 좋다. 그 이유는 독수리가 심판의 상징으로 성경 여러 곳에 등장하고 있기 때문이다(렘 48:40; 겔 17:3; 호 8:1; 합 1:8).

'땅에 거하는 자'는 불신자를 의미하며 화, 화, 화는 세 개의 나팔 재앙이 앞으로 남아 있다고 이해하면 된다. 이 3개의 나팔은 전에 불었던 4개의 나팔과는 비교가 안 되는 혹독한 재앙의 나팔임을 암시한다.

9장

일곱 나팔 재앙(2)

요한계시록 9장에서는 다섯째 나팔 재앙과 여섯째 나팔 재앙을 다루고 있다.

|계 9:1-21|

1다섯째 천사가 나팔을 불매 내가 보니 하늘에서 땅에 떨어진 별 하나가 있는
데 그가 무저갱의 열쇠를 받았더라
2그가 무저갱을 여니 그 구멍에서 큰 화덕의 연기 같은 연기가 올라오매 해와
공기가 그 구멍의 연기로 말미암아 어두워지며
3또 황충이 연기 가운데로부터 땅 위에 나오매 그들이 땅에 있는 전갈의 권세
와 같은 권세를 받았더라
4그들에게 이르시되 땅의 풀이나 푸른 것이나 각종 수목은 해하지 말고 오직
이마에 하나님의 인침을 받지 아니한 사람들만 해하라 하시더라
5그러나 그들을 죽이지는 못하게 하시고 다섯 달 동안 괴롭게만 하게 하시는
데 그 괴롭게 함은 전갈이 사람을 쏠 때에 괴롭게 함과 같더라
6그날에는 사람들이 죽기를 구하여도 죽지 못하고 죽고 싶으나 죽음이 그들을
피하리로다
7황충들의 모양은 전쟁을 위하여 준비한 말들 같고 그 머리에 금 같은 관 비슷

한 것을 썼으며 그 얼굴은 사람의 얼굴 같고
8또 여자의 머리털 같은 머리털이 있고 그 이빨은 사자의 이빨 같으며
9또 철 호심경 같은 호심경이 있고 그 날개들의 소리는 병거와 많은 말들이 전
쟁터로 달려 들어가는 소리 같으며
10또 전갈과 같은 꼬리와 쏘는 살이 있어 그 꼬리에는 다섯 달 동안 사람들을
해하는 권세가 있더라
11그들에게 왕이 있으니 무저갱의 사자라 히브리어로는 그 이름이 아바돈이요
헬라어로는 그 이름이 아볼루온이더라
12첫째 화는 지나갔으나 보라 아직도 이후에 화 둘이 이르리로다
13여섯째 천사가 나팔을 불매 내가 들으니 하나님 앞 금 제단 네 뿔에서 한 음
성이 나서
14나팔 가진 여섯째 천사에게 말하기를 큰 강 유브라데에 결박한 네 천사를 놓
아주라 하매
15네 천사가 놓였으니 그들은 그 년 월 일 시에 이르러 사람 삼분의 일을 죽이
기로 준비된 자들이더라
16마병대의 수는 이만 만이니 내가 그들의 수를 들었노라
17이 같은 환상 가운데 그 말들과 그 위에 탄 자들을 보니 불빛과 자줏빛과 유
황빛 호심경이 있고 또 말들의 머리는 사자 머리 같고 그 입에서는 불과 연기
와 유황이 나오더라
18이 세 재앙 곧 자기들의 입에서 나오는 불과 연기와 유황으로 말미암아 사람
삼분의 일이 죽임을 당하니라
19이 말들의 힘은 입과 꼬리에 있으니 꼬리는 뱀 같고 또 꼬리에 머리가 있어
이것으로 해하더라
20이 재앙에 죽지 않고 남은 사람들은 손으로 행한 일을 회개하지 아니하고 오
히려 여러 귀신과 또는 보거나 듣거나 다니거나 하지 못하는 금, 은, 동과 목석
의 우상에게 절하고
21또 그 살인과 복술과 음행과 도둑질을 회개하지 아니하더라

1) 각 절 주해

(1) 1–12절 – 다섯째 나팔: 무저갱에서 나온 황충 재앙

다섯째 나팔 재앙은 무저갱의 열쇠를 쥔 사탄이 무저갱을 열었더니 황충이 나와서 자연을 해치지 않고 단지 하나님의 인 맞지 않은 자 즉 불신자를 대상으로 다섯 달 동안 해하는데, 이 기간 동안 죽고 싶어도 죽지 못하는 고통을 겪게 된다.

① 1절 "하늘에서 땅에 떨어진 별"

터툴리안(Tertullian) 이후 수많은 학자들이 하늘에서 떨어진 별은 의심할 바 없이 사탄이라고 말한다(사 14:12 - "너 아침의 아들 계명성이여 어찌 그리 하늘에서 떨어졌으며 너 열국을 엎은 자여 어찌 그리 땅에 찍혔는고"). '떨어진'에 해당하는 헬라어 '페프토코'는 완료형으로 이미 땅에 떨어진 악한 천사 즉 마귀(Satan)라는 사실을 뒷받침하고 있다.

② 2절

a) "그가 (열쇠로) 무저갱을 여니"

무저갱(無底坑, 헬, '아뷔소쓰')은 요한계시록에 일곱 번 나오는데(9:1, 2, 11, 11:7, 17:8, 20:1, 3) '바닥이 없는', '깊이를 알 수 없는'이란 뜻을 지니고 있다. 무저갱은 지옥을 가기 전 사탄(유 1:6)과 불신자를 잡아 가두는 장소이다. 무저갱이 불신 영혼의 구치소라면 지옥은 영혼을 영원히 가두는 교도소와 같다.

그런데 무저갱의 사자 즉 사탄이 무저갱을 여니 황충들이 올라온다. 사탄은 인간을 괴롭히는 자기 수하의 세력들이 무저갱에서 나오도록 자물쇠를 푸는데 이것은 귀신(Demon)의 세력이라고 봐야 한다. 문자 그대로 황충은 곡식을 해할 수 있으나(욜 1:2-4 참조) 해와 공기를 어둡게 할 수는 없기 때문이다. 하지만 요엘 2장 1절에 나오는 경고의 나팔은 다섯째 재앙을 부르는 천사의 나팔 소리와 흡사하다.

b) "구멍에서…연기가 올라오매 해와 공기가 그 구멍의 연기로 말미암아 어두워지며"

전통적인 견해로 볼 때 연기는 이단의 비진리로 해석된다. 따라서 말세에는 이단 세력이 '해와 공기' 즉 인간의 이해력과 판단력, 양심을 흐리게 한다고 본다. 그러나 어둠을 문자적으로 해석하여 사탄의 악한 영향력으로 보고, 매연 등으로 인해 공기가 탁해지고 해를 직접 쬐지 못할 만큼의 공해로 해석해도 무난하다.

③ 3절 – 황충이 나오는데 전갈 같은 권세를 가졌다.

이 구절에 대한 세 가지 해석이 있다.

첫째, AD 7세기부터 13세기까지 기독교 국가를 유린한 이슬람 교도라는 의견이다. 하지만 과거적, 단회적 사건으로 보기에는 무리가 있다.

둘째, 이단이나 기독교 진리를 방해하는 세력이다.

셋째, 하나님의 심판의 도구로 황충을 이해한다.

분명한 것은 황충은 단순한 메뚜기가 아니라 전갈같이 꼬리에 독침이 있는 것으로 보아 인간에게 독침을 쏘아서 괴롭히는 악한 권세로 보아야 한다.

④ 4절 "땅의 풀이나 푸른 것이나 각종 수목은 해하지 말고"

본래 황충(메뚜기)은 식물을 먹어 해치우는 벌레이다. 애굽의 여덟 번째 재앙과 이스라엘의 징계에서도 나타난다(욜 1:2-4; 암 4:9, 7:1). 요엘 1장 4절에 나오는 팥중이, 메뚜기, 느치, 황충은 하나님의 심판 도구로서의 해충이기도 하지만 이 네 곤충을 이스라엘을 침략하는 이족(異族)으로 보아 앗수르, 바벨론, 헬라, 로마로 보는 견해도 있다(제롬, Jerome). 말라기 3장 11절에는 십일조 생활을 하는 사람들에게 메뚜기를 금해 주신다는 약속의 표현을 제시하여 메뚜기가 경제를 망치는 하나님의 도구임을 시사하고 있다.

거듭 말하지만 본문에서의 황충은 '인 맞지 않은 불신자'를 괴롭힌다는 점에서 일반적인 해충으로 보기 어렵다.

앞서 언급했지만 하나님은 인 맞은 자를 보호하신다. 그래서 양심에 화인(불도장)을 맞거나 짐승의 표를 받지 말고 성령의 인치심을 받아야 한다. 택함 받은 신자는 고센 땅의 이스라엘 민족처럼 하나님의 보호 아래 살게 된다(시 17:8 - "나를 눈동자같이 지키시고 주의 날개 그늘 아래에 감추사").

⑤ 5-6절

a) 5절 "그러나 그들은 죽이지는 못하게 하시고"

죽고 싶어도 못 죽는 고통의 시간이다. 이 시간은 고통의 시간이긴 하지만 회개의 기회가 여전히 남아 있는 은총의 시간이다.

b) 5절 "다섯 달 동안 괴롭게만 하게 하시는데"

만수(滿數, 가장 꽉 찬 수)의 절반으로 짧은 기간을 말하며, 하나님께서 제한하시는 일정 기간을 뜻한다. 다른 한편 4월에서 8월까지 메뚜기의 생존기간일 수도 있다. 전갈은 사막에 서식하며 꼬리에 독침을 가지고 쏘는 곤충이다.

c) 6절 "죽기를 구하여도 죽지 못하고"

불신자가 죽으면 더 큰 고통의 지옥이 있다. 이 땅에서 괴로움이 극에 달해서 죽고 싶어도 죽지 못해 살 때(신 28:67 - "네 마음의 두려움과 눈이 보는 것으로 말미암아 아침에는 이르기를 아하 저녁이 되었으면 좋겠다 할 것이요 저녁에는 이르기를 아하 아침이 되었으면 좋겠다 하리라") 역설적으로 그때가 예수님을 찾고 바라보라는 하나님이 허락하신 은혜의 때이다.

⑥ 7-10절 – 황충의 모양

전 체	전쟁을 위해 예비한 말	빠른 기동력과 공격력	
머리	금 면류관 비슷한 것	하나님의 허락하에 권력을 쥐고 있음	
얼굴	사람의 얼굴	지혜의 상징 (만물의 영장)	워즈워스(Wordsworth)는 이슬람으로 본다.
머리털	여자의 머리털	유혹을 상징	
이	사자의 이	파괴력	
가슴	철 흉갑	강한 방어력	
날개 소리	병거와 말들이 달리는 소리	신속하고 막강함	
꼬리	전갈 꼬리(쏘는 살)	치명적인 독	

황충의 모습을 연상하며 과거에는 최루탄을 쏘는 시위대 진압 경찰에 빗대어 말한 설교자도 있었다. 앞으로 보게 되겠지만 짐승의 열 뿔이 유럽의 EU 공동체라고 꼭 집어서 표현하는 분들도 있었다. 이와 같은 알레고리 해석은 위험할 뿐 아니라 세월이 지나 허위로 판명될 경우 성경의 신뢰를 떨어뜨리는 결과를 만들었다. 시대마다 적용해서 당시대에 맞는 해석을 내놓는 것이 설교인 것은 분명하지

만 요한계시록의 이해를 당시대에만 국한해서 해석하면 훗날 신앙생활의 후유증을 자아낼 수 있다.

주님의 재림도 주님께서 하신 분명한 약속임에도 불구하고 시대적인 현상을 말세로 판단하고 날짜를 추정하여 확신으로 전하다가 '양치기 소년'의 결과를 낳아 오늘날 재림신앙이 무뎌지게 만드는 데 한몫을 했다. 이 때문에 성도의 긴장이 느슨해진 것은 계시록의 잘못된 접근에서 기인한다.

그러므로 있는 그대로 하나님께서 예비하신 심판의 도구인 황충은 단순한 메뚜기가 아닌 기동력, 공격력, 권력, 지혜, 파괴력, 튼튼한 방어력과 치명적인 독을 가진 존재로 파악함이 마땅하다.

⑦ 11절 "그들에게 왕이 있으니 무저갱의 사자라"

a) 왕에 대한 두 가지 의견

하나는 위경 에녹 1서에 나오는 무저갱의 열쇠를 가지고 있는 천사장 우리엘로 보는 견해이고(대표적인 학자는 Bengel), 다른 하나는 사탄으로 보는 해석이다(대표적인 학자는 Alford). 문맥을 보면 황충을 사탄의 수하세력으로 보는 것이 타당하다고 보아 여기서 왕은 사탄으로 이해해야 옳다.

b) 무저갱은 음부와 같은 의미로 사용된다.

c) 히브리 음으로 아바돈이요 헬라어로는 아볼루온이다.

히브리어 '아바돈'은 히브리어 '아바드'('사라지다')에서 유래한 것으로 죽은 자의 거주지를 가리키고 있으며, 욥기 28장 22절에서는 아바돈이 의인화되었다. 유대 문학에서 아바돈은 게헨나의 가장 낮은 곳을 말한다.

헬라어 '아볼루온'은 '파괴자'를 의미한다. 한편, 네로 황제를 암시하는 말일 수 있다. 왜냐하면 초기 기독교 문헌에 살펴보면 '아폴로'의 어원은 '아볼루온'에서 나왔고, 네로 황제는 아폴로와 특별한 관계가 있다고 주장했기 때문이다(그랜트 오즈번).

⑧ 12절 "첫째 화는 지나갔으나…화 둘이 이르리로다"

'첫째 화'는 다섯째 나팔 재앙을 의미하고, "화 둘이 이르리로다"에서의 화 둘은 여섯째와 일곱째 나팔 재앙을 의미한다.

⑵ 13-21절 – 여섯째 나팔로 결박된 네 천사가 놓임

① 13절 "하나님 앞 금 제단 네 뿔에서"

여기 금 제단은 8장 3절의 보좌 앞 금 제단으로, 구약에서 성막이나 솔로몬 성전의 지성소 앞 기도 향단이 그 예표가 되었다. 이 기도 향단 네 모서리 위에 있는 뿔은 하나님의 구원과 능력과 보호의 상징이었다. 만일 뿔이 부러지면 제단이 더럽혀진 것으로 간주되었고, 제단과 뿔에는 속죄의 날에 피가 뿌려졌다. 이곳은 범죄자들의 도피처가 되었는데(왕상 1:49-50에 '아도니야가 제단 뿔을 잡음', 왕상 2:28에 '요압이 제단 뿔을 잡음') 여기로부터 한 음성이 나왔다.

② 14-15절

a) 14절 "큰 강 유브라데에"

유브라데(유프라테스) 강은 에덴동산이 끼고 있었던 강으로(창 2:14) 후에 이스라엘 민족에게 허락하신 동쪽 경계를 이루는 강이었으나(창 15:18; 수 1:4) 실제로 이 지역을 차지했던 왕은 다윗과 솔로몬뿐이었다. 이 강은 좌우 지역이 매우 비옥하여 세계 4대 문명 중 하나인

메소포타미아 문명을 발생시켰으며, 그런 까닭에 열강이 차지하고 싶어 하는 대격전지가 되었다. 그래서 이스라엘이 범죄하면 열강들을 통해 하나님께서 이스라엘을 징벌하였던 바, 유브라데 강은 종종 하나님의 심판을 상징하는 말이기도 했다. 본절은 이러한 배경 속에 여섯째 나팔 재앙이 참혹한 죽음의 전쟁을 불러온다고 보면 된다.

b) 14절 "결박한 네 천사를 놓아주라"

선한 천사였다면 결박시킬 필요가 없다. 7장 1절에 바람을 잡고 있는 네 천사처럼 동서남북 사방에서 하나님의 심판을 집행하는 악한 천사를 하나님께서 활동하지 못하도록 저지해 놓으셨는데 이제 그 결박을 풀어줌으로써 불신자 중에서 3분의 1을 죽이도록 허락하신다(15절).

c) 15절 "그 년 월 일 시에 이르러"

세대주의자들은 차후 '70이레'에서도 취급하겠으나(계 11:2) 일시를 역사적으로 명시하려는 경향이 있다. 이와 같은 오류의 불발로 많은 혼란을 가져왔다. 여기서도 특정 기간이라기보다 어느 '시기'를 지칭하는 것으로 보는 것이 옳다(Alford, Lenski 등).

③ 16절 "마병대의 수는 이만만이니"

마병대의 수가 이만만 즉 이억 명이라는 것은 무수한 군대를 의미한다. 여섯째 나팔 재앙은 무시무시한 전쟁의 소용돌이로 인류를 몰고 갈 것이며(Hendriksen), 그 결과 불신자 중에서 3분의 1이 희생을 겪게 된다.

또 다른 견해로는 마병대를 인간의 군대라기보다 마귀의 군대로 보는 학자도 있다(데이비드 E. 아우내). 바빌로니아 탈무드를 인용하여 아론의 금송아지 사건에 멸망의 천사들이 이백만 명이 동원되어 범죄한 이스라엘 백성을 처벌한 것을 그 예로 들고 있다. 하지만 지상 최대의 전쟁으로 보는 전자의 관점이 더 타당성이 있다.

④ 17-19절 – 환상 가운데 본 말과 마병의 모습

a) 17절 "불빛과 자줏빛과 유황빛의 호심경이 있고"

붉은색 계통의 호심경은 전쟁의 핏빛 재난을 상징적으로 보여주고 있다.

b) 17절 "말들의 머리는 사자 머리 같고"

말은 기동성을, 사자는 용맹성과 파괴력을 내포하고 있는데 신속한 정복과 잔인성을 말한다.

c) 17절 "그 입에서는 불과 연기와 유황이 나오더라"

불을 뿜는 것은 그리스-로마 신화에 나오는 괴물 키메라를 연상케 한다. 이 표현은 초대교회 교인들의 이해를 돕는 데 일조했을 것이다.

현대적으로 해석할 때 중국과 러시아가 개입하는 전쟁이 이만만의 전쟁이 아닌가 추론하고 있다. 1세기 전 세계 인구는 2억 명 정도로 추산되고 있는데 전 세계 인구 모두가 전쟁을 위한 갑옷을 입은 셈이 된다. 오늘날 2억 명의 군대가 무장될 수 있는 장소는 중국과 러시아를 제외하고 상상하기가 쉽지 않다. 그리고 점차 유프라테스 강은 말라가고 있다. 세 가지 재앙, 곧 불은 화력을 가진 무기, 연기는 독가스, 유황은 핵으로 파악하며 마지막 때 인류 3분의 1이 죽임을 당하는 전쟁에 휘말릴 것으로 보는 예견은 타당성이 있는 듯하다.

미국 청소년들이 가장 무서워하는 것은 핵전쟁의 위협이라고 한다. 1945년 7월 16일 새벽 5시 반 핵 실험을 뉴멕시코 사막에서 시행했는데 그 버섯구름의 가공할 만한 능력을 본 미국의 과학자는 "하나님, 우리는 이 땅에 지옥을 창조했습니다"라고 탄식했다고 한다. 특히 성경에서 유황은 언제나 하나님의 심판을 상징하는 데 사용되었음을 유념할 필요가 있다(창 19:24; 욥 18:15; 사 30:33; 겔 38:22 등).

d) 19절 "말들의 힘은 그 입과 그 꼬리에 있으니 꼬리는 뱀 같고 또 꼬리에 머리가 있어 이것으로 해하더라"

다섯째 재앙 황충은 꼬리에 힘이 있었으나(10절) 본문의 말은 입에 큰 힘이 있고 거기에다 꼬리의 힘도 갖추었다. 여섯째 나팔 재앙은 앞으로는 전쟁을, 뒤로는 사탄의 거짓으로 사람들을 가차 없이 죽일 것이다. 뱀은 성경에서 사탄을 의미하는데 꼬리가 뱀 같다는 것은 뒤로는 음흉한 간계와 술책을 쓸 것을 암시한다. 또 꼬리에 머리가 있다는 말은 꼬리에도 악한 지혜가 있어 교활한 지혜로 사람을 죽게 할 것을 의미한다.

⑤ 20-21절 – 죽은 삼분의 일을 제외한 불신자들은 혹독한 재앙에도 회개하지 않는다.

a) 회개하지 아니한다.

사람은 매맞는다고 깨닫는 존재가 아니다. 회개는 성령의 사역이다. 애굽의 바로가 열 번의 재앙을 당해도 더욱 완악해지더니 결국 수장되고 말았다.

팁 포인트(Tip Point)

20. 회개

회개에는 두 종류가 있다.

하나는 생명을 얻는 단회적 회개이다.

행 11:18 "그들이 이 말을 듣고 잠잠하여 하나님께 영광을 돌려 이르되 그러면 하나님께서 이방인에게도 생명 얻는 회개를 주셨도다 하니라"

다른 하나는 반복적 회개로 성화이다.

이단 중 구원파는 단회적 회개만 강조하고, 로마 가톨릭, 안식교는 반복적 회개만을 강조한다. 특히 안식교는 빠짐없이 회개해야 구원받는다고 가르친다.

신자는 세례 후 광야교회로 들어간다(행 7:38). 교회란 무엇인가? 홍해(세례)를 건너 몸은 구원받았지만 광야를 거치면서 생각의 변화가 나타나야 한다. 하나님께서는 신자가 과거로 회귀하는 것을 싫어하신다. 데마가 이 세상을 사랑해서 다시 데살로니가로 가는 것을 미워하신다(딤후 4:10). 자기 구원을 두렵고 떨림으로 이루어야 한다(빌 2:12).

첫째, 회개는 구원을 결정한다.

둘째, 자복이 점이라면 회개는 선이다. 회개는 계속적이고 반복된 성화를 위한 씻음이다.

셋째, 회개의 기회는 제한되어 있다.

히 12:17 "너희가 아는 바와 같이 그가 그 후에 축복을 이어받으려고 눈물을 흘리며 구하되 버린 바가 되어 회개할 기회를 얻지 못하였느니라"

넷째, 인간은 유한하고, 죽은 자에게는 더 이상 회개의 기회가 없다. 양심에 화인 맞아 여섯 번째 나팔 재앙을 받고도 회개하지 않는 지옥인생이 되어서는 안 된다.

b) 회개하지 않은 자들

ⓐ 귀신과 우상에게 절함(2계명을 범함)

팁 포인트(Tip Point)

21. 기독교 관점에서 본 제사와 사주팔자

제사의 기원은 고대 중국 은나라로 거슬러 올라간다. 당시 주변 국가는 짐승을 숭상하는 토템(Totem)을 섬겼다. 우리나라도 곰을 숭상했다. 그런데 은나라 조갑이란 자가 왕이 되어 제례를 정비하여 토템, 황하신, 천신을 폐지하고 주변 부족보다 우위에 있음을 과시하고자 조상신을 숭배했다. 이로 인해 주변 국가의 시기와 미움을 받아 주변 연합국에 의해 은나라는 막을 내린다. 은나라 공격에 앞장선 나라가 주나라였으나 이 제례 문화는 남겨 둔다. 은나라는 조상신 때문에 망하고, 주나라는 정략적으로 이를 계승한 것이다(김경일).

유교는 원래 학문(유학)으로 도덕정치를 구현하기 위한 것이었기 때문에 유교에는 내세관이 없다. 《논어》에 보면 계로라는 제자가 공자에게 죽음과 귀신에 대해 물었다. 그때 공자는 '미지생 언지사'(未知生焉知死)라고 답하였다. 사는 것도 모르는데 죽음을 어떻게 알겠느냐라고 풀이할 수 있다.

더욱이 제사는 5대만 지낸다. 그 이후는 귀신이 사라진다고 보기 때문이다. 기독교는 이생과 내생이 있다. 유교나 불교가 말하듯 삼생 즉 전생, 이생, 내생이 있다면 왜 다시 태어나 과거의 가족에게 제삿밥을 먹으러 돌아간 사람이 이 세상에 존재하지 않는가? 혹은 개구리가 된 조상이 제삿밥을 먹고 다시 개구리가 된다는 뜻인가? 학문과 철학을 종교화한 과정에서 빚어진 모순이다.

십계명 중 2계명은 우상숭배, 사신숭배를 금지하고 있다(렘 10:3-5 '헛된 것' 사 44:9-11 '무익한 것' 십계명 '해로운 것'이라고 말한다). 다니엘이 벨드사살로 창씨개명을 했고 바벨론 학문을 배웠다(단 1장). 신자나 믿는 이의 자녀가 불교, 유교, 진화론을 배워도 가하다고 사료되는 증거이다. 하지만 우상 제물은 거부했다. 그것은 신자의 마지막 보루이기 때문이다. 우상의 제물은 심지어 풍파를 일으킨다고 주의시키고 있다(시 106:28-29 - "그들이 또 브올의 바알과 연합하여 죽은 자에게 제사한 음식을 먹어서 그 행위로 주를 격노하게 함으로써 재앙이 그들 중에 크게 유행하였도다"). 의심하고 먹는 것은 죄가 된다고 말씀하고 있다(롬 14:23).

더 나아가 귀신이나 마법사에게 묻는 것을 싫어하신다. 사울의 몰락은 귀신에게 물은 것이 직접적인 원인이 되었다(대상 10:13-14 - "사울이 죽은 것은 여호와께 범죄하였기 때문이라 그가 여호와의 말씀을 지키지 아니하고 또 신접한 자에게 가르치기를 청하고 여호와께 묻지 아니하였으므로 여호와께서 그를 죽이시고 그 나라를 이새의 아들 다윗에게 넘겨주셨더라").

요즘도 사주팔자를 보는 사람들이 많다. 사주팔자는 오랑캐가 중국을 침범해서 중국 여자를 공천해 가는 것을 방지하고자 만들었다. 그래서 이 여자와 살면 불행(殺)이 닥친다는 점괘를 만든 것이다. 그래서 과부살이 있고, 도화살('바람 난다'), 수옥살('감옥 간다'), 역마살('떠돌이가 된다') 등이 있는 것이고, 홀아비살은 없다. 홀아비가 되면 여자가 죽고 자기는 다시 새장가를 갈 수 있으니 위협이 되지 않는 까닭이다. 이것을 없애는 것이 소위 '살풀이'이다. '살풀이'는 기독교인이 사용하는 단어가 아니다. 팔자를 고칠 수 있다면 점쟁이가 왜 그러고 앉아 있겠는가?

인생은 고난이 있는 법이다. 예수 그리스도는 행복과 천국을 주기 위해서 오신 분이시다. 하나님께서는 다른 우상에게 묻는 것과 절하는 것을 가장 싫어하신다. 또한 젊은이들 사이에 타로점이 유행이다. 이것은 집시(Gypsy)에게서 유래되었다. 자신도 거지로 전락하고 40세가 되면 죽는 비참한 인생이면서 누구를 가르치고 인도하는가?

정확히 살펴보면 사탄과 사탄의 사자, 사탄에게 하는 제사가 아주 효용이 없는 것은 아니다. 모세 때 얀네와 얌브레도 기적을 행했다(딤후 3:8). 한 예를 더 든다면 이스라엘, 유다, 에돔과 모압의 전쟁기사가 열왕기하 3장에 나온다. 하나님께서 이스라엘 연합군 편을 드시므로 모압이 혼동을 일으켜 선제공격을 감행했는데 큰 패배를 당하게 된다. 퇴로가 막힌 모압 왕은 자기 왕위를 이어받을 아들을 데려와 성 위에서 번제를 드렸는데, 이후에 이스라엘에 크게 격노함이 임하매 그들이 떠나 각기 고국으로 돌아가게 되었다고 말씀한다(왕하 3:27). 무슨 종류의 격노였는가는 성경에 기록되어 있지 않지만 인신제사의 효과, 마귀의 역사를 엿볼 수 있는 대목이다. 그런 묘미와 마귀의 예지력, 능력 때문에 사람들이 점집, 우상숭배에 운집한다. 그러나 신자는 그런 장소, 그런 미신에 기웃거리지 말아야 한다. 짧게는 불행이요, 멀게는 영원한 형벌이기 때문이다.

ⓑ 살인(6계명을 범함)

ⓒ 음행(7계명을 범함)

ⓓ 도둑질(8계명을 범함)

ⓔ 복술

복술은 마법사(헬, '파르마콘')에게서 유래했는데 요술 혹은 마술이라고 한다. 요술과 마술은 하나님의 권능을 대항하는 것으로(출 7:11, 22에 나타난 '얀네와 얌브레의 기적'과 같이 지팡이로 뱀을 만들고 물로 피를 만듦), 사람들을 현혹하여 진리로부터 멀어지게 하는 것이다.

10장

힘센 천사와 작은 두루마리(삽입환상 2)

여섯째 인과 일곱째 인을 떼는 사이에 십사만 사천에 대한 환상을 사도 요한이 본 것처럼 여섯째 나팔 재앙과 일곱째 나팔 재앙 사이에 두 개의 삽입환상(삽경)이 들어가 있는데 그 첫 번째 환상 부분이다.

|**계 10:1-11**|

1 내가 또 보니 힘센 다른 천사가 구름을 입고 하늘에서 내려오는데 그 머리 위
에 무지개가 있고 그 얼굴은 해 같고 그 발은 불기둥 같으며
2 그 손에는 펴 놓인 작은 두루마리를 들고 그 오른발은 바다를 밟고 왼발은 땅
을 밟고
3 사자가 부르짖는 것같이 큰 소리로 외치니 그가 외칠 때에 일곱 우레가 그 소
리를 내어 말하더라
4 일곱 우레가 말을 할 때에 내가 기록하려고 하다가 곧 들으니 하늘에서 소리
가 나서 말하기를 일곱 우레가 말한 것을 인봉하고 기록하지 말라 하더라
5 내가 본 바 바다와 땅을 밟고 서 있는 천사가 하늘을 향하여 오른손을 들고
6 세세토록 살아 계신 이 곧 하늘과 그 가운데에 있는 물건이며 땅과 그 가운데

에 있는 물건이며 바다와 그 가운데에 있는 물건을 창조하신 이를 가리켜 맹세하여 이르되 지체하지 아니하리니

7일곱째 천사가 소리 내는 날 그의 나팔을 불려고 할 때에 하나님이 그의 종 선지자들에게 전하신 복음과 같이 하나님의 그 비밀이 이루어지리라 하더라

8하늘에서 나서 내게 들리던 음성이 또 내게 말하여 이르되 네가 가서 바다와 땅을 밟고 서 있는 천사의 손에 펴 놓인 두루마리를 가지라 하기로

9내가 천사에게 나아가 작은 두루마리를 달라 한즉 천사가 이르되 갖다 먹어 버리라 네 배에는 쓰나 네 입에는 꿀같이 달리라 하거늘

10내가 천사의 손에서 작은 두루마리를 갖다 먹어 버리니 내 입에는 꿀같이 다나 먹은 후에 내 배에서는 쓰게 되더라

11그가 내게 말하기를 네가 많은 백성과 나라와 방언과 임금에게 다시 예언하여야 하리라 하더라

1) 계시록 10장의 구조

⑴ 1-4절 – 힘센 천사(A mighty angel)가 땅과 바다에 한 발씩 딛고 놀라운 위용으로 역사의 종말과 심판, 신천신지(新天新地)에 대한 예언의 두루마리를 들고 서 있음.

⑵ 5-7절 – 일곱째 나팔의 재앙 즉 일곱 대접의 재앙은 속히 이루어짐.

⑶ 8-11절 – 두루마리를 먹은 사도 요한

2) 각 절 주해

(1) 1-4절 – 힘센 천사의 모습과 그 상징적 의미

구분	힘센 천사의 모습	의미
1절	머리 위의 무지개	하나님의 약속
1절	해같이 빛나는 얼굴	하나님의 영광
1절	불기둥 같은 발	하나님의 임재
2절	손에 들린 펴져 있는 책	하나님의 말씀
2절	발은 바다와 땅을 밟고 있음	하나님의 권세
3절	사자 같은 음성	하나님의 위엄

① 1절 – 힘센 다른 천사

하나님께서 부리시는 힘센 천사 속에 하나님의 모습이 투영되어 있다. 힘센 천사가 하늘에서 이 땅으로 내려오는데 이 천사의 사역은 지상적, 종말적, 심판적 사역이다. "구름을 입고"라는 표현에서 신적 세계의 존재임을 알 수 있으며(시 104:3), "무지개"는 노아와의 언약을 상기시켜 주고 있다(창 9:11-15). 따라서 심판의 하나님께서 한 명이라도 더 구원시키시려는 자비하신 의도를 이 대목에서 엿볼 수 있다. 즉 일곱째 나팔 재앙을 늦추고 계시는 하나님의 자애를 무지개 속에 담고 있다.

해 같은 얼굴도 모세를 떠오르게 하는데(출 34:27-35) 하나님과 대면하며 사는 천사의 광채인 셈이다. 발은 불기둥과 같아서 출애굽 시 광야에서 선민 이스라엘을 인도하신 구름기둥, 불기둥(출 13:17-22)을 연상시키고, 작은 책을 들고 있는 모습은 모세의 십계명과 흡사하다.

② 2절

a) "펴놓인 작은 두루마리를 들고"

5장 1절에 인봉된 책과 달리 펴져 있는 것으로 보아 이미 계시되었음을 알 수 있다. 이 책은 ⓐ 신약성경 ⓑ 성도에게 주어진 특별계시 ⓒ 타락한 교회에 내리는 심판의 책 ⓓ 요한에게만 준 특별계시 ⓔ 복음서 ⓕ 요한계시록 11장 1-13절 내용 ⓖ 계시록 11장에서 22장까지의 내용 등 여러 가지 주장이 있다. 가장 설득력이 있는 학설은 홀츠만(Holtzmann)이 제시하는 마지막 해석이다.

b) "오른발은 바다를 밟고 왼발은 땅을 밟고"

힘센 천사의 오른쪽 발은 바다를 밟고 왼쪽 발은 땅을 밟고 있는데, 이는 온 세계에 영향력을 행사함을 의미한다. 특히 바다는 계시록에서 사탄이 역사하는 장소로 자주 표현되는데(13장), 힘센 천사는 사탄을 제어하는 능력을 소유하고 있다고 봐도 좋을 것이다.

③ 3절 "사자가 부르짖는 것같이 큰 소리로 외치니 그가 외칠 때에 일곱 우레가...말하더라"

큰 소리는 구약에서는 하나님의 음성을(호 11:10; 욜 3:16 등), 묵시문학에서는 메시아의 음성을(에스라 4서 12:31-32) 사자의 부르짖음에 비유했는데 본 절에 나타난 전체의 뜻은 힘 있는 천사가 하나님의 진노의 음성처럼 큰 소리를 발하자마자 반드시 실행될 심판을 상징하는 일곱 우레가 울렸다고 보는 것이 타당할 것이다.

④ 4절 "인봉하고 기록하지 말라"

하나님께서 모든 계시를 모든 사람이 다 알도록 하지 않으시는 감추어진 부분이 있다. 다니엘에게 말씀을 간수하고 봉함하라고 명하시며(단 12:4), 일정기간 동안 닫아 놓은 말씀이 있다. 그리스도의 재림의 때와 기한도 우리에게 비밀로 남겨져 있다(마 24:36 - "그러나 그 날과 그 때는 아무도 모르나니 하늘의 천사들도, 아들도 모르고 오직 아버지만 아시느니라"). 그리스도께서 도적같이 오심으로 우리가 늘 깨어 있는 신앙생활을 하게 하시기 위함이다.

그러므로 성도는 감추어진 것을 지나치게 파고 들어가지 말아야 한다. '왜 하나님께서 선악과를 만드셨는가? 창조 이전의 상태는 어떠했는가? 천사의 계급과 구조는 어떻게 되는가?' 등 이런 의구심을 파고들다가 진리를 왜곡한 이단으로 흐르게 된다. 성경은 억지로 푸는 책이 아니다. 하지만 하나님께서 허락하신 성경 속에 우리 신자가 영위하고 영생과 부활을 얻기에 부족함이 없는 모든 진리를 담아 놓고 계신다.

벧후 3:16–17 "또 그 모든 편지에도 이런 일에 관하여 말하였으되 그 중에 알기 어려운 것이 더러 있으니 무식한 자들과 굳세지 못한 자들이 다른 성경과 같이 그것도 억지로 풀다가 스스로 멸망에 이르느니라 그러므로 사랑하는 자들아 너희가 이것을 미리 알았은즉 무법한 자들의 미혹에 이끌려 너희가 굳센 데서 떨어질까 삼가라"

⑵ 5–7절 – 일곱째 나팔의 재앙은 속히 이루어진다.

① 5절 "하늘을 향하여 오른손을 들고"

손을 든다는 것은 맹세의 표식이다(창 14:22-23; 신 32:40; 단 12:7). 사도 요한은 이런 관습에 의해 천사가 행한 맹세 행위를 묘사하고 있다(6절 하반부 "맹세하여 이르되"가 이런 해석을 뒷받침하고 있다).

② 6절 "세세토록 살아 계신 이…물건을 창조하신 이"

하나님은 영원하신 창조자로 심판의 권리와 권세를 지니고 계시고, "지체하지 아니하리니"라는 표현 속에 '더 이상 시간을 주시지 않겠다는 준엄함'이 있다. 이제 앞으로 '더 이상 회개할 시간이 없다'는 천사의 소리는 구원을 호소하는 불신자를 향한 최후통첩과도 같다.

③ 7절 "그의 종 선지자들에게 전하신 복음과 같이 하나님의 그 비밀이 이루어지리라"

본 구절을 주의 깊게 살펴보면 '선지자들에게 전하신 복음과 같은 비밀'(헬, '뮈스테리온', mystery)과 '하나님의 그 비밀' 두 종류의 비밀이 나옴을 알 수 있다. '선지자에게 전하신 복음의 비밀'은 무엇인가? 왜 복음이 비밀인가? 신약에서 '비밀'은 바울이 즐겨 사용했는데 바울은 이 용어를 온 인류를 구원하시기 위해 창세 전부터 감추어 놓으신 하나님의 구원계획을 가리킬 때 자주 사용했다(고전 2:6-7; 엡 3:9; 골 1:26 등).

그리스도가 왜 비밀인지 다음과 같은 내용으로 설명하고 싶다. 물놀이를 갔을 때 넘지 못하는 위험한 경계에 부표를 쳐놓고 표시를 한다. 그리고 위에서 구조대원이 호각을 들고 감시하고 선을 넘는 사람들에게 "위험하다. 가지 말라"고 확성기와 호각을 분다. 위험 선을 넘어 빠져 죽을 위기에 처한 사람들에게는 구조선이 구출하러 온다. 수영하는 사람들에게 만약 선을 넘어갈지라도 구조선이 출동하니 마음 놓고 넘어가도 된다고 말해 주지 않는다. 그것은 비밀에 붙인다. 일차적으로 율법이란 테두리를 치고, 이차적으로 그 경계선을 넘어가는 사람들에게 선지자가 조심하라고 경고하고 호통을 친다. 그럼에도 불구하고 하나님은 인간이 죄를 향해 달려갈 인생임을 알고 예수님을 비밀에 붙여 두셨다. 구약의 율법과 선지자로도 깨닫지 못하고 멸망의 구렁텅이를 향해 뛰어드는 불나방 같은 인류에게 몸을 던져 자신이 죽고 우리를 살리는 구세주를 하나님은 창세전에 준비해 두신 것이다. 이런 점에서 예수 그리스도는 비밀이며, 그 안에 하나님의 구원 계획이 담겨 있는 것이다.

다른 한편 '하나님의 그 비밀'이란 그리스도의 재림, 사탄의 몰락과 악인의 심판, 천국과 부활의 대종말을 지칭하는 모든 경륜을 뜻하는데, 본 절은 후자의 비밀을 말하고 있다. 이 비밀은 요한계시록에 네 번 나오는데(1:20, 10:7, 17:5, 7), 유대교 묵시적 본문 즉 종말계획을 말한다고 보면 된다.

(3) 8-11절 – 두루마리를 먹은 사도 요한

① 9절 "작은 두루마리를...갖다 먹어버리라"

힘센 천사가 사도 요한에게 작은 두루마리(책)를 먹어버리라고 명령하는 장면은 에스겔 2장 8절-3장 3절을 연상하게 한다.

> **겔 2:8–3:3** 너 인자야 내가 네게 이르는 말을 듣고 그 패역한 족속같이 패역하지 말고 네 입을 벌리고 내가 네게 주는 것을 먹으라 하시기로 내가 보니 보라 한 손이 나를 향하여 펴지고 보라 그 안에 두루마리 책이 있더라 그가 그것을 내 앞에 펴시니 그 안팎에 글이 있는데 그 위에 애가와 애곡과 재앙의 말이 기록되었더라 또 그가 내게 이르시되 인자야 너는 발견한 것을 먹으라 너는 이 두루마리를 먹고 가서 이스라엘 족속에게 말하라 하시기로 내가 입을 벌리니 그가 그 두루마리를 내게 먹이시며 내게 이르시되 인자야 내가 네게 주는 이 두루마리를 네 배에 넣으며 네 창자에 채우라 하시기에 내가 먹으니 그것이 내 입에서 달기가 꿀 같더라

하나님께서 에스겔에게 주신 말씀에 애가와 애곡과 재앙의 말이 기록되었듯이 요한이 받은 책에도 하나님의 심판을 기록한 일곱 대접 심판의 재앙이 쓰여 있었을 것으로 추측된다. 이 말씀을 먹고 완전히 소화해서 네(사도 요한)가 많은 백성과 나라와 방언과 임금들에게 다시 예언하라고 명하신다. 에스겔이 말씀을 꿀같이 먹고 이스라엘 민족에게 가서 사명을 감당했듯이 사도 요한에게 사명이 주어진 것이다. 말씀은 달다. 아멘이다. 하지만 사역은 고달프다. 그래서 입에서는 달고 배에서는 쓴 것이다(9절).

에스겔 3장에 하나님께서 에스겔에게 말씀하신 전도의 의무는 "에스겔아, 네가 전도하지 않으면 핏값을 네게서 찾고 전도했는데도 이스라엘 민족이 듣지 않으면 그 죗값은 이스라엘이 받되 너는 무죄하리라"는 계약인 동시에 명령이다. 사도 요한이 말씀을 받을 때는 달지만 사역은 어려운 것임을 암시하고 있다.

② 10절 "내 입에는 꿀같이 다나 먹은 후에 내 배에서는 쓰게 되더라"

성경 말씀에 관한 비유 중 하나는 말씀이 꿀과 같다는 표현이다(시 19:10). 말씀이 양식을 넘어 달아야 한다. 그런데 왜 배에서는 쓰다는 말인가? 여기에는 몇 가지 견해가 있다.

– 예언을 받을 때는 달지만 전할 때는 고난이 따른다(헨드릭슨).
– 하나님의 구원계시는 달지만 심판계시는 쓰다(홀츠만).
– 죄를 지을 때는 달지만 후에 벌을 받을 때는 쓰다[안드레아스(Andreas)].
– 성도들이 하나님의 축복의 말씀을 받을 때는 달지만 사탄으로부터 핍박을 받을 때는 쓰다[클라크(Clarke)].
– 주의 말씀을 듣는 것은 쉬우나 행하는 것은 어렵다[메니아(Menear)].
– 요한이 하나님 말씀을 받을 때는 좋았으나 그 계시의 내용이 하나님의 최후 심판임을 알고 근심이 컸다는 의미이다(래드, 플루머 등).

모두 타당성이 있으나 본문의 맥락에서 따져 보면 마지막 의견이 가장 좋다.

③ 11절 "네가 많은 백성과 나라와 방언과 임금에게 다시 예언하여야 하리라"

여섯째 나팔과 일곱째 나팔 사이에 요한의 전도가 있음을 시사하고 있다. 여섯째 나팔 재앙과 일곱째 나팔 재앙 사이에 하나님께서 한 명, 한 족속이라도 더 구원시키시고자 다시 예언하는 사명을 사도 요한에게 맡기셨다. 그러므로 이 말은 사도 요한이 받은 이 달고도 배에서 쓴 종말의 말씀을 다시금 우리가 받아서 세계 만민에게 전해야 한다는 말이다. 그러므로 신자는 종말 심판을 늦추고 계시는 하나님의 사랑과 구원계획에 대한 긴박성을 가져야 한다.

팁 포인트(Tip Point)

22. 기독교의 역사관과 종말의 스톱워치(stopwatch)

역사관은 크게 세 가지로 대별되는데 윤회사관, 실존사관, 시간사관(時間史觀)이 바로 그것이다. 윤회사관이란 힌두교, 불교에서 말하는 것처럼 사람과 생물이 윤회한다는 것이다. 가령 불교는 지옥-축생(짐승)-아수라(전쟁상태)-아귀(배고픔)-사람-극락을 윤회한다고 말하고 있다. 극락도 좋은 것은 아니다. 극락에서 빠져나올 때 지옥의 16배의 고통이 있다고 가르치기 때문이다. 이 윤회(輪回)를 벗어나는 것이 해탈이고 성불(成佛)이다. 그래서 윤회 속에 전생, 이생, 내생이 있는 것이며, 현재의 삶은 전생의 업보이고 내생은 현세의 삶에 따라 결정된다.

[윤회사상]

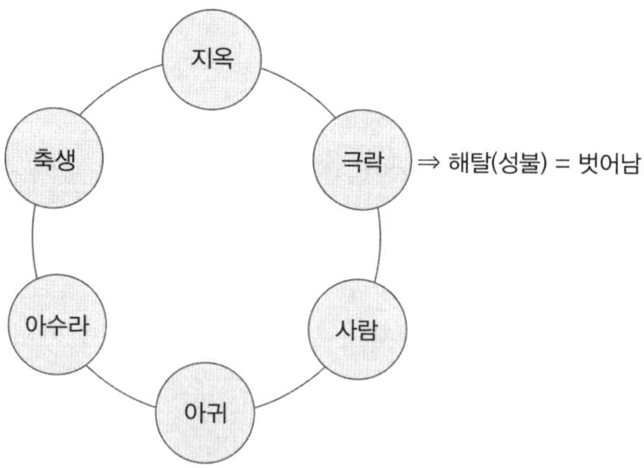

두 번째 역사관은 실존주의 사관이다. 이 땅이 전부이고 내세는 없다는 무신론주의이다. 사르트르가 말한 "실존(existence)은 본질(essence)에 앞선다"는 말은 한마디로 본질 즉 천국과 지옥이란 없고 우리가 사는 세상 실존이 전부인데 불안한 인간이 내세와 신을 만들었다는 뜻을 함유하고 있다. 결국 이와 같은 역사관의 영향으로 천국과 지옥을 부정한 결과, 서구의 젊은이들이 교회를 떠나는 결과를 빚었고, 윤회사관이 만물의 영장인 인간을 짐승과 같은 부류로 전락시켰다면 실존사관에 근거한 공산주의는 인간을 물질로 평가절하했다. 공산주의에서 인간 살상이 많았던 이유는 인간을 짐승 내지 물질로 보는 사상에 기인한다고 볼 수 있다. 그뿐 아니라 실존주의 사관은 서구 젊은이들을 교회 밖으로 내몰았을 뿐 아니라 지옥을 부인한 결과 막 사는 인생, 허무인생을 향해 치닫게 만들었다.

세 번째는 시간사관으로 기독교 역사관인데 창조와 종말이 있다. 예수 그리스도는 알파와 오메가이시다(계 1:8). 예수님은 영원에서 시간으로 오신 분이고, 부활하셔서 다시 영원으로 돌아가신 분이고, 그 길을 우리에게 알려주신 하나님의 메시아시다. 시간의 반대는 영원이다. 지금 우리는 역사(시간)시대에 살지만 세계의 종말이 오면 무시간의 시대로 들어가서 신자는 천국부활 영생, 불신자는 지옥부활 영생을 살게 된다.

그러므로 하나님은 멸망하는 백성을 안타까워하셔서 시간을 늦추시거나 혹은 사역자를 재촉하고 계시는 흔적이 성경에 나타나 있다. 두 가지 예를 구약에서 들어보면 먼저 롯의 경우이다. 소돔 성에서 머뭇거리는 롯에게 하나님께서는 "그리로 속히 도망하라"고 말씀하신다(창 19:22 – "그리로 속히 도망하라 네가 거기 이르기까지는 내가 아무 일도 행할 수 없노라 하였더라 그러므로 그 성읍 이름을 소알이라 불렀더라"). 하나님께서 소돔을 멸하시는 시한폭탄의 스톱워치를 이미 눌러 놓으신 상태다. 그러므로 빨리 피신을 서두르라고

롯과 그 가족들에게 종용하신다.

다음은 요나서에 나오는 니느웨 멸망 이야기를 살펴보자. 하나님께서 회개한 요나에게 큰 물고기를 예비하신다. 물론 하나님께서 스올과 같은 물고기 배 속에서 요나가 회개하기를 바라셨지만 만약 요나가 다시스까지 가서 돌아왔다면 기일이 여러 달 걸렸음에 분명하다. 회개한 요나를 큰 물고기가 3일을 밤낮 헤엄쳐서 육지에 토해냄으로 요나는 니느웨까지 직행이 가능했다. 요나는 니느웨에서 40일이 지나면 이 도시가 멸망한다고 외쳤다. 시간이 촉박하다는 멸망의 신탁(神託)을 가감 없이 전했다. 사흘길을 돌아야 다 돌 수 있는 큰 성읍 니느웨에서 하루만 전하는 모습에(욘 3:4) 하나님의 요나에 대한 섭섭함이 배어 있다.

사도 요한에게 맡기신 달고도 쓴 종말의 복음을 우리가 긴박함을 갖고 피를 토하듯 전하는 것이 먼저 믿은 자의 사명이다. 한 명, 한 족속이라도 더 구원하고자 멸망의 스톱워치를 바라보며 간절해 하시는 하나님의 심정을 신자라면 헤아려야 하지 않을까?

11장

두 증인(삽입환상 3)과 일곱째 나팔 재앙

두 증인은 여섯째 나팔 재앙과 일곱째 나팔 재앙 사이에 존재하는 두 번째 환상이다. 두 증인 환상 이후 드디어 11장 15-19절에서 일곱째 나팔 소리가 울려 퍼진다.

| 계 11:1–19 |

1 또 내게 지팡이 같은 갈대를 주며 말하기를 일어나서 하나님의 성전과 제단과
그 안에서 경배하는 자들을 측량하되

2 성전 바깥마당은 측량하지 말고 그냥 두라 이것은 이방인에게 주었은즉 그들
이 거룩한 성을 마흔두 달 동안 짓밟으리라

3 내가 나의 두 증인에게 권세를 주리니 그들이 굵은 베옷을 입고 천이백육십
일을 예언하리라

4 그들은 이 땅의 주 앞에 서 있는 두 감람나무와 두 촛대니

5 만일 누구든지 그들을 해하고자 하면 그들의 입에서 불이 나와서 그들의 원
수를 삼켜 버릴 것이요 누구든지 그들을 해하고자 하면 반드시 그와 같이 죽
임을 당하리라

6 그들이 권능을 가지고 하늘을 닫아 그 예언을 하는 날 동안 비가 오지 못하
게 하고 또 권능을 가지고 물을 피로 변하게 하고 아무 때든지 원하는 대로 여

러 가지 재앙으로 땅을 치리로다
7그들이 그 증언을 마칠 때에 무저갱으로부터 올라오는 짐승이 그들과 더불어
전쟁을 일으켜 그들을 이기고 그들을 죽일 터인즉
8그들의 시체가 큰 성 길에 있으리니 그 성은 영적으로 하면 소돔이라고도 하
고 애굽이라고도 하니 곧 그들의 주께서 십자가에 못 박히신 곳이라
9백성들과 족속과 방언과 나라 중에서 사람들이 그 시체를 사흘 반 동안을 보
며 무덤에 장사하지 못하게 하리로다
10이 두 선지자가 땅에 사는 자들을 괴롭게 한 고로 땅에 사는 자들이 그들의
죽음을 즐거워하고 기뻐하여 서로 예물을 보내리라 하더라
11삼 일 반 후에 하나님께로부터 생기가 그들 속에 들어가매 그들이 발로 일어
서니 구경하는 자들이 크게 두려워하더라
12하늘로부터 큰 음성이 있어 이리로 올라오라 함을 그들이 듣고 구름을 타고
하늘로 올라가니 그들의 원수들도 구경하더라
13그때에 큰 지진이 나서 성 십분의 일이 무너지고 지진에 죽은 사람이 칠천이
라 그 남은 자들이 두려워하여 영광을 하늘의 하나님께 돌리더라
14둘째 화는 지나갔으나 보라 셋째 화가 속히 이르는도다
15일곱째 천사가 나팔을 불매 하늘에 큰 음성들이 나서 이르되 세상 나라가
우리 주와 그의 그리스도의 나라가 되어 그가 세세토록 왕 노릇 하시리로다
하니
16하나님 앞에서 자기 보좌에 앉아 있던 이십사 장로가 엎드려 얼굴을 땅에 대
고 하나님께 경배하여
17이르되 감사하옵나니 옛적에도 계셨고 지금도 계신 주 하나님 곧 전능하신
이여 친히 큰 권능을 잡으시고 왕 노릇 하시도다
18이방들이 분노하매 주의 진노가 내려 죽은 자를 심판하시며 종 선지자들과
성도들과 또 작은 자든지 큰 자든지 주의 이름을 경외하는 자들에게 상 주시
며 또 땅을 망하게 하는 자들을 멸망시키실 때로소이다 하더라
19이에 하늘에 있는 하나님의 성전이 열리니 성전 안에 하나님의 언약궤가 보
이며 또 번개와 음성들과 우레와 지진과 큰 우박이 있더라

1) 계시록 11장의 구조

(1) 성전과 두 증인(1–14절)

① 1–2a절 – 성전을 측량하라는 명령

② 2b–13절 – 두 증인의 생애
a) 2b-6절 - 두 증인의 임무와 신분과 권세
b) 7-12절 - 두 증인의 죽음과 부활과 승천
c) 13절 - 심판의 결과

③ 14절 – 둘째 화는 지나고 셋째 화가 임박함.

(2) 15–18절 – 일곱째 나팔

(3) 19절 – 하나님의 성전 속의 언약궤

2) 각 절 주해

(1) 성전과 두 증인(1–14절)

본 장은 10장 9-10절의 '작은 두루마리'를 해설한 것으로서 상당히 난해한 장으로 알려져 있다(이상근, 알포드). 11장은 교회가 마지막 환난기에 해야 할 임무를 기록하고 있다.

① 1-2a절 – 성전을 측량하라는 명령

1a절 "내게 지팡이 같은 갈대를 주며"

10장의 연속으로 힘 있는 천사가 요한에게 '지팡이 같은 갈대'(헬, '칼라모스') 즉 측량(測量)하는 자를 준다.

1b절 "하나님의 성전과 제단과 그 안에서 경배하는 자들을 측량하되"

성전과 신자를 측량하면서 비록 고난 중에 있지만 성도에게 하나님의 보호가 있음을 암시한다. 이런 배경은 에스겔 40-42장, 스가랴 2장 1-5절에도 나온다. 측량은 하나님께서 이스라엘을 보호한다는 표식이었다(박수암). 측량 받지 않은 이방인은 하나님의 관심 대상이 아니다. 특이한 것은 성전 밖 마당은 측량에서 제외된다는 것인데 이 말은 쭉정이 신자(Sunday Christian)처럼 마당만 밟는 기독교인들을 하나님께서 배제하신다는 뜻이다(사 1:12 - "너희가 내 앞에 보이러 오니 이것을 누가 너희에게 요구하였느냐 내 마당만 밟을 뿐이니라").

② 2b-13절 – 두 증인의 생애

a) 2b-6절 – 두 증인의 임무와 신분과 권세

ⓐ 2b-4절 – 두 증인, 두 감람나무, 두 촛대, 천이백육십 일(마흔두 달)

3절 "두 증인에게 권세를 주리니"

두 증인에 대한 견해는 다양하다.

– 에녹과 엘리야라는 주장

– 모세와 엘리야라는 주장

– 베드로와 바울이라는 주장

– 유대인 그리스도인 대표(베드로)와 이방인 그리스도인의 대표(바울)

– 엘리야 같고 모세 같은 미래의 두 선지자

– 교회 전 역사를 통해 증언하는 교회와 그리스도인들(벵겔의 주장)

대부분의 학자들은 마지막 의견에 동의하고 있다. 그 이유는 7년 대환난 전 3년 반이 지난 후 교회의 성도들이 복음의 능력을 갖고 전하며 핍박받다가 죽음에서 부활하고 구름 위로 휴거되는 것을 염두에 두었기 때문인 것으로 풀이된다. 필자의 견해는 다섯 번째 견해가 합당하다고 생각된다. 그 이유는 두 증인의 모습에서 엘리야와 모세의 능력을 엿볼 수 있는 바 모든 성도들이 그 같은 능력을 소유했다고 보기는 어렵기 때문이다.

이단들은 두 증인을 어떻게 말하고 있으며 어떻게 접근하는지, 요한계시록 10, 11장을 통해 알아본다.

팁 포인트(Tip Point)

23. 성경해석의 2가지 방법: Exegesis와 Eisegesis

성경을 해석하는 방법은 크게 두 가지로 대별할 수 있는데 하나는 Exegesis('끌어낸다')로 저자의 의도를 끌어내고 문법, 역사, 신학적으로 문맥을 고려해서 해석하는 방식이다. 다른 하나는 Eisegesis('집어넣다,' put into)로 본문에 자기 생각을 집어넣어서 해석하는 방식으로 일례를 들면 '바리새인 = 현대교회 목사'라는 식으로 억지 해석을 하는 것인데 Eisegesis가 대표적인 이단 해석방법이다(정동섭). 이제 이단들의 성경을 어떻게 Eisegesis 방식을 사용하는지 살펴보자.

① 계 10:10 두루마리(책)를 받아먹은 자가, 신천지의 경우 이만희 교주라고 주장한다.

이만희 교주의 내연녀로 있었던 김○○ 씨가 얼마 전 그와의 사생활을 폭로하여 상당한 충격을 내외부에 던졌다. 하지만 결정적 순간에 이와 같은 비리, 불륜으로는 신천지인들을 원상복귀시키기란 쉽지 않다. 그들의 뇌리 속에 야곱이나 다윗도 중혼(polygamy)을 했기 때문에 이와 같은 일은 본질적인 것이 아니라고 생각한다. 신천지인들이 흔들리는 것은 이만희 교주가 책을 받아먹은 것이 아니라 '신탄'(전도관과 통일교 혼합 교리 책자)과 '계시록 진상'이란 잘못된 이단 서적이 골격이었음을 깨닫는 때이다.

② 안상홍 증인회는 10장 4절의 일곱 우레를 7대 절기라고 해석한다.

(안상홍 증인회는 요한계시록 22장에서 다루도록 하겠다.)

③ 안식교(제칠일 안식교 재림교회)는 10장 10절을 예수 재림이 불발로 끝나자 재림 실패의 변명 구절로 인용하고 있다(대실망).

④ 신천지 이만희 교주는 본문의 두 증인을 자신과 홍종효라고 주장한다. 이 두 사람은 백만봉 씨의 창조교회라는 이단 교회에서 7사도로 일하다가 창조교회를 나온 후 둘째 장막성전의 두 증인이 되었다고 말한다. 두 증인을 자기가 편리한 대로 뜯어다 붙인 것이다. 참고로 증거장막성전에서는 유재열과 그의 부친 유인구가, 1960년도 대에는 박태선과 문선명이 자신들을 두 증인이라고 자처했다.

이만희 교주의 첫 번째 스승은 1960년대 한국 교계를 크게 어지럽힌 박태선 천부교 교주이다. 이만희 교주의 행적을 보면 누구에게 어떤 방식으로 영향을 받았는지 추론할 수 있다.

1931년 경북 청도 출생 - 17세 때 외국인 선교사에게 세례 받음 - 1957년 병을 치료하고자 박태선 전도관(소사 신앙촌) 10년 다님 - 1967년 유재열 장막성전 입교(1975년 유재열 씨를 사기죄로 고소하여 유재열씨가 2년간 복역) – 통일교 목영득 씨 추종 - 백만봉 씨(자칭 하나님)

의 재창조 교회 입교 - 시한부종말론이 불발되자 1980년 3월 14일 홍종효 씨와 나와서 두 증인으로 자처하고 1984년 3월 14일 신천지 둘째 장막 성전을 세웠다.

다음은 홍종효 씨의 자필 진술서이다.

확인서

성명 : 홍종효(洪鍾孝)(주민등록번호 : 291228-1005813)
주소 : 도봉구 창2동 553-13호 2층 202호
전화번호 : 집> 02-990-0579 핸드폰> 010-8424-0579

1. 본인은 1968년 과천 유재열씨의 장막 성전에 입교하여 이만희씨를 알게 되었고, 78년경 이만희씨 인도로 백만봉씨의 교회에 입교하여 1980년 3월 13일까지 있다가 80년 3월 14일 이만희씨와 함께 오늘날 신천지 교회를 창립하여 87년에 탈퇴하기까지 두증인의 위치에 있었습니다.

2. 본인은 이만희씨가 사가랴와 마리아가 성전 문을 닫고 동침하여 예수를 낳았으며 그 일로 사가랴가 성전과 제단 사이에서 돌에 맞아 죽었다고 말한 것을 들은 사실이 있습니다.

3. 본인은 이만희씨가 한센병(문둥병)에 걸려 자살을 기도한 적이 있다는 말을 이만희씨의 친구 김종택을 포함하여 여러 사람 앞에서 이만희씨로부터 직접 들은 사실이 있습니다.

4. 본인은 이만희씨의 전도로 백만봉씨의 교회에 입교하였고, 그 교회에서 이만희씨는 12사도 중 하나로 3년여간 본인과 같이 함께 있다가 80년 3월 14일부로 나온 사실이 있음을 확인합니다.

5. 본인은 이만희씨가 현재의 부인인 유천순씨가 아닌, 다른 여자와의 관계에서 낳은 딸이 있다는 사실을 유천순씨로부터 들은 사실이 있으며, 직접 두 번 만난 적도 있음을 확인합니다.

6. 상기 내용은 틀림없는 사실이며, 허위로 밝혀질 시 어떠한 처벌도 받겠으며 법정에서 필요하다면 언제라도 출석하여 증언할 것을 약속합니다.

날 짜 : 2007년 12월 16일
확인자 : 洪鍾孝 (인)

[이정훈 목사 제공]

이와 같은 Eisegesis 이단 해석 방법은 13장 18절 육백육십육에서 다시 거론하도록 하겠다. 666도 본래의 의미와 너무 동떨어진 해석으로 신자를 미혹시키고 있기 때문에 추후 상술하기로 한다.

ⓑ 4절 "두 감람나무와 두 촛대"

(이해를 돕기 위해 마흔두 달과 천이백육십 일의 설명을 바로 뒤에 하겠다.)

두 감람나무와 두 촛대는 스가랴 4장 11절(슥 4:11 - "내가 그에게 물어 이르되 등잔대 좌우의 두 감람나무는 무슨 뜻이니이까 하고")에서 원의미를 찾아볼 수 있다. 두 감람나무란 "기름 부음 받은 자들"로서 당시 대제사장 여호수아와 유다 총독 스룹바벨을 가리키는 것이다(래드). 감람나무가 일곱 등잔이 있는 촛대 좌우편에 있다는 것은 하나님으로부터 성령의 은혜와 능력이 임했음을 뜻한다(슥 4:1-14). 즉 하나님께서 여호수아와 스룹바벨을 통해 성전 건축을 완성하시겠다는 비유이다.

힘센 천사는 이런 배경에서 두 감람나무와 두 촛대(박윤선 "교회를 의미한다"고 봄)를 언급했다고 볼 수 있다. 한 걸음 더 나아가, 엘리야 같고 모세 같은 율법과 선지자의 대표 즉 교회의 복음 증거와 성령 충만한 두 증인을 통해 극심한 환난(일곱 대접의 재앙) 전에 하나님께서 구원사역의 은총을 베푸시겠다는 의미이다.

두 증인의 예언:

– 마흔두 달 동안 복음을 전파한다.
– 복음을 전파하는 교회 혹은 복음을 전파하는 주의 종들이 두 증인이다.
– 두 증인의 권세
  · 음부의 권세가 이기지 못한다.
  · 교회를 축복하면 복을 받고, 교회를 박해하면 망한다(창 12:3).
  · 죽었다가 부활하여 구름을 타고 승천한다.

[참조] 2절에 마흔두 달, 3절에 천이백육십 일

■ 마흔두 달의 예언이 요한계시록에 다섯 번 나온다.

11:2 이방인의 때

11:3 두 증인의 예언의 기간

12:6 해를 옷 입은 여자(교회를 상징)가 피신하는 기간

12:14 해를 입은 여자(교회)가 양육 받는 기간

13:5 짐승(적그리스도)이 일하는 기간

■ 다니엘의 예언 – 한 때 두 때 반 때

7:25 사탄이 박해하는 기간

12:7 성도가 박해를 받는 기간

■ 마흔두 달에 대한 역사적 배경은 BC 168-164년에 있었던 헬라의 수리아 왕 안티오쿠스 에피파네스의 유대교 박해에서 발견된다. 헬라는 전 세계의 헬라화를 목적으로 유대인들에게 헬레니즘을 강요했다. 율법책을 지녔거나 할례를 받으면 사형에 처했으며, 성전에 제우스 신상을 세우고, 돼지의 피로 제사를 지내게 하는 등 안식일을 지키지 못하도록 온갖 핍박을 가했다. 이와 같은 안티오쿠스 에피파네스의 헬레니즘 정책은 8만 명의 학살과 노예매매로 이어졌으며, 이러한 강압정책은 유대인의 반발을 사서 마카비 혁명을 초래하였다.

다니엘서는 안티오쿠스 에피파네스를 작은 뿔이라고 묘사했고, 그 박해 기간을 한 이레의 절반(한 때 두 때 반 때)으로 표현했다. 요한계시록에서 이런 맥락으로 적그리스도의 박해기간을 '마흔두 달'로 본 것이다. 여기서 박해가 약한 전 3년 반과 박해가 강한 후 3년 반(13:5)의 구분이 생겨났으며, 이 둘을 합하여 7년 대환난설이 생겨났던 것이다.

결국 마흔두 달(1260일)은 두 증인(교회)이 복음을 전파하는 기간인 동시에 사탄이 성도를 공격하는 기간이기도 하다. 여기서 논란이

되고 있는 70이레에 대해 살펴보려고 한다. 70이레의 학설은 천년왕국설과 연결되어 있으므로 요한계시록 20장 천년왕국설과 비교해 보면 좋다. 참고로 장로교단은 무천년주의를 선호하며, 마흔두 달을 복음이 전해지는 신약시대 전 기간으로 이해하고 있고(박윤선), 필자는 전천년설에 비중을 두고 풀어 나가고 있음을 참고하기 바란다.

팁 포인트(Tip Point)

24. 70이레

요한계시록 11장 2절에 나오는 '마흔두 달'은 한 달을 30일로 계산할 때 1260일이다(3절). 이것은 11절의 '삼 일 반', 12장 14절의 "한 때와 두 때와 반 때"라는 말과 동일하다. '마흔두 달'이란 기간은 다니엘 9장의 종말론적 예언을 배경으로 하고 있다. 다니엘 9장 24절의 '칠십 이레' 중 마지막 한 이레(단 9:27)가 소위 말세의 '7년 대환난'과 맞물려 본장 1-13절과 연결된다. 이런 7년 대환난은 전 3년 반과 후 3년 반으로 나눌 수 있는데, 11장의 3년 반(마흔두 달, 1260일)은 복음을 전할 수 있고 정도가 비교적 약한 환난기인 데 비해 후 3년 반은 혹독한 박해기간에 해당된다. 세칭 세대주의 종말론의 핵심은 교회의 휴거, 세계 정부의 출현, 7년 대환난 기간 중 이를 지배하는 적그리스도, 제3성전 건축, 후 3년 반의 극심한 박해와 유대인의 대거 회심 및 아마겟돈 전쟁, 예수의 재림과 유대인 중심의 천년왕국시대로 요약된다.

세대주의 종말론의 시나리오를 이해하기 위해서 다니엘 9장 24-27절의 해석이 중요하다. 세대주의는 이 구절을 통해 7년 대환난과 적그리스도의 출현을 기정사실화하고 있기 때문이다. 전천년주의자들의 이해도 세대주의자들의 '70이레' 이해와 비슷하다. 유대인 중심이라기보다 인 맞은 십사만 사천 즉 성도 중심의 천년왕국이란 점에서 구별되며, 세대주의자들이 환난 전 휴거를 견지하는 데 비해 전천년주의자들은 7년 대환난 후 휴거가 나타나는 쪽으로 무게를 두고 있다. 여기서는 너무 세분하지 않고 세대주의자들과 개혁주의자들의 '70번째 이레'(단 9장)를 다루려고 한다. 종말론에서 다니엘 9장의 70이레가 차지하는 비중은 상당히 큰데, 여기서 세대주의와 개혁주의 종말론이 분기점을 이루고 있기 때문이다.

> **단 9:24-27** "네 백성과 네 거룩한 성을 위하여 일흔 이레를 기한으로 정하였나니 허물이 그치며 죄가 끝나며 죄악이 용서되며 영원한 의가 드러나며 환상과 예언이 응하며 또 지극히 거룩한 이가 기름 부음을 받으리라 그러므로 너는 깨달아 알지니라 예루살렘을 중건하라는 영이 날 때부터 기름 부음을 받은 자 곧 왕이 일어나기까지 일곱이레와 예순두 이레가 지날 것이요 그 곤란한 동안에 성이 중건되어 광장과 거리가 세워질 것이며 예순두 이레 후에 기름 부음을 받은 자가 끊어져 없어질 것이며 장차 한 왕의 백성이 와서 그 성읍과 성소를 무너뜨리려니와 그의 마지막은 홍수에 휩쓸림 같을 것이며 또 끝까지 전쟁이 있으리니 황폐할 것이 작정되었느니라 그가 장차 많은 사람들과 더불어 한 이레 동안의 언약을 굳게 맺고 그가 그 이레의 절반에 제사와 예물을 금지할 것이며 또 포악하여 가증한 것이 날개를 의지하여 설 것이며 또 이미 정한 종말까지 진노가 황폐하게 하는 자에게 쏟아지리라 하였느니라 하니라"

다니엘 9장은 70년 만에 포로기가 끝나고 예루살렘이 회복될 것이라는 예레미야의 예언(렘 25:11-12, 29:10)을 다니엘이 회상하면서 시작된다. 다리오 왕 원년 BC 538년에 70년 포로기간이 다 채워졌음을 깨닫고 다니엘이 기도하기 시작한다(70년 기간: 느부갓네살 침입과 제1차 포로 BC 605년 - 스룹바벨 1차 귀환 BC 537년). 세대주의는 다니엘 9장 24-27절을 민족적 이스라엘의 회복을 위한 구절로 보지만 개혁주의자들은 일차적으로는 유대인이지만 궁극적으로는 예수 그리스도를 믿는 신약공동체의 회복이라고 본다. 그 결과 첫째, 세대주의는 24절의 회복을 천년왕국시대에 성취되는 것으로 보고 있고, 개혁주의자들은 교회시대에 성취되는 것으로 해석한다. 둘째, 27절의 "그"(He)도 세대주의는 적그리스도로 보는 반면 개혁주의는 예수 그리스도로 본다. 셋째, 세대주의는 7년 환난을 문자적으로 해석하는 데 비해 개혁주의는 전 3년 반을 예수님의 공생애 기간으로 해석하여 문자적으로 3년 반으로 보는 반면 후 3년 반은 예수님의 십자가 사역 이후 상징적 기간으로 해석한다.

왜 '이레'(7일)를 7년으로 보는가?

이레를 7일로 본다면 이스라엘 회복기간으로 너무 짧다고 본 것이다. 그래서 '이레'를 '7년'으로 보는 견해는 칼빈, 헹스텐베르크 등 개혁자 신학자들도 대부분 수용한다. 1일 1년설은 민수기 14장 34절(민 14:34 - "너희는 그 땅을 정탐한 날수인 사십 일의 하루를 일 년으로 쳐서 그 사십 년간 너희의 죄악을 담당할지니 너희는 그제서야 내가 싫어하면 어떻게 되는지를 알리라 하셨다 하라")에 나타난 성구를 근거로 하고 있는데 이에 대한 반론도 적지 않다. 1일 1년설을 여기에 적용하는 것이 올바른 것인가에 대한 논란은 여전히 있다.

왜 70이레를 7이레, 62이레와 1이레로 나누었을까?

대부분의 학자들은 예루살렘 함락에서 재건까지 7이레(7×7=49년), 성전 재건에서 메시아 오실 때까지를 62이레(62×7=434년)로 보며 의견이 일치한다. 하지만 마지막 1이레는 의견이 나뉘어 있으므로 아래 도표로 설명하도록 한다.

70이레의 시작점은 다니엘 9장 25절로 본다.

세대주의는 느헤미야에게 내린 아닥사스다 칙령(BC 444, 느

2:1-8)으로 보고, 개혁주의는 고레스 왕의 칙령(BC 538, 대하 36:22-23; 사 44:28)으로 본다.

69이레의 마지막은 예수님의 구속사역이다(단 9:26).

70번째 이레는 언제인가?

[세대주의 전천년설의 이해]

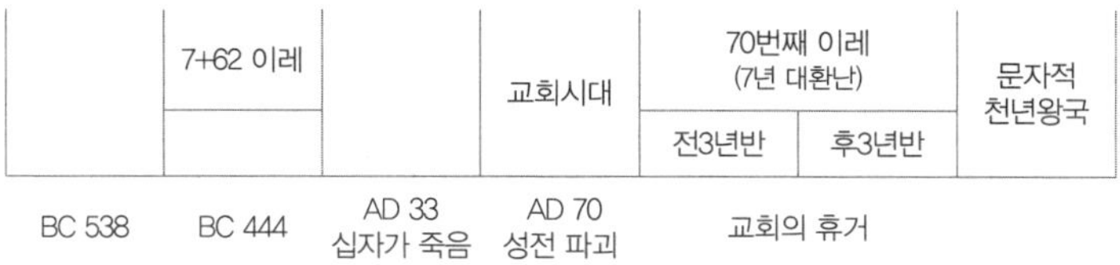

[개혁주의 무천년설의 이해]

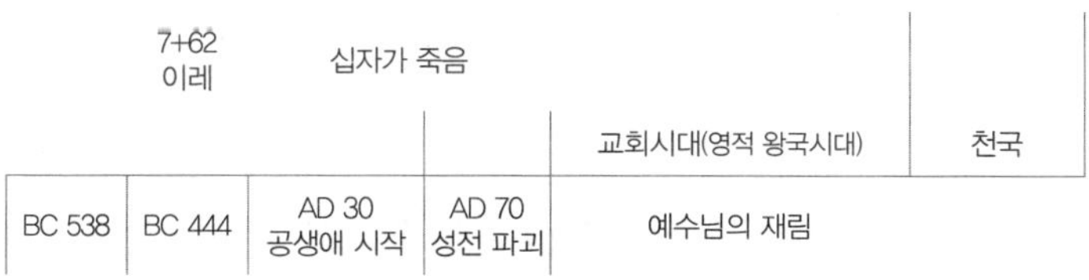

여러 학설이 있으나 세대주의 전천년주의자들의 70이레 견해와 개혁주의자들의 70이레 두 가지만을 도표로 소개했다. 다른 학설은 시차(時差)의 차이가 있기는 하나 대동소이하기 때문이다. 70이레의 시작점을 개혁주의는 BC 538년으로 보고 있고, 세대주의(전천년주의)는 BC 444년으로 보고 있다. 이것은 개혁주의 연대가 올바르다.

반면 개혁주의는 전 3년 반을 예수 그리스도의 공생애로 보고 있는데, 이럴 경우 69이레와 전 3년 반이 겹치게 되므로 문제를 안고 있다. 이는 70이레설을 십자가에 초점을 두고 설명하고 있는 까닭이다.

그러므로 어느 학설이나 시점은 문제점을 안고 있음을 주지할 필요가 있으며, 요한계시록 해석에 있어 시점에 매이다 보면 잘못된 해석, 재림에 대한 오류 등에 빠질 수 있으므로 경계할 필요가 있다. 애매한 것은 있는 그대로 보는 자세가 중요하며, 시점이 분명치 않으나 대체적 윤곽을 파악하는 것이 전체 해석에 유익이 된다고 하겠다. 그리고 이런 현상은 요한계시록 20장 1–6절에 나타난 천년왕국설에도 비슷하게 나타나고 있다. 그래서 관점에 따라 여러 학설이 공존하는 것이며, 일장일단이 있음을 밝혀 둔다.

*요한계시록 20장 1–6절 천년왕국설과 비교하면서 도표를 이해하면 좋다.

ⓒ 5절 "만일 누구든지 그들을 해하고자 하면…죽임을 당하리라"

두 증인이 외치는 말씀을 끝까지 받아들이지 않으면 말씀의 불이 심판의 불로 바뀌게 된다. 예수 복음은 구원의 능력인 동시에 성도를 박해하는 자들에게 내리는 진노의 근거가 된다.

렘 5:14 "그러므로 만군의 하나님 여호와께서 이와 같이 말씀하시니라 너희가 이 말을 하였은즉 볼지어다 내가 네 입에 있는 나의 말을 불이 되게 하고 이 백성을 나무가 되게 하여 불사르리라"

ⓓ 6절 - 두 증인의 권능

두 증인이 권능을 받아 예언하는 날 동안 엘리야처럼(왕상 17-18장) 비가 오지 않게 하고, 또 권능을 가지고 물을 피로 바꾸는 모세처럼(출 7:17-25) 여러 가지 재앙으로 땅을 친다.

가뭄과 물이 피가 되게 하는 모습에서 우리는 충분히 엘리야와 모세를 연상할 수 있다. 그리고 이들의 궁극적 사역은 변화산(마 17:1-8)에서의 예수 그리스도와의 만남을 통해 율법과 선지서의 증언이 곧 예수님이심을 확실히 한다.

비가 오지 않는 3년 6개월이 전 3년 반과 맞물리면서 엘리야의 사역이 더욱 강조되고 있으며, 물이 피로 변하는 기적 속에 물이 없어 헤매는 고달픈 인생을 어렵지 않게 추측할 수 있다.

하지만 여기서 분명히 엘리야와 모세에 관하여 의견을 표명하고 싶은 것이 있다. 필자가 찾아본 대부분의 주석은 두 증인에 대하여 예수님을 증언하는 모든 교회를 총망라하는 것으로 보았으며, 구름을 타고 승천하는 두 증인의 모습(12절)을 휴거하는 교회의 상징으로 풀이해 놓았다.

그러나 필자의 견해는 다르다. 이 두 사람이 교회를 대표하고 교인 휴거의 상징이라고 보는 데는 이견이 없다. 그러나 두 증인이 복음을 증거하는 온 성도라고 보는 것은 무리가 있다. 이런 해석은 교회의 성도가 불 같은 권세, 물을 피로 만들 수 있는 복음의 권세를 갖고 있으며 성도가 말씀의 권능으로 세상을 심판한다고 보고 있다. 그 후에 그들이 짐승에 의해 죽고 3일 반 만에 하나님께서 생기를 그들에게 부으셔서 부활하고 구름 위로 승천하는 모습 속에 교회의 휴거를 예표한다고 쓰고 있다. 그렇다면 온 세계 교인들이 죽어야(순교해야) 한다는 말인가? 온 교인이 3일 반 만에 부활한다는 뜻인가? 이런 접근이 주류를 이루고 있기는 하지만 석연치 않다.

필자는 곧 이어서 생겨날 마지막 나팔 소리(11:15)에 휴거가 일어난다고 보고 있으며, 그 증빙구절로는 데살로니가전서 4장 16-17절을 꼽을 수 있다.

살전 4:16–17 "주께서 호령과 천사장의 소리와 하나님의 나팔 소리로 친히 하늘로부터 강림하시리니 그리스도 안에서 죽은 자들이 먼저 일어나고 그 후에 우리 살아남은 자들도 그들과 함께 구름 속으로 끌어 올려 공중에서 주를 영접하게 하시리니 그리하여 우리가 항상 주와 함께 있으리라"

하나님의 나팔 소리 즉 마지막 나팔 소리에 휴거가 일어나고, 신자들은 주와 함께 공중잔치를 하고, 지상에서는 일곱 대접의 극심한 환난 후 3년 반 시대가 전개된다고 필자는 해석한다.

다른 주석들이 두 증인을 교회로 해석한 데에는 역사적으로 볼 때 전술한 바대로 이단들이 자신들이 두 증인이라며 종교사기를 친 일이 많은 데서 비롯되지 않았나 싶다. 문맥상 엘리야와 같고 모세와 같은 두 증인이 복음을 전하다가 짐승 즉 사탄의 세력에 의해 죽임을 당했으나 하나님의 성령이 그들을 살리셔서(롬 8:11 - "예수를 죽은 자 가운데서 살리신 이의 영이 너희 안에 거하시면 그리스도 예수를 죽은 자 가운데서 살리신 이가 너희 안에 거하시는 그의 영으로 말미암아 너희 죽을 몸도 살리시리라") 부활, 승천하게 하심으로 곧이어 있을 성도들의 휴거에 예표가 되었다고 보는 것이 더 타당한 접근이라고 본다.

이런 해석은 문자적 접근에 더 충실하고자 하는 필자의 논리의 결과물이기도 하겠지만, 이미 구약에서 에녹과 엘리야가 승천한 기사가 있고, 예수 그리스도께서 부활의 첫 열매가 되시고 승천하신 예표 속에 그와 같은 모습을 말세지말에 두 증인을 통하여 재연하면서 한 명이라도 더 구원하시려는 하나님의 은혜와 자비로 접근함이 좋다.

b) 7-12절 – 두 증인의 죽음과 부활과 승천

ⓐ 7절 "증언을 마칠 때에 무저갱으로부터 올라오는 짐승이…그들을 죽일 터인즉"

"증언을 마칠 때"에도 역시 두 증인을 교회로 해석할 경우 아직 대종말이 이르지 않았는데 말씀 증거가 끝이 날 수 있겠는가? 위와 같은 해석은 만국에 복음이 다 전해져서 교회의 말씀 사역이 다 끝난 것이라는 해석으로 돌파구를 찾고 있으나 다소 궁색해 보인다. 있는 그대로 엘리야와 같고 모세 같은 두 증인의 사역이 끝나자 무저갱에서 올라온 짐승(사탄)의 세력에 의해 두 증인이 순교 당했다고 보아야 문맥과 어울리며 어색함이 없다. "그들과 더불어 전쟁을 일으켜"라는 구절은 다니엘 7장 21절에 나오는 "내가 본즉 이 뿔이 성도들과 더불어 싸워 그들에게 이겼더니"와 일맥상통한다. 잠시 사탄의 세력이 이기는 듯하나 이것은 잠시일 뿐이다.

ⓑ 8절 "그들의 시체가 큰 성 길에 있으리니 그 성은 영적으로 하면 소돔…애굽…주께서…못 박히신 곳이라"

여기서의 큰 성 길은 '예루살렘 성 밖' 즉 '골고다'를 의미한다. 죄악의 소돔, 애굽 세상, 골고다('해골')라는 적군의 중앙에 십자가를 꽂으사 승리하신 예수님처럼 두 증인의 시체가 죄악을 분쇄하는 역할을 한다.

히 13:12-13 "그러므로 예수도 자기 피로써 백성을 거룩하게 하려고 성문 밖에서 고난을 받으셨느니라 그런즉 우리도 그의 치욕을 짊어지고 영문 밖으로 그에게 나아가자"

성문 밖에서 언약을 이루신 주님께서 죄인이 져야 할 십자가를 지고 성 바깥('영문 밖')으로 쫓겨나셨다. 그곳에서 예수 그리스도는 잠시 동안 하나님과 사람에게 버림받으셨으나 잠시 후 영원한 승리의 새벽을 맞이한 것처럼 두 증인도 그런 모습을 보여주게 된다.

ⓒ 9절 "백성들과 족속과 방언과 나라 중에서…그 시체를 사흘 반 동안을 보며"

이 사흘 반도 순교자들이 1260일(마흔두 달) 동안 배출되는 환난기라고 보는 견해가 있으나 순수하게 사흘 반으로 보는 것이 좋다. 그 이유는 곧이어 나오는 "무덤에 장사하지 못하게 하리로다"라는 구절과 연관 지어 볼 때 위와 같은 해석은 어색하기 때문이다. 순교자들 모두가 장사를 못 치르게 된다는 것은 상식적으로 맞지 않다. 그러므로 '온 세계가 두 증인의 시체를 보며 무덤에 장사를 치르지 못하게 할 것이다'라고 해석하는 것이 무난하다.

ⓓ 10절 "두 선지자가 땅에 사는 자들을 괴롭게 한 고로…죽음을 즐거워하고 기뻐하여"

엘리야의 사역이 아합에게 괴로움을 주었고(왕상 18:17 - "엘리야를 볼 때에 아합이 그에게 이르되 이스라엘을 괴롭게 하는 자여 너냐"), 모세의 사역이 바로에게 괴로움을 주었다(출 10:28 - "바로가 모세에게 이르되 너는 나를 떠나가고 스스로 삼가 다시 내 얼굴을 보지 말라 네가 내 얼굴을 보는 날에는 죽으리라"). 이처럼 악한 세상에 복음은 그들을 힘들게 하였다. 스데반의 설교가 유대인들의 이를 갈리게 했던 것같이 두 증인의 사역은 죄악 세상의 빛이었다.

요 16:33b "세상에서는 너희가 환난을 당하나 담대하라 내가 세상을 이기었노라"

행 7:51-52 "목이 곧고 마음과 귀에 할례를 받지 못한 사람들아 너희도 너희 조상과 같이 항상 성령을 거스르는도다 너희 조상들이 선지자들 중의 누구를 박해하지 아니하였느냐 의인이 오시리라 예고한 자들을 그들 이 죽였고 이제 너희는 그 의인을 잡아 준 자요 살인한 자가 되나니"

두 증인이 죽자 땅에 거하는 구원받지 못한 백성들은 앓던 이가 빠진 듯 기뻐서 서로 예물을 교환한다.

ⓔ 11절

11절 "삼 일 반 후에 하나님께로부터 생기가 그들 속에 들어가매"

'생기'(헬, '프뉴마 조에스', '생명의 바람')는 성령이라고 볼 수 있다(창 2:7 - "여호와 하나님이 땅의 흙으로 사람을 지으시고 생기를 그 코에 불어넣으시니 사람이 생령이 되니라"). 에스겔 37장에서 마른 뼈를 향하여 대언할 때 주의 군대를 이룬 것처럼 성령은 생명의 영이다. 예수님의 부활 사역에 성령님이 역사하시듯, 두 증인과 우리의 부활에도 성령은 개입하신다.

롬 8:11 "예수를 죽은 자 가운데서 살리신 이의 영이 너희 안에 거하시면 그리스도 예수를 죽은 자 가운데서 살리신 이가 너희 안에 거하시는 그의 영으로 말미암아 너희 죽을 몸도 살리시리라"

11절 "구경하는 자들이…"

예수님의 재림을 찌른 자도 볼 수 있는 것처럼(계 1:7) 두 증인의 시체를 목도한 세상 사람들도 두 증인의 부활을 보게 될 것이다. 그리고 다음 절(12절)에 나오는 원수들까지 구경하게 된다.

ⓕ 12절 "구름을 타고 올라가니…원수들도 구경하더라"

엘리야가 승천(왕하 2:11)하고, 모세['모세의 승천기'에는 모세도 승천한 것으로 되어 있음. 유 1:9 참조(박수암)]가 승천(?)한 것처럼 영광의 구름을 타고 승천하는데 악의 세력들도 볼 수 있는 휴거로 비밀스런 휴거나 아니다. 이 두 증인의 휴거는 교회 휴거의 서막과 같은 역할을 한다.

c) 13절 – 심판의 결과

ⓐ "그때에 큰 지진이 나서"

의인이 승리하면 그 이후에 악인의 멸망이 따라온다. 권선징악의 테마는 요한계시록에서도 예외가 아니다. 요한계시록 6장 12절에서 '큰 지진'이 인의 심판을 결정짓는 것처럼 본절의 큰 지진도 동일한 최후 심판의 시작 국면을 암시한다. 또한 이 지진은 에스겔 38장 19절의 큰 지진과도 연결 지어 생각할 수 있는데, 에스겔 37장에서 이스라엘이 회복된 후 38장에서 이스라엘의 멸망을 획책한 곡의 심판을 연상시키기 때문이다.

ⓑ "성 십분의 일이 무너지고 지진에 죽은 사람이 칠천이라"

지진의 피해가 10분의 1에 해당하고 당시 인구의 10분의 1이 7,000명이었다고 한다(마운스). 부분적 재앙이나 10분의 1의 파괴는 작은 위력이 아니다. 오늘날 7만 명 규모의 도시에 7천 명이 사망했다면 적잖은 파장을 일으켰을 것이다.

ⓒ "남은 자들이 두려워하여 영광을 하늘의 하나님께 돌리더라"

10분의 9에 해당하는 사람들이 지진의 피해를 보며 각성하는 장면이다. 고라당을 삼킨 지진 사건 이후에 이스라엘 사람들은 도리어 반역한다(민 16:41-49). 회개는 성령의 감화 감동의 사역이다. 하나님께서는 한 영혼이라도 더, 지진과 같은 대환난을 통해서라도 깨닫고 주께 돌아오길 원하시는 사랑과 인내의 하나님이시다.

③ 14절 – 둘째 화는 여섯째 나팔 재앙이고(9:13-21), 셋째 화는 곧이어 나타날 일곱째 나팔 재앙이다(11:15-19). 이 일곱째 나팔 재앙은 요한계시록 15-16장의 일곱 대접의 재앙과 연결되며, 그 사이에 여자와 용(12장), 두 짐승(13장), 어린양과 십사만 사천(14장)의 세 가지 삽경이 있다.

(2) 15–18절 – 일곱째 나팔

① 15절 "일곱째 천사가 나팔을 불매"

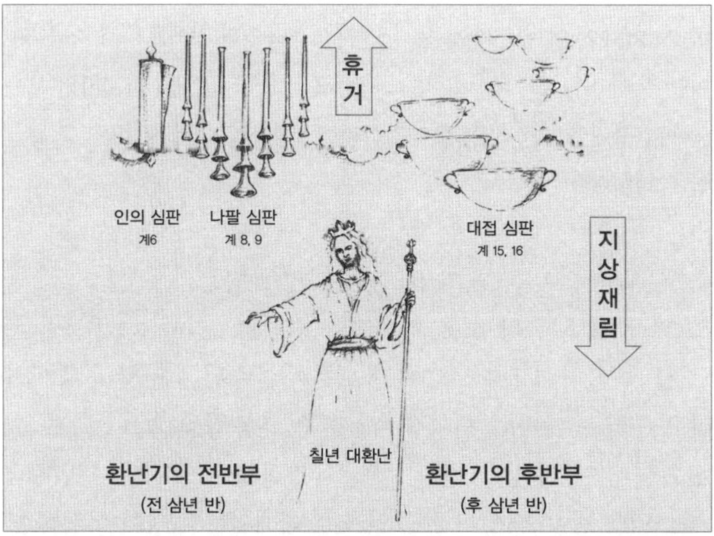

교회의 휴거가 언제 이루어질 것인가에 대한 견해는 다양하다. 세분화하면 세대주의, 전천년주의, 후천년주의, 무천년주의 등 다양한 의견들이 있는데 이에 대해서 본장의 〈70 이레〉와 20장의 〈천년왕국의 견해들〉을 참고하면 좋다. 필자는 전천년주의를 선호하고 있으며, 특히 전 3년 반의 환난과 후 3년 반의 환난으로 대별하는 견해를 주장하고 있다. 휴거 시점은 전 3년 반이 마쳐지는 때라고 보고 있으며, 전 3년 반의 끝은 일곱째 나팔이 불릴 때라고 보고 있다. 그 이유는 전술한 바와 같이 데살로니가전서 4장 16절의 "주께서 호령과 천사장의 소리와 하나님의 나팔 소리로 친히 하늘로부터 강림하시리니"라는 구절에 주목하고 있다.

한편, 어느 정도 신자의 환난은 신앙의 테스트를 겸하여 겪게 될 것이나 극심한 환난(필자는 일곱 대접 재앙이라고 생각한다)은 면하게 해 주시는 하나님의 은혜를 예상하기 때문이다.

> **마 24:21-22** "이는 그때에 큰 환난이 있겠음이라 창세로부터 지금까지 이런 환난이 없었고 후에도 없으리라 그 날들을 감하지 아니하면 모든 육체가 구원을 얻지 못할 것이나 그러나 택하신 자들을 위하여 그 날들을 감하시리라"

② 15-17절 - 큰 음성과 이십사 장로의 찬양과 경배

"그가 세세토록 왕 노릇 하시리로다"(15절), "친히 큰 권능을 잡으시고 왕 노릇 하시도다"(17절)에서 보듯이 예수님은 만왕의 왕이시다. 그리고 우리는 나라와 제사장(계 1:6) 즉 분봉왕(눅 19:11-17 - '므나의 비유' 참고)이 되어 이 땅을 천 년 동안 다스리게 될 것이다. 천년왕국에서 다스림을 받는 대상이 누구인가에 대해서는 성경이 분명히 말씀하고 있지 않다. 그러나 후 3년 반이 지나서 아마겟돈 전쟁으로 악인들을 멸하시고 사탄을 무저갱에 천 년간 잡아넣으실 때 이 땅은 사탄이 없는 평화의 나라가 될 것이다(사 11:6-9).

천 년이 다한 후 잠시 용을 풀어주는데 옛 뱀이라고도 하는 용, 사탄은 아직도 죄의 습성을 회개하지 않고 하나님을 대적하는 곡과 마곡의 전쟁을 일으키다가 예수 그리스도의 말씀의 검 앞에 완전히

멸망하여 영벌에 처해진다. 의인은 영생 천국으로 향하나 불신자나 이단의 괴수들은 백보좌 심판 후 유황 불못에서 죽지도 못하는 지옥 고통에 떨어진다.

③ 18절

a) "이방들이 분노하매"

본절은 시편 2편 1절을 배경으로 '국가들' 또는 '열방'이란 뜻이다. 따라서 모든 불신 세력들이 하나님을 대적한다는 말이다. 예수 그리스도로 말미암아 하나님 나라는 성취되고, 자신들은 임박한 심판 앞에 놓이게 되자 분노를 일으키는 것이다(헹스텐베르크).

b) "죽은 자를 심판하시며"

'죽은 자'란 영적으로 죽은 자, 예수 그리스도를 믿지 않는 모든 불신자를 말하며, '심판'이란 성도의 상급 심판이 아니라 불신자가 받을 영벌 심판이다.

c) "종 선지자들과 성도들과 또 작은 자든지 큰 자든지 주의 이름을 경외하는 자들에게 상 주시며"

하나님은 억울함을 신원(대하 24:22)하시고 고난당하는 자를 신원하시는(시 140:12) 속성을 지니신 분이시다. 하나님은 갚아 주시는 분이다. 아벨과 스가랴의 핏소리를 듣고 감찰하시고 보응하신다(마 23:35 -"그러므로 의인 아벨의 피로부터 성전과 제단 사이에서 너희가 죽인 바라갸의 아들 사가랴의 피까지 땅 위에서 흘린 의로운 피가 다 너희에게 돌아가리라"). 뿐만 아니라 성도들은 심판을 면제받고(요 5:24) 행위에 따라 크든지 작든지 상급을 받게 될 것이다(계 22:12).

'종 선지자'는 성도들 중 특별히 일꾼으로 부름 받은 자들을, '성도들'은 성결한 신도들, '주의 이름을 경외하는 자들'은 일반 신자로 구분할 수 있는데 "작은 자든지 큰 자든지"라는 말을 주목할 필요가 있다. 하나님께서는 우리의 작은 일도 보고 계시며 갚아 주시는 세밀하고 선하신 하나님이시다(마 5:10-12, 46; 골 3:24; 히 10:35 등).

⑶ 19절 – 하나님의 성전 속의 언약궤

19절 "하늘에 있는 하나님의 성전이 열리니…성전 안에 하나님의 언약궤가 보이며"

이 말을 역으로 말하면 이 땅의 성막과 성전은 하늘성전의 모형이라는 것이다. 언약궤 즉 말씀이 성전의 중심에 위치해 있었다. 광야 교회에서도 법궤를 중심으로 하고 성령의 구름기둥과 불기둥이 이스라엘 민족을 인도했다. 그런 점에서 교회의 중심은 말씀이요 성령의 인도를 받는 곳이다. 말씀이 사라지면 더 이상 교회가 아니며, 성령의 조명이 없이는 교회는 천성을 향해 나아갈 수 없다. 한 가지 특이한 점은 이 땅의 성전, 성막에서 볼 수 없었던 '번개와 음성들과 우박과 지진과 큰 우박'이 성전 안에 있었다. 닥쳐올 일곱 대접의 재앙을 하늘 성전에서 머금고 있었던 것이다. 뜻이 하늘에서 이룬 것 같이 땅에서 이루어지게 되는 것이다.

12장

여자와 용(삽입환상 4)

12장은 요한계시록을 둘로 나누는 분기점이다. 1-11장까지는 교회가 지상에서 당하는 고난을 묘사한 반면, 12-18장까지는 그 고난의 원인이 어디 있으며 그 결말이 무엇인가를 보여주고 있다. 전자가 외부의 증상이라면 후자는 내부의 원인을 규명하고 있다. 전자는 불신자의 심판을 주로 다루었으나 후자는 배후세력인 사탄과 그의 화신인 짐승과 음녀가 받을 심판을 보여주고 있다. 한마디로 전자는 표상이요, 후자는 심층세계라 말할 수 있다. 즉 12장은 제2부의 시작인 셈이다(헨드릭슨, 박수암 등).

필자는 11장 마지막 부분 일곱 번째 나팔에서 성도의 휴거가 나타난다고 전술한 바 있다. 그렇다면 '해를 입은 여인', 즉 교회의 핍박을 왜 12장에서 다루고 있는가? 시간적, 논리적 모순이 아닌가? 이에 대해 다음처럼 설명하고 싶다.

7년 대환난을 다루는 4-18장 사이에 존재하는 7개의 삽경 중 12장에서 다룰 '해를 입은 여인'(교회)은 네 번째 삽경에 해당한다. '해를 옷 입은 여자'와 그녀가 낳은 아이(메시아)를 붉은 용(Red Dragon, 사탄)이 해하려고 하는 환상이 12장에 묘사되고 있다. 이러한 환상은 다음 장에서 보게 될 두 짐승에 관한 환상과 상호 연속된다. 12장은 전 3년 반 기간 중 교회를 핍박하고 성도를 핍박하는 사탄을, 13장은 사탄의 사주를 받은 적그리스도(Anti-Christ) 등 사탄의 무리들이 교회를 더욱 심화 핍박하는 후 3년 반의 환난을 각각 묘사하고 있다.

따라서 이 두 장은 전후반을 설명하는 중간지점(막간)이며, 그 후에 시온 산에서 인침 받은 십사만 사천의 찬양이 울려 퍼진 후 지상에서 극심하게 나타날 일곱 대접의 재앙을 15장에서 본격적으로 목도하게 된다. 그리고 일곱 대접의 재앙 바로 직전 마지막 추수를 행하시는(계 14:14-16) 구원과 사랑의 하나님을 만나는 동시에 진노의 포도주를 예비하시는 공의의 하나님을 보게 된다. 하나님은 모든 사람이 구원받기를 원하시며(딤전 2:4 - "하나님은 모든 사람이 구원을 받으며 진리를 아는 데에 이르기를 원하시느니라"), 동시에 불신자는 핑계하지 못한다(롬 1:18-20).

롬 1:18-20 "하나님의 진노가 불의로 진리를 막는 사람들의 모든 경건하지 않음과 불의에 대하여 하늘로부터 나타나나니 이는 하나님을 알 만한 것이 그들 속에 보임이라 하나님께서 이를 그들에게 보이셨느니라 창세로부터 그의 보이지 아니하는 것들 곧 그의 영원하신 능력과 신성이 그가 만드신 만물에 분명히 보여 알려졌나니 그러므로 그들이 핑계하지 못할지니라"

다른 한편, 12장과 13장에 용의 왕국에 대한 다섯 가지 환상이 나타나고 있는데 역사적 관점에서 보면 로마제국이요, 영적 관점에서 보면 각 세대마다 역사하는 교회 박해세력이며, 종국에 나타날 교회의 대적이다. 한쪽으로 치우친 해석보다는 역사를 근거했지만 역사 속에서 미래를 아울러 설명하는 포괄적 설명 방식이 타당하다고 하겠다.

| 계 12:1-17 |

1하늘에 큰 이적이 보이니 해를 옷 입은 한 여자가 있는데 그 발 아래에는 달
이 있고 그 머리에는 열두 별의 관을 썼더라
2이 여자가 아이를 배어 해산하게 되매 아파서 애를 쓰며 부르짖더라
3하늘에 또 다른 이적이 보이니 보라 한 큰 붉은 용이 있어 머리가 일곱이요
뿔이 열이라 그 여러 머리에 일곱 왕관이 있는데
4그 꼬리가 하늘의 별 삼분의 일을 끌어다가 땅에 던지더라 용이 해산하려는
여자 앞에서 그가 해산하면 그 아이를 삼키고자 하더니
5여자가 아들을 낳으니 이는 장차 철장으로 만국을 다스릴 남자라 그 아이를
하나님 앞과 그 보좌 앞으로 올려가더라
6그 여자가 광야로 도망하매 거기서 천이백육십 일 동안 그를 양육하기 위하
여 하나님께서 예비하신 곳이 있더라
7하늘에 전쟁이 있으니 미가엘과 그의 사자들이 용과 더불어 싸울새 용과 그
의 사자들도 싸우나
8이기지 못하여 다시 하늘에서 그들이 있을 곳을 얻지 못한지라
9큰 용이 내쫓기니 옛 뱀 곧 마귀라고도 하고 사탄이라고도 하며 온 천하를
꾀는 자라 그가 땅으로 내쫓기니 그의 사자들도 그와 함께 내쫓기니라
10내가 또 들으니 하늘에 큰 음성이 있어 이르되 이제 우리 하나님의 구원과
능력과 나라와 또 그의 그리스도의 권세가 나타났으니 우리 형제들을 참소하
던 자 곧 우리 하나님 앞에서 밤낮 참소하던 자가 쫓겨났고
11또 우리 형제들이 어린 양의 피와 자기들이 증언하는 말씀으로써 그를 이겼
으니 그들은 죽기까지 자기들의 생명을 아끼지 아니하였도다
12그러므로 하늘과 그 가운데에 거하는 자들은 즐거워하라 그러나 땅과 바다
는 화 있을진저 이는 마귀가 자기의 때가 얼마 남지 않은 줄을 알므로 크게 분
내어 너희에게 내려갔음이라 하더라
13용이 자기가 땅으로 내쫓긴 것을 보고 남자를 낳은 여자를 박해하는지라

14그 여자가 큰 독수리의 두 날개를 받아 광야 자기 곳으로 날아가 거기서 그 뱀의 낯을 피하여 한 때와 두 때와 반 때를 양육 받으매

15여자의 뒤에서 뱀이 그 입으로 물을 강같이 토하여 여자를 물에 떠내려가게 하려 하되

16땅이 여자를 도와 그 입을 벌려 용의 입에서 토한 강물을 삼키니

17용이 여자에게 분노하여 돌아가서 그 여자의 남은 자손 곧 하나님의 계명을 지키며 예수의 증거를 가진 자들과 더불어 싸우려고 바다 모래 위에 서 있더라

1) 계시록 12-13장의 구조(5가지 환상을 중심으로)

(1) 12:1-6 – 해를 옷 입은 여자의 해산

(2) 12:7-12 – 용의 패배와 쫓겨남

(3) 12:13-17 – 용에게서 보호받는 교회

(4) 13:1-10 – 바다에서 나오는 짐승

(5) 13:11-18 – 땅에서 올라오는 짐승

2) 각 절 주해

마지막 나팔이 울리고 이어서 일곱 대접의 재앙이 나올 차례인데 일곱 대접의 심각한 재앙은 차후로 밀리고 그 사이에 세 개의 삽경군이 자리하고 있다. 지금까지 고난당한 교회 모습의 원류(源流)는

창세기 3장 15절(창 3:15 "내가 너로 여자와 원수가 되게 하고 네 후손도 여자의 후손과 원수가 되게 하리니 여자의 후손은 네 머리를 상하게 할 것이요 너는 그의 발꿈치를 상하게 할 것이니라 하시고")에 있으며, 교회가 받는 모든 핍박의 원인은 용(마귀)에게 있다. 1-5절은 예수시대, 6절은 교회시대의 박해에 대한 환상인 동시에 종말에 있을 7년 대환난 중 전 3년 반에 해당하는 부분이다.

(1) 1–6절 – 해를 옷 입은 여자의 해산

① 1절

a) "하늘에 큰 이적이 보이니"

이적(표적, sign)은 요한계시록에서 악한 세력과 관련하여 사용되었다(참조, 13:13-17, 15:1, 19:20). 표적은 파루시아, 그리스도의 재림을 수반한다.

b) "해를 옷 입은 한 여자"

'여자'란 표현은 요한계시록에 19번 나올 정도로 중요한 단어이다. 이 여자와 새 예루살렘은 음녀 바벨론과 대조를 이룬다(J. 매싱버드 포드).

여기서 '여자'란 교회를 의미하며, '해'는 영광을 드러내는 바 영광스러운 교회라고 말할 수 있다. 이 여자가 아이를 낳는다. 바로 그리스도이다. 그러므로 구약 이스라엘의 교회로부터 예수 그리스도가 탄생하시고, 예수 그리스도의 죽음과 성령의 오심에 따라 그리스도의 몸 된 교회가 세워진다. 이것은 마치 히브리서에서 예수 그리스도께서 희생양, 어린 양이 되심과 동시에 대제사장이 되셔서 자신을 제물로 드리시고 하나님께 나아가는 이중적 모습에 비견할 수 있다. 구약의 교회가 예수 그리스도를 낳았으며('여자가 낳은 아이'), 예수 그리스도는 다시 그리스도의 몸 된 교회를 세우셨다.

c) "그 발 아래에는 달이 있고 그 머리에는 열두 별의 관을 썼더라"

달은 세월 따라 변천을 한다. 하지만 해를 옷 입은 여인 즉 교회는 달(세월)을 발로 밟고 지배하며, 열두 별은 구약 선민 12지파 족장으로 하나님의 택한 백성은 모두 교회 안에 들어와 있음을 의미한다(렌스키). 면류관은 승리의 상징으로 사탄의 세력을 깨뜨리고 이긴 교회의 표상이다. 음부의 권세가 결단코 교회를 이기지 못할 것이다(마 16:18).

② 2절 "이 여자가 아이를 임신하여 해산하게 되매 아파서 애를 쓰며 부르짖더라"

아이는 메시아(그리스도)를 의미한다. 그러면 왜 해산하면서 아파서 부르짖는가?

첫째, 여자의 이미지 속에 마리아가 존재한다. 십자가의 죽음을 예상하는 가슴 아픈 여인의 모습이다(눅 2:35a - "칼이 네 마음을 찌르듯 하리니").

둘째, 대헤롯의 예수 그리스도에 대한 박해이다(마 2:13).

셋째, 예수 탄생과 맞물려 당시 지배자였던 대헤롯이 죽인 두 살 이하 유아들로 인해 부르짖는 어머니들의 통곡이다(마 2:17-18).

세 가지의 의견들 중 두 번째가 가장 설득력이 있다.

③ 3절 "한 큰 붉은 용이 있어 머리가 일곱이요 뿔이 열이라 그 여러 머리에 일곱 왕관이 있는데"

a) 사탄의 유래

사탄 마귀의 근원은 이사야 14장 12-14절에서 찾아볼 수 있다. 이사야 14장은 바벨론 왕을, 에스겔 28장은 두로 왕을 말하고 있는데 바벨론 왕과 두로 왕으로부터 사탄의 표상을 살펴볼 수 있다. 에스겔 28장 13절에 원래 사탄의 모습과 임무가 기록되어 있다.

> **겔 28:13** "네가 옛적에 하나님의 동산 에덴에 있어서 각종 보석 곧 홍보석과 황보석과 금강석과 황옥과 홍마노와 창옥과 청보석과 남보석과 홍옥과 황금으로 단장하였음이여 네가 지음을 받던 날에 너를 위하여 소고와 비파가 준비되었도다"

그는 기름 부음을 받은 그룹이었다(겔 28:14a). 에스겔 28장 이외에도 이사야 14장 12절은 사탄을 '계명성'(=아침의 아들)이라고 호칭한다. 가장 사랑받고 높았던 천사장이 교만과 욕심으로 말미암아 지위가 박탈되고 저주의 대상이 되었다. 그리고 아담과 하와에게는 뱀으로, 세례 요한 때는 독사로, 요한계시록에는 붉은 용으로 세력을 더하며 발악했다.

b) 사탄(Satan = adversary, '대적자')의 다른 칭호

ⓐ 이 세상 임금(요 12:31b - "이 세상의 임금이 쫓겨나리라", 요 16:11 - "심판에 대하여라 함은 이 세상 임금이 심판을 받았음이라")

ⓑ 처음부터 살인한 자(요 8:44; 요일 3:10)

ⓒ 거짓말쟁이요 거짓의 아비(요 8:44)

ⓓ 디아볼로스(요일 3:10, '비방자', '이간자')

ⓔ 바알세불(마 12:24, '귀신의 왕')

ⓕ 시험하는 자[유혹하는 자(Tempter), 마 4:3]

ⓖ 공중 권세 잡은 자(엡 2:2 - 원문에는 '공중 권세 잡은 임금'으로 되어 있음)

ⓗ 악한 자(마 13:19, the evil one)

ⓘ 뱀(창 3:4)

ⓙ 세상 신(고후 4:4)

ⓚ 벨리알(고후 6:15, 바울은 적그리스도를 벨리알이라 함)

ⓛ 어두움의 세상 주관자(엡 6:12)

ⓜ 아바돈, 아볼루온(계 9:11, 무저갱의 사자)

ⓝ 참소하는 자(계 12:10)

ⓞ 적그리스도(요일 2:18)

ⓟ 미혹하는 자(요이 1:7 - "미혹하는 자가 세상에 많이 나왔나니 이는 예수 그리스도께서 육체로 오심을 부인하는 자라 이런 자가 미혹하는 자요 적그리스도니")

ⓠ 불법의 사람 곧 멸망의 아들(살후 2:3)

ⓡ 악어(겔 29:3 - "자기의 강들 가운데에 누운 큰 악어" 즉 '애굽'을 말함)

ⓢ 붉은 용(계 12:3)

그는 "마귀라고도 하고 사탄이라고도 하는 자"(계 12:9)이며, 구약에서 용은 이스라엘의 적대세력을 가리켰다. 그는 '애굽'이라고도 하고(시 74:14), '앗수르'와 '바벨론'이라고 하기도 했다(사 27:1).

용의 색깔이 붉은 것은 파괴력을 상징한다.

용의 머리는 하나인데 "일곱"으로 묘사된 것을 보면 마귀의 잔꾀가 상당한 것을 시사하고 있으며, "뿔이 열"인 것은 마귀의 힘을 의미하며, "머리의 관"은 정확히 말하면 '면류관'인데 만왕의 왕이요 만주의 주이신 예수 그리스도를 흉내내는 참람함을 저지르고 있다는 말이다.

④ 4절

a) "그 꼬리가 하늘의 별 삼분의 일을 끌어다가 땅에 던지더라"

꼬리는 용(사탄)의 꼬리를 말하며, 통전적으로 여기서의 '별'은 천사를 말한다. 그러므로 사탄이 3분의 1이나 되는 천사를 타락시킨 것이다(벧후 2:4; 유 1:6).

b) "그가 해산하면 그 아이를 삼키고자 하더니"

아이(=메시아)의 출생 시 헤롯의 흉계를 비롯하여 공생애 기간 중의 무수한 시험과 십자가상의 죽음을 가리킨다. 일찍이 느부갓네살이 유다를 삼켰듯이(렘 51:34a - "바벨론의 느부갓네살 왕이 나를 먹으며 나를 멸하며") 사탄도 메시아를 삼키려 했다.

⑤ 5절 "여자가 아들을 낳으니 이는 장차 철장(a rod of iron, 철지팡이)으로 만국을 다스릴 남자라"

아들은 메시아를 가리키며, 그는 철장의 권세를 갖고 마지막 때에 교회를 박해하는 나라들을 쳐부수실 것이다.

창세기 3장 15절 하반절의 "여자의 후손은 네(사탄) 머리를 상하게 할 것이요"라는 말씀과 연계되어 있으며, 시편 2편 9절을 배경으로 한 말씀이다. '여자의 후손'에 관하여는 예수님께서 남자와 여자의 후손으로 죄를 갖고 태어나신 분이 아니라 동정녀 마리아의 후손으로 무흠하게 태어나신 것과 깊은 관련이 있다. "예수 그리스도는 참 하나님이시요 참 인간이신데 죄는 없으시니라."

⑥ 6절

a) "그 여자가 광야로 도망하매"

하나님께서는 교회의 피난처를 예비하셨으며, 피난처에서 천이백육십 일 동안 그를 양육하신다. 일차적으로는 동정녀 마리아가 애굽으로 피신한 것을 시사하는 것이며, 이차적으로는 예수님께서 회당

(교회)을 통해 양육되어 가셨다는 사실을 의미한다(눅 2:41-52 참고, 눅 2:52 - "예수는 지혜와 키가 자라가며"). 이와 같은 보호와 양육을 근거로 전 3년 반 동안 교회는 복음을 전파하는 동시에 사탄의 박해를 받는다. 1,260일은 증거의 기간인 동시에 환난의 기간이다. 거듭 말하지만 무천년주의자들은 이것을 교회 역사 천 년 속에 일어나는 현상으로 보고 있고, 세대주의를 포함한 전천년주의자들은 장차 다가올 7년 대환난 중 전 3년 반의 기간에 해당되는 구절로 파악하고 있다.

⑵ 7-12절 – 용의 패배와 쫓겨남

12장은 전 3년 반 동안 교회가 받을 환난과 선교, 13장은 후 3년 반 동안 교회가 받을 환난, 14장은 교회의 승리와 악인이 받을 심판으로 진행되고 있으며, 15장부터 일곱 대접 재앙을 다룬다.

① 7-9절 "하늘에 전쟁이 있으니…"

우리는 이 땅에 살면서 사탄과의 영적 전쟁을 치르며 살아가고 있다. 이것은 전초전이요 오픈 게임이다. 그러나 마지막 때는 선한 천사장 미가엘과 3분의 1의 타락한 천사세력을 얻고 하나님께 대적하는 사탄의 세력과의 한판 승부가 전개될 것이다. 영적 전쟁의 승리자는 미가엘이며, 장차 최후 승리를 얻을 분은 예수 그리스도이시다.

하늘의 전쟁에서 패배한 사탄과 추종세력은 하늘에는 더 이상 있을 수 없게 된다. 엄밀히 따지면 공중 권세 잡은 자(임금)가 패배 후 땅으로 후퇴한 것이다. 그래서 이 땅은 후 3년 반 동안 더 극심한 사탄의 활동무대가 된다. 전 3년 반을 마치고 하늘 전쟁에서 승리한 후 호령과 천사장의 소리와 하나님의 나팔 소리와 함께 신자는 휴거하여 공중잔치를 벌이고 있는 반면, 이 땅은 고통의 나락에서 신음

한다. 이것이 불신자가 겪을 후 3년 반인 것이다.

미가엘은 요한계시록 8장에서 이미 다룬 바 있다. 그는 강력한 천군을 거느리는 천사장이다(단 10:13,21, 12:1). 유다서 1장 9절에서는 모세의 시체를 놓고 마귀와 변론을 했다. 모세의 시체가 자칫 우상으로 변질될 가능성 때문에 모세의 시체를 없애려 했던 미가엘과 틈을 타는 마귀와의 언쟁인 셈이다. 다니엘서에 나타난 1차전에서는 미가엘이 승리하고, 유다서에 나타난 2차 토론에서는 판결은 못 내리고 꾸짖기만 했다. 본문의 3차 대전에서는 미가엘의 승리로 기록되어 있다. 그러나 사탄이 땅으로 후퇴한 것이지 아직 섬멸되지는 않았다. 마지막 승리는 예수 그리스도의 말씀의 칼로 이루어진다.

> **단 12:1-3** "그때에 네 민족을 호위하는 큰 군주 미가엘이 일어날 것이요 또 환난이 있으리니 이는 개국 이래로 그때까지 없던 환난일 것이며 그때에 네 백성 중 책에 기록된 모든 자가 구원을 받을 것이라 땅의 티끌 가운데에서 자는 자 중에서 많은 사람이 깨어나 영생을 받는 자도 있겠고 수치를 당하여서 영원히 부끄러움을 당할 자도 있을 것이며 지혜 있는 자는 궁창의 빛과 같이 빛날 것이요 많은 사람을 옳은 데로 돌아오게 한 자는 별과 같이 영원토록 빛나리라"

② 9절 "큰 용이 내쫓기니 옛 뱀 곧 마귀라고도 하고 사탄이라고도 하며 온 천하를 꾀는 자라"

구약성경에는 용과 흡사한 다섯 가지 표현이 있다. 뱀, 리워야단, 베헤못, 타닌, 라합이다. 창세기 3장에서 하와를 속인 뱀은 '오피스'(헬라어)이고, 출애굽기 7장 9-12절에서 아론의 지팡이가 변해서 된 뱀은 '드라콘'이다. 리워야단(욥 41:1; 시 74:14), 라합(욥 9:13, 26:12; 사 51:9; 시 89:10), 타닌(시 74:13, '용'으로 번역했다) 등이 뱀, 독사, 용으로 형상화된 사탄이라고 볼 수 있다(그랜트 오즈번).

본절에서 “그가 땅으로 내쫓기니”라고 용의 1차 추방을 기록하고 있다. 2차 추방은 땅에서 무저갱으로(계 20:3), 3차 추방은 무저갱에서 불 못으로 갇히는 것이다(계 20:10).

③ 10-12절 - 승리를 축하하는 하늘의 찬송

10절은 용을 쫓아낸 하나님 구원에 대한 축하, 11절은 승리의 근거, 12절은 성도와 마귀의 희비 쌍곡선을 그리고 있다.

사탄은 성도의 죄를 계속 하나님께 참소하고, 이 죄를 예수 그리스도께서 변호하사 성도의 무죄판결을 받아내신다. 우리가 회개할 때 이미 죄가 동에서 서가 먼 것처럼 사라지게 된다. 주님은 더 이상 기억하지 아니하신다.

주님은 기억하지 않으시는데 사람이 기억하는 것을 죄책감이라고 한다. 이제는 예수 안에 정죄함이 없다(롬 8:1). 이 땅에서 영원까지 참 자유가 생긴 것이다. 영혼과 육체뿐 아니라 양심까지도 자유하게 된다. “밤낮” 참소한 것을 보면 사탄은 하나님께 우리의 죄상을 낱낱이 고발한다. 하지만 이에 대한 반박의 근거가 예수 그리스도의 보혈과 성도들, 특히 순교자가 증언하는 말씀이다(11절). 이제 “하늘과 그 가운데에 거하는 자들”(12절a) 즉 성도들은 즐거워하고, 마귀는 땅과 바다로 쫓겨나 자신들이 지옥에 떨어질 때가 얼마 남지 않은 줄 알므로 분노한다.

다시 한 번 무천년주의자와 전천년주의자(세대주의 포함)의 해석 방식을 고찰해 보자. 무천년주의자들은 예수님께서 오시고 십자가에 죽으심으로 구원의 완성을 이루사 용의 권세를 내쫓으셨다고 보고 있다. 이 땅의 영적 전쟁은 끝나고 영적 전투만 남아 있다. 그래서 이 땅에서 마귀 잔당세력과 주님 오실 때까지 싸워야 한다. 이에 비해 전천년주의자들은 예수님께서 십자가상에서 승리를 이루셨다고 보는 견해는 무천년주의자들과 같다. 그리고 여전히 악의 잔존세력과의 지상 싸움이 남겨져 있으나 이미 얻은 승리요 '이미 잡힌 바' 된 최후 승리를 얻기 위해 대장 예수를 따라 천성까지 간다고 믿고 있다. 양자 간의 차이는 전자는 이미 용과의 전쟁이 끝났다고 보는 반면, 후자는 공중 권세 잡은 자의 마지막 발악은 아직 남아 있다고 생각한다. 전천년주의자들은 승리하는 것은 당연하지만 말세지말에 있을 영적 전쟁은 아직 도래하지 않았다는 관점을 갖고 있다. 필자는 양자의 의견이 다 맞다고 생각한다. 예수님께서 십자가에서 구원의 완성을 이루신 것도 사실이요, 용의 세력과의 마지막 전쟁이 남아 있는 것도 요한계시록의 가르침이라고 본다. 사실상 요한계시록만 떼어놓고 보면 전천년주의가 훨씬 설득력이 있다. 하지만 복음서의 소묵시록과 예수님의 어록을 보면 무천년주의자들의 접근을 도외시할 수 없는 부분들이 있다.

마 12:28 "그러나 내가 하나님의 성령을 힘입어 귀신을 쫓아내는 것이면 하나님의 나라가 이미 너희에게 임하였느니라"

⑶ 13–17절 – 용에게서 보호받는 교회

① 13절 "용이 자기가 땅에 내쫓긴 것을 보고 남자를 낳은 여자를 박해하는지라"

이 시점을 전 3년 반 환난기로 보고 일곱 대접 재앙(15-18장), 즉 후 3년 반이 시작되기 전의 상황으로 판독하고 싶다. 후 3년 반의 재앙은 불신자가 당할 재앙이고, 일곱 나팔까지는 전 3년 반으로 성도와 불신자가 같이 고난을 겪으며 복음을 전파하는 시기이기 때문이다

(물론 무천년주의 속에도 이와 같은 현상은 동일하게 나타난다. 7년 대환난을 교회 천 년으로 풀어 놓으면 무천년주의가 되고, 교회 천 년 대신 마지막 때 7년 대환난으로 압축하면 전천년주의가 되는 까닭이다).

용의 패배의 원인이 아이 즉 메시아에게 있음을 알고 여자(=교회)를 용(=사탄)이 박해한다. 하지만 하나님께서는 신실한 자들의 피난처가 되신다. 노아와 일곱 식구를 위해서는 방주를, 애굽에 내려간 야곱의 가족에게는 고센 땅을 예비하사 환난 세상의 도피처가 되게 하셨다. 바로와 애굽에 내린 열 가지 재앙 때에도 이스라엘 민족에게 넷째 재앙이었던 파리 재앙부터는 애굽과 구별되게 하셔서 보호하셨다(출 8:22 - "그날에 나는 내 백성이 거주하는 고센 땅을 구별하여 그곳에는 파리가 없게 하리니 이로 말미암아 이 땅에서 내가 여호와인 줄을 네가 알게 될 것이라"). 하나님은 만세반석이시다. 새찬송가 70장 1절 가사를 상기해 보라. "피난처 있으니 환난을 당한 자 이리 오라. 땅들이 변하고 물결이 일어나 땅 위에 넘치되 두렵잖네."

교회는 '하나의, 거룩한, 보편적, 사도적 교회'이다. 따라서 용은 교회가 분열되고 세속화되고 차별화되며 이단화되도록 계속 공격한다. 교회의 하나 됨을 견지하되 비진리와 타협하거나 세상에 물들지 않고, 기독교의 바른 전통을 고수하되 시대에 맞는 교회가 되어야 한다. 일례로 복음의 전신갑주(엡 6:10-20)에 대해 사도 바울이 오늘날 성경을 기록했다면 구원의 철모를 쓰고, 의의 요대를 차고, 복음의 워커를 신고, 말씀의 총을 갖추라고 기록했을 것이다. 변함없는 예수 복음의 진리를 문화의 옷에 맞게 담는 것은 우리의 개혁과제이다.

팁 포인트(Tip Point)

25. 칼 바르트 신학에 대한 장로교 통합과 합동 측의 논란

신정통주의자 칼 바르트에 대한 평가는 한국 장로교의 양대 기둥 통합 측과 합동 측에서 상당한 논쟁이 되어 왔다. 합동 측의 공격적 발언을 보면, 기자가 칼 바르트에게 "천국은 있는가?"에 대한 질문에 묵묵부답으로 일관했다는 것으로 사후관이 분명치 않았음을 지적하고 있다. 하지만 이에 대한 뚜렷한 서적이나 근거가 없다. 다른 한 가지는 합동 측이나 합신 측 일부 보수 신학자들은 칼 바르트가 자유주의 신학자라고 평가하면서(반틸, 박윤선, 이승구 등), 전통의 한국 신앙이 접목에 부적합하다고 보았다. 이에 대한 통합 측의 반론은 칼 바르트가 오히려 자유주의가 팽배했던 서구에 보수신앙을 견인했다고 주장한다. 이와 같은 논지는 "자유주의자들이 놀고 있는 운동장에 떨어진 폭탄"이라는 말로 요약된다.

그렇다면 왜 이런 상이한 평가가 대두되어 같은 장로교 안에서 불일치를 낳고 있는가? 화합에 거침돌로 작용하는 이유는 무엇 때문인가?

합동이나 합신의 일부 근본주의 경향이 있는 신학자나 목회자들에게 영향을 받은 분들에게 바르트에 관한 바른 이해를 소개함으로써 분열된 한국교회의 일치를 위한 노력에 다소나마 일조하고 싶다.

첫째, 합동 측에서는 바르트를 자유주의자라고 비난하고 있다. 첫 출발이 자유주의자였다는 사실은 맞다. 하지만 칼 바르트에게는 신학의 변곡점이 있다. 칼 바르트가 스위스 출신으로 초기에는 베를린의 하르낙(Adolf von Harnack)과 마부르크의 헤르만(Wilhelm Herrmann)으로부터 자유주의 신학을 받아들이고 거기에 심취했다. 그러나 이후 역사비평으로서는 하나님이신 참 예수님의 모습을 밝혀내지 못한다고 단언하면서 교회를 위한 신학으로 방향을 전환했다.

둘째, 근본주의에서는 바르트가 하나님의 심판을 부정했다고 지적하고 있다. 풀어 말하면, 바르트 후기에 나타난 그리스도 중심적 은총의 신학에서 은혜가 강조된 반면 심판의 개념이 사라졌다는 논지이다. 십자가는 사랑과 공의의 표징이고 예수 그리스도를 믿는 자들만 형벌을 면하는데 이 진리를 간과 내지 약화시켰다는 주장이다. 이 견해 역시 완전히 맞는 말이 아니다. 바르트는 예수 그리스도 밖에 있는 사람들에게 하나님의 무서운 심판 아래 있음을 수없이 강조했다. 예수 그리스도 안에는 심판이 없지만 예수 그리스도 밖에 있는 자에게는 하나님께서 폐기하신 심판의 무서움이 현존하고, 아무도 벗어날 수 없음을 분명히 했다.

셋째, 바르트가 예배를 약화시켜서 유럽의 젊은이들이 교회를 이탈하는 데 나쁜 영향을 끼쳤다는 이론이다. 바르트는 "예배란 예수 그리스도와의 만남의 사건"이라고 정의했다. 긍정적으로 접근한다면 마음에도 없이 교회만 나와 있다고 예배드리는 것이 아니므로 예배를 소중히 드려야 한다는 의미를 담고 있다. 하지만 이러한 예배에 관한 신학적 정의는 서구 젊은이들이 교회를 도외시하고 마음에 없는 예배보다 바캉스를 가서 그곳에서 하나님을 진실되게 만나는 것이 낫다는 부정적 결과를 초래했다는 의견이다. 라오디게아 교인처럼 식어 가는 서구 젊은이에게 교회와 예배를 등한시하는 빌미를 제공했다는 의견이 이와 같이 개진되어 왔다.

여기에 대한 시시비비는 다음과 같다.

위에서 전개한 후자의 결과는 바르트의 교회 개념을 오용했을 때 가능하다. 그러나 바르트의 삼중교의("하나님의 말씀은 예수 그리스도와 성경과 교회의 설교이다"라는 주장)에서 그는 교회의 설교가 하나님 말씀이라고 과감히 천명했다. 지금 하나님께서 목사의 설교를 통해 직접 말씀하신다는 설교의 중요성을 강조하지 않았다면 정말 유럽의 제도적 교회는 텅텅 비게 되었을 것이다.

뿐만 아니라 바르트는 안식일 계명 해설에서 주일이면 반드시 교회에 가야 한다고 적시하고 있다. 바르트는 아주 복음적이고 교회 중심적인 신학자이다. 최근 미국 복음주의자들 가운데 상당수가 종교 다원주의의 대처방안으로 바르트를 연구하고 있다는 것을 유념했으면 한다. 바르트의 가르침 속에 종교 다원주의를 이길 수 있는 참된 신학이론이 내재되어 있는 까닭이다(김명용).

② 14절

a) "그 여자가 큰 독수리의 두 날개를 받아"

하나님께서 이스라엘 민족을 바로와 애굽에서 건져내신 출애굽 사건을 독수리 날개로 받아낸 것에 비유하고 있는데(출 19:4) 본 절과 일맥상통한다. 그 외에도 하나님의 능력과 이스라엘의 보호를 독수리 날개로 표현한 곳이 여러 군데 있다(신 32:11; 사 40:31; 시 103:5).

b) 한 때와 두 때와 반 때

전부 합하면 세 때 반인데 '일천이백육십 일', '마흔두 달', '3년 반'과 같은 기간으로 다니엘 7장에 근거를 두고 있다(단 7:25, 12:7). 여기서는 전 3년 반으로 보는 것이 합당하고, 다음 장 13장 5절의 '마흔두 달'은 후 3년 반으로 보면 무리가 없다. 다른 한편, 교회의 천 년간 박해기라고 보아도 무방하고, 다가올 전 3년 반(계 4-11장)까지의 고난의 교회 여정이면서 하나님의 보호가 있는 기간으로 보아도 좋다.

③ 15-16절 "뱀이 그 입으로 물을 강같이 토하여"

사탄이 교회를 삼키려고 물(환난)을 강같이 토해내지만 땅이 벌어져서 그 물을 흡수해 버린다. 물은 환난을 상징한다(시 32:6 - "이로 말미암아 모든 경건한 자는 주를 만날 기회를 얻어서 주께 기도할지라 진실로 홍수가 범람할지라도 그에게 미치지 못하리이다", 시 42:7 - "주의 폭포 소리에 깊은 바다가 서로 부르며 주의 모든 파도와 물결이 나를 휩쓸었나이다", 사 43:2 - "네가 물 가운데로 지날 때에 내가 너와 함께 할 것이라 강을 건널 때에 물이 너를 침몰하지 못할 것이며 네가 불 가운데로 지날 때에 타지도 아니할 것이요 불꽃이 너를 사르지도 못하리니" 등). 그런데 땅이 여자(교회)를 돕는다. "하늘이 무너져도 솟아날 구멍이 있다"는 속담처럼 의인에게는 피할 길이 예비되어 있다.

④ 17절

a) "용이 여자에게 분노하여 돌아가서 그 여자의 남은 자손 곧 하나님의 계명을 지키며 예수의 증거를 가진 자들과 더불어 싸우려고"

사탄이 1차적으로 메시아에게 패배하였고(4-5절), 2차적으로는 교회를 삼키려 했으나 땅의 도움으로 실패하자 그 해코지를 '남은 자' 즉 하나님의 계명을 지키고 예수 복음을 증거한 신실한 교인들에게 하려고 한다.

b) "싸우려고 바다 위에 서 있더라"

마귀의 3차 공격을 위한 준비 태세이다. 그리고 13장 1절의 "바다에서 한 짐승"이 나오는 장면과 잘 연결되어 있다. 사탄은 자기의 하수인인 짐승을 불러내고 있다. 사탄이 육화(肉化)가 된 것이 짐승이다.

팁 포인트(Tip Point)

26. 남은 자(Remnant) 사상

성경에는 '남은 자'에 대한 기록이 있다. 노아시대에 하나님께서 노아와 일곱 식구를 남겨 두셔서 세상에 종족을 유지하고 번성시키셨다. 이미 죄악이 관영한 세상(창 6:5)을 물청소하시면서 하나님께서 인류와 짐승을 다시 창조하지 않으시고 종자 씨앗을 남겨 두셨다. 창세기 45장 7절에 요셉이 흉년을 당하여 곡식을 구하러 온 형들에게 다음과 같은 의미심장한 말을 했다. "하나님이 큰 구원으로 당신들의 생명을 보존하고 당신들의 후손을 세상에 두시려고 나를 당신들보다 먼저 보내셨다니"(창 45:7 – But God sent me ahead of you to preserve for you a remnant on earth and to save your lives by a great deliverance 〈Gen. 45:7, NIV〉).

남은 자 사상은 에덴동산(셋), 족장시대(야곱 자녀), 광야시대(여호수아와 갈렙, 그리고 20세 미만의 자녀들), 사사시대(12사사들), 왕정시대[바알에게 입 맞추지 아니한 칠천 명(왕상 19:18)], 이스라엘 몰락 후 남은 그루터기(사 6:13 – "그중에 십분의 일이 아직 남아 있을지라도 이것도 황폐하게 될 것이나 밤나무와 상수리나무가 베임을 당하여도 그 그루터기는 남아 있는 것같이 거룩한 씨가 이 땅의 그루터기니라 하시더라"), 포로시대(다니엘과 세 친구, 에스더와 모르드개, 스룹바벨과 여호수아, 에스라, 느헤미야) 등 구약 전반에 나타나 있으며, 이들의 구원자는 예수 그리스도이시다.

신약성경의 남은 자는 12제자와 바울, 바나바, 막달라 마리아와 같은 순수한 복음의 열정을 지녔던 사람들이다. 초대교회 때는 순교한 교부와 카타콤의 고난 속에 세상을 이긴 사람들이다. 중세와 근세를 지내며 위클리프, 요한 후스, 루터, 칼빈, 츠빙글리와 순수 복음을 열망했던 자들이 남은 자로서 중세의 쓰러져 가는 기독교를 바로 세워 진리의 수호자로 사명을 감당했다. 근세시대에는 언약도, 청교도, 위그노가 남은 자였다. 한국의 순교자들이 바로 그들이었으며, 현재 중국과 북한의 지하교회 성도들이 남은 자의 명맥을 유지하며 이름도 빛도 없이 기도와 복음 전도의 열정을 지필 불씨로 살아가고 있다.

사탄이 교회를 무너뜨리지 못하자(마 16:18) 남은 자를 박해하러 간다. 그러나 사탄은 과거에도 그러했듯이 남은 자를 이기지 못할 것이다.

미 5:8 "야곱의 남은 자는 여러 나라 가운데와 많은 백성 가운데에 있으리니 그들은 수풀의 짐승들 중의 사자 같고 양 떼 중의 젊은 사자 같아서 만일 그가 지나간즉 밟고 찢으리니 능히 구원할 자가 없을 것이라"
히 11:35b-38 "어떤 이들은 더 좋은 부활을 얻고자 하여 심한 고문을 받되 구차히 풀려나기를 원하지 아니하였으며 또 어떤 이들은 조롱과 채찍질뿐 아니라 결박과 옥에 갇히는 시련도 받았으며 돌로 치는 것과 톱으로 켜는 것과 시험과 칼로 죽임을 당하고 양과 염소의 가죽을 입고 유리하여 궁핍과 환난과 학대를 받았으니 (이런 사람은 세상이 감당하지 못하느니라) 그들이 광야와 산과 동굴과 토굴에 유리하였느니라"

*__주의할 점__: 스스로 '남은 자'로 자처하여 교회를 분리시키고 교만에 빠지지 않도록 조심하라. 우리는 의인이면서 아직 죄인이며, '남은 자'를 지향하며 살아가고 있는 성도임을 자각할 때 하나의 교회를 유지하여 뱀, 용, 사탄의 궤계를 물리칠 수 있다. 뿐만 아니라 믿음을 간직한 신실한 성도 모두가 남은 자이기도 하다.

13장

짐승 두 마리(삽입환상 5)

13장에서 각 절 주해에 들어가기에 앞서 먼저 정리해야 할 내용이 있다. 12장 도입부에서 일곱째 나팔 후(11:15) 일곱 대접의 극심한 재앙 전에 해를 입은 여자(교회)와 용(12장)과 짐승 두 마리(13장), 십사만 사천의 노래(14:1-5)와 세 천사가 전하는 말(14:6-17)이 삽경되어 있음을 전술한 바 있다. 또한 12장과 13장을 대별하면서 12장은 복음 전파가 가능하고 박해가 있는 시기로 4-11장까지를 압축하고 있고 전 3년 반에 해당하는 반면, 13장은 후 3년 반의 시기로 불신자의 고난 시기이며 극심한 고난의 후 3년 반을 예견한 장으로 설명했다.

여기에 덧붙여서 상술한 후 13장을 진행하고 싶은 두 가지 내용이 있다. 하나는 전 3년 반 후 일곱째 나팔이 불 때 신자의 휴거가 나타난다고 했으나 휴거하지 않고 복음을 끝까지 전하고 순교의 반열에 선 '남은 자'(12:17)가 있다는 것이 필자의 견해이다. 이들이 요한계시록 14장 14-16절에 나타나 있는 마지막 수확을 위해 전도자로 '남은 자'들이다. '남은 자'와 후에 믿은 자들이 언제 휴거할지 혹은 천년왕국에서 다시 부활할지는 분명하지 않다. 하지만 이와 같이 요한계시록 논리를 전개해야 12장 17절에 "붉은 용이…예수의 증거를 가진 자들과 더불어 싸우려고 바다 모래 위에 서 있더라"는 말씀과 14장 14-16절에 예수 그리스도께서 예리한 낫으로 추수하는 알곡을 설명할 수 있다. 신자가 모두 휴거되었다면 붉은 용이 싸울 대상이 없으며, 예수님께서 거둘 알곡도 남아 있지 않기 때문이다.

다른 하나는 일곱째 인을 떼실 때에 하늘이 반시간쯤 고요했다(계 8:1). 그처럼 일곱째 나팔과 일곱 대접 사이의 세 개의 삽경이 진행되는 기간은 얼마 동안인지 정확히 알 수 없다. 나팔 소리와 함께 휴거가 될지, 나팔 소리가 난 후 일곱 대접의 재앙 전에 휴거가 될지는 확언하기 어렵다.

단지 필자의 견해는 일곱째 나팔 불 때 신자의 휴거는 일어나지만 남은 자가 있어서 복음 전파를 위해 순교하기까지 증거하다가 천년왕국시대에 부활하여 지상에서 예수님과 함께 이 세상을 통치한다고 본다. 이 남은 자들이 공중잔치에는 참석하지 못하고 도리어 일정 기간 동안 극심한 고통을 겪으면서 어린아이들과 같이 복음을 못 들었던 자들에게 예수 구원을 전한다는 역사도식을 선호하고 지지한다는 것이다. 요한계시록에서 논리로 정확히 말하기 어려운 부분이 있고 시차에 대해서는 견해가 다를 수 있음을 전제하고 접근하고 있음을 양지해 주기 바란다.

아무튼 13장은 12장 17절에 "여자의 남은 자손"과의 싸움을 구체적으로 묘사하고 있는 바, 짐승이 용의 화신이라면 여자의 후손은 남은 자로 신실한 교인을 뜻한다.

| 계 13:1-18 |

1내가 보니 바다에서 한 짐승이 나오는데 뿔이 열이요 머리가 일곱이라 그 뿔에는 열 왕관이 있고 그 머리들에는 신성모독하는 이름들이 있더라

2내가 본 짐승은 표범과 비슷하고 그 발은 곰의 발 같고 그 입은 사자의 입 같
은데 용이 자기의 능력과 보좌와 큰 권세를 그에게 주었더라
3그의 머리 하나가 상하여 죽게 된 것 같더니 그 죽게 되었던 상처가 나으매
온 땅이 놀랍게 여겨 짐승을 따르고
4용이 짐승에게 권세를 주므로 용에게 경배하며 짐승에게 경배하여 이르되 누
가 이 짐승과 같으냐 누가 능히 이와 더불어 싸우리요 하더라
5또 짐승이 과장되고 신성 모독을 말하는 입을 받고 또 마흔두 달 동안 일할
권세를 받으니라
6짐승이 입을 벌려 하나님을 향하여 비방하되 그의 이름과 그의 장막 곧 하늘
에 사는 자들을 비방하더라
7또 권세를 받아 성도들과 싸워 이기게 되고 각 족속과 백성과 방언과 나라를
다스리는 권세를 받으니
8죽임을 당한 어린 양의 생명책에 창세 이후로 이름이 기록되지 못하고 이 땅
에 사는 자들은 다 그 짐승에게 경배하리라
9누구든지 귀가 있거든 들을지어다
10사로잡힐 자는 사로잡혀 갈 것이요 칼에 죽을 자는 마땅히 칼에 죽을 것이
니 성도들의 인내와 믿음이 여기 있느니라
11내가 보매 또 다른 짐승이 땅에서 올라오니 어린 양같이 두 뿔이 있고 용처럼
말을 하더라
12그가 먼저 나온 짐승의 모든 권세를 그 앞에서 행하고 땅과 땅에 사는 자들
을 처음 짐승에게 경배하게 하니 곧 죽게 되었던 상처가 나은 자니라
13큰 이적을 행하되 심지어 사람들 앞에서 불이 하늘로부터 땅에 내려오게 하고
14짐승 앞에서 받은 바 이적을 행함으로 땅에 거하는 자들을 미혹하며 땅에
거하는 자들에게 이르기를 칼에 상하였다가 살아난 짐승을 위하여 우상을 만
들라 하더라
15그가 권세를 받아 그 짐승의 우상에게 생기를 주어 그 짐승의 우상으로 말
하게 하고 또 짐승의 우상에게 경배하지 아니하는 자는 몇이든지 다 죽이게
하더라
16그가 모든 자 곧 작은 자나 큰 자나 부자나 가난한 자나 자유인이나 종들에
게 그 오른손에나 이마에 표를 받게 하고
17누구든지 이 표를 가진 자 외에는 매매를 못하게 하니 이 표는 곧 짐승의 이
름이나 그 이름의 수라

[18]지혜가 여기 있으니 총명한 자는 그 짐승의 수를 세어 보라 그것은 사람의 수니 그의 수는 육백육십육이니라

1) 계시록 13장의 구조

⑴ 1–5절 – 바다에서 올라온 첫째 짐승

⑵ 5–10절 – 첫째 짐승의 사역

⑶ 11절 – 땅에서 올라온 짐승

⑷ 12–18절 – 둘째 짐승의 사역

2) 각 절 주해

⑴ 1–5절 – 바다에서 올라온 첫째 짐승

① 1-2절 "뿔이 열이요 머리가 일곱이라 그 뿔에는 열 왕관이 있고 그 머리들에는 신성모독하는 이름들이 있더라"

본문의 내용은 역사적으로 고찰하면 다니엘 7장 1-8절의 '네 짐승에 관한 환상'을 떠올리게 한다. 다니엘 7장의 네 짐승은 사자(바벨론), 곰(바사), 표범(헬라), 무섭고 놀라우며 매우 강한 짐승(로마)이다. 이에 비해 본문에 나오는 짐승은 일곱 머리와 열 뿔을 갖고 있고 열 왕관(헬, '데카 디아데미타')을 썼다. 용은 하나님의 지위를 찬탈하지만 바다에서 나온 짐승은 그리스도의 지위를 찬탈한다(용과 첫째 짐승과

둘째 짐승인 거짓 선지자는 요한계시록 16장 13절에서 거짓 삼위일체가 된다. 그랜트 오즈번, 《BCENT》).

바다는 열국을 상징하고, 짐승은 당시 로마(벵겔, 헨드릭슨, 헹스텐베르크, 마운스, 이상근 등)를 가리킴과 동시에 재림 때까지 나타날 모든 적그리스도 국가를 가리킨다(박수암). 이에 덧붙여 머리가 일곱 개라 함은 애굽, 앗수르, 메대, 바사, 바벨론, 헬라, 로마와 같이 선민을 괴롭힌 국가를, 열 뿔은 박해를 일삼은 로마의 십 황제 혹은 장차 도래할 악한 군주들을 말하며 10개의 왕관은 하나의 배후세력 즉 짐승이 지배하는 개별 국가들의 통치를 의미한다고 보아도 무방하다. 어느 경우이든지 대부분의 주석학자들에게 개별적 국가들을 통해 바다에서 나온 짐승 즉 사탄이 보이지 않는 손으로 믿는 자를 탄압한다는 본질적 내용은 일치한다.

"그 머리들에는 신성모독하는 이름들이 있더라."

로마 황제들은 자신을 가리켜 '신'이라는 망언을 서슴지 않았다.

아우구스투스, 네로, 도미티안 등 로마의 여러 황제가 자신을 신격화하여 황제 숭배를 강요하고, 이에 불응한 기독교인들을 가혹하게 박해하였다(바클레이). 그러나 이것은 비단 로마에 국한되지 않고 오늘날 시대에도 빈번하게 발생한다. 일본의 천황 숭배, 김일성 금수산궁 참배가 여기에 해당된다(박수암). 그리고 마지막 때에는 이런 나라들이 세력을 규합하여 국가 연합을 이루고 기독교를 탄압하게 될 것이다.

이 나라들의 무서움과 강력함은 다니엘서에 나타났던 제국들인 바벨론, 바사, 헬라, 로마와 같을 것이며, 로마가 모든 악의 집대성이었듯이(바클레이) 앞으로의 적그리스도 연합의 힘은 가공할 위력으로 기독교인에게 다가올 것이다.

② 3절 "그의 머리 하나가 상하여 죽게 된 것 같더니…상처가 나으매"

짐승(사탄의 지배를 받는 권력)이 죽은 것 같았지만 되살아난다. 사탄은 흉내의 명수이다. 예수님께서 죽었다가 다시 사신 것을 자기도 흉내 내어 다시 산 것처럼 내세워 세상 백성이 따르게 한다(이필찬). 역사적으로 수에토니우스는 카리큘라라고 했으며, 타키투스는 네로라고 말했다(매싱버드). 성경 역사에도 사울이 아말렉 왕 아각을 진멸하지 않으니까 에스더 3장 1절에 아각 사람 함므다다의 아들 하만이 나타나 이스라엘을 삼키려 했다. 사탄은 종말의 때까지 온전히 섬멸되지 않는다. 마귀는 절망을 모르고 언제고 다시 공격해 온다.

③ 4절 "용이 짐승에게 권세를 주므로 용에게 경배하며 짐승에게 경배하여"

용은 사탄이요, 짐승은 악한 국가 권력인데 둘 다 경배한다. 영적인 면으로 접근하면 현상 배후에 사탄이 도사리고 있다. 마치 플라톤의 이론에서 현상 이면에 이데아가 존재하여 현실에 투영된 것처럼, 악한 권력과 박해 뒤에 사탄의 조종이 있다. 당시로 보면 황제 숭배 뒤에 사탄이 있다는 말이며, 최후 대환난 시대에도 국가 권력을 업은 사탄은 더 심각한 형태로 성도를 괴롭힐 것이다.

(2) 5–10절 – 첫째 짐승의 사역

① 5절

a) “또 짐승이 과장되고 신성모독을 말하는 입을 받고”

개역한글에는 ‘과장되고’가 ‘큰 말’로 기록되었다. ‘과장된 말’(큰 말)이란 자기를 스스로 높여 모든 신보다 크다고 하는 교만의 말이다. 그리고 그 입으로 하나님을 망령되이 일컬었던 작은 뿔(단 7:11)은 안티오쿠스 에피파네스를 역사적 배경으로 하는데 이와 같은 참람한 자의 등장을 예견하고 있다.

b) “마흔두 달 동안 일할 권세를 받으니라”

후 3년 반(1260일, 한 때와 두 때와 반 때) 동안 용의 부하인 짐승이 일할 권세를 갖는다. 욥기에 나타난 사탄처럼 짐승도 하나님의 허락 하에 성도를 괴롭히고 테스트할 권세를 갖는다.

② 6절 “짐승이 입을 벌려 하나님을 향하여 비방하되 그의 이름과 그의 장막 곧 하늘에 사는 자들을 비방하더라”

짐승이 셋을 비방하는데 첫째, 하나님이다. 둘째, 하나님의 이름이다. 신자는 주기도문에서 “이름이 거룩히 여김을 받으시오며”라고 기도한다. 하나님의 성호는 구별되어야 하며, 망령되이 일컬으면 십계명 중 셋째 계명을 범하게 된다. 하나님은 위대하시며 예수님은 존귀하시다. 예수님의 이름에 권세가 있다.

막 16:17 "믿는 자들에게는 이런 표적이 따르리니 곧 그들이 내 이름으로 귀신을 쫓아내며 새 방언을 말하며"
요 15:16b "내 이름으로 아버지께 무엇을 구하든지 다 받게 하려 함이라"
행 3:6 "베드로가 이르되 은과 금은 내게 없거니와 내게 있는 이것을 네게 주노니 나사렛 예수 그리스도의 이름으로 일어나 걸으라 하고"

셋째, 하늘에 사는 자들까지도 비방한다. 하늘에 사는 자는 천군천사 혹은 전 3년 반 끝에 휴거된 무리로 볼 수 있는데 후자가 더 타당해 보인다.

③ 7절 "또 권세를 받아 성도들과 싸워 이기게 되고 각 족속과 백성과 방언과 나라를 다스리는 권세를 받으니"

용에게 부여받은 권세가 짐승에게 있다. 사탄의 권세가 있고 사탄이 부여해서 사탄의 권세를 활용하는 권력이 있다. 이는 마치 예수님의 권세가 있고 예수님의 권세를 받아 구원사역을 하는 주의 종들이 있는 것과 마찬가지이다.

짐승이 성도들과 싸워서 이긴다. 마귀의 군사들과 성도가 싸울 때 늘 성도가 이기는 것은 아니다. 패배의 이유는 두 가지이다. 하나는 빈껍데기 신앙 때문이다. 홉니와 비느하스가 신앙은 없는데 법궤만 메고 나가면 이길 줄로 착각했다. 결국 하나님 영광을 가리고 자신들과 가문까지 몰락하였다. 사사기에서 왜 이스라엘이 이방에게 패했는가? 우상숭배와 음행, 그리고 의인이 피를 흘릴 때 하나님은 자녀를 징계하시고 연단으로 몰아넣으셨다.

다른 하나는 구원에 인내와 믿음이 중요함을 가르치시기 위함이다. 성도가 이 땅에서 잠시 마귀가 주는 고난과 역경에 어려움을 겪을 때가 있다. 신자는 이 풍랑으로 인해서 더 빨리 가고 정금같이 나올 것이다(욥 23:10).

사탄은 족속, 백성, 나라를 다스릴 뿐 아니라 언어까지도 다스린다. 일제 강점기 때, 공산치하에서, 독재의 신음 아래서 언어의 자유를 빼앗겼던 역사처럼 사탄은 입을 통제한다. 더 나아가 마음대로 복음을 전하지 못하게 하고 교회를 문 닫게 하는 세력이 생겨나고, 법제화를 통해 전도하면 벌금을 물리며, '오직 예수'를 증거하면 구속되는 시대가 도래할 것이다.

④ 8절 "어린 양의 생명책에 창세 이후로 이름이 기록되지 못하고 이 땅에 사는 자들"

a) 어린 양 생명책에 기록되었다는 말은 무엇인가?

- 창세 전에 그리스도 안에서 선택받은 자들이다(엡 1:4-5).
- 어린 양의 피로 죄 속함을 받았다는 뜻이다(계 5:9).
- 어린 양의 피로 인침 받은 자들이란 뜻이다(계 7:3-4, 14:1).
- 어린 양 예수 그리스도의 소유라는 뜻이다(계 1:5).
- 어린 양의 보호를 받는 자들이다(계 7:14).

b) 이들의 특권은 무엇인가?

- 승리의 약속이다.
- 짐승에게 경배하지 않는 약속이다(계 3:8).
- 심판을 받지 않는다(계 20:12 - "또 내가 보니 죽은 자들이 큰 자나 작은 자나 그 보좌 앞에 서 있는데 책들이 펴 있고 또 다른 책이 펴졌으니 곧 생명책이라 죽은 자들이 자기 행위를 따라 책들에 기록된 대로 심판을 받으니").
- 불못에 들어가지 않는다(계 20:15).
- 열린 성문에 들어간다(계 21:27)(석원태).

⑤ 9절 "누구든지 귀가 있거든 들을지어다"

지혜는 '듣는 마음'('hearing heart', 왕상 3:9)이다. 생명의 말씀이 들린다는 것은 구원이요 축복이다. 이 문구는 소아시아 일곱 교회에서 쓴 편지에도 매번 등장할 만큼 중요한 문구이며, 복음서에도 나온다(마 11:15; 막 4:9 등).

⑥ 10절

a) "사로잡힐 자는 사로잡혀 갈 것이요 칼에 죽을 자는 마땅히 칼에 죽을 것이니"

이 본문은 예레미야 15장 2절("그들이 만일 네게 말하기를 우리가 어디로 나아가리요 하거든 너는 그들에게 이르기를 여호와께서 이와 같이 말씀하시니라 죽을 자는 죽음으로 나아가고 칼을 받을 자는 칼로 나아가고 기근을 당할 자는 기근으로 나아가고 포로 될 자는 포로 됨으로 나아갈지니라 하셨다 하라")과 43장 11절("그가 와서 애굽 땅을 치고 죽일 자는 죽이고 사로잡을 자는 사로잡고 칼로 칠 자는 칼로 칠 것이라")에 나오는 말씀에 의거하고 있다. 하지만 주의할 점은 예레미야가 대언한 심판은 성도의 잘못에 기인하는 반면, 본문의 고난은 성도의 잘못에서 비롯된 것이 아니다(이필찬). 면밀히 고찰하면 예레미야 때도 악인들과 더불어 고난 받는 의인이 존재했던 것처럼 교회 역사 속에서, 그리고 종말에도 애매한 의인의 고난은 존속될 것임을 암시하고 있다.

b) "성도들의 인내와 믿음이 여기 있느니라"

의인의 고난과 악인의 형통에 대한 하박국 선지자와 같은 질문을 신정론(神正論, '하나님은 과연 정의로우신가')이라고 한다.

합 1:4 "이러므로 율법이 해이하고 정의가 전혀 시행되지 못하오니 이는 악인이 의인을 에워쌌으므로 정의가 굽게 행하여짐이니이다"

그럼에도 불구하고 하나님의 정의는 도도히 흐를 것이다. 환난은 알곡과 쭉정이를 갈라놓을 것이다(시 1:4-5).

(3) 11절 – 땅에서 올라온 둘째 짐승

① 11절 "또 다른 짐승이 땅에서 올라오니 어린 양같이 두 뿔이 있고 용처럼 말을 하더라"

구약 외경에 의하면 '리워야단'(여성 괴물)은 바다 심연에 거하고, '베헤못'(남성 괴물)은 광야에서 산다(에녹 1서 60:7-10)(박수암). 전자가 황제 숭배라면 후자는 거짓 선지자이며, 두 짐승의 배후에 용(사탄)의 세력이 존재한다.

② 11절 "어린 양같이 두 뿔이 있고 용처럼 말을 하더라"

외모는 양이나 내면은 사탄이다. 사탄은 광명한 천사의 모습으로 가장한다(고후 11:14).

> **고후 11:13-14** "그런 사람들은 거짓 사도요 속이는 일꾼이니 자기를 그리스도의 사도로 가장하는 자들이니라 이것은 이상한 일이 아니니라 사탄도 자기를 광명의 천사로 가장하나니"

실로 양의 옷을 입은 이리요(마 7:15), 미혹하는 자이다(계 13:14). 말세에는 말은 그럴싸하게 하는 거짓 선생, 거짓 선지자, 이단이 판을 칠 것이다. 하와를 속였던 뱀의 입술이 더 타락해서 세례 요한 때는 바리새인의 독사의 입술이 되었고, 말세 때는 권세 있는 말로 사람들을 현혹시킬 것이다. 이단은 다른 예수를 전하고(마 24:5), 다른 영을 믿게 하며(요일 4:1-3), 다른 복음을 전하는 것이다(갈 1:7; 딤전 1:3)(석원태).

(4) 12-18절 – 둘째 짐승의 사역

① 12절 "먼저 나온 짐승의 모든 권세를 그 앞에서 행하고 땅과 땅에 거하는 자들을 처음 짐승에게 경배하게 하니 곧 죽게 되었던 상처가 나은 자니라"

땅에서 올라온 짐승은 첫째 짐승을 섬기게 한다. 즉 정치권력의 시녀가 되고 어용(御用)이 되어 일한다. 안나스 가문도 로마에 빌붙어 종교 권력을 행사하고 예수님을 죽였다. 로마의 앞잡이들(헤롯당, 바리새인, 사두개인, 서기관 등)이 연합해서 예수님을 자칭 유대인의 왕, 그리고 신성모독죄를 덮어씌워 십자가에 못 박았다. 중세 때도 종교와 정치가 야합하여 썩어간 예가 많았고, 독일 나치 때도 교회와 로마 가톨릭이 히틀러에 찬동했으며, 일제시대에도 일본 신도와 결탁한 종교 지도자가 많았다. 해방 후 북한도 강양욱 목사가 김일성에게 붙어서 교회 말살에 앞장섰다. 이처럼 용의 지배를 받는 연합된 세상 권력과 그의 하수인인 잘못된 종교 지도자들과 이단의 괴수들이 기독교를 탄압하는 시대가 도래할 것임을 말씀한다.

② 13절 "큰 이적을 행하되…불이 하늘로부터 땅에"

사탄과 그 권세를 부여받은 이단 교주도 엘리야와 같은 큰 이적을 행할 수 있다.

팁 포인트(Tip Point)

27. 이단의 3가지 부류

이단을 크게 3가지로 분류할 수 있다.

첫째, 이적이다.

우리나라에서도 박태선 전도관이 이적을 통해 신도를 현혹시켰는데 한국교회 200만 명 신자 시절에 70만 명이 넘어간 사례가 있다. 그 당시 상당수 교인들이 박태선이 발 씻은 물을 먹으면 병이 낫는다 하여 그 물을 받아와 먹기도 했다. 엘리야가 불을 끌어내리듯(왕상 18:38; 왕하 1:9-12) 치료와 능력을 행사하는 거짓 그리스도가 과거와 현세대처럼 종말로 갈수록 더 강력한 권능으로 무장하여 사탄을 섬기게 할 것이다.

둘째, 물질이다.

통일교[2020년 4월 1일 '하늘 부모님 교단'(Heavenly Parents Church)로 개명]는 교주명이 문선명인데 처음에는 '피갈음'이라는 성혈교리(聖血敎理)로 시작했다. 뱀과 하와 사이의 간통으로 말미암아 피가 더러워진 가인의 후예를 자신과의 성교를 통해 깨끗함을 받는다는 거짓 교리로 혹세무민했다. 그러나 본격적으로는 물질을 얻는 사탄의 권세를 얻어 수많은 기업을 만들어 금전포교로 위세를 떨치고 있다. 과거 북한과도 밀접한 관계에 있었고, 교주 사후에도 일본에 상당한 영향을 끼치고 있다.

셋째, 교리이다.

진리를 왜곡해서 교인들을 미혹하는데 대표적 이단이 신천지이다. 이만희는 요한계시록을 마음대로 해석해서 예수시대는 교회시대로 막을 내리고 천년왕국 시대에는 구원자가 자신이라고 말한다. 시대마다 구원자가 있으며 자신이 요한계시록 시대의 구원자임을 자처하고 교리화하여 긴박한 종말론과 십사만 사천 교리를 접목시켜서 교인들을 빼내는 교활한 이단이 바로 신천지이다. 요한계시록에 대한 설교나 성경공부가 빈약하고 부재한 틈을 타서 요한계시록을 잘 모르는 교인에게 접근하여 자신이 원하는 그릇된 구원관으로 성도들을 몰고 가고 있다. 천국과 지옥의 교통 표지판을 바꾸어 놓은 것이다. 오늘날 시대에 요한계시록에 대한 바른 접근과 공부가 필요한 이유이다(이단정보).

마 24:24 "거짓 그리스도들과 거짓 선지자들이 일어나 큰 표적과 기사를 보여 할 수만 있으면 택하신 자들도 미혹하리라"

③ 14절 "칼에 상하였다가 살아난 짐승을 위하여 우상을 만들라 하더라"

칼에 상하였다가 살아난 짐승은 네로의 현현이라고 일컬어진 도미티안 황제를 말한다. 사람을 신격화하는 일은 하나님께서 가장 싫어하시는 우상숭배이다. 사람들이 사람을 신으로 떠받으려고 하면 겸손히 자기 위치를 찾아야 한다. 바울과 바나바가 루스드라에서 앉은뱅이를 일으키자 그곳 방언으로 바나바를 제우스로, 바울을 헤르메스로 신격화하여 제사 지내고자 할 때 옷을 찢으며 만류했다(행 14:8-18). 베드로는 고넬료 백부장이 엎드려 절하니 "일어서라 나도 사람이다"(행 10:26)라고 말하며 오직 하나님께만 영광을 돌렸다. 훌륭한 연설로 백성의 인기를 끌었던 헤롯 아그립바 1세는 "신의 소리"라는 칭송에 우쭐하다가 벌레에게 먹혀 죽었다(행 12:20-23). 인간은 벌레, 심지어 바이러스도 못 이기는 연약한 존재임을 알아야 한다.

로마의 황제, 중국의 천자('天子' 신의 아들), 일본의 천황('天皇'), 천주교의 교황('敎皇' Pope)이라는 칭호 속에는 조심해야 할 우상숭배가 숨어 있을 수 있다. 북한 김일성도 동상 3만여 개를 세우고 인민에게 참배시키고 있다. 구약 외경에 적그리스도는 그의 우상을 모든 고을에 세우라는 글귀가 있다(이사야의 승천기 4:11). 오직 하나님께만 영광을 돌려야 한다!(Soli Deo Gloria!)

④ 15절 "짐승의 우상에게 생기를 주어…말하게 하고"

사탄은 무엇이든지 하나님을 모방하려는 특성이 있다. 창세기 2장 7절에 여호와 하나님이 흙으로 사람을 지으시고 생기를 그 코에 불어넣으시니 사람이 생령(헬, '프뉴마 조에스')이 되었다. 에스겔 37장 1-10절에 나오는 마른 뼈에도 여호와께서 생기를 들어가게 하시니 큰 군대를 이루었다. 본문에서 사탄도 우상에게 사탄의 생기를 넣어 말하게 하는데, 그 결과 우상숭배를 거부하는 자들을 죽임을 당하게 하였다. 이 내용의 원형은 다니엘 3장에 나오는 사드락, 메삭, 아벳느고가 겪었던 풀무불 사건이다. 이후 트라얀 황제 때 황제의 우상 앞에 포도주와 향을 바치지 않은 기독교인들은 처형을 당했다(그레고리빌). 신자들에게 마지막 때에 순교의 각오로 신앙생활을 하도록 권면한 책이 요한계시록이다(계 2:10).

⑤ 16절 "그가 모든 자…그 오른손에나 이마에 표를 받게 하고"

짐승은 작은 자나 큰 자나 부자나 가난한 자나 자유인이나 종들을 막론하고 표(헬, '카라그마')를 받게 하였다. 이것은 십사만 사천의 이마에 찍혀진 '하나님의 인'과 대조되는 내용이다. 이 경우 하나님의 인은 그리스도께 속하였다는 표시로 주어진다(이필찬).

또한 이마와 손에 표를 받는 것은 이스라엘 사람들의 경문과 맞닿는다(신 6:8 - "너는 또 그것을 네 손목에 매어 기호를 삼으며 네 미간에 붙여 표로 삼고"). 늘 머릿속에 짐승의 표를 생각하게 하고, 걸을 때도

팔에 새겨진 짐승의 표를 바라보게 한다. 사탄의 소속임을 분명히 하려는 의도가 담겨 있다.

⑥ 17절

a) "누구든지 이 표를 가진 자 외에는 매매를 못하게 하니"

적그리스도의 세력과 국가권력이 결탁하면 기독교 박해가 훨씬 심화되어 경제권까지 위협받을 수 있다. 일제치하 때도 신사참배를 거부하면 배급통장을 빼앗아 거래를 할 수 없게 만들었고(박수암), 북한에서도 1959년 교회를 폐쇄한 후 경제권뿐 아니라 모든 생존권을 박탈하여 기독교의 씨를 말리고자 했다. 그럼에도 불구하고 일제 강점기 때에도 북한에서 순교하거나 지하교회에서 신앙을 지키는 참 신자(Remnant, '남은 자')는 존속해 왔다.

변질되기는 했지만 일본의 '기리시탄'도 비슷한 맥락을 같이한다. 도쿠가와 이에야스 때 예수 화상 밟기를 거절함으로 순교한 일본 신앙인이 나가사키에만 20-30만 명 정도 된다고 한다(1945년 8월 9일 일본 상공에 구름이 낀 관계로 시야가 흐려져서 동경을 찾지 못하고 나가사키에 원자폭탄이 투하되어 수만 명이 죽었다). 완전히 기독교가 말살된 줄 알았지만 메이지 유신 때 신앙의 자유를 얻고 나니 신앙을 간직한 자들이 수만 명이 존재함을 알고 놀라움을 감추지 못했다. 중국도 공산화와 문화혁명 등으로 기독교가 박멸된 줄 알았으나 종교 허락의 뚜껑을 열어 보니 800만의 신자가 신앙을 간직했으며, 이들이 중국 1억 크리스천을 견인하였다.

장차 더 심한 박해가 7년 대환난 때에 있을 것이다(마 24:19 - "그날에는 아이 밴 자들과 젖 먹이는 자들에게 화가 있으리로다"). 하나님께서 후 3년 반에도 마지막 수확을 위해 남겨 놓으신 자들이 있을 것이다.

b) “이 표는 짐승의 이름이나 그 이름의 수라”

기원 후 10세기에 아라비아 숫자가 발명되기까지 문자로 수를 대신하여 표기했다. 네로 황제(히, ‘카사르 네론’ – ‘Caesar Nero’)의 이름가(값, 賈)를 살펴보면 (100)+(60)+(200)+(50)+(200)+(6)+(50)으로 ‘666’이다. 이 ‘666’의 ‘6’은 사탄을 상징한다. 완전 숫자인 ‘7’에 못 미치는 짝퉁이요 가짜이다. ‘6’이란 숫자가 세 개나 반복된 것은 삼위일체 하나님을 모방한 사탄이다. 인본주의적 삼위일체(humanistic Trinity)를 의미한다고 보는 것이 타당하다(《카리스 주석》).

그러므로 용(사탄)과 첫째 짐승(용의 부하격인 악한 권력), 둘째 짐승(권력의 시녀 노릇을 하는 적그리스도 혹은 이단 세력)이 가짜 삼위일체라고 말할 수 있다.

⑦ 18절 “지혜가 여기 있으니 총명한 자는 그 짐승의 수를 세어 보라”

이단들이 악용하는 ‘육백육십육’(666)에 대해서 살펴보도록 한다.

팁 포인트(Tip Point)

28. 적그리스도(육백육십육, 666)

신약성경에서 적그리스도(Anti-Christ)라는 표현은 세 번 나타난다(요일 2:22, 4:3; 요이 1:7). 적그리스도의 핵심 기능은 예수 그리스도를 주로 고백하는 신자의 배교에 있다.

적그리스도의 원형은 예수님께서 소묵시록에서 말씀하신 “선지자 다니엘이 말한 바 멸망의 가증한 것”(마 24:15)에서 찾을 수 있다. 다니엘은 앞날에 대한 예언 특별히 바벨론, 바사, 헬라, 로마 및 심지어 세상 끝 날에 대한 환상까지를 기록했다. 특별히 다니엘 9장에서 언급한 것은 안티오쿠스 에피파네스가 주전 167년에 성전에서 저지른 신성모독 사건을 말하며, 그의 신성모독 행위는 유대 사상 속에 적그리스도의 원형이 되었다. 안티오쿠스 4세는 자신을 '에피파네스'라고 불렀는데 이는 '신의 현현'이란 뜻이며 다니엘 7장 8절의 '작은 뿔'이란 바로 안티오쿠스를 지칭한 것이다.

둘째로, 적그리스도가 언급된 성경구절은 데살로니가후서 2장 1-12절에 거론되는 '불법의 사람'이다. 데살로니가후서가 기록되기 10년 전쯤(AD 40) 칼리굴라 황제는 예루살렘 성전에 강압적으로 자신의 신상을 세웠다(그랜트 오즈번). 사도 바울의 뇌리에는 이 사건이 각인되어 있었음에 분명하다.

요한계시록 13장에 나오는 두 짐승에서 바다에서 나오는 짐승이란 국가적, 외부적 박해, 즉 우상숭배를 종용하는 것인 데 비해 땅에서 나오는 짐승이란 거짓 선생과 같은 내부의 적이다. 즉 전자는 폭군이지만 후자는 거짓 선지자이다(계 16:13, 19:20, 20:10 참조). 이런 적그리스도의 유형은 현대에서 이단으로 다시 고개를 든다. 죽었나 싶으면 악의 세력은 다시 고개를 든다(계 13:3; 눅 4:13 – "마귀가 모든 시험을 다 한 후에 얼마 동안 떠나니라").

적그리스도들이 오용하는 성경 중 하나가 육백육십육(666)이다.

두 번째 '땅에서 올라오는 짐승'(계 13:11–18)은 사탄의 하수인으로 첫 번째 짐승을 섬긴다. 첫 번째 짐승은 황제 숭배를 거부하는 그리스도인들을 박해하는 자들을 상징한다. 땅에서 올라온 두 번째 짐승은 '사람의 수'인데 666으로 표현된다. 대다수 학자들은 666을 히브리 철자를 사용한 '게마트리아'(Gematria: 히브리어 낱말을 풀어 알파벳에 해당하는 숫자로 바꾸는 주석방법) 해석법에 따라 네로 황제(케사르 네론)를 상징하는 숫자로 이해한다. 하지만 이 경우 역사적 인물 네로가 아니라 이른바 '환생한 네로'(Nero ridivivus)로 요한계시록의 문맥에서는 도미티안 황제를 가리킨다(김창선).

그런데 현대에 있어서 666을 엉뚱하게 해석하는 이단들이 있다(①②번은 박수암, 《요한계시록 주석》)

① 서달석은 컴퓨터라고 주장한다(이단-서달석, 《현실로 나타난 666》).

② 666은 마지막 적그리스도가 사용할 신용카드 숫자이다(문제단체: 샬롬 복음 선교회, 셀라단 선교회). 그러나 요한계시록 13장 18절에서 분명히 '육백육십육' 앞에 '사람의 수'라고 표기했음을 주목하라.

③ 신천지 이만희 교주는 《계시록 진상》이란 책에서 666은 느부갓네살이 만든 금 신상이라고 하였다(《계시록 진상》, p208 "신상의 고가 60규빗이요, 둘째, 신상의 광이 6규빗이었으며, 셋째, 신상의 중수가 600세겔이었다. 따라서 이 신상인 우상의 내력은 그 합이 666이었고, 그래서 그 우상의 이름을 육백육십육이라 한 것이다!"). 이러한 억측은 다니엘 3장 1절을 정확히 보지 않고 내린 해석이라 할 수 있다. 다니엘 3장 1절 본문에 우상의 고가 60규빗이며 광이 6규빗이란 말은 있지만 금신상 무게가 600세겔이란 말은 없다. 산술적으로 600세겔은 대략 7kg(1세겔=11.42g 정도)이다. 금 신상 넓이가 3.3m, 높이가 33m인 금 신상에 금이 7kg 정도밖에 안 들어갔을까?(진용식) 이만희 해석은 성경에 대한 무지로부터 나온 그릇된 해석이다.

④ 안식교는 666이 '일요일 교인'이라고 말한다. 즉 기존 교회의 신도는 지옥 백성, 심지어 마귀 자식이라는 뜻이다. 안식교가 통합 측에서 이단 정죄를 받은 것은 안식일 준수나 식사규례보다 기성 교회를 바벨론으로 보고 있는 인식 때문이다. 또한 재림을 숫자화시켜서 잘못된 재림 날짜로 순진한 교인들을 미혹하고, 재림 예측이 불발로 끝났음에도 불구하고 회개하지 않고 이단분파(sect)를 이루었기 때문이다.

재림 날짜를 예측하는 이단들이 역사적으로 늘 있어 왔다. 그들은 한결같이 그 증빙구절로 아모스 3장 7절(암 3:7 – “주 여호와께서는 자기의 비밀을 그 종 선지자들에게 보이지 아니하시고는 결코 행하심이 없으시리라”)을 제시하고, “그 날과 그 때는 아무도 모르나니 하늘의 천사들도, 아들도 모르고 오직 아버지만 아시느니라”(마 24:36)란 말씀에서 ‘아들도’라는 구절을 후대 필사자가 첨가했다고 말해 왔다.

하나님은 죽음은 반드시 있지만 죽음의 날짜를 우리에게 가르쳐 주시지 않고 늘 깨어 있기를 원하셨다(막 13:37). 종말도 그와 같다. 분명히 있지만 무화과나무 비유처럼 때가 가까운 것을 짐작하게 하셔서 경건함을 유지하게 하시고, 예수 재림이 임박할 때만 잘 믿어서 들림 받게 하지는 않으셨다. 만일 재림 일시가 공개된다면 재림의 날짜가 신자의 살아생전이 아닐 경우에는 잠든 신앙으로 한평생 살게 되지 않을까?

구속사와 주석의 테두리 안에서 숫자를 파악하고 시대를 분별하는 지혜를 갖추는 노력이 절실하다고 하겠다.

14장

십사만 사천과 다섯 천사의 말(삽입환상 6)

일곱째 나팔이 울려 퍼지고 해를 입은 여인(교회)과 용(12장), 두 마리 짐승(13장)에 관한 삽경을 살펴보았다. 요한계시록 12장을 전 3년 반의 내용 요약으로, 13장을 다가올 후 3년 반의 예견으로 전개해 왔다. 성도의 휴거 후 여전히 이 땅에서 순교하기까지 복음을 전하는 여자의 남은 자손('남은 자')(계 12:17)들이 후 3년 반 동안 불신자들과 함께 환난을 당하는데, 첫째 짐승은 바다에서 올라온 사탄의 권세를 위탁받은 국가 혹은 세속권력이고, 다음에 출현하는 땅에서 올라온 짐승은 국가 권력을 옹립하고 우상화하는 데 앞장선 이단세력, 적그리스도 세력이다. 따라서 신자는 생존권까지 위협받게 될 것이다.

하늘에서 쫓겨난 붉은 용이 지상으로 내려와 두 짐승과 함께 사탄 삼위일체를 이루어 땅에서 극심한 환난을 일으키는 동안 요한계시록 14장에서는 어린 양 예수 그리스도와 함께한 휴거된 십사만 사천, 즉 구원받은 성도들이 새 노래를 부르는 것이다.

| 계 14:1–20 |

1또 내가 보니 보라 어린 양이 시온 산에 섰고 그와 함께 십사만 사천이 서 있
는데 그들의 이마에는 어린 양의 이름과 그 아버지의 이름을 쓴 것이 있더라
2내가 하늘에서 나는 소리를 들으니 많은 물 소리와도 같고 큰 우렛소리와도
같은데 내가 들은 소리는 거문고 타는 자들이 그 거문고를 타는 것 같더라
3그들이 보좌 앞과 네 생물과 장로들 앞에서 새 노래를 부르니 땅에서 속량함
을 받은 십사만 사천밖에는 능히 이 노래를 배울 자가 없더라
4이 사람들은 여자와 더불어 더럽히지 아니하고 순결한 자라 어린 양이 어디
로 인도하든지 따라가는 자며 사람 가운데에서 속량함을 받아 처음 익은 열매
로 하나님과 어린 양에게 속한 자들이니
5그 입에 거짓말이 없고 흠이 없는 자들이더라
6또 보니 다른 천사가 공중에 날아가는데 땅에 거주하는 자들 곧 모든 민족과
종족과 방언과 백성에게 전할 영원한 복음을 가졌더라
7그가 큰 음성으로 이르되 하나님을 두려워하며 그에게 영광을 돌리라 이는
그의 심판의 시간이 이르렀음이니 하늘과 땅과 바다와 물들의 근원을 만드신
이를 경배하라 하더라
8또 다른 천사 곧 둘째가 그 뒤를 따라 말하되 무너졌도다 무너졌도다 큰 성
바벨론이여 모든 나라에게 그의 음행으로 말미암아 진노의 포도주를 먹이던
자로다 하더라
9또 다른 천사 곧 셋째가 그 뒤를 따라 큰 음성으로 이르되 만일 누구든지 짐
승과 그의 우상에게 경배하고 이마에나 손에 표를 받으면
10그도 하나님의 진노의 포도주를 마시리니 그 진노의 잔에 섞인 것이 없이 부
은 포도주라 거룩한 천사들 앞과 어린 양 앞에서 불과 유황으로 고난을 받으
리니
11그 고난의 연기가 세세토록 올라가리로다 짐승과 그의 우상에게 경배하고 그
의 이름 표를 받는 자는 누구든지 밤낮 쉼을 얻지 못하리라 하더라
12성도들의 인내가 여기 있나니 그들은 하나님의 계명과 예수에 대한 믿음을
지키는 자니라
13또 내가 들으니 하늘에서 음성이 나서 이르되 기록하라 지금 이후로 주 안에
서 죽는 자들은 복이 있도다 하시매 성령이 이르시되 그러하다 그들이 수고를
그치고 쉬리니 이는 그들의 행한 일이 따름이라 하시더라
14또 내가 보니 흰 구름이 있고 구름 위에 인자와 같은 이가 앉으셨는데 그 머

리에는 금 면류관이 있고 그 손에는 예리한 낫을 가졌더라
15또 다른 천사가 성전으로부터 나와 구름 위에 앉은 이를 향하여 큰 음성으
로 외쳐 이르되 당신의 낫을 휘둘러 거두소서 땅의 곡식이 다 익어 거둘 때가
이르렀음이니이다 하니
16구름 위에 앉으신 이가 낫을 땅에 휘두르매 땅의 곡식이 거두어지니라
17또 다른 천사가 하늘에 있는 성전에서 나오는데 역시 예리한 낫을 가졌더라
18또 불을 다스리는 다른 천사가 제단으로부터 나와 예리한 낫 가진 자를 향하
여 큰 음성으로 불러 이르되 네 예리한 낫을 휘둘러 땅의 포도송이를 거두라
그 포도가 익었느니라 하더라
19천사가 낫을 땅에 휘둘러 땅의 포도를 거두어 하나님의 진노의 큰 포도주 틀
에 던지매
20성 밖에서 그 틀이 밟히니 틀에서 피가 나서 말 굴레에까지 닿았고 천육백
스다디온에 퍼졌더라

1) 계시록 14장의 구조

(1) 1–5절 – 하늘에서 새 노래를 부르는 십사만 사천

① 1절 – 어린 양과 시온에 함께 있는 십사만 사천

② 2–3절 – 십사만 사천이 부르는 새 노래

③ 4–5절 – 십사만 사천에 속한 부류(정절이 있는 자, 어린 양을 따라가는 자들, 처음 익은 열매로 하나님과 어린 양에게 속한 자들, 거짓이 없고 흠이 없는 자들)

(2) 6–12절 – 세 천사가 전하는 말

① 6–7절 – 또 다른 첫째 천사

② 8절 – 또 다른 둘째 천사

③ 9–12절 – 또 다른 셋째 천사

⑶ 13-16절 – 마지막 수확(인자와 넷째 천사)

⑷ 17-20절 – 마지막 재난을 가지고 온 다섯째 천사

2) 각 절 주해

⑴ 1절

a) "보라 어린 양이 시온 산에 섰고 그와 함께 십사만 사천이 서 있는데"

여기서 시온 산이 지상인지 천상인지에 관한 논란이 많았지만 문맥상 천상의 시온이라고 보아야 맞다. 요한계시록 7장 1-8절의 십사만 사천은 전투하는 교회였는데 본장의 십사만 사천은 승리한 교회이기에 천상의 시온이 적합하다.

b) "그들의 이마에는 어린 양의 이름과 그 아버지의 이름을 쓴 것이 있더라"

천상의 십사만 사천은 하나님의 인 맞은 참 신자의 총수로, 짐승의 표를 받은 무리와 대별된다.

⑵ 2-3절 – 십사만 사천이 부르는 새 노래

12장	전 3년 반 동안 교회가 받을 환난
13장	후 3년 반 동안 남은 자와 불신자가 받을 환난
14장	교회의 승리와 악인이 받을 심판

① 마지막 나팔과 일곱 대접 사이의 3가지 삽경

② 본장은 독특한 7개의 환상으로 이루어져 있다.

1–5절	시온 산에서 부르는 구원받은 성도들의 새 노래
6–7절	심판이 다가왔으므로 하나님을 경배하라는 첫 번째 천사의 메시지
8절	큰 성 바벨론 멸망에 관한 두 번째 천사의 메시지
9–12절	바벨론에 굴복한 자는 영원한 형벌을 받는다는 세 번째 천사의 메시지
13절	주 안에서 죽은 자들의 복
14–16절	마지막 추수(이삭줍기)
17–20절	불신자의 멸망

③ 십사만 사천의 구원받은 자들이 부르는 새 노래(천상의 음악소리)는 '많은 물소리' 즉 예수님의 음성과 흡사하고(계 1:15), 우렛소리(계 6:1, '하나님의 심판을 집행하는 천사들의 음성')처럼 장엄하고 거문고 타는 소리처럼 아름다운 대합창이었다.

환난을 통과한 성도들은 하나님 보좌 앞과 네 생물과 장로들 앞에서 하나님께 영광을 돌릴 것이다.

(3) 4–5절 – 구속함을 얻은 십사만 사천의 특성(5가지)

① 여자와 더불어 더럽히지 아니하고 순결한 자

여기서 여자란 사탄과 우상으로, 순결한 자란 신앙의 정결을 지킨 자(헬, '파르세노스')이다(이필찬). 어거스틴은 육체적 정결을 의미한다고 보아 독신을 뜻했다고 보았으나 이것은 지나친 해석이고(박수암), 더럽혔다는 것을 황제숭배, 우상숭배로 보는 것이 적절하다. 성경에서 음행은 하나님을 버리고 우상을 숭배한 것으로 언급한 예는 허다하다(호 2:5, 5:1-15; 사 54:5-6; 겔 23:37 등).

② 어린 양이 어디로 인도하든지 따라가는 자

예수님을 전적으로 신뢰하고 순종하는 자이다.

③ 처음 익은 열매로 하나님과 어린 양에게 속한 자

처음 익은 열매란 하나님의 소유를 의미하는 것으로 보인다(헨드릭슨). 사람은 소속이 어디인가가 중요하다. 특히 마귀 소유인가, 예수님께 소유 된 백성인가는 천국과 지옥의 갈림길이다. 마귀에게 소속된 불신자를 끌어내서 어린 양 예수님께로 인도하는 것이 전도이다.

④ 거짓말이 없고

거짓말은 사탄의 주특기이다. 모든 죄에는 거짓말이 양념처럼 들어간다. 인간은 거짓 없이 잘못을 저지를 수 없다. 뱀의 간계, 야비하게 속인 다윗, 가룟 유다의 뻔뻔함, 어떤 범행에도 거짓 없는 죄악은 성립될 수 없다. 그래서 범죄한 다윗이 하나님께 정직한 영의 회복을 기도했던 것이다(시 51:10b - "내 안에 정직한 영을 새롭게 하소서").

⑤ 흠이 없는 자

흠이 없는 자(헬, 아모모이)란 영화로운 상태를 뜻한다. 인간은 회개하여 구원을 받았으나 여전히 죄성이 존재한다. 계속된 은혜로 성화(聖化, sanctification)되어 간다. 그렇지만 육신을 입고 있는 한 완전한 성화란 불가능하다. 완전한 성화를 영화(榮化, glorification)라 하며, 영화는 천국에서 이루어진다.

(4) 6–12절 – 세 천사가 전하는 말

① 6–7절 – 또 다른 첫째 천사가 전하는 말

a) 다른 천사가 온 세계 열방 민족에게 영원한 복음을 전한다.

일부 학자들(마운스, 빌)은 구원의 내용이 삭제된 심판의 복음이라고 보고 있는데, 이들은 '각 족속과 백성과 방언과 나라'를 짐승을 따른 악한 행위의 사람으로 파악하고 있기 때문이다. 하지만 본질적으로 복음이란 구원과 멸망의 메시지이므로 회개할 마지막 기회가 만국에게 주어졌다고 보아야 타당하다.

로제(Lohse)는 이것을 마가복음 13장 10절과 연계시키며 마지막 때의 복음이라고 주장한다(그랜트 오즈번). 필자도 후자의 견해에 동의하며, 이 복음 증거가 바로 뒤에 나올 마지막 추수(계 14:14-16)를 향한 긍휼과 구원의 선포라고 보고 싶다. 또한 복음을 심판의 메시지에 국한시킨다면 영원한 복음이라고 말하기에는 미흡하다.

b) 영원한 복음은 죄인의 회개와 하나님께 영광이란 말로 요약할 수 있다.

이 메시지가 땅에 있는 모든 자가 들을 수 있도록 큰 음성으로 선포된다(계 14:9-11). 그리고 큰 음성이란 한 명이라도 더 구원하고자 하는 주님의 간절함도 반영된다.

c) 두려워하며 하나님께 영광을 돌리라.

하나님을 경외(Fear the Lord)하는 자의 복(사 33:6b - "여호와를 경외함이 네 보배니라")을 나열해 보면 다음과 같다.

- 죄를 짓지 않게 한다(출 20:20).
- 우리와 우리 자손을 축복하신다(신 5:29).

- 장수한다(잠 9:10-11).
- 재앙을 당하지 않게 하신다(잠 19:23).
- 잘 된다(전 8:12).
- 모든 원수의 손에서 건져 내신다(왕하 17:39).
- 택할 길을 가르쳐 주신다(시 25:12).
- 여호와와 친밀해진다(시 25:14).
- 풍성한 은혜를 받는다(시 31:19).
- 하나님께서 보살피신다(시 33:18).
- 모든 필요가 공급된다(시 34:9).
- 소원을 이루어 주신다(시 145:19).
- 하나님께서 기뻐하신다(시 147:11).
- 재물과 영광과 생명을 얻는다(잠 22:4).
- 하나님께서 받으신다(행 10:35).

그리고 창조주께 경배해야 한다. 경배는 구원받은 자의 의무인 동시에 특권이다.

다른 천사는 긴박함과 절박함으로 구원과 심판의 복음을 전한다. 이제는 회개냐 아니면 영원한 최후 심판이냐, 양자 택일만이 있을 뿐이다(그랜트 오즈번).

② 8절 – 또 다른 둘째 천사가 전하는 말

"무너졌도다 무너졌도다 큰 성 바벨론이여."

'큰 성'은 무저갱에서 올라온 짐승이 권세를 잡았던 성(계 11:8)을 가리킨다. 요한계시록 11장 8절에는 이 큰 성이 소돔, 애굽이라고 표현되었고, 본문에서는 바벨론으로 상징되었으며, 신약시대에는 공포 정치 아래 로마를 지칭하던 은어로 사용되었다(벧전 5:13 - "택하심을 함께 받은 바벨론에 있는 교회가 너희에게 문안하고 내 아들 마가도 그리하느니라”). 하지만 바벨론이란 말을 한 국가나 장소로 제한하는 것은 옳지 않다. 바벨론은 창세기 때 소돔과 고모라부터 애굽, 두로, 시돈, 로마에 대한 총체적 은유이면서 다가올 시대의 배도의 국가와 지역을 총칭한다고 보아야 한다.

음행은 영적인 우상숭배이면서 육적인 음행을 포괄하며, 성경상으로는 동성연애가 가장 심각한 육적인 음행으로 분류되어 있다. 로마서 1장 18-32절에 사형에 해당하는 죄에 대한 23가지 목록이 나온다. 죄목을 나열하면서 우상숭배가 처음에 대두되고 다음이 동성연애인데 가장 많은 네 절을 할애했다.

세상의 죄목과 성경의 죄는 다르다. 가령 세상에서 ‘수군수군’이 죄는 아니다. 그러나 성경에서는 사형에 해당되는 죄이다(롬 1:32). 그래서 교회 내 문제를 갖고 세상 법정에서 시비를 가리는 것을 성경이 금지시켰다(고전 6:1-11). 이것은 대한민국 국민의 문제를 북한법이나 일본법으로 재단하려 드는 것만큼 어리석은 일이다. 법전이 다른데 어떻게 같은 잣대로 적용할 수 있는가? 교회문제를 세상에 가서 판결을 구하면 교회의 권위가 실추될 수밖에 없다. 다른 한편 동성애나 다원주의의 문제는 사회법으로 교회를 강제해서는 안 된다. 교회는 세상의 권위를 인정하나(롬 13:1) 세상법이 하나님 법을 준수하는 것을 넘어서려고 할 때 국민의 저항권이 발효된다(정승훈).

③ 9-12절 – 또 다른 셋째 천사가 전하는 말

다른 세 번째 천사가 전하는 메시지의 핵심은 ‘바벨론에 굴복한 자는 영원한 형벌을 받는다’는 한 문장으로 요약할 수 있다.

둘째 천사가 심판 날에 불의한 세계가 심판받을 것을 경고했다면, 이어 등장한 셋째 천사는 짐승의 표를 받은 개인의 비참한 종말에 초점을 두고 있다(《그랜드 주석》).

a) 10a절 "그도 하나님의 진노의 포도주를 마시리니"

ⓐ 진노의 포도주란 무엇인가?

■ 영적 우상숭배의 포도주이다.

■ 짐승의 표를 받은 사람들의 행위이다(계 13:16-18).

■ 쾌락의 육체주의이다(계 17:2-5).

렘 51:7 "바벨론은 여호와의 손에 잡혀 있어 온 세계가 취하게 하는 금잔이라 뭇 민족이 그 포도주를 마심으로 미쳤도다"

진노의 포도주란 하나님의 심판을 의미한다(시 75:8; 사 51:22; 렘 25:15 등).

ⓑ 어떤 심판을 받는가?

■ 섞인 것이 없이 부은 포도주로 순수한 진노, 완전한 진노이다.

■ 어린 양 예수와 거룩한 천사들 앞에서 받는 심판으로 실수와 착오가 전혀 없는 심판이다.

■ 불과 유황으로 받는 고난이다.

■ 불과 유황의 연기가 세세토록 올라간다(영원한 형벌).

■ 밤낮 쉼을 얻지 못한다.

b) 10b-12절 - 재판석은 준엄하고 지옥의 판결은 정확하고 심판은 비참하다. 성도의 인내가 여기에 있다.

아무리 삶이 고단하고 힘들고, 심지어 죽음의 자리에서도 예수님을 부인할 수 없는 이유는 천국을 사모하는 한편, 영원한 형벌이 사후에 그리고 역사의 대종말에 반드시 실현되기 때문이다.

마 10:32-33 "누구든지 사람 앞에서 나를 시인하면 나도 하늘에 계신 내 아버지 앞에서 그를 시인할 것이요 누구든지 사람 앞에서 나를 부인하면 나도 하늘에 계신 내 아버지 앞에서 그를 부인하리라"

(5) 13-16절 – 마지막 수확(인자와 넷째 천사)

① 13절 "지금 이후로 주 안에서 죽은 자들은 복이 있도다"

요한계시록에는 7개의 복이 소개되고 있는데 13절은 두 번째에 해당한다. 여기서 요한계시록 7복을 살펴보겠다.

팁 포인트(Tip Point)

29. 요한계시록 7복

(1) 계 1:3 "이 예언의 말씀을 읽는 자와 듣는 자와 그 가운데에 기록한 것을 지키는 자는 복이 있나니 때가 가까움이라"

요한계시록은 문자 그대로 읽는 자, 듣는 자와 지키는 자가 복이 있는 책이다. 오히려 요한계시록을 너무 어렵다고 생각하고 터부(taboo)시하는 경향이 있는데 요한계시록을 잘 접하면 신앙생활을 견고히 할 수 있고, 인내를 배우고 천국의 확신을 얻게 된다. 요한계시록의 복은 세상의 복과는 차원이 다른 예배와 천국과 영생의 복이다.

⑵ 계 14:13 “또 내가 들으니 하늘에서 음성이 나서 이르되 기록하라 지금 이후로 주 안에서 죽는 자들은 복이 있도다 하시매 성령이 이르시되 그러하다 그들이 수고를 그치고 쉬리니 이는 그들의 행한 일이 따름이라 하시더라”

천국은 예수님이 계신 곳인 동시에 황금길, 진주문, 기쁜 찬송, 생명나무 과실과 완전한 행복이 있는 역사 끝에 나타나는 4차원의 세계이다. 시공을 초월한 곳에 신자는 부활체로 영원히 산다. 따라서 주 안에 죽은 자는 복이 있다.

지옥은 하나님의 진노의 포도주 잔을 마신 자가 가는 곳이다. 성령의 소욕을 버리고 본능대로 살면 지옥에 간다. 선악과를 먹은 인생은 자기중심(self-centered)의 삶을 산다. 즉 하나님의 형상이 파괴되고 본능을 쫓는 짐승(유 1:10)이 된 것이다. 그러므로 예수님을 마음에 모신다는 것은 자기 중심에서 예수 중심으로 바뀌었다는 것을 의미한다.

지옥은 불과 유황이 있고, 쉼이 없고, 출구가 없으며, 기한이 없는 영원한 고통의 장소이다(막 9:45, 48; 눅 16:23 등).

⑶ 계 16:15 “보라 내가 도둑같이 오리니 누구든지 깨어 자기 옷을 지켜 벌거벗고 다니지 아니하며 자기의 부끄러움을 보이지 아니하는 자는 복이 있도다”

예수 그리스도로 옷 입고(롬 13:14), 천국 잔치의 예복을 준비해야 한다(마 22:11-14).

⑷ 계 19:9 “천사가 내게 말하기를 기록하라 어린 양의 혼인 잔치에 청함을 받은 자들은 복이 있도다 하고 또 내게 말하되 이것은 하나님의 참되신 말씀이라 하기로”

어린 양 예수께서 초청하신 천국 잔치에 참여하고 예복도 준비해야 한다(눅 14:15-24). 한 걸음 더 나아가 청함을 받을 뿐 아니라 택함도 받아야 한다. 오늘날로 말하면 총동원 전도주일에 나온 사람과 예수님을 진심으로 영접한 사람은 차원이 다르다.

(5) 계 20:6 "이 첫째 부활에 참여하는 자들은 복이 있고 거룩하도다 둘째 사망이 그들을 다스리는 권세가 없고 도리어 그들이 하나님과 그리스도의 제사장이 되어 천 년 동안 그리스도와 더불어 왕 노릇 하리라"

첫째 부활은 신자의 부활이다. 신자는 두 번 태어나서(육적 탄생과 거듭남) 한 번 죽고, 첫째 부활을 한다. 불신자는 한 번 태어나서 두 번 죽는다(계 20:14 - "사망과 음부도 불못에 던져지니 이것은 둘째 사망 곧 불못이라"). 천년왕국 후 백보좌(흰 보좌) 심판에서 불신자도 부활하여 지옥의 영원한 형벌을 받는다.

(6) 계 22:7 "보라 내가 속히 오리니 이 두루마리의 예언의 말씀을 지키는 자는 복이 있으리라 하더라"

예수 그리스도는 속히 오신다고 말씀하신다(계 3:11, 22:12, 20). 예언의 말씀 즉 요한계시록에 기록된 말씀을 지키는 자가 복이 있다. 말씀을 안 지키는 이유는 말씀에 대한 믿음이 없거나 더디 오신다고 생각하거나(눅 12:39-49) 바람과 홍수의 풍파가 자신에게 해당되지 않는다는 어리석음 때문이다. 이 땅에서 실시된 예고편은 종말의 때와 영원 세계에서 반드시 이루어질 것이다.

(7) 계 22:14 "자기 두루마기를 빠는 자들은 복이 있으니 이는 그들이 생명나무에 나아가며 문들을 통하여 성에 들어갈 권세를

받으려 함이로다"

주님은 속히 오시고, 갑자기 오시며(마 25:5-7 '열 처녀의 비유'), 도둑같이 오신다(계 16:15). 신자는 신부의 예복을 준비하고 벌거벗은 수치를 가려야 한다(계 3:18). 신부가 입은 흰옷은 세마포 옷이며 옳은 행실이다(계 19:7-8). 이 옷이 세속에 때 묻지 않도록 날마다 보혈로 씻어야 한다. 성도의 거룩함을 간직하고 주님을 예비하는 자가 복된 자이다.

② 14절 "흰 구름이 있고 구름 위에 인자와 같은 이가 앉으셨는데"

이미 영광의 존재로 재림 예수께서 흰 구름 위에 앉아 계신다. 그리고 마지막 기회를 다시 한 번 주고 계신다(딤전 2:4 "하나님은 모든 사람이 구원을 받으며 진리를 아는 데에 이르기를 원하시느니라").

단 7:13a "인자 같은 이가 하늘 구름을 타고 와서"
마 24:30b "인자가 구름을 타고 능력과 큰 영광으로 오는 것을 보리라"

인자(人子, '사람의 아들')는 그리스도의 인성을 강조하는 말로, 주로 예수님께서 자신을 지칭하실 때 사용하셨다. 인자이신 예수님은 승리의 주로 '금 면류관'을 쓰셨고, 넷째 천사가 큰 음성으로 주님께 추수를 말씀드리자 주님께서 최후 심판자로 예리한 낫을 가지고 신자의 이삭줍기를 직접 하신다. 이들도 역시 휴거하는가에 대하여는 성경에 나와 있지 않으나 15절에 나오는 추수는 성도를 모으는 마지막 추수임에 틀림없다.

③ 16절 – 곡식을 거둔다 함은 다음 몇 가지 내용을 함축하고 있다.

– 알곡과 가라지를 구분한다는 말이다(마 13:24-30).

– 구원받는 신자를 불러 모으는 것을 의미한다(마 24:31).

– 신자에게 일어날 생명의 부활이다(요 5:28-29).

– 우리의 낮은 몸이 영광의 몸의 형체로 변하는 것이다(빌 3:21).

– 신자의 휴거를 말한다(살전 4:17).

– 천국으로 올라감을 뜻한다(욥 5:26).

(6) 17–20절 – 마지막 재난을 가지고 온 다섯째 천사

① 17절 "또 다른 천사가…예리한 낫을 가졌더라"

성경에 포도나무는 택한 백성을 상징했다. 포도나무 열매는 신자가 맺을 회개에 합당한 열매(마 3:8), 성령의 열매(갈 5:22-23), 빛의 열매(엡 5:9), 의의 열매(빌 1:11)이다. 또한 '주님은 참 포도나무요 너희는 가지'(요 15:1)라고 비유하셨다. 이와 반대로 익은 포도송이를 죄악의 열매로 표현한 성구도 있다(신 32:32 - "이는 그들의 포도나무는 소돔의 포도나무요 고모라의 밭의 소산이라 그들의 포도는 독이 든 포도이니 그 송이는 쓰며"). 이러한 악한 포도나무를 제거하는 것을 하나님의 심판으로 보았다(석원태).

욜 3:13 "너희는 낫을 쓰라 곡식이 익었도다 와서 밟을지어다 포도주 틀이 가득히 차고 포도주 독이 넘치니 그들의 악이 큼이로다"

다섯째 천사는 하나님의 심판을 대행하는 천사이다. 악한 자의 심판을 주님께서 직접 하지 않으셨다.

② 18절 "불을 다스리는 다른 천사가 제단으로부터 나와 예리한 낫 가진 자를 향하여…포도송이를 거두라 그 포도가 익었느니라"

마태복음 13장 39-40절에 "가라지를 뿌린 원수는 마귀요 추수 때는 세상 끝이요 추수꾼은 천사들이니 그런즉 가라지를 거두어 불에 사르는 것같이 세상 끝에도 이러하리라"고 기록되어 있다. 추수꾼은 천사들이다. 특히 본문은 악인의 추수를 다섯째 천사가 행하고 있음을 밝히고 있다.

추수할 이유는 악이 찼기 때문이다. '익었다'(헬, '아크메')는 표현은 신약에 딱 한 번 나오는데 인류의 죄악이 절정에 달했음을 뜻한다(석원태). 노아 때 죄가 관영하자 물 심판이 임했고 소돔과 고모라 때도 불법이 횡행하여 의인을 찾아볼 수 없게 되자 하나님께서 불로 심판하시므로 종말의 심판을 예표하셨다.

③ 19-20절 "하나님의 진노의 큰 포도주 틀에 던지매 성 밖에서 그 틀이 밟히니 틀에서 피가 나서 말굴레에까지 닿았고 천육백 스다디온에 퍼졌더라"

포도송이는 하나님을 대적하고 짐승을 경배하고 신자를 박해하던 무리를 뜻한다. 하나님께서 그냥 더 이상 두고 보실 수 없을 때 진노의 심판이 시작된다.

a) 장소는 성 밖이다(계 11:8).

마 25:30 "이 무익한 종을 바깥 어두운 데로 내쫓으라 거기서 슬피 울며 이를 갈리라 하니라"

b) 포도주 틀에 밟힐 만큼 처참한 심판이다.

사 63:3 "만민 가운데 나와 함께한 자가 없이 내가 홀로 포도즙 틀을 밟았는데 내가 노함으로 말미암아 무리를 밟았고 분함으로 말미암아 짓밟았으므로 그들의 선혈이 내 옷에 튀어 내 의복을 다 더럽혔음이니"

c) 심판 받는 사람들의 피가 말굴레(horses bridles)에까지 닿았다.

이 말은 피가 강물처럼 넘쳐서 말에게 씌운 굴레가 있는 곳까지 높아진다는 뜻으로 죄인들의 피로 세상이 온통 피바다가 된다는 뜻이다(렌스키). 1스다디온(stadion)은 약 192m로, 1,600스다디온은 300km에 해당되는데 악인의 피가 1.5m 깊이로 300km에 흘러넘쳤다는 말이니 한마디로 '피바다'를 이룬 것이다.

1,600이란 숫자는 땅의 수 '4'(동, 서, 남, 북)와 충만의 수 '10'을 곱한 '40'의 제곱수로 세상의 만수(滿數)를 의미하므로(《그랜드 주석》) 하나님의 온 세상에 대한 피할 수 없는 심판을 가리킨다. 이는 요한계시록 6장 9-10절에서 보았던 순교자들의 신원(revenge)을 향한 호소에 "그 수가 차기까지 기다리라"고 주님께서 대답하셨는데 본절에서 드디어 하나님의 심판이 나타났다고 볼 수 있다.

15장

일곱 대접 재앙 서론

요한계시록에서 3가지 재앙은 일곱 인의 재앙, 일곱 나팔의 재앙, 일곱 대접의 재앙이다. 일곱 인의 재앙이 고난과 박해의 상징이고, 일곱 나팔의 재앙이 교회의 각성과 세상을 향한 경고를 의미한다면, 일곱 대접의 재앙은 하나님의 진노를 나타낸다. 요한계시록 15장은 16-18장에 나타나는 일곱 대접 재앙의 서론 격이며 준비과정이라고 말할 수 있다.

일곱 인을 떼실 때에 하늘이 반시간쯤 고요했고(계 8:1), 여섯째 나팔과 일곱째 나팔 사이에 힘센 천사와 작은 두루마리, 두 증인의 삽경이 위치했고, 일곱째 나팔과 일곱 대접의 재앙 사이에 해를 입은 여자와 용, 짐승 두 마리, 십사만 사천의 노래와 다섯 천사의 말이 기록되었다. 그리고 15장은 앞으로 전개될 일곱 대접의 재앙을 예시(豫示)한다.

[일곱 대접 재앙](15-18장: 마지막 재앙)

구 분	내 용	비 고
15:1-8	일곱 대접 재앙 서론	
16:1-21	일곱 대접 재앙	
17:1-18	바벨론 심판 1(큰 음녀의 심판)	삽입환상 7
18:1-24	바벨론 심판 2(바벨론 패망)	(계속) 삽입환상 7

일곱 대접의 재앙은 가장 철저한 심판이며, 심판대상은 짐승의 표를 받은 사람과 우상에게 경배하는 자들이다.

|**계 15:1-8**|

1또 하늘에 크고 이상한 다른 이적을 보매 일곱 천사가 일곱 재앙을 가졌으니
곧 마지막 재앙이라 하나님의 진노가 이것으로 마치리로다
2또 내가 보니 불이 섞인 유리 바다 같은 것이 있고 짐승과 그의 우상과 그의
이름의 수를 이기고 벗어난 자들이 유리 바다 가에 서서 하나님의 거문고를
가지고
3하나님의 종 모세의 노래, 어린 양의 노래를 불러 이르되 주 하나님 곧 전능
하신 이시여 하시는 일이 크고 놀라우시도다 만국의 왕이시여 주의 길이 의롭
고 참되시도다
4주여 누가 주의 이름을 두려워하지 아니하며 영화롭게 하지 아니하오리이까
오직 주만 거룩하시니이다 주의 의로우신 일이 나타났으매 만국이 와서 주께
경배하리이다 하더라
5또 이 일 후에 내가 보니 하늘에 증거 장막의 성전이 열리며
6일곱 재앙을 가진 일곱 천사가 성전으로부터 나와 맑고 빛난 세마포 옷을 입
고 가슴에 금 띠를 띠고
7네 생물 중의 하나가 영원토록 살아 계신 하나님의 진노를 가득히 담은 금 대
접 일곱을 그 일곱 천사들에게 주니
8하나님의 영광과 능력으로 말미암아 성전에 연기가 가득 차매 일곱 천사의
일곱 재앙이 마치기까지는 성전에 능히 들어갈 자가 없더라

1) 계시록 15장의 구조

⑴ 1절 – 마지막 일곱 재앙

⑵ 2–4절 – 모세의 노래, 어린 양의 노래

⑶ 5–8절 – 하늘의 증거 장막 성전이 열림

2) 각 절 주해

⑴ 1절 "하늘에 크고 이상한 다른 이적을 보매"

① 일곱 재앙의 출처는 하늘이다.

주기도문에서 "뜻이 하늘에서 이루어진 것같이 땅에서도 이루어지이다"라는 구절이 시사하는 바처럼 하늘에서의 결정이 본질이고, 땅에 나타나는 것은 현상(現象)이다.

② 크고 이상한(헬, 메가 다마스톤, '놀랍고도 신기한') 이적이란 악인들을 심판하는 이적을 말한다.

좋은 것만 이적(sign)이 아니다. 악인의 징계도 희한한 이적이며, 하나님의 손 안에서 역사된다. 하나님의 속성 중 우리가 착각하기 쉬운 것이 있다. 하나님은 악인의 징계를 귀히 여기신다. 아론의 손자, 엘르아살의 아들 비느하스가 이스라엘이 음행과 우상숭배에 빠졌을 때 간음 현장의 두 남녀에게 하나님의 진노를 대행했다. 그래서 비느하스는 평화의 언약을 얻었다(민 25:11-13). 아론의 금송아지

사건에 연루된 3천 명을 레위 지파가 죽임으로 여호와께 복을 받았다(출 32:27-29). 예후가 아합 가문을 제거함으로(왕하 9-10장) 왕위를 4대 동안 보장 받았다. 하나님께서는 악을 징계하길 원하신다. 이것이 하나님의 속성이다. 그래서 죄악을 보혈로 씻으시고 은혜를 베푸시며 돌이키지 않는 자를 징벌하신다.

③ 일곱 대접 재앙은 마지막 재앙이다.

19장부터는 새 하늘과 새 땅이 열리기 시작한다. 요한계시록은 천국 소망의 책이며, 지옥을 경고한 책이다. '독약'을 '독약'이라고 표시하지 않는 것이 죄요, 범죄를 조장할 가능성이 있다. 그런 점에서 '예수 천당'만 복음이 아니라 '불신 지옥'도 복음이다.

⑵ 2-4절 – 모세의 노래, 어린 양의 노래

① 2절

a) "불이 섞인 유리 바다"

일곱 대접 재앙이 시작되기 전 하나님 보좌의 광경을 보여주고 있는데 '불이 섞인 유리 바다'라 함은 하나님의 진노와 투명성이 복합되어 있다고 봐야 할 것이다.

승리한 자들이 거문고를 가지고 노래하고 있는데 이들은 짐승과 우상과 그 이름의 수(666)를 이기고 벗어난 자들이다. 짐승은 요한계시록 13장에서 언급한 대로 반기독교 국가와 여기에 부응하는 거짓 선지자들과 이단이다. 우상이란 권력의 어용단체가 만든 것으로 로마황제숭배, 천황숭배, 김일성 우상숭배와 이단교주숭배 같은 것이다. "그의 이름의 수"란 짐승이 발행한 666신분증으로, 666표를 소지하지 않으면 경제 활동조차 금지되었다. 이와 같은 환난과 박해,

심지어 순교에서 승리한 자들이 하나님의 진노의 심판 앞에 찬양하는 것이다.

이 노래는 출애굽 승리의 찬양과 같고(출 15장), 원수의 목전에서 상을 베푸시는 하나님(시 23:5)의 모습과도 닮았다. 누가복음 16장에 나타난 아브라함 품에 안긴 나사로와 음부에서 신음하는 부자의 모습도 연상하게 한다. 하나님은 공의의 하나님이시다. 그래서 죄를 없이하시려고 아들 예수를 보내시고 그 보혈의 잔을 마심으로 죄 없이함을 받게 하셨는데 이것을 거부하면 지옥 형벌을 면할 수 없는 것이다. 아들을 죽여 만든 해독제를 먹지 않은 자들에게 임할 하나님의 진노가 과연 부당한가?

b) "유리 바다 가에 서서 하나님의 거문고를 가지고"

유리 바다는 하나님 보좌 앞에 있으며(계 4:6), '서서'는 경의를 표하는 자세이고, 거문고는 구원과 예배의 상징이다. 영적 싸움에서 승리한 자들이 부르는 기쁨의 찬양인 것이다.

② 3절

a) "하나님의 종 모세의 노래, 어린 양의 노래"

모세의 노래는 출애굽 즉 세상에서 벗어난 구원받은 자들의 노래이고, 어린 양의 노래도 예수 그리스도로 말미암아 구원받은 하나님의 자녀들이 부르는 노래이다. 출애굽 사건이나 구원은 전적 은혜이며 우리의 공로는 전혀 없다.

출 14:13 "모세가 백성에게 이르되 너희는 두려워하지 말고 가만히 서서 여호와께서 오늘 너희를 위하여 행하시는 구원을 보라 너희가 오늘 본 애굽 사람을 영원히 다시 보지 아니하리라"

엡 2:8-9 "너희는 그 은혜에 의하여 믿음으로 말미암아 구원을 받았으니 이것은 너희에게서 난 것이 아니요 하나님의 선물이라 행위에서 난 것이 아니니 이는 누구든지 자랑하지 못하게 함이라"

③ 3b-4절 - 구속의 노래의 내용

a) 전능하신 하나님을 찬양한다.

하나님께서 하시는 일이 크고 놀라우시기 때문이다(시 92:5, 111:2, 139:14). 하나님은 신묘막측(神妙莫測) 하신 분이다.

b) 만국의 왕을 찬양한다.

하나님의 길은 의롭고 참되시다. 그래서 하나님은 헛된 일을 꾸미고 여호와와 그 기름 부음 받은 자 예수를 대적하는 나라와 민족을 비웃으신다(시 2:1-4).

c) 영광 받기에 합당하신 주님을 찬양한다.

하나님께서 가장 싫어하시는 행위가 영광을 사탄이나 사람이나 피조물이 가로채는 것이다. 영광이란 위대하신 하나님을 칭찬(praise)하는 것이고, 하나님 대접을 해드린다는 뜻이다. 그래서 우리 인간은 자신이 무익한 존재임을 주님께 아뢰어야 하고, 하나님 영광을 가리는 일을 해서는 안 된다. 내 삶 전체가 하나님께 영광의 도구가 되어야 한다. 우상숭배란 하나님의 영광을 가로챈 것이기에 하나님께서 혐오하시고 우상과 우상숭배자를 징벌하신다.

d) 거룩하신 하나님을 찬양한다.

거룩은 하나님과 연관된 말이다(사 6:3; 롬 12:1; 고전 3:16-17; 계 4:8). 거룩은 신구약 성경의 핵심 주제이다. 거룩(헬, '하기오스')은 신약 전체에서 총 229회 나타나는데 구약과 마찬가지로 하나님의 속성을 나타낸다. 거룩의 반대는 세속이다. 하나님은 세상적이지 않으시고 성도에게도 거룩을 요구하신다(레 19:2 - "너는 이스라엘 자손의 온 회중에게 말하여 이르라 너희는 거룩하라 이는 나 여호와 너희 하나님이 거룩함이니라"). 이러한 성도의 삶은 제의적 영역뿐 아니라 도덕적 영역에서도 요구된다(장흥길).

e) 경배 받으실 하나님을 노래했다.

유월절 어린 양을 먹고 그 피를 인방과 문설주에 바른 덕택에 사망이 넘어간 것처럼[passover, 유월(逾越)] 점도 없고 흠도 없는 어린 양 예수 그리스도의 피가 죄와 사망에서 우리를 건져내셨다. 그러므로 신자는 구속주 예수님을 높이고 경배해야 한다. 경배는 교인의 의무인 동시에 특권이다.

(3) 5-8절 - 하늘의 증거 장막 성전이 열림

① 5절

a) "또 이 일 후에 내가 보니"

이 말은 큰 구분이나 작은 구분을 시작할 때 사용되었다(계 7:1, 15:5, 18:1). 요한계시록 11장 19절에서처럼 하늘에 있는 성전이 다시 열리고(계 4:1에서 열린 것은 성전 문이다), 거기서처럼 여기서 예수님이 죽을 때 성전 휘장이 찢어진 것(막 15:38과 평행구절)을 가리키는데 이는 심판을 상징한다. 11장 19절에서 성전/지성소가 열린 것은 실제로 종말을 상징했다. 그러나 본문은 종말의 길을 준비하는 마지막 예비 심판 단계로 나아간다(그랜트 오즈번).

b) "하늘에 증거 장막의 성전이 열리며"

이스라엘 사람들이 하나님의 명령을 따라 지었던 성막(tabernacle)을 증거 장막(tabernacle of testimony)이라고 불렀다. 그 이유는 하나님의 성막 안에는 법궤가 있어 하나님께서 이스라엘 중에 거하신다는 증거가 되었기 때문이다. 이 성막은 하늘에 있는 참된 성전의 모형(히 8:5)으로 참 하나님의 장막(성막)은 하늘에 있다(계 11:19)(《그랜드 주석》). 그 장막이 열리며 일곱 재앙을 가진 일곱 천사가 거기서 나왔다는 것은 심판의 근거와 출발이 하늘에서 시작되었음을 의미한다.

② 6절 "일곱 재앙을 가진 일곱 천사가…맑고 빛난 세마포 옷을 입고 가슴에 금띠를 띠고"

이 본문의 배경은 제사장이 입는 세마포 옷이고(레 16:4, 23), 다른 곳에서는 천사들이 세마포 옷을 입었다(겔 9:2-3; 단 10:5, 12:6-7). 이 천사들은 본문에서 제사장적 기능을 수행했던 것으로 보인다. 이 천사들이 맑고 빛난 세마포 옷을 입은 것은 19장 14절에 나오는 하늘에 있는 군대들이 입은 '희고 깨끗한 세마포 옷'과 연계된다. 일곱 천사는 거룩, 성결, 바른 행실을 의미하는 흰색의 옷을 입고 공의의 심판을 대행한다. "가슴에 금띠를 띠고"는 1장 13b절에서 보았던 인자와 매우 흡사한데, 금띠 역시 왕권을 상징하므로 그리스도의 사자로서 심판을 대행하는 권세를 상징한다(그랜트 오즈번).

③ 7-9절 "네 생물 중의 하나가…진노를 가득히 담은 금 대접 일곱을 그 일곱 천사들에게 주니"

a) 네 생물은 요한계시록 4장 6b-9절 주해를 참조하라.

네 생물은 본서에 네 생물 중 하나가 금 대접 일곱을 그 일곱 천사에게 준다. 여기서 금 대접은 재앙을 담은 대접으로 5장에서 살펴본 성도의 기도를 담은 금 대접과는 다르다(계 5:8).

b) 세세에 계실 하나님

알파와 오메가 되시는 하나님으로, 그 주권이 영원하며 자신을 대적하는 악에 대해 반드시 심판하실 권세를 소유하신 분이시다(Ladd, Moriss, Mounce, 《카리스 주석》).

c) "성전에 연기가 가득 차매"

연기는 하나님의 현현과 영광과 능력을 상징했다(출 19:16; 사 6:4). 하나님은 구약에서 종종 구름과 연기로 자신의 임재를 나타내셨다. 요한계시록에서 하늘 성전을 채우는 연기는 악인을 심판하시는 영광과 능력 가운데 임재하시는 하나님의 임재를 말해 준다(박수암).

d) "일곱 천사의 일곱 재앙이 마치기까지는 성전에 능히 들어갈 자가 없더라"

하나님의 진노의 대접이 부어지고 나면 누구도 저지할 수 없고, 성전에 들어갈 수도 없다. 비가 내리기 시작한 뒤의 구원방주의 문이 닫힌 것처럼 만민의 기도하는 집인 교회가 닫히게 된다. 기도와 회개의 때가 지나간 것이다.

16장

일곱 대접 재앙

본 장에서 일곱 대접 신앙이 일곱 인, 일곱 나팔의 재앙처럼 나열되고 있다.

구분	일곱 나팔	일곱 대접
제1	땅에(피 섞인 우박과 불)	땅에(짐승을 따르는 자에게 종기)
제2	바다에(바다 ⅓이 피)	바다에(바다의 모든 생물이 죽음)
제3	강에(강 ⅓이 쑥)	강에(모든 강물이 피가 됨)
제4	천체에(해, 달 ⅓이 어두워짐)	천체에(해가 사람을 태움)
제5	불신자에게(5개월간 황충에게 고통 당함)	짐승의 왕좌에(어두움과 종기)
제6	유브라데 강에(전쟁)	유브라데 강에(아마겟돈 전쟁 준비)
제7	하늘에(일곱 대접 예고)	공중에(바벨론 멸망과 우박)

(6장 일곱인/일곱나팔/일곱대접 도표 참조)

본 장은 애굽 심판을 연상하게 하며, 심판의 대상이 짐승의 표를 받은 자들과 우상에게 경배한 자들임을 밝히고 있다. 이런 심판과 재앙에도 불구하고 짐승의 추종자들은 여전히 회개를 거부하고 하나님을 비방한다. 매로 인간을 돌이킬 수는 없다. 하나님께서 은혜 주시는 때(고후 6:2 - "지금은 은혜 받을 만한 때요 보라 지금은 구원의 날이로다")에 그리스도를 영접해야 하며, 방주의 문이 닫히기 전에 교회로 들어와야 한다. 기독교는 카이로스(때)의 종교이다. 어리석은 다섯 처녀와 같이 잠들고 있다가 기회를 놓치는 것이다(마 25:13 - "그런즉 깨어 있으라 너희는 그 날과 그 때를 알지 못하느니라").

일곱 대접 재앙의 목적은 회개와 구원이 아니라 심판의 당위성이다. 특히 여섯 번째 대접 심판에서 제공되는 아마겟돈 전쟁은 유념할 필요가 있다. 이 전쟁은 물리적 전쟁인 동시에 영적 전쟁이다. 그렇기 때문에 성도는 항상 깨어 있어 성도의 옷을 빼앗기지 말아야 한다. 결국 원수 바벨론은 멸망하고 말 것이다.

| 계 16:1-21 |

1또 내가 들으니 성전에서 큰 음성이 나서 일곱 천사에게 말하되 너희는 가서 하나님의 진노의 일곱 대접을 땅에 쏟으라 하더라

2첫째 천사가 가서 그 대접을 땅에 쏟으매 짐승의 표를 받은 사람들과 그 우상에게 경배하는 자들에게 악하고 독한 종기가 나더라

3둘째 천사가 그 대접을 바다에 쏟으매 바다가 곧 죽은 자의 피같이 되니 바다 가운데 모든 생물이 죽더라

4셋째 천사가 그 대접을 강과 물 근원에 쏟으매 피가 되더라

5내가 들으니 물을 차지한 천사가 이르되 전에도 계셨고 지금도 계신 거룩하신 이여 이렇게 심판하시니 의로우시도다

6그들이 성도들과 선지자들의 피를 흘렸으므로 그들에게 피를 마시게 하신 것이 합당하니이다 하더라

7또 내가 들으니 제단이 말하기를 그러하다 주 하나님 곧 전능하신 이시여 심판하시는 것이 참되시고 의로우시도다 하더라

8넷째 천사가 그 대접을 해에 쏟으매 해가 권세를 받아 불로 사람들을 태우니

9사람들이 크게 태움에 태워진지라 이 재앙들을 행하는 권세를 가지신 하나님
의 이름을 비방하며 또 회개하지 아니하고 주께 영광을 돌리지 아니하더라
10또 다섯째 천사가 그 대접을 짐승의 왕좌에 쏟으니 그 나라가 곧 어두워지며
사람들이 아파서 자기 혀를 깨물고
11아픈 것과 종기로 말미암아 하늘의 하나님을 비방하고 그들의 행위를 회개하
지 아니하더라
12또 여섯째 천사가 그 대접을 큰 강 유브라데에 쏟으매 강물이 말라서 동방에
서 오는 왕들의 길이 예비되었더라
13또 내가 보매 개구리 같은 세 더러운 영이 용의 입과 짐승의 입과 거짓 선지
자의 입에서 나오니
14그들은 귀신의 영이라 이적을 행하여 온 천하 왕들에게 가서 하나님 곧 전능
하신 이의 큰 날에 있을 전쟁을 위하여 그들을 모으더라
15보라 내가 도둑같이 오리니 누구든지 깨어 자기 옷을 지켜 벌거벗고 다니지
아니하며 자기의 부끄러움을 보이지 아니하는 자는 복이 있도다
16세 영이 히브리어로 아마겟돈이라 하는 곳으로 왕들을 모으더라
17일곱째 천사가 그 대접을 공중에 쏟으매 큰 음성이 성전에서 보좌로부터 나
서 이르되 되었다 하시니
18번개와 음성들과 우렛소리가 있고 또 큰 지진이 있어 얼마나 큰지 사람이 땅
에 있어 온 이래로 이같이 큰 지진이 없었더라
19큰 성이 세 갈래로 갈라지고 만국의 성들도 무너지니 큰 성 바벨론이 하나님
앞에 기억하신 바 되어 그의 맹렬한 진노의 포도주 잔을 받으매
20각 섬도 없어지고 산악도 간데없더라
21또 무게가 한 달란트나 되는 큰 우박이 하늘로부터 사람들에게 내리매 사람
들이 그 우박의 재앙 때문에 하나님을 비방하니 그 재앙이 심히 큼이러라

1) 계시록 16장의 구조

(1) 1–9절 – 처음 네 개의 대접의 재앙: 우주적 심판

① 1–2절 – 대접 심판 명령과 첫째 대접의 심판: 짐승을 따르는 자의 종기

심판

② 3절 – 둘째 대접의 심판: 죽은 자의 피

③ 4-7절 – 셋째 대접의 심판: 피 심판에 대한 하나님의 정당성

④ 8-9절 – 넷째 대접의 심판: 해가 사람을 태움 – 대적하고 회개치 않음

⑵ 10–21절 – 마지막 세 개 대접의 재앙: 짐승, 용과 바벨론에 대한 심판

① 10-11절 – 다섯째 대접의 심판: 어둠, 통증과 종기 - 회개치 않음

② 12-16절 – 여섯째 대접의 심판: 아마겟돈 전쟁 준비

③ 17-21절 – 일곱째 대접의 심판: 큰 지진과 큰 우박의 재앙

하나님의 의로우심과 권선징악의 결말로 교훈하며 7년 대환난의 마지막 재앙을 예언하고 있다.

2) 각 절 주해

⑴ 1–9절 – 우주적 심판

① 1절 "또 내가 들으니 성전에서 큰 음성이 나서…하나님의 진노의 일곱 대접을 땅에 쏟으라"

'성전에서 난 큰 음성'은 하나님께서 발하시는 복수의 음성이다. 여기서 땅은 하나님의 진노의 대상인 악의 영역으로 용의 활동 무대이며, 짐승과 거짓 선지자가 활개 치는 장소이며, 한마디로 바벨론을 가리킨다.

② 2절 “첫째 천사가 가서 그 대접을 땅에 쏟으매 짐승의 표를 받은 사람들과 그 우상에게 경배하는 자들에게 악하고 독한 종기가 나더라”

첫째 대접의 심판은 출애굽 당시 애굽과 바로에게 내린 여섯째 재앙과 흡사한데 하나님은 성경에서 종기로 여러 차례 징치하셨다(출 9:9 - ‘애굽의 여섯째 재앙’; 삼상 5:9 - ‘법궤를 빼앗은 블레셋’; 사 38:1 - ‘히스기야 왕’; 행 12:23 - ‘헤롯 아그립바 1세’). 성경 외에 나타난 기독교 역사에서 네로가 받은 천벌, 시리아의 안티오쿠스, 헤롯 안디바 등도 종기로 인해 고통을 겪었다(석원태).

앞으로 인류에게 닥칠 재앙은 팬데믹(Pandemic, 전염병)을 넘어 인스턴트 식품과 핵 방사선 폐기물 등이 독종을 유발시킬 가능성이 크다.

③ 3절 "둘째 천사가 그 대접을 바다에 쏟으매 바다가 곧 죽은 자의 피같이 되니"

여기서 바다는 실제 바다일 수도 있고 열국을 상징할 수도 있는데 전자에 더 무게를 두고 싶다. 바다에 재앙이 쏟아져 애굽의 첫 번째 재앙처럼 피바다가 되는데 이는 썩은 바다, 죽은 바다를 의미한다. 바다가 피의 물결과 악취로 뒤덮이는 처참한 상황이 되는 것이다.

④ 4-7절 – 세 번째 대접 재앙

a) 셋째 천사가 그 대접을 강과 물 근원에 쏟으매 피가 되었다.

애굽에 내려졌던 첫 번째 재앙은 나일 강만 피로 변했고(출 7:20-25), 둘째 나팔 재앙 때는 물의 3분의 1만 쓴 쑥이 되어 많은 사람이 죽었다(계 8:10-11). 그러나 대접 재앙 때는 모든 강과 물 근원이 피로 변해서 목이 타는 고통이 찾아올 것이다. 구약시대와 오늘날에 산발하는 재앙은 예시요 전초전에 불과하고, 말세를 대비하여 깨어 있으라는 경고이다. 시편 78편 44절에는 출애굽의 과정을 묘사하면서 "그들의 강과 시내를 피로 변하여 그들로 마실 수 없게 하시며"라고 표현했다. 몇 년 전에는 터키에서 강물이 피같이 붉어져 주민들이 공포에 떤 일이 있었다(박수암). 그러나 장차 지옥의 고통과 같은 목마름(눅 16:24)이 다가올 것이다. 나일 강에 행하셨던 제한적 재앙, 물이 써서 못 먹는 쑥의 재앙은 예표일 뿐이다. 앞으로는 식수난이 지구를 뒤덮을 것임을 예견하고 있다.

b) 물을 차지한 천사(5절)

본서에서 하나님의 심판을 실행하는 천사들이 각기 자연계의 일부를 담당하고 있다. 바람을 다스리는 천사(계 7:1), 불을 다스리는 천사(계 14:18), 그리고 본 절에는 물을 다스리는 천사가 나온다.

c) 5b-7절

하나님의 심판은 공의롭고 정확하시다. 그러므로 '악인이 왜 형통하고 의인이 고통을 받아야 하는가'에 대한 하나님을 향한 불평과 항변은 멀리 보지 못한 까닭이다. 악인이 잘된다고 불평하거나 흥분하지 말라(시 37:1-2 - "악을 행하는 자들 때문에 불평하지 말며 불의를 행하는 자들을 시기하지 말지어다 그들은 풀과 같이 속히 베임을 당할 것이며 푸른 채소같이 쇠잔할 것임이로다"). 때가 되면 그에 대한 분명한 보응이 반드시 있다. 피할 길은 회개뿐이다.

순교자들이 제단 아래에서 자신들이 흘린 피를 신원해 달라고 간구하였으며(대하 24:22; 계 6:9-10), 성도의 피 맺힌 기도의 향연이 하나님의 진노를 불러일으켰던 것처럼(대하 24:25; 계 8:4-5), 짐승의 표를 받은 자들과 우상에게 경배하였던 자들이 성도들과 선지자들의 피를 흘렸으므로 피를 마심이 당연하다고 말씀하고 있다(사 49:26).

하박국의 주제는 '의인의 고통과 악인의 형통'에 관한 것이다. 신정론(神正論, '하나님은 과연 올바르신가')에 대한 하박국의 질문에 하나님께서 "의인은 그의 믿음으로 말미암아 살리라"(합 2:4b)로 답하셨다. 영원한 구원을 보장받은 신도는 악인의 형통에 마음이 혼란스러워지지 않는다. 악인의 멸망이 '비록 더딜지라도 기다리라, 지체되지 않고 반드시 응하리라'(합 2:3b). 셋째 대접의 재앙에서 반드시 신원(revenge)하시는 하나님을 보게 될 것이다. 심은 대로 거두는 것은 성경의 법칙이요(갈 6:7), 악인을 심판하심은 하나님의 속성이다.

⑤ 8-9절 – 네 번째 대접 재앙

하나님께서 천체에 일으키신 재앙과 이적이 있다. 애굽의 아홉째 재앙 때는 해가 어두워졌고(출 10:21), 여호수아 때는 해와 달이 멈추었으며(수 10:13), 히스기야 때는 해의 일영표가 십도 뒤로 물러가고(사 38:8), 예수님께서 못 박히실 때는 정오에서 오후 3시까지 흑암이 덮였다(마 27:45). 하나님께서 고통당하시는 성자의 비명을 들으시고("엘리 엘리 라마 사박다니, 나의 하나님 나의 하나님 어찌하여 나를 버리셨나이까") 차마 사람들로 하여금 비참함을 못 보게 하시려고 불을 끄셨다. 말세에는 해가 어두워지고 달이 핏빛이 될 것이다(행 2:20).

요한계시록에 나오는 네 번째 나팔 재앙에는 해와 달과 별의 3분의 1이 어두워졌었다. 나팔 재앙 때는 해와 달과 별에게 직접 재앙이 닥쳤다(계 8:12). 하지만 네 번째 대접 재앙은 해만 대상이 되어 뜨거워지고 그 해가 사람을 태울 것이다(현대인의 성경에는 '뜨거운 열기로 화상을 입게 되자'로 번역되었다).

10년 전쯤 유럽에 닥친 여름 폭염으로 1만 명의 프랑스 노인들이 사망한 적이 있다. 이처럼 말세 때는 해가 어두워지면서 열은 높아지는 기현상이 나타날 것이다.

그럼에도 불구하고 짐승의 표를 받은 사람들은 양심에 화인(불도장)을 맞아서 깨닫고 회개하지 못한다. 출애굽 당시 바로와 신하들의 마음이 강퍅(완악)하게 되어서 회개하지 않고 홍해에 수장되었던 것처럼 악한 날에 악인은 더 악해질 것이다. 심지어 그들은 하나님을 훼방하고 모독하여 하나님의 신성을 폄훼하고 부인한다. 오늘날 예수님의 신성을 부인하고 예수님을 인간의 자리로 끌어내리는 어리석은 자들이 존속하는 것처럼, 종말에는 공공연히 하나님을 비방하며 바로처럼 맞을수록 더 악랄해지는 무리들이 일어날 것이다.

⑵ 10-21절 – 마지막 세 개 대접의 재앙: 짐승, 용과 바벨론에 대한 심판

① 10-11절 – 다섯 번째 대접 재앙

다섯 번째 천사가 그 대접을 '짐승의 보좌'에 쏟으니 그 나라가 어두워지며 불신자들이 아픈 것과 종기로 말미암아 하늘의 하나님을 비방했다.

'짐승의 보좌'는 붉은 용(사탄)이 적그리스도에게 준 것으로 우상숭배와 세상 권력의 중심지를 상징한다(헨드릭슨, 플루머). 과거적 해석으로는 로마를 가리키며, 종말론적으로는 전 세계가 하나가 되어 통일 정부 형태를 이루어 기독교를 박해하는데, 다섯 번째 대접 재앙에서 하나님의 천사가 이곳에 심판의 대접을 붓는다.

다섯 번째 대접의 재앙의 결과는 다음과 같다.

a) 사람들이 아파서 자기 혀를 깨문다.

다섯째 나팔 재앙에서 살펴본 황충 재앙과 흡사하나 나팔 재앙 때는 주로 마음의 고통을 다룬 데 비해 여기서는 육체적 고통에 더 큰 비중을 두고 있다.

b) 어둠이 찾아왔다.

출애굽 시 아홉 번째 재앙(출 10:21-29)도 흑암이었던 것처럼 남유다 요아스 왕 때 활동했던 요엘 선지자 역시 말세에 어둡고 캄캄한 날, 짙은 구름이 덮인 날이 이를 것을 예언했다(욜 2:1-2).

c) 하늘의 하나님을 비방했다.

회개는 하나님께서 주시는 은혜의 산물이다. 매맞을수록 점점 하나님을 멀리하는 사람이 있고, 하나님께 맞으면 주님께 돌아오고 그 품에 안기는 사람이 있다. 그런데 대접 재앙에 이르러서는 회개가 되지 않는 것이다.

나이아가라 폭포에 세 개의 선이 있다. 첫째 선은 '이 밑으로는 가지 마라', 둘째 선은 '다시 돌이키기가 어렵다', 셋째 선은 '노력해도 돌이킬 수 없다.' 알고도 돌이킬 수 없는 때가 있다. 이단에 빠진 자도 어느 단계에서 발을 잘못 디딘 것을 알지만 벗어나질 못한다. 거미줄에 이미 걸린 곤충과 같으며, 미끼에 미혹되어 육지로 나온 물고기와 같다. 대접 재앙의 특징은 회개는커녕 하나님을 원망하므로 하늘을 향해 화살을 쏘는 것이다.

② 12-16절 – 여섯째 대접의 심판: 아마겟돈 전쟁 준비

a) 아마겟돈은 구약시대 전쟁이 많이 일어났던 갈멜 산 근처 므깃도로 파악되고 있다.

이곳은 샤론 평야와 이스르엘 계곡 사이의 평지로 군사요충지였다. 므깃도는 바락과 드보라가 가나안 왕들을 물리치고(삿 5:19) 애굽 왕 바로느고가 요시야 왕에게 치명상을 입힌 곳이기도 하다(왕하 23:29-30).

b) 여섯째 대접 재앙은 여섯째 나팔 재앙과 유사하다.

양자 모두 유브라데 강을 기점으로 장차 벌어질 큰 전쟁이란 점에서 유사하다. 요한계시록 9장 13-21절에서 살펴보았던 여섯째 나팔 재앙에서는 이만만의 마병대가 동원되고 그 결과 인구의 3분의 1이 죽지만 대접 재앙은 세 귀신의 영(적그리스도의 영)에 의해 준비가 된다. 여섯째 대접 재앙이 일으킬 아마겟돈 전쟁은 종말과 직결된 세계 최후의 전쟁인 셈이다.

c) 아마겟돈 전쟁을 접근하는 세 가지 방향이 있다.

첫째는 AD 62년 로마와 파르디아(Parthia) 왕들 간의 전쟁으로, 로마를 패전시킨 전쟁을 배경으로 한다는 견해이다(과거적 해석). 파르디아는 당시 유브라데 강에서 인더스 강까지 전역을 장악하고 활쏘기를 잘했던 파르디아 군들이 로마를 멸망시킨다는 풍문을 근거로 기록했다는 것이다(Charles, Weiss). 로마 박해 상황에서 기독교인들에게 큰 희망의 메시지였음에 분명하다. 하지만 아마겟돈 전쟁은 미래의 전쟁이지 과거의 전쟁이 아니기 때문에 설득력이 희박하다.

둘째, '동방에서 오는 왕들'이란 하나님의 백성을 치기 위해 원방에서 모이는 모든 세력의 통칭으로 상징적인 말이란 관점이다(Ladd). 한마디로 영적 전쟁이다. 하나님의 백성과 이들을 대적하기 위해 마지막 발악을 하는 우상숭배자들과 짐승의 표를 받은 사람들 간의 전쟁이란 말에는 이견이 없으나 '상징'이란 말은 오해를 불러일으킬 수 있다. 여섯째 나팔 재앙에서 운집했던 이만만(2억 명)의 마병대는 당시로서는 전 세계 인구라 보아도 무방하다. 결국 여섯째 대접 재앙에서 지상에 남은 불신자 세력이 휴거된 하나님 백성과의 일전을 준비하고 있다고 보아야 할 것이다.

셋째, 므깃도에서 이만만이 모이기란 불가능하다. 아마겟돈 전쟁이란 므깃도 즉 이스라엘을 중심으로 한 전 세계 종교전쟁이다. 중동은 유대교, 이슬람, 기독교가 상존하는 세계의 화약고이다. 예수님께서 승천하신 감람산 위에 휴거된 무리들과 지상에서 대접 재앙의 고통으로 피폐된 불신자간의 대결의 장이 아마겟돈 전쟁이다.

d) 이들의 배후의 세력은 개구리 같은 세 더러운 영이다(13절).

이 세 더러운 영은 '용의 입과 짐승의 입과 거짓 선지자의 입'에서 나온다. 용은 12장의 붉은 용, 짐승은 13장 1-10절에 나오는 바다에서 나오는 짐승 즉 세상 국가권력, 그리고 13장 11-18절에 나오는 거짓 선지자인데 이들이 마귀의 삼위일체이다. 개구리 영은 애굽의 두 번째 재앙과 연결되고 있으며(출 8:1-15), 부정하여 먹지 못하는 양서류이다(레 11:10-11). 개구리 영은 더럽기 때문에 사람과 세상을 추하게 만들며, 시끄러운 존재이기에 교회와 세상을 시끄럽게 하고 소동을 일으킨다(잠 26:20 - "나무가 다하면 불이 꺼지고 말쟁이가 없어지면 다툼이 쉬느니라"). 용과 짐승과 거짓 선지자 입에서 나오는 더러운 개구리 영은 예수님 입에서 나오는 말씀의 검과 성령의 불로 소멸될 것이다(계 19:17-21). 여섯째 나팔 재앙과 달리 여섯째 대접 재앙인 아마겟돈 전쟁은 왕들을 모으기만 할 뿐 미완성이다. 아마겟돈 전쟁은 요한계시록 19장 19-21절에서 백마 탄 예수님의 승리로 종결된다.

이 개구리 같은 더러운 영은 한마디로 귀신의 영이다(14절).

귀신의 세력이 이적을 일으킨다. 그동안 귀신의 영은 택하신 자들도 미혹하여 왔다.

마 24:24 "거짓 그리스도들과 거짓 선지자들이 일어나 큰 표적과 기사를 보여 할 수만 있으면 택하신 자들도 미혹하리라"

시점으로 본다면 아마겟돈 전쟁을 배후에서 조종한 귀신의 영은 대접 재앙 전까지는 신자를 미혹했으나 그때에는[말세지말(末世之末)] 불신자 결합을 위한 이적 행함으로 봐야 문맥에 어긋남이 없다. 이런 이적 행함으로 온 천하 왕들과 하나님을 대적하는 세력을 모아 하나님의 군대와 일전(一戰)을 펼치다가 결국 패망으로 막을 내리고 만다. 엘리야가 바알과 아세라 제사장 450명(아세라 선지자 400명은 이세벨이 도피시킨 것으로 보고 있다)을 섬멸한 갈멜 산에서 최후 승리를 맞이한다(장영일). 이날이 바로 '전능하신 이의 큰 날'이요,

V-day(victory-day)인 것이다.

e) 15절에 "내가 도둑같이 오리니 누구든지 깨어 자기 옷을 지켜 벌거벗고 다니지 아니하며 자기의 부끄러움을 보이지 아니하는 자는 복이 있다"라고 했다.

요한계시록에 기록된 세 번째 복이다. 주님은 홀연히 오신다. 예기치 않은 때 신랑 예수는 오신다. 구원받은 자는 깨어 있어야 한다(마 26:41; 엡 6:18; 벧전 4:7). 마태복음 25장 1-13절에 나오는 열 처녀 비유같이 성도는 깨어 있어야 한다(마 25:13). '옷을 지킨다'는 것은 믿음을 지킨다는 뜻이다. 사탄은 우리의 믿음을 노략하려고 호시탐탐 엿본다. 개구리처럼 사탄은 거짓말하고, 싸우게 하고, 더럽고 추하게 만들어서 구원자의 반열에서 탈락시키고자 갖은 모략을 다하는 것이다. '옷을 빼앗긴다'는 말은 구원의 상실을 의미한다. 전술한 대로 '한 번 구원은 영원한 구원'이지만 구원의 보장(security)은 교파 간 이견이 있으며, 장로교단을 제외한 모든 교파에서 구원의 상실을 가르치고 있다. 특히 요한계시록은 로마 당시의 배교적 상황을 고려하여 신앙의 변절을 막아내고자 했다(과거적 해석). 동시에 현시대와 오는 세대에도 믿음의 파선자들이 생기지 않기를 바라시는 주님의 마음을 기록했다.

딤전 1:19 "믿음과 착한 양심을 가지라 어떤 이들은 이 양심을 버렸고 그 믿음에 관하여는 파선하였느니라"
딤후 4:7–8 "나는 선한 싸움을 싸우고 나의 달려갈 길을 마치고 믿음을 지켰으니 이제 후로는 나를 위하여 의의 면류관이 예비되었으므로 주 곧 의로우신 재판장이 그날에 내게 주실 것이며 내게만 아니라 주의 나타나심을 사모하는 모든 자에게도니라"

불신자와 믿음을 지키지 못한 자들의 마지막은 무저갱이요, 종국적으로는 지옥이다. 대접 재앙이 이르기 전 주님의 음성에 마음 문을 열고 주님을 영접해야 하고 '그리스도의 옷', '의의 옷'을 지켜야 한다. 라오디게아 교인처럼 벌거벗은 수치를 갖고는 예수 신랑의 혼인 예식에 참여할 수 없다.

마 22:11-14 "임금이 손님들을 보러 들어올새 거기서 예복을 입지 않은 한 사람을 보고 이르되 친구여 어찌하여 예복을 입지 않고 여기 들어왔느냐 하니 그가 아무 말도 못하거늘 임금이 사환들에게 말하되 그 손발을 묶어 바깥 어두운 데에 내던지라 거기서 슬피 울며 이를 갈게 되리라 하니라 청함을 받은 자는 많되 택함을 입은 자는 적으니라"

팁 포인트(Tip Point)

30. 여호와의 증인은 왜 군대 복무를 회피하는가?

여호와의 증인 창교자인 찰스 T. 러셀은 안식교가 주장하는 '고통 받는 지옥은 없다'는 설교에 영향을 받아 여호와의 증인(Jehovah's Witness)을 창설했다. 삼위일체를 부인하고, 예수를 가장 높은 피조물인 천사장 미가엘로 보고 있으며, 성경이 여러 세기에 걸쳐 부패했다고 말한다.

여호와 증인이 왜 이단인가를 요한계시록 안에서 살펴보자.

첫째, 십사만 사천 교리(계 14:1-5)에 있어서는 천적반열(하늘백성)인 십사만 사천이 하늘에서 왕과 제사장이 되어 다스리는 한편, 지적반열(땅의 무리)은 큰 무리로 지상낙원에서 산다고 가르치고 있다. 천국이 시공을 초월한 장소임을 이해하지 못하여 한정된

공간 개념 속에서 이단 교리를 추출해 냈다.

둘째, 지옥을 부인한다. 안식교나 여호와의 증인은 구약에서의 음부가 히브리어 '스올'로서 불신자나 신자나 죽으면 누구나 가는 '무덤'을 뜻한다고 주장한다. 누가복음 16장에 나오는 부자와 나사로는 실제 사건이 아니라 단지 애굽의 설화라고 주장하지만 이는 논리적 설득력이 없다. 이집트 설화에는 아브라함, 모세와 선지자들의 기독교적 표현이 전혀 없기 때문이다. 무엇보다 신약에서 지옥에 대한 표현은 여러 곳에 산재해 있다(마 5:22-30, 10:28, 18:9, 23:15; 막 9:43-48; 눅 12:5; 약 3:6; 벧후 2:4 등).

셋째, 이들은 병역을 거부한다.

표면적 이유는 "원수를 사랑하라" "살인하지 말라" "하나님은 전쟁을 반대하신다" 등등의 명분을 내세우지만 이것은 본질 사안이 아니다. 아마겟돈 전쟁이 일어나면 하늘 군대인 여호와의 증인과 세상 군대가 싸워야 하는데 사탄의 군대에 입대할 수 없다는 교리적 문제인 것이다.

우리는 성령의 은혜와 지혜 속에 성경의 바른 이해와 분별력이 절실한 시대에 살고 있는 것이다.

---

③ 17-21절 - 일곱째 대접의 심판: 바벨론 멸망과 우박

일곱째 대접 재앙은 7년 대환난 마지막 재앙으로, 세상 나라 큰 성 바벨론은 사라진다.

a) 17절

ⓐ "일곱째 천사가 그 대접을 공중에 쏟으매"

공중이라 함은 '공중권세를 가진 자'(엡 2:2) 즉 사탄에게 재앙을

쏟아 부은 것이다. 사탄은 전 세계적으로 날뛰며 믿는 자를 괴롭히고, 택한 자라도 우는 사자같이 두루 다니며 삼킬 자를 찾는다(벧전 5:8). 하나님께서 마지막 재앙으로 마귀를 심판하신다.

ⓑ "큰 음성이 성전에서 보좌로부터 나서 이르되 되었다"

여섯째 나팔과 여섯째 대접이 유사점이 많은 것처럼 일곱째 대접도 일곱째 나팔과 비슷하다. 그러나 심판의 역사를 묘사함에 있어서 일곱째 나팔에서는 "주의 진노가 임하여"(미래)로 되어 있고, 여기서는 "되었다"(완료)로 되어 있다. 그러므로 일곱째 대접은 일곱째 나팔의 완전한 실현인 것이다(박수암).

b) 18절

ⓐ "번개와 음성들과 우렛소리가 있고"

하나님의 임재와 심판을 나타낸다(4:5, 8:5, 11:19).

ⓑ "큰 지진이 있어…이같이 큰 지진이 없었더라"

21세기에 들어서서 일본을 비롯한 중국, 인도네시아, 칠레, 아이티 등지에서 대형지진이 발생하고 있으며, 지진 전문가들은 칠레와 미국 산안드레아스 단층에서 초대형 지진이 발생할 것을 우려했다(EBS '대재앙-지진'). 하지만 마지막 대접 재앙은 이것들과도 비교할 수 없을 것이다.

c) 19절

ⓐ "큰 성 바벨론"

'바벨론'은 사도 요한 당시 로마 제국을 지칭하던 은어였다(벧전 5:13). 하지만 바벨론은 로마로 국한시켜서는 안 된다. 어느 시대든지 하나님을 대적하는 바벨론은 존재해 왔기 때문이다. 종말에는 하나님을 대적하는 바벨탑 같은 문명(창 11:1-9)의 총체가 '세 갈래'로 산산조각 나게 될 것이다. 바벨탑의 교만으로 인류가 흩어졌던 것같이 마지막 재앙에는 심각한 징계와 함께 바벨론은 소멸될 것이다.

ⓑ "만국의 성들도 무너지니"

만국의 성이란 역사적으로는 로마의 속국들이며, 마지막 때에는 바벨론에 속해 있던 도시와 나라들을 가리킨다.

ⓒ "하나님 앞에 기억하신 바 되어 맹렬한 진노의 포도주 잔을 받으매"

바벨론의 죄악상과 참상의 예표를 이사야 시대 때 멸망을 눈앞에 둔 에브라임에게서 찾아볼 수 있다.

사 28:1-3 "에브라임의 술 취한 자들의 교만한 면류관은 화 있을진저 술에 빠진 자의 성 곧 영화로운 관같이 기름진 골짜기 꼭대기에 세운 성이여 쇠잔해 가는 꽃 같으니 화 있을진저 보라 주께 있는 강하고 힘 있는 자가 쏟아지는 우박같이, 파괴하는 광풍같이, 큰 물이 넘침같이 손으로 그 면류관을 땅에 던지리니 에브라임의 술 취한 자들의 교만한 면류관이 발에 밟힐 것이라"

d) 20절 "각 섬도 없어지고 산악도 간데없더라"

여섯째 인, 지진 재앙은 산과 섬의 이동을 가져올 것이지만(계 6:12-14) 일곱째 대접 재앙으로 인한 창세 이후의 가장 큰 지진은 아예 산과 섬을 훼파하여 사라지게 할 것이다.

e) 21절

ⓐ "무게가 한 달란트나 되는 큰 우박이 하늘로부터 사람들에게 내리매"

애굽에 내린 일곱 번째 재앙(출 9:23)은 약과에 불과하다. 하나님은 우박을 징계의 수단으로 사용하셨다(수 10:11; 시 78:47; 사 28:2, 30:30; 겔 13:11, 38:22; 학 2:17). 그러나 마지막 재앙의 우박은 1달란트(34kg) 되는 상상을 초월하는 우박이다. 지진이 나서 초토화가 된 바벨론 성을 큰 우박으로 완전 파쇄시키는 비참한 장면이다.

ⓑ "그 우박의 재앙 때문에 하나님을 비방하니 그 재앙이 심히 큼이러라"

다 무너진 곳에 살아남은 사람들 입에서 나오는 말은 하나님에 대한 비방이다. 짐승의 표를 받은 사람들의 머릿속에 박힌 불신 사상은 복음으로도, 징계로도 회개가 불가능하기에 지옥으로 떨어지는 것이다. 회개는 하나님께서 베푸시는 은혜의 사건이다. 인간은 노력이나 징계로 돌이킬 수 없다. 기회가 지나가기 전에 예수 복음을 받아들이라(고후 6:1-2). 이때를 놓치면 믿고 싶어도 믿어지지 않고, 회개하고 싶어도 회개할 수가 없기에 그러하다. 기독교는 '때'의 종교이다(막 1:15 - "이르시되 때가 찼고 하나님의 나라가 가까이 왔으니 회개하고 복음을 믿으라 하시더라").

17장

큰 음녀(바벨론)의 심판(삽입환상 7-1)

본 장은 바벨론 멸망을 언급한 16장 19절과 깊은 관련이 있으며, 그 연속선상에 있다. 여기에서 앞으로 다룰 요한계시록의 내용을 도표화해 보도록 하겠다.

17:1–18	큰 음녀(바벨론)의 멸망
18:1–24	바벨론 몰락 이유와 결말, 그리고 애가(哀歌, Lamentation)
19:1–10	승리의 찬양(네 번의 할렐루야)
19:11–16	백마를 타신 승리의 그리스도
19:17–21	짐승과 거짓 선지자의 최후(아마겟돈 전쟁의 종결)
20:1–6	용의 결박과 천년왕국
20:7–10	곡과 마곡의 전쟁(지옥으로 떨어진 마귀)
20:11–15	백보좌 심판(불신자 심판)
21:1–22:5	새 하늘과 새 땅
22:6–21	후기 : 주 예수여 속히 오시옵소서(마라나타)

위에 설명한 도표를 중심으로 17장을 세부적으로 조망해 보면 현 우주의 완전한 해체와 백보좌 심판, 새 하늘과 새 땅이 완전히 조성되기 전 일단 세속 문화의 핵심지인 바벨론이 철저히 파괴된다. 사도 요한이 본 일곱 번째 삽경인 바벨론 멸망은 17-18장 두 장에 걸쳐 진행되는데 17장은 바벨론 멸망을 상징화하고 있으며, 18장은 이에 대한 세상의 애곡을 보여주면서 7년 대환난을 종식하고 있다.

|**계 17:1-18**|

1또 일곱 대접을 가진 일곱 천사 중 하나가 와서 내게 말하여 이르되 이리로 오라 많은 물 위에 앉은 큰 음녀가 받을 심판을 네게 보이리라

2땅의 임금들도 그와 더불어 음행하였고 땅에 사는 자들도 그 음행의 포도주에 취하였다 하고

3곧 성령으로 나를 데리고 광야로 가니라 내가 보니 여자가 붉은 빛 짐승을 탔는데 그 짐승의 몸에 하나님을 모독하는 이름들이 가득하고 일곱 머리와 열 뿔이 있으며

4그 여자는 자줏빛과 붉은빛 옷을 입고 금과 보석과 진주로 꾸미고 손에 금잔을 가졌는데 가증한 물건과 그의 음행의 더러운 것들이 가득하더라

5그의 이마에 이름이 기록되었으니 비밀이라, 큰 바벨론이라, 땅의 음녀들과 가증한 것들의 어미라 하였더라

6또 내가 보매 이 여자가 성도들의 피와 예수의 증인들의 피에 취한지라 내가 그 여자를 보고 놀랍게 여기고 크게 놀랍게 여기니

7천사가 이르되 왜 놀랍게 여기느냐 내가 여자와 그가 탄 일곱 머리와 열 뿔 가진 짐승의 비밀을 네게 이르리라

8네가 본 짐승은 전에 있었다가 지금은 없으나 장차 무저갱으로부터 올라와 멸망으로 들어갈 자니 땅에 사는 자들로서 창세 이후로 그 이름이 생명책에 기록되지 못한 자들이 이전에 있었다가 지금은 없으나 장차 나올 짐승을 보고 놀랍게 여기리라

9지혜 있는 뜻이 여기 있으니 그 일곱 머리는 여자가 앉은 일곱 산이요

10또 일곱 왕이라 다섯은 망하였고 하나는 있고 다른 하나는 아직 이르지 아니하였으나 이르면 반드시 잠시 동안 머무르리라

[11]전에 있었다가 지금 없어진 짐승은 여덟째 왕이니 일곱 중에 속한 자라 그가
멸망으로 들어가리라
[12]네가 보던 열 뿔은 열 왕이니 아직 나라를 얻지 못하였으나 다만 짐승과 더
불어 임금처럼 한동안 권세를 받으리라
[13]그들이 한 뜻을 가지고 자기의 능력과 권세를 짐승에게 주더라
[14]그들이 어린 양과 더불어 싸우려니와 어린 양은 만주의 주시요 만왕의 왕이
시므로 그들을 이기실 터이요 또 그와 함께 있는 자들 곧 부르심을 받고 택하
심을 받은 진실한 자들도 이기리로다
[15]또 천사가 내게 말하되 네가 본 바 음녀가 앉아 있는 물은 백성과 무리와 열
국과 방언들이니라
[16]네가 본 바 이 열 뿔과 짐승은 음녀를 미워하여 망하게 하고 벌거벗게 하고
그의 살을 먹고 불로 아주 사르리라
[17]이는 하나님이 자기 뜻대로 할 마음을 그들에게 주사 한 뜻을 이루게 하시고
그들의 나라를 그 짐승에게 주게 하시되 하나님의 말씀이 응하기까지 하심이라
[18]또 네가 본 그 여자는 땅의 왕들을 다스리는 큰 성이라 하더라

1) 계시록 17-18장의 구조

⑴ 17:1-5 – 큰 음녀(바벨론)의 사악한 모습

⑵ 17:6-14 – 어린 양 예수 그리스도를 대적하는 짐승

⑶ 17:15-18 – 바벨론의 몰락

⑷ 18:1-8 – 바벨론의 음행과 사치(몰락 이유)

⑸ 18:9-20 – 왕들, 상인들, 바다 선장들과 선객과 선원의 애통

(6) 18:21–24 – 성도의 승리

2) 각 절 주해

(1) 1–5절 – 큰 음녀(바벨론)의 사악한 모습

① 1절 – 많은 물 위에 앉은 큰 음녀(바벨론)

a) "많은 물 위"

열방(列邦)으로 "백성과 무리와 열국과 방언들"(계 17:15)에 대한 상징적 표현이며, 큰 음녀는 바벨론(계 17:5, 18)을 의인화하여 표현한 것이다. 따라서 온 세상을 지배한 바벨론 세력이 받을 심판을 말한다.

b) 1절 "음녀"

큰 음녀 바벨론의 예표는 아스다롯(왕상 11:5), 이세벨(왕상 16:31-33, 나라를 망친 여인), 아달랴(왕하 11:1-16, 악녀), 하늘 황후(렘 7:18, 앗수르, 바벨론의 모신), 헤로디아(마 14:8-11, 의인의 피를 요구함), 에베소의 아데미 여신(행 19:27-28, 그리스 12신 중 하나로 풍요와 다산을 상징함) 등이 있다(《그랜드 주석》).

구약에서는 타락한 이스라엘(사 1:21), 두로나 니느웨를 음녀에 비유하였다(사 23:15-16). 그러므로 음녀는 자신만 아니라 다른 사람들까지도 유인하고 유혹하여 범죄하게 하는 사탄의 상징인 셈이다(바클레이).

c) 음녀 바벨론과 새 예루살렘의 비교

바벨론	새 예루살렘
땅의 왕들과 음행을 했던 음녀(17:2)	어린양의 아내, 거룩한 신부(21:2, 9)
세상을 착취해서 얻은 바벨론의 영광(17:4)	하나님의 영광(21:11–21)
나라들을 더럽히고 가증하게 만듦(17:2).	만국이 빛 가운데 다님(21:24).
바벨론은 땅의 왕을 지배한다(17:18).	땅의 왕들이 그들의 영광을 새 예루살렘으로 가지고 들어간다(21:24).
바벨론의 부와 사치는 세상으로부터 얻은 것이다(18:12–17).	사람들이 만국의 영광과 존귀를 새 예루살렘으로 가지고 들어온다(21:26).
바벨론은 가증한 것과 음행의 더러운 것으로 가득하다(17:4–5).	속된 것, 가증한 일, 거짓말하는 자는 결코 못 들어감(21:27).
술로 나라를 취하게 함(17:2).	생명수와 생명나무가 나라들을 치료함(21:6, 22:1–2).
살육자의 피(17:6)	생명과 치료(22:1–2)
하나님의 백성이 바벨론에서 나올 것을 요구받는다(18:4).	하나님의 백성이 새 예루살렘으로 들어가도록 요구받는다(22:14).

(이필찬, 《내가 속히 오리라》 참조)

② 2절

a) "땅의 임금들도 그와 더불어 음행하였고"

음행(헬, '포르뉴오')은 부부관계 이외의 부정한 관계나 음욕까지를 뜻한다(마 5:32; 막 7:21). 또 영적인 음행은 우상숭배를 말한다. 이 두 가지는 실상 서로 연관되어 있는데 우상숭배를 하는 신전에서 공창(公娼)이 성행위를 하였다. 그 이유는 신들이 성행위를 보고 흥분하여 비를 쏟아지게 한다고 보았기 때문이다. 오늘날도 우상숭배는 음행을 수반하는 경우가 많아서 우상숭배 국가들은 음란과 성병이 창궐하고 있다.

b) "땅에 사는 자들도 그 음행의 포도주에 취하였다"

'땅에 사는 자들'이란 불신자이며 짐승 숭배자이고, 창세 이후로 생명책에 그 이름이 녹명되지 못한 자들이다(해링톤). 이들이 음행의 포도주에 취했다는 것은 술과 여자로 범벅이 된 문란한 생활을 뜻한다. 기생집을 찾는 인생, 잠언 7장에 나오는 음녀의 미혹에 이끌려 도살장으로 끌려가는 젊은이를 연상하게 한다.

③ 3절 "곧 성령으로 나를 데리고 광야로 가니라"

마태복음 4장 1절에 보면, 예수님께서 성령에게 이끌리어 마귀에게 시험을 받으러 광야로 가셨다. 광야는 1차적으로 세상을 의미하고 마귀가 있는 곳이며 테스트의 장소였다. 이스라엘 백성이 홍해를 건넌 후 광야생활을 했는데 가데스바네아에서 시험에 떨어져 40년 동안 방황했다. 가나안은 연단 받고 시험을 통과한 자가 들어가는 젖과 꿀이 흐르는 땅이었으며, 천국 또한 성화되는 과정을 통해 들어가는 곳임을 암시하고 있다.

2차적으로는 교회가 광야이다. 스데반은 사도행전 7장의 설교에서 광야생활을 광야교회로 표현했다(행 7:38). 교회 역시 영적 전투가 있는 곳이다. 지상의 가시적 교회, 세상 속의 교회란 천국의 지점인 동시에 사탄과 싸우고 시험을 이겨내는 전투적인 장소이다.

④ 3b-5절 – 광야에서 본 큰 음녀의 흉악한 모습

a) 많은 물 위에 앉았다(1절).

세상 모든 국가와 사람들 위에 군림했다.

b) 3절 "붉은빛 짐승을 탔는데"

붉은 용처럼 붉은빛 짐승은 악의 표상이다. 이는 보혈의 색깔을 흉내 낸 것이기도 한데, 4절에 보면 여자도 붉은빛 옷을 입고 있다.

붉은빛의 특징에 대해서는 4가지 견해가 있다. 짐승의 공포를 극대화하기 위한 방법이다(마운스). 둘째, 값비싼 염료로 사치를 상징한다(롤로프). 셋째, 붉은 옷은 왕의 옷으로 하나님 왕권의 모방이자 도전으로 이해될 수 있다(그레고리 빌). 붉은 옷은 흰옷을 입은 성도와 대조를 이루어 예수님을 대적하기 위해 채택한 것이다(스몰리). 모든 견해가 서로 조화될 수 있다(이필찬, 《내가 속히 오리라》).

c) 3절 "그 짐승의 몸에 하나님을 모독하는 이름들이 가득하고"

본서 13장 1절에는 짐승의 뿔에만 하나님을 모독하는(참람한) 이름들이 있었는데 여기서는 짐승의 몸을 하나님 모독으로 도배하였다. 이것은 후기 로마 황제들이 스스로를 신으로 자처했던 것에 비견할 수 있다. 예수님의 공생애 때는 예수님에게 도리어 신성모독죄를 적용하여 십자가형을 언도했다. 역사의 지평 위에 이와 같은 현상은 종말까지 지속될 것이다.

d) 3절 "일곱 머리와 열 뿔이 있으며"

이 짐승은 우리가 13장 1절에서 보았던 바다에서 나온 짐승이요, 역사적으로는 로마를 가리킨다.

5절에서 다룰 바벨론(큰 음녀)은 일차적으로 로마를 상징한다. 중간기 시대의 유대 저작자들, 특히 로마 박해가 극심했던 AD 70년 이후의 묵시문학가들은 로마를 바벨론으로 묘사하려 하였다(에스라 4서 3:2; 2바룩 10:2-3; 3바룩 1:1). 당시 로마의 잔학상을 직설적으로 표현하기는 곤란했기 때문에 은유적 표현이 유행하였고, 바벨론과 로마가 둘 다 세계를 제패한 제국인 동시에 기독교를 박해하는 데 앞장섰으며 무엇보다 성전을 무너뜨린 세력이었기 때문이다(이필찬).

하지만 바벨론을 로마에 국한시키는 해석은 반대한다. 이는 요한이 실제적으로 로마를 염두에 두었다 할지라도 그가 내다본 음녀, 즉 바벨론은 앞으로의 세계와 종말까지를 포괄하고 있기 때문이다.

e) 4절 "자줏빛과 붉은빛 옷을 입고"

b)번 참조.

f) 4절 "금과 보석과 진주로 꾸미고"

사치와 향락주의를 보여준다.

g) "손에 금 잔을 가졌는데 가증한 물건과 그의 음행의 더러운 것들이 가득하더라"

'가증한 물건'(헬, '브델뤼그마', '괘씸하고 얄미운 데가 있다')은 우상숭배 행위나 겉 다르고 속 다를 때 사용하는 말이다. 종말과 관련하여 '가증'이란 단어는 상당히 중요하게 취급되어 왔다. 다니엘은 '멸망의 가증한 것'(단 11:13, 12:11)이란 말을 사용하여 안티오쿠스 에피파네스 시대에 거룩한 성전이 훼손되고 주피터 신상을 세워지고 돼지고기로 제사하는, 장차 도래할 망령된 사건을 예시하였다. 이에 대한 반발로 마카비 혁명이 발발하였고, 유대 하스모니아 왕조가 탄생되었다(조병호). 예수님께서도 소묵시록에서 이 구절을 인용하여 마지막 때에 나타날 가증한 징조를 말씀하셨다(마 24:15-16 – "그러므로 너희가 선지자 다니엘이 말한 바 멸망의 가증한 것이 거룩한 곳에 선 것을 보거든 (읽는 자는 깨달을진저) 그때에 유대에 있는 자들은 산으로 도망할지어다").

"음행의 더러운 것들"에서 '더러운 것'(헬, '포르네이아')은 육체적 음행을 뜻한다(엡 5:5). 따라서 음녀는 금 잔 속에 가증한 것과 더러운 것을 가득 채운 것같이 겉은 성전이요 속은 우상이며, 겉은 화려하나 속은 가증하며 위선된 모습을 지니고 있다.

롬 2:21-24 "그러면 다른 사람을 가르치는 네가 네 자신은 가르치지 아니하느냐 도둑질하지 말라 선포하는 네가 도둑질하느냐 간음하지 말라 말하는 네가 간음하느냐 우상을 가증히 여기는 네가 신전 물건을 도둑질하느냐 율법을 자랑하는 네가 율법을 범함으로 하나님을 욕되게 하느냐 기록된 바와 같이 하나님의 이름이 너희 때문에 이방인 중에서 모독을 받는도다"

h) 5절 "그의 이마에 이름이 기록되었으니 비밀이라"

이름의 첫 번째 의미는 로마시대 때 창기들이 자기 이름을 새긴 머리띠를 이마에 두른 것을 가리킨다(플루머 등). 둘째로, 이마의 이름은 소속을 드러내는 것으로, 성령의 인침 받은 자들이 그리스도의 소속이라면 666표는 마귀의 소유를 나타낸다.

예수님의 구원이 비밀의 경륜인 것처럼 음녀도 모든 죄악의 배후에 도사리고 있는 존재이며, 사람들에게 자신의 실상을 감추고 활동하는 존재이다.

잠 5:3-4 "대저 음녀의 입술은 꿀을 떨어뜨리며 그의 입은 기름보다 미끄러우나 나중은 쑥같이 쓰고 두 날 가진 칼같이 날카로우며"
고후 11:14 "이것은 이상한 일이 아니니라 사탄도 자기를 광명의 천사로 가장하나니"

i) 5절 "큰 바벨론이라"

팁 포인트(Tip Point)

31. 바벨론

(계 14:8, 17:5, 18:2)

성경에서 말하는 세상, 기독교 적대세력은 애굽과 바벨론을 꼽을 수 있다. 요한계시록의 과거적 해석을 선호하는 학자들은 당시 로마박해 시대에 로마를 직접 지칭할 수 없었기 때문에 로마 대신 바벨론이라고 기록하여 사도 요한이 비유로 썼다고 보는 견해를 견지해 왔다.

아무튼 바벨론은 역사적으로 하나님과 하나님의 백성을 괴롭힌 악의 대명사였다. BC 2300년경 시날 평지에 하나님께 도전하는 불신자들이 바벨탑을 쌓았다. 시날 땅의 지배자가 창세기 10장 9절에 기록된 니므롯이라는 폭군이다. 니므롯은 살아서는 폭군이었고 죽어서는 태양신이 되었는데(겔 8:16), 그 아내는 하늘의 여왕(렘 44:18) 즉 아스다롯이 되고, 아들은 담무스가 되었다(겔 8:14). 우상 원조의 나라가 바벨론이었으며, 건축 등 바벨론의 과학기술을 주변 국가에 보급시키고 지대한 영향력을 끼치면서 대동소이한 우상문화를 퍼뜨린 장본인 국가가 바벨론이었다.

바벨론은 종국적으로 이스라엘을 집어삼킨 앗수르와 남유다를 무너뜨린 국가로, 두 번째 제국을 이루었다. 바벨론은 역사책에 바벨로니아로 수록되어 있는데 주전 539년 바사 즉 페르시아에게 멸망하여 지구상에서 사라지지만(렘 50:1-5의 바벨론 심판 예언의 성취) 바벨론의 우상숭배와 음행의 악한 세력은 계속 존속한다고 사도 요한은 판단하였다.

역사적으로 고찰해 보면 바벨론같이 하나님을 대적하고 택한 백성을 괴롭히는 악한 존재는 늘 존재해 왔다. 로마시대 때는 황제숭배 강요로 기독교를 박해하고, 중세 때는 내부가 곪기 시작하여 타락의 온상이 되었다.

근대에는 중생(重生, 르네상스, Renaissance)이란 뜻이 두 방향으로 진행되었다. 하나는 성경의 무지로부터 비롯된 중세의 암흑시대를 벗어나자는 의도로 종교개혁이 발화되었다면, 다른 하나는 이성의 빛으로 세상을 조명하고 성경도 살피자는 계몽주의 운동이 발현되었다. 계몽주의 사상에서 성경의 기적, 예언은 제외되었다. 어떻게 사람이 바다 위를 걸을 수 있는가? 어떻게 오병이어로 2만 명의 무리를 먹일 수 있는가? 계몽주의자들은 성경의 이적과 예언이란 예수님을 메시아로 만들기 위한 신화로 치부하고 이신론을 주장하기 시작했다. 이성의 눈으로 성경을 보기 시작했다. 이 시도는 예수 그리스도를 인간이란 관점에서 재단하는 결과를 낳았고, '신화의 비신화화(非神話化)'라는 용어를 탄생하게 하였다. 예수님이 참 하나님이요 참 인간이라기보다 똑같은 인간으로 보고자 했던 계몽주의 사상이 과학의 발전을 추진하기는 했지만 예수님을 한 인간으로 폄하하는 신성모독으로 이어지기도 했다.

일례로 적도의 성자 슈바이처(Albert Schweitzer)는 예수님을 구세주로 믿었다기보다 인간 예수처럼 살고 싶었다. 그의 예수님에 대한 평가는 '실패한 젊은 혁명가'이다. 청년 예수는 자기가 죽으면 세상의 종말이 올 줄 알았는데 결국 종말은 오지 않았다고 본 것이다. 세상적인 잣대로 보면 슈바이처는 위인이지만 신앙의 안목으로 본다면 그는 훗날 회개하지 않았다면 구원받은 백성은 아닌 것이다.

이와 같은 과학과 이성의 자세가 19C 진화론으로 이어지고, 그 이후 20C초반 미국에서 창조론을 몰아낸 사람이 존 듀이(John Dewey)이다. 진화론 검증이 한 가지도 제대로 이루어지지 않은 채 하나님의 창조를 무시하는 그릇된 사상은 사실과 무관하게 전 세계를 뒤덮었고, 정작 진화론을 주창한 다윈(Charles R. Darwin,

1809-1882)은 죽기 전 회개한 아이러니를 보면서 아연하게 된다.

20세기에 들어서는 공산주의와 이슬람의 약진을 보게 된다. 예수 그리스도를 평범한 인간으로 전락시킨 인간들은 진화론을 통해 인간을 짐승과 동일시하고, 공산주의 사상으로 사람을 물질로 비하시켰다. 20세기를 양차대전의 죽음의 수렁으로 몰아넣은 두 가지 사상이 있다면 그것은 단연 니체(Friedrich Nietzsche, 1844-1900)의 초인사상과 공산주의이다. 니체는 "신은 죽었다"는 유명하지만 치명적인 말을 남겼다. 신이 죽은 자리에 '초인'(superman)이 인류를 구원할 것이라고 말했는데 그 이후 '초인'을 자처하는 히틀러, 무솔리니, 스탈린 등이 나서면서 전쟁의 소용돌이로 몰고 갔다. 그들은 '초인'이 아니라 미친 운전수였다. 니체 자신도 누이동생과 동거하고, 결국은 미치광이로 생을 마감했다. 공산주의도 마찬가지로 인간이 물질이라는 잘못된 의식구조가 수많은 사람을 가난과 죽음으로 내몰았다. 공산주의는 초대교회의 성경구절을 인용하여 시작되었다(행 2:44-45 - "믿는 사람이 다 함께 있어 모든 물건을 서로 통용하고 또 재산과 소유를 팔아 각 사람의 필요를 따라 나눠 주며"). 하지만 하나님 없는 공산주의는 성경에서 하나님 대신 과학과 물질을 대입하여 또 다른 이단사상을 낳았다. 공산주의자들은 가령 요한복음 2장 1-11절에 나타난 '물이 포도주가 되었다'는 기적사건을 '물은 수증기와 얼음으로 바뀐다'는 식의 이론 전개로 뒤바꾸었다. 모든 성경의 이적을 과학으로, 예수 신앙을 공산주의 사상과 물질주의로 바꾸면서 하나님을 대적했던 것이다. 성경을 제멋대로 재단하고 신성을 모독했던 이들의 모든 결과는 자타공멸이라는 비극적 결말을 초래했을 뿐이다.

21세기의 바벨론은 이슬람과 '일루미나티'(라틴어, Illuminati)로 예견된다. 이슬람은 20세기 초반 2억 명에 불과했지만 현재는 다산정책 등으로 15억 명 이상으로 추산되고 있다. 이들의 '칼과 코란'이라는 양날 정책은 앞으로 기독교의 엄청난 위협이 될 것임은 자명하다.

또 다른 세력으로 일루미나티를 들 수 있다. 일루미나티는 현재 그 조직 자체를 밝혀내지는 못하고 있지만 이들이 전개하려는 정책은 현시대의 추이와 앞으로의 시대적 방향성과 깊은 연관이 있다. 일루미나티는 18세기 독일에서 아담 바이스하루프트가 창설한 것으로 알려지고 있는데 이들은 지혜의 여신 '미네르바'를 숭배하였으며, 미네르바의 상징이 부엉이였다. 레위기 11장에서는 부엉이를 못 먹는 짐승의 부류에 넣었다(레 11:17). 영적인 해석을 한다면 밤에 눈이 밝은 날짐승, 세상에 밝은 새를 못 먹게 했다는 견해가 유력하다. 이들은 하나님의 지혜 대신 세상 지혜, 밤의 지혜를 추구한 세력이다. 왕정을 전복하고 기독교 박해에 목적을 둔 모임이었는데 1790년경 극단적 반체제 단체였던 일루미나티는 박해를 받아 사라졌다. 그러나 그 불씨를 다 잡은 것은 아니었다. 이들은 미래의 세계 지형을 바꾸려는 기독교 적대세력으로 지반을 확대해 왔다. 이들의 움직임은 프리메이슨과도 일맥상통한다.

정계, 관계, 재벌, 언론, 학계 등에 침투해서 세력을 확장하여 '전 세계 하나의 정부'를 꿈꾸는 것이다. 이들의 목표는 크게 5가지이다.

첫째, 사유재산 폐지

둘째, 재산 상속권 폐지

셋째, 국제주의를 지향한 개인 애국심 폐지

넷째, 가정 파괴(결혼제도 및 도덕 등 폐지)

다섯째, 모든 종교의 파괴 등이다.

앞으로 평화를 표방한 세계 단일 정부는 권력과 금력을 장악하여 주도면밀하게 오직 예수 구원의 교리를 고수하는 기독교를 박해할 공산이 크다. 기독교가 살아 있는 한 핍박이나 박해는 주님 오실 때까지 계속될 것이고, 이러한 압박이 기독교를 살아 있게 하고 견고하게 해왔던 역사를 묵과할 수 없다. 하지만 종말로 치닫을수록 박해는 심해지고 기도가 약해질 것이다(눅 18:8b – "인자가 올 때에 세상에서 믿음을 보겠느냐 하시니라"). 이러한 시대 흐름 속에 요한계시록은 이 시대를 사는 기독교인에게 더욱 도전을 주는 말씀이라 할 것이다.

---

j) 땅의 음녀와 가증한 것들의 어미

세상의 음녀와 음행, 그리고 더러운 것 배후에는 큰 음녀가 숨어 있다. 신도가 사람을 상대하기보다 영적 싸움을 해야 하는 이유 즉 기도와 경건으로 영적 승리를 우선해야 되는 것은 큰 음녀가 우상숭배, 음행, 가증의 어미이기 때문이다.

엡 6:10–12 "끝으로 너희가 주 안에서와 그 힘의 능력으로 강건하여지고 마귀의 간계를 능히 대적하기 위하여 하나님의 전신 갑주를 입으라 우리의 씨름은 혈과 육을 상대하는 것이 아니요 통치자들과 권세들과 이 어둠의 세상 주관자들과 하늘에 있는 악의 영들을 상대함이라"

(2) 6–14절 – 어린 양 예수 그리스도를 대적하는 짐승

① 6절 "이 여자가 성도들의 피와 예수의 증인들의 피에 취한지라"

로마시대 폭군 황제들이 성도들과 예수님의 증인들이 흘린 순교의 피에 정신을 못 차린 것처럼(바클레이) 종말에도 그러할 것이며, 이 순교의 피로 인해 큰 음녀는 심판을 받게 될 것이다. 로마시대 카타콤을 보면 500-600만 명의 신도가 매장되어 있고, 순교자의 총수가 5천만 명을 헤아린다고 한다. 그 후 프랑스의 위그노, 스코

틀랜드의 언약도의 순교로 이어졌다. 신앙의 정절을 지키고 순교한 18,000명 언약도의 후예가 개혁교회이며, 이 신앙정신이 한국에 전해졌다.

최근세사를 살펴보면 북한의 공산당들은 300만 명의 기독교인을, 캄보디아에서는 공산당이 60만 명의 기독교인을 학살했다(석원태). 현재 전 세계 역사 속의 순교자는 8,000만에서 1억 명 정도로 추산되고 있으며, 이슬람 세계에서 아직도 진행 중이고, 현재 북한 지역에서도 그러하다.

② 8절

a) “네가 본 짐승은 전에 있었다가 지금은 없으나 장차 무저갱으로부터 올라와 멸망으로 들어갈 자니”

본문 맥락으로 보면, 요한계시록 13장 3절에서 머리 하나가 상하게 되어 죽은 것 같았던 짐승이 다시 살아난 것과 연속성이 있다(왈부드). 역사적으로 본다면, 로마의 네로 황제가 죽은 것 같으나 다시 악의 화신으로 등장한 도미티안을 말한다(바클레이, 래드, 리스트, 마운스, 이상근 등). 그리고 이는 네로를 이은 도미티안 황제뿐 아니라 재림 시까지 반복되어 나올 무수한 박해자들을 가리킨다.

일례로 공산주의가 몰락한 것 같으나 성공산주의로 다시 살아나 가정해체를 통해 삼위일체의 근간을 허물려는 세력으로 등장했다. 칼 마르크스는 성스러운 가족, 그리고 성부와 성자와 성령의 비밀은 지상의 가족인데 전자를 사라지게 하려면 후자가 먼저 파괴되어야 한다고 보았다.

팁 포인트(Tip Point)

32. 공산주의와 성공산주의(Sex-Communism)

1848년 공산당 선언에서 마르크스는 자신의 입장을 다음과 같이 밝혔다. 공산주의는 새로운 기초 위에 종교와 도덕을 구성하는 대신, 영원한 진리를 폐기하며 모든 종교와 도덕을 폐지한다. 따라서 공산주의는 모든 과거의 역사적인 경험에 반하도록 행동한다. 공산주의자들은 자신들의 목적이 오직 모든 현존하는 사회적 조건들을 전복시키는 것에 의해서만 달성될 수 있음을 공개적으로 선언한다.

이와 같은 공산주의의 지상낙원 계획은 실패로 끝났으나 성혁명+공산주의를 표방한 성공산주의로 다시 살아났다. 예수님의 부활을 답습하여 마귀도 변종된 괴물이 되어 기독교를 삼키려 하고 있다. 러시아의 알렉산드리아 콜론타이는 이혼과 낙태를 합법화시킨 최초의 여성이었으며, 볼셰비키는 순종적인 공산주의자를 양산하기 위해 아이들 양육의 통제를 원했다(가브리엘 쿠비). 이와 같은 실제적 구현이 북한의 탁아소라 말할 수 있다.

이후 성혁명의 선두주자는 독일의 빌헬름 라이히가 되었는데 그는 가부장적 가족제도 폐지와 성적 억압, 부모 자식 간의 관계 해체에 주력하였다. 그래서 그는 사춘기부터 성행위를 조장하는 이론을 설정하여 가족관계 분리를 꾀했으며, 사춘기 성행위를 부추겼다.

현재 한국의 청소년 교과에 성 개방이 들어온 것은 이러한 흐름과 긴밀하다. 그의 성혁명 논조는 서구 유럽을 강타했으며, 한국도 그 영향권 아래 들어갔다고 보아야 할 것이다. “너 자신을 억압적인 기독교의 성도덕으로부터 해방시켜라. 너의 충동대로 살아라. 그래서 모든 지배로부터 자유로운 사회 낙원을 창조하라"[빌헬름 라이히, 《Sexual Revolution》(성혁명)].

종말 때까지 기독교 대적자들, 마귀의 세력은 절망을 모르고 무저갱에 들어갈 때까지 하나님과 성도들을 대적할 것이다.

b) 무저갱 - 계 9:2 참조

c) "생명책에 기록되지 못한 자들이…놀랍게 여기리라"

땅에 사는 자들은 죽게 된 짐승이 다시 사는 모습을 보며 기이히 여긴다(계 13:3). 이들은 되살아난 짐승을 추종한다. 이들은 '생명책에 기록된 자들'(계 13:18, 20:12,15, 21:27)이 아니다. 즉 예비된 지옥 백성이다.

③ 9절

a) "지혜 있는 뜻이 여기 있으니"

공동번역은 "이제는 지혜로운 이해력이 필요하다"라고 번역했다. 바른 해석을 위해 성령의 조명하심이 필요하다.

b) "일곱 머리는 여자가 앉은 일곱 산이요"

이 여자는 많은 물 위(세상)에 앉아 있고(1절), 짐승(세상 권력) 위에 앉아 있고(3절), 일곱 산 위에 앉아 있다. 일차적 의미는 로마를 둘러싼 7개의 산(팔라틴, 아벤틴, 셀리안, 에스퀼린, 비미날, 퀴리날, 카피틀린)을 의미한다고 볼 수 있다(《그랜드 주석》). 본문의 일곱 산은 로마를 의미한다는 것이다(마운스). 하지만 거듭 강조하지만 요한계시록은 역사서가 아니라 종말의 현상을 대비하라는 예언서라는 점을 인식한다면 로마라고 단순히 단정 짓기보다는 문자적 해석을 뛰어넘는 의미를 함축하고 있다고 보는 것이 좋다. 이것이 '지혜'가 필요한 이유이다. 그런 점에서 로마와 같은 강대국 혹은 말세의 세상 권력을 지배하는 사탄의 세력이라고 봐야 할 것이다.

④ 10절

a) "또 일곱 왕이라"

일곱 왕도 해석이 세 종류이다. 첫째, 로마의 일곱 황제 아우구스투스 대제부터 네르바 황제까지를 일컫는다(찰스). 둘째, 역사 속의 제국들 예컨대 애굽, 앗수르, 바벨론, 바사, 헬라, 로마 및 종말의 초강국이다(왈부드). 셋째, 일곱 왕은 로마의 일곱 황제가 아니라 말세에 나타날 짐승의 총괄적 권세를 의미한다(플루머). 세 의견 모두가 나름대로의 타당성을 견지하고 있다.

b) "다섯은 망하였고 하나는 있고 다른 하나는 아직 이르지 아니하였으나 이르면 반드시 잠시 동안 머무르리라"

10절 a)에서 살펴본 대로 첫 번째 의견에 따라 이미 죽은 황제들, 현재 요한 당시 악행을 일삼는 도미티안, 장차 올 권력으로 이해할 수 있다. 혹은 두 번째 견해처럼 망한 나라 다섯은 애굽, 앗수르, 바벨론, 바사, 헬라를 지칭하고 현재는 로마가 다스리지만 종말에는 이와 같은 권력을 기반으로 기독교를 공박할 제국이 등장할 것이나 얼마 가지 못할 것을 예견하고 있다(왈부드, 헨드릭슨 등).

⑤ 11절 "전에 있었다가 지금 없어진 짐승은 여덟째 왕이니 일곱 중에 속한 자라"

전에 있었던 폭군 황제가 사라지고 다시 여덟 번째 왕이 나타나지만 그 역시 기독교를 박해한 일곱 황제, 일곱 제국과 같은 자로 별반 다르지 않다. 역사의 진행에도 불구하고 역사는 반복한다. 기독교와 기독교를 압제하려는 세력 간의 알력은 최후까지 지속될 것이다. 악의 세력이 잠시는 이기는 것 같고 기독교가 핍박당하는 것 같지만 어린 양 예수와 성도는 반드시 승리할 것이고, 반기독교(Anti-Christ) 세력은 멸망할 것이다.

⑥ 12절 "열 뿔은 열 왕이니 아직 나라를 얻지 못하였으나 다만 짐승과 더불어 임금처럼 한동안 권세를 받으리라"

열 뿔은 완전함의 상징수 '열'과 권세를 뜻하는 '뿔'이 합성된 말로 총체적 권력을 상징한다. 일곱 머리의 근거가 되는 구절이 다니엘 7장 4-7절이었다면 열 뿔의 근거는 다니엘 7장 7절-8장 24절에 나오는 네 번째 짐승의 열 뿔이라고 할 수 있다(그레고리 빌). 따라서 짐승이 열 뿔을 가지고 있다는 말은 짐승이 온 땅을 지배하는 왕들의 권세를 장악하고 있음을 뜻한다. 하지만 이들의 세력은 일시적이며, 짐승과 함께 무저갱으로 향할 것이다.

'나라를 얻지 못하였다'는 말은 과거 로마시대, 봉건시대, 심지어 프랑스 루이 14세 때도 "짐은 곧 국가"였다. 그러나 근대에 들어와서 '왕이 국가'라는 도식은 사라지게 되었다. 그리고 권력은 잠시 동안 행사할 대통령, 수상 같은 자들에게 위임되었다. 하지만 이러한 수많은 권력자가 짐승의 세력과 더불어 악을 행사한 경우가 많았다. 히틀러, 무솔리니, 스탈린, 모택동, 김일성, 폴포트 등 여러 독재자와 대학살의 주범들이 그들이다. 그리고 종말에는 이와 같은 악한 권력이 전 세계적 권력을 쥔 짐승에게 연합하여 '한 뜻으로'(one purpose) 능력과 권세를 이양하고, 짐승(사탄)의 세력 밑에서 부역하게 된다. 이 악한 세력이 바로 아마겟돈 전쟁을 일으키려고 '동방에서 오는 왕들'

(계 16:12)인 것이다.

⑦ 14절 "그들이 어린 양과 더불어 싸우려니와…그들을 이기실 터이요"

요한계시록 16장 14-16절에 귀신의 영이 아마겟돈 전쟁을 위해 왕들을 모았다. 본 절에서는 만주의 주시요 만왕의 왕이신 어린 양 예수 그리스도와 성도의 승리를 다루고 있다. 차후에 19장 11-21절에서는 아마겟돈 전쟁에서 패배한 짐승과 열 뿔(추종자)들이 유황 불못으로 떨어지는 비참한 말로를 목도하게 될 것이다.

(3) 15–18절 – 바벨론의 몰락

① 15절 "음녀가 앉아 있는 물은 백성과 무리와 열국과 방언들이니라"

음녀는 영적 간음인 우상숭배를 세상에 부추긴 자이고, 세상을 음행으로 더럽힌 배후세력으로 붉은 용(계 12:3)이요 그 권세를 이양받은 짐승이다. 물은 열국을 상징한다.

② 16절

a) "이 열 뿔과 짐승은 음녀를 미워하여 망하게 하고 벌거벗게 하고 그의 살을 먹고 불로 아주 사르리라"

이 본문에서 놀랍지만 새삼스럽지 않은 광경을 보게 된다. 음녀를 태운 짐승이 열 뿔과 합세하여 음녀를 망하게 한다. 영화에서 보면 의형제같이 가깝던 마피아가 서로 배신하고 죽이는 장면을 종종 볼 수 있다. 부패는 악에 의해 몰락하고, 악은 스스로 자멸하고 만다. 악인과 악인이 친하게 지내다가 서로가 서로를 숙청하는 역사는 너무 흔하면서도 아이러니하다.

남유다 요아스 왕은 여호야다 제사장을 배신하여 그 아들 의인 사가랴를 죽이니 자신도 배신으로 종지부를 찍는다(대하 24:20-27).

b) 음녀를 벌거벗긴다.

음행으로 타락했던 남유다 오홀리바가 벗겨지는 비참한 모습을 연상시킨다(겔 23:26-27 - "또 네 옷을 벗기며 네 장식품을 빼앗을지라 이와 같이 내가 네 음란과 애굽 땅에서부터 행음하던 것을 그치게 하여 너로 그들을 향하여 눈을 들지도 못하게 하며 다시는 애굽을 기억하지도 못하게 하리라").

c) "그의 살을 먹고 불로 아주 사르리라"

세상에 악이 관영해서 하나님께서 진노하시면 진멸하신다. 이스라엘의 후미를 공격했던 아말렉도 지구상에서 사라지게 하셨지만 믿는 자의 타락도 마찬가지였다. 우상숭배를 북이스라엘에 만연하게 했던 여로보암, 바아사, 아합 왕가를 보면 비참하기 이를 데 없다(왕상 14:10-11 - "그러므로 내가 여로보암의 집에 재앙을 내려 여로보암에게 속한 사내는 이스라엘 가운데 매인 자나 놓인 자나 다 끊어 버리되 거름 더미를 쓸어버림같이 여로보암의 집을 말갛게 쓸어 버릴지라 여로보암에게 속한 자가 성읍에서 죽은즉 개가 먹고 들에서 죽은즉 공중의 새가 먹으리니 이는 여호와께서 말씀하셨음이니라 하셨나니"). 성도는 우상숭배와 음행을 조심하고, 예수의 보혈로 악하고 더러운 생각을 늘 씻어내야 한다.

③ 17절

a) "이는 하나님이 자기 뜻대로 할 마음을 그들에게 주사 한 뜻을 이루게 하시고"

열 뿔(세상에 존재하는 총독들과 같은 권세들), 짐승(로마 황제 같은 권력), 그리고 음녀(마귀의 화신, 바벨론)가 한 뜻이 되어 세상을 쥐고 흔들면서 기독교를 괴롭혀 왔다. 예수님을 십자가에 못 박을 때도 헤롯당, 대제사장, 바리새인, 사두개인 등이 연합하여 예수님을 신성모독죄로 얽어매어 십자가형을 언도하고, 빌라도가 재가(裁可)했다(눅 23:12 - "헤롯과 빌라도가 전에는 원수였으나 당일에 서로 친구가 되니라").

하지만 악의 연합은 오래가지 못한다. 본절이 16절에 대한 이유를 말하고 있는데, 짐승이 행하는 음녀에 대한 공격은 외형적으로는 파괴적 내전(內戰)이지만(그랜트 오즈번) 실상은 하나님의 허락하에 뭉치고 하나님의 섭리하에 분열되는 것이다. 하나님은 악을 사용하사 의인을 구별해 내시고 연단시키시며, 악인을 악인으로 처벌하여 자멸하게 하신다. 기드온 용사 3백 명이 횃불을 들고 항아리를 깨고 나팔을 불며 하나님 명령에 따라 움직일 때 미디안 군사들이 서로 치고받아 자멸한 것과 같다(삿 7:22).

b) 열 왕과 짐승이 단결하여 득세하는 것도 한시적이다.

'응한다'는 말은 하나님 말씀이 성취되었다는 뜻이다(God's words are fulfilled). 하나님 말씀의 성취는 구체적으로 "큰 음녀가 받을 심판"(계 17:1)이며, 동시에 종말의 최종 심판을 의미한다.

④ 18절 "네가 본 그 여자는 땅의 왕들을 다스리는 큰 성이라 하더라"

사탄의 화신이 음녀요 본절에서 말하는 여자라면, 형상화된 것이 바벨론 성이다. 바벨론은 단순히 과거 바벨론이나 로마에 국한되지 않는다. 이 세상 지배세력을 상징하는 동시에 말세에 나타날 거대한 지배세력을 상징한다(계 14:8, 16:19 참조)(《그랜드 주석》). 18장에서는 바벨론 멸망을 구체적으로, 그리고 집중적으로 조명하게 된다.

18장

바벨론 몰락 이유와 결말, 그리고 애가(哀歌)(삽입환상 7-2)

17장에서 음녀 바벨론의 전반적인 모습을 소개했다면 18장은 그 후편으로 바벨론 멸망의 원인과 과정, 그리고 그 결과를 구체적으로 묘사했다(이필찬). 17장 16-18절에서 언급했던 음녀 바벨론의 몰락을 18장에서 보다 생생하게 묘사하면서 극적 효과를 노리고 있다. 17장에서는 바벨론 멸망의 원인이 음행과 분열이었지만 18장에서는 바벨론의 멸망 원인이 교만과 사치, 기독교 박해였음을 분명히 하고 있다. 17장에서는 음녀와 열방이 행한 내면적 부패상(종교, 윤리, 정치)에 초점을 맞추고 있으나 18장에서는 바벨론의 외면적 부패상(문화)을 보다 더 표면화하고 있다(박수암).

| 계 18:1-24 |

1 이 일 후에 다른 천사가 하늘에서 내려오는 것을 보니 큰 권세를 가졌는데 그
의 영광으로 땅이 환하여지더라

²힘찬 음성으로 외쳐 이르되 무너졌도다 무너졌도다 큰 성 바벨론이여 귀신의
처소와 각종 더러운 영이 모이는 곳과 각종 더럽고 가증한 새들이 모이는 곳
이 되었도다
³그 음행의 진노의 포도주로 말미암아 만국이 무너졌으며 또 땅의 왕들이 그와
더불어 음행하였으며 땅의 상인들도 그 사치의 세력으로 치부하였도다 하더라
⁴또 내가 들으니 하늘로부터 다른 음성이 나서 이르되 내 백성아, 거기서 나와
그의 죄에 참여하지 말고 그가 받을 재앙들을 받지 말라
⁵그의 죄는 하늘에 사무쳤으며 하나님은 그의 불의한 일을 기억하신지라
⁶그가 준 그대로 그에게 주고 그의 행위대로 갑절을 갚아 주고 그가 섞은 잔
에도 갑절이나 섞어 그에게 주라
⁷그가 얼마나 자기를 영화롭게 하였으며 사치하였든지 그만큼 고통과 애통함
으로 갚아 주라 그가 마음에 말하기를 나는 여왕으로 앉은 자요 과부가 아니
라 결단코 애통함을 당하지 아니하리라 하니
⁸그러므로 하루 동안에 그 재앙들이 이르리니 곧 사망과 애통함과 흉년이라
그가 또한 불에 살라지리니 그를 심판하시는 주 하나님은 강하신 자이심이라
⁹그와 함께 음행하고 사치하던 땅의 왕들이 그가 불타는 연기를 보고 위하여
울고 가슴을 치며
¹⁰그의 고통을 무서워하여 멀리 서서 이르되 화 있도다 화 있도다 큰 성, 견고
한 성 바벨론이여 한 시간에 네 심판이 이르렀다 하리로다
¹¹땅의 상인들이 그를 위하여 울고 애통하는 것은 다시 그들의 상품을 사는 자
가 없음이라
¹²그 상품은 금과 은과 보석과 진주와 세마포와 자주 옷감과 비단과 붉은 옷
감이요 각종 향목과 각종 상아 그릇이요 값진 나무와 구리와 철과 대리석으로
만든 각종 그릇이요
¹³계피와 향료와 향과 향유와 유향과 포도주와 감람유와 고운 밀가루와 밀이
요 소와 양과 말과 수레와 종들과 사람의 영혼들이라
¹⁴바벨론아 네 영혼이 탐하던 과일이 네게서 떠났으며 맛있는 것들과 빛난 것
들이 다 없어졌으니 사람들이 결코 이것들을 다시 보지 못하리로다
¹⁵바벨론으로 말미암아 치부한 이 상품의 상인들이 그의 고통을 무서워하여
멀리 서서 울고 애통하여
¹⁶이르되 화 있도다 화 있도다 큰 성이여 세마포 옷과 자주 옷과 붉은 옷을 입
고 금과 보석과 진주로 꾸민 것인데

[17]그러한 부가 한 시간에 망하였도다 모든 선장과 각처를 다니는 선객들과 선
원들과 바다에서 일하는 자들이 멀리 서서
[18]그가 불타는 연기를 보고 외쳐 이르되 이 큰 성과 같은 성이 어디 있느냐 하며
[19]티끌을 자기 머리에 뿌리고 울며 애통하여 외쳐 이르되 화 있도다 화 있도다
이 큰 성이여 바다에서 배 부리는 모든 자들이 너의 보배로운 상품으로 치부
하였더니 한 시간에 망하였도다
[20]하늘과 성도들과 사도들과 선지자들아, 그로 말미암아 즐거워하라 하나님이
너희를 위하여 그에게 심판을 행하셨음이라 하더라
[21]이에 한 힘센 천사가 큰 맷돌 같은 돌을 들어 바다에 던져 이르되 큰 성 바
벨론이 이같이 비참하게 던져져 결코 다시 보이지 아니하리로다
[22]또 거문고 타는 자와 풍류하는 자와 퉁소 부는 자와 나팔 부는 자들의 소리
가 결코 다시 네 안에서 들리지 아니하고 어떠한 세공업자든지 결코 다시 네
안에서 보이지 아니하고 또 맷돌 소리가 결코 다시 네 안에서 들리지 아니하고
[23]등불 빛이 결코 다시 네 안에서 비치지 아니하고 신랑과 신부의 음성이 결코
다시 네 안에서 들리지 아니하리로다 너의 상인들은 땅의 왕족들이라 네 복술
로 말미암아 만국이 미혹되었도다
[24]선지자들과 성도들과 및 땅 위에서 죽임을 당한 모든 자의 피가 그 성중에서
발견되었느니라 하더라

1) 계시록 18장 구조

⑴ 1–8절 – 천사의 바벨론 멸망 선포

⑵ 9–19절 – 세 부류의 애가

① 9–10절 – 왕들의 애가

② 11–17a절 – 상인들의 애가

③ 17b절–19절 – 선장, 선객, 선원들의 애가

⑶ 20절 – 바벨론 멸망을 기뻐하는 자들

⑷ 21–24절 – 바벨론 멸망의 비참함

2) 각 절 주해

⑴ 1–8절 – 천사의 바벨론 멸망 선포

① 1절

a) "이 일 후에"

새로운 문단을 도입할 때 사용되었다(계 4:1, 7:1, 9, 15:5, 18:1, 19:1)(그랜트 오즈번).

b) "다른 천사가"

본 절의 '다른 천사'는 17장에 등장한 '다른 천사'와 그 역할이 다르다. 17장의 '다른 천사'는 요한에게 환상을 해석해 주는 반면 18장의 '다른 천사'는 심판을 선포한다.

본 절의 '다른 천사'는 첫째, '하늘로부터' 내려오고, 둘째, 큰 권세를 부여받았고, 셋째, 영광의 광채를 지녔는데 그 광채로 인해 땅이 환해졌다.

② 2절

a) "힘찬 음성으로…무너졌도다 무너졌도다 큰 성 바벨론이여"

천사의 힘찬 음성은 권세 있는 선포의 성격을 띠고 있는데 이 장면은 이사야 21장 9절을 상기시킨다(사 21:9 - "보소서 마병대가 쌍쌍이 오나이다 하니 그가 대답하여 이르시되 함락되었도다 함락되었도다 바벨론이여 그들이 조각한 신상들이 다 부서져 땅에 떨어졌도다 하시도다"). 역사 속에 하나님을 대적했던 나라들이 몰락되었던 것처럼 종말에도 그러할 것이다. 그리고 종말에 나타날 바벨론의 몰락은 과거 계속 고개를 들던 귀신의 처소가 영원히 종결될 것을 의미한다.

b) "귀신의 처소와 각종 더러운 영이 모이는 곳과 각종 더럽고 가증한 새들이 모이는 곳이 되었도다"

역사적으로 고찰할 때 본 절이 보여주는 황량함은 바벨론, 에돔, 니느웨의 파멸을 연상시킨다(사 13:21-22, 34:11-15; 렘 50:39, 51:37). 이처럼 역사의 종말에도 타락의 상징 바벨론은 철저히 파괴될 것이다. 귀신의 처소는 폐허를 나타내고(눅 11:24), '더러운 영'도 귀신(헬, 다이몬)을 뜻하며, '가증한 새'도 마귀를 상징하고 있다. 한마디로 바벨론이 무너지기 전에는 죄악의 도시였고, 무너진 후에는 사탄의 소굴이 된다.

[18장에 나타난 바벨론 몰락의 참상]

2절	귀신의 처소, 더러운 영이 모이는 곳, 각종 더럽고 가증한 새가 모이는 곳이 됨
6절	죄악 행위의 갑절을 받음
7절	영화와 사치를 누린 갑절만큼의 애통함
8절	하루 동안에 사망과 애통과 흉년이 이르게 됨
14절	바벨론이 탐내던 과실과 빛난 것들이 다 없어짐
17절	부(富)가 한 시간 만에 망함
21절	큰 맷돌이 바다에 빠짐같이 다시 보이지 아니함
22절	즐거운 음악 소리가 다시 결코 들리지 않고 세공업자가 보이지 않고 맷돌 소리가 들리지 않음
23절	등불 빛이 사라지고 결혼 잔치가 다시 없을 것임

③ 3절 "그 음행의 진노의 포도주로 말미암아 만국이 무너졌으며…사치의 세력으로 치부하였도다"

바벨론의 죄악상을 '음행의 포도주'로 요약하고 있다. 우상숭배, 도덕적 해이, 사치로 말미암아 바벨론이 무너지게 될 것임을 예견하고 있다. 과거에도 그러했듯이 땅의 왕들이 '음행의 포도주'를 같이 마심으로 자신을 숭배케 하고, 상인들은 사치를 조장하여 부를 축적한다. 로마시대 황제 숭배뿐만 아니라 오늘날 북한의 금수산 기념궁전 참배도 여기에 속한다. 이단도 결국은 교주가 자신을 신격화하여 자신을 숭배하도록 미혹하는 것이다. 이 같은 행태가 세상 끝 날에는 더 심해질 것이며, 몰락의 벼랑으로 향해 질주하는 것이 된다.

[큰 성 바벨론의 5대 죄악상]

3a절	땅의 왕들이 행음함(우상숭배와 음행의 팽배)
3b절	지나친 사치
7절	자기를 영화롭게 함('나는 여왕으로 앉은 자요')
23절	복술로 세상을 미혹함
24절	성도들을 박해하고 죽임

④ 4절

a) "또 내가 들으니"

장면이 바뀔 때 사용하는 상용 문구이다.

b) "하늘로부터 다른 음성이 나서 이르되"

1절에 나온 '다른 천사'와는 또 다른 존재임을 나타낸다.

이 음성은 하나님의 대변자로서의 천사의 음성이다(플루머, 마운스).

[4–20절까지의 구조]

4–5절	성도에게 주신 말씀
6–8절	심판 집행자에게 주신 말씀
9–20절	바벨론 멸망에 대한 애가

(박수암)

c) “내 백성아, 거기서 나와 그의 죄에 참여하지 말고 그가 받을 재앙들을 받지 말라”

롯이 죄악의 도시 소돔 성에 거주하면서 그들에게 물들어 갔다. 그런 까닭에 행패를 부리는 소돔 사람들에게 두 천사 대신 남자를 가까이하지 아니한 두 딸을 내주겠다고 말했으며, 소돔에서 피신한 후 두 딸은 아버지에게 술을 마시게 한 후 자손을 번식시키려는 해괴한 발상을 하게 되었다. 근묵자흑 근주자적(近墨者黑, 近朱者赤)이다. 복 있는 사람은 악인의 꾀를 따르지 않고 죄인의 길에 서지 않고 오만한 자들이 자리에 앉지 않는다(시 1:1). 영육 간에 죄악에 감염되어 죄의식이 사라지고 성결을 더럽히기 때문이다. 성도의 능력은 거룩이며 구별된 삶에서 비롯된다. 예레미야도 “그 중에서 나와 각기 여호와의 진노를 피하라”(렘 51:45)고 설파하였다. 죄 중에 빠져 살면 결국은 오염되어 롯의 아내같이 구원을 상실하게 된다.

⑤ 5절 “그의 죄는 하늘에 사무쳤으며…하나님은 그의 불의한 일을 기억하신지라”

노아시대는 세상에 죄악이 가득했으며(창 6:5), 롯의 시대는 ‘소돔과 고모라에 대한 부르짖음이 크고 그 죄악이 심히 무겁다’고 했는데 바벨론의 죄악상은 하늘에 사무쳤다(헬, ‘에콜레데산’, ‘닿았다’)고 했다.

하나님께서 죄를 기억하시면 반드시 심판하신다. 그러므로 성도는 죄를 그때그때 회개하여 그리스도의 보혈로 씻어내고 성결을 유지하도록 힘써야 한다.

⑥ 6절 "그가 준 그대로 그에게 주고 그의 행위대로 갑절을 갚아 주고"

하나님의 은혜를 거부하고 죄악을 일삼는 무리에게 종국적 멸망, 심지어 갑절의 보응을 말씀하고 있다. 하나님은 사랑으로 일관하지 않으시고, 오래 참으시지만 영원히 참는 분은 아니시다. 이것이 하나님의 공의의 속성이다.

> **살후 1:6-7** "너희로 환난을 받게 하는 자들에게는 환난으로 갚으시고 환난을 받는 너희에게는 우리와 함께 안식으로 갚으시는 것이 하나님의 공의시니 주 예수께서 자기의 능력의 천사들과 함께 하늘로부터 불꽃 가운데에 나타나실 때에"

⑦ 7절

a) "그가 얼마나 자기를 영화롭게 하였으며 사치하였는지 그만큼 고통과 애통함으로 갚아 주라"

말세의 현상 중 하나가 자고(自高, '스스로 높임')하는 것이다. '사치'(헬, '스트레노스')는 교만(헬, '휘브리스')과 관계가 깊다. 교만(오만)은 풍요와 번영, 성공에서 나오는 죄요, 하나님이 필요하지 않다고 느끼는 것이며, 생에서 하나님을 제거해 버리는 것이다(바클레이). 따라서 죗값을 철저하게 갚으시는 하나님은 바벨론에게 심판의 대가를 치르게 하신다.

b) "나는 여왕으로 앉은 자요 과부가 아니라 결단코 애통함을 당하지 아니하리라"

본절에서 '여왕'은 '하늘의 여왕'의 줄임말이다. '하늘의 여왕'은 히브리 사람이 섬기던 이방 여신의 호칭이다(렘 7:18, 44:17-18). 이스라엘 백성이 하나님을 떠나 배도했을 때 그들은 여신 숭배로 자신들을 더럽혔다(삿 2:13 - "곧 그들이 여호와를 버리고 바알과 아스다롯을 섬겼으므로"). 이스라엘 백성은 계속 이와 같은 가증스런 행위를 반복했으며(삿 10:6; 삼상 7:3-4, 12:10; 왕상 11:5; 왕하 23:13), 그들이 섬겼던 여신의 칭호 중 하나가 바로 '하늘의 여왕'이었다.

렘 44:17–19 "우리 입에서 낸 모든 말을 반드시 실행하여 우리가 본래 하던 것 곧 우리와 우리 선조와 우리 왕들과 우리 고관들이 유다 성읍들과 예루살렘 거리에서 하던 대로 하늘의 여왕에게 분향하고 그 앞에 전제를 드리리라 그때에는 우리가 먹을 것이 풍부하며 복을 받고 재난을 당하지 아니하였더니 우리가 하늘의 여왕에게 분향하고 그 앞에 전제 드리던 것을 폐한 후부터는 모든 것이 궁핍하고 칼과 기근에 멸망을 당하였느니라 하며 여인들은 이르되 우리가 하늘의 여왕에게 분향하고 그 앞에 전제를 드릴 때에 어찌 우리 남편의 허락이 없이 그의 형상과 같은 과자를 만들어 놓고 전제를 드렸느냐 하는지라"

'과부'란 가난과 애통하는 자의 상징이다(출 22:24; 애 1:1).

그러므로 바벨론은 자신이 결코 몰락하지 않을 것을 호언장담하는 어리석은 나라이다.

⑧ 8절

a) "하루 동안에"(헬, '미아 헤메라')

'홀연히', '일시에', '창졸간에'로 번역할 수 있다.

b) "사망과 애통함과 흉년이라…불에 살라지리니"

'사망'은 그녀(바벨론)가 과부를 비웃었기 때문이며, '애통'은 그녀가 무절제하게 사치했기 때문이며, '흉년'은 그녀가 평소 누리던 부귀영화 때문에 당하는 형벌인 것이다(알포드). 이 형벌이 순식간에 임한다.

살전 5:3 "그들이 평안하다, 안전하다 할 그때에 임신한 여자에게 해산의 고통이 이름과 같이 멸망이 갑자기 그들에게 이르리니 결코 피하지 못하리라"

바벨론은 결국 불타 없어지게 될 것이다.

(2) 9–19절 – 세 부류의 애가(哀歌)

이 본문은 바벨론 친구들이 부르는 애가를 기록하고 있다. 첫째 부류는 바벨론과 함께 음행하던 이 세상 권력자들이고(9-10절), 둘째 부류는 바벨론 사치를 부추겨서 부를 축적한 상인들이며(11-15절), 셋째 부류는 사치품을 운송하던 선주와 뱃사람들이다(16-19절). 이들의 특징은 크게 두 가지인데 하나는 자신들에게 피해가 올까봐 멀리서 애곡한다는 것이요, 다른 하나는 갑작스런 멸망을 슬퍼한다는 것이다.

이 애가는 에스겔 27장에 나오는 두로의 애가와 비슷한 점이 많다. 두로는 BC 2750년경 세워진 강대한 도시국가로 과거에는 섬과 육지로 구분되어 있었다. 특히 섬으로 된 두로는 육지에서 약 800m 떨어져 있어서 난공불락의 섬이었는데 알렉산더 대왕이 800m 거리를 방파제를 쌓아서 마침내 정복했다고 전해진다(《베이커 성경백과사전》).

다윗, 솔로몬 때는 이스라엘과 우호적 관계를 갖고 있어 성전 건축 자재를 공급하기도 했으며, 여러 선지자들이 두로의 멸망을 선포하기도 했는데, 아모스와 요엘은 두로가 계약을 파기하여 이스라엘을 노예로 판 일로 인해 심판의 메시지를 선포했으며(욜 3:4-6; 암 1:9-10), 이사야, 예레미야, 에스겔 역시 두로가 부와 교만으로 심판받게 될 것을 예언했다(겔 28:2 - "인자야 너는 두로 왕에게 이르기를 주 여호와께서 이같이 말씀하시되 네 마음이 교만하여 말하기를 나는 신이라 내가 하나님의 자리 곧 바다 가운데에 앉아 있다 하도다 네 마음이 하나님의 마음 같은 체 할지라도 너는 사람이요 신이 아니거늘").

특히 본문 12-13절에 나오는 교역상품 15가지가 에스겔 27장 12-22절에 나오며 애가를 부르는 세 그룹도 동일하다. 그러나 에스겔에서는 선원들은 울고(겔 27:29-30) 왕들은 두려워하고(겔 27:35) 상인들은 비웃는 것으로 되어 있다(겔 27:35)(박수암).

① 9-10절 - 왕들의 애가

a) 9절 "땅의 왕들이…울고 가슴을 치며"

같이 음행하고 사치하던 땅의 왕들이 불타는 연기를 보고 울고 가슴을 친다. 세상 쾌락의 마침은 멸망과 슬픔이다. 이처럼 바벨론 멸망을 '불'과 '연기'로 요약하는데 이것은 종말적 상황을 표현할 때 사용되었으며(창 19:24; 겔 28:14; 벧후 3:12)(그랜트 오즈번, 마운스), 특히 '연기'는 다 사라진 잿더미의 허망함을 연출한다.

b) 10절 "멀리 서서 이르되 화 있도다 화 있도다"

왕들은 음녀 바벨론의 고난을 두려워하여 멀리에서 바라보며 "화 있도다 화 있도다"라고 외친다. '화 있도다'를 두 번 반복한 이유는 재앙의 혹독함을 나타내 준다(렌스키).

c) "한 시간에"(헬, '미아 호라')

'한 시간에'는 '하루 동안에'(8절, 헬, 미아 헤메라)와 같은 의미로, 이것은 바벨론이 순식간에 완전히 초토화될 것임을 암시한다.

② 11-17절

a) 상인들의 애가

땅의 상인들이 슬퍼하는 이유는 상품을 사줄 사치스런 강대국이 사라졌음을 애통해하는, 자기들을 위한 슬픔이다. '상품'(헬, '고모스')은 이곳과 사도행전 21장 3절에만 사용된 낱말로 본래 '짐', '화물'을 뜻한다(《그랜드 주석》).

10-11절이 권력무상이라면, 상인들의 애가는 배금주의의 몰락과 허무를 보여주고 있다.

b) 12-13절에 나타난 상품내역 8종류

ⓐ 금, 은, 보석, 진주: 각종 보석들 - 큰 음녀가 자기 몸을 꾸민 사치품들

ⓑ 세마포, 자주 옷감, 비단, 붉은 옷감: 각종 의류 - 사치스런 의상품(눅 16:19; 계 17:4)

ⓒ 각종 향목, 각종 상아 그릇, 값진 나무, 구리, 철, 대리석 그릇: 건축자재 - 하나님의 전을 방치하고 자기 집만 가꿈(학 1:4 - "이 성전이 황폐하였거늘 너희가 이때에 판벽한 집에 거주하는 것이 옳으냐").

ⓓ 계피, 향료, 향, 향유, 유향: 향품류 - 믿음은 썩었는데 겉만 치장한 바리새인('회칠한 무덤')과 같다.

ⓔ 포도주, 감람유, 고운 밀가루, 밀: 각종 식료품 - 사람은 떡으로만 살 수 없는데 바벨론에 거주하는 사람들은 호의호식만 탐했다(마 4:4 - "사람이 떡으로만 살 것이 아니요 하나님 입으로부터 나오는 모든 말씀으로 살 것이라").

ⓕ 소, 양, 말, 수레: 운송수단 - 말세에는 점차 길이 빨라지게 될 것이다.

ⓖ 종들: 인간 - 노예 매매가 이루어진다.

ⓗ 사람의 영혼: 영혼 - 오늘날 일부 공산독재 국가에서 자행하는 양심수의 장기 적출, 젊은이의 피 수혈 등이 이와 같은 악행의 전조현상이라고 말할 수 있다. 다른 한편 마지막 때의 과학의 발전과 하나님을 향한 도전을 엿볼 수 있는 대목이다.

c) 14절 본문은 상인들이 애통해하는 이유를 세 가지로 설명한다.

첫째, 음녀 바벨론이 탐하던 과일들이 사라졌기 때문이다(14a절). 여기서 '과일'이란 음녀 바벨론이 탐하던 사치품을 가리킨다. 둘째, 맛있는 것들과 빛난 것들이 모두 사라진 연유이다(14b절). 셋째, 더 이상 화려한 것들을 다시 볼 수 없게 된 까닭이다(14c절).

d) 15-17a절에서 보면 바벨론으로 말미암아 치부한 상인들이 바벨론의 고통을 보며 무서워 멀리 서서 울고 애통해한다.

우리가 이미 살펴본 왕들과 똑같은 자세이다. 사람이란 좋을 때는 한없이 좋지만 위경에서는 멀리 서는 것이 세상인심이다. 물에 빠진 사람을 구하려다 자신도 빠져 죽게 생겼으니 바라만 볼 뿐 가까이하지 않는 것이 인지상정이다. 바벨론 멸망의 불똥이 튈까봐 몸을 사리는 것이다. 그래서 환난 날에 도울 이는 하나님이시다. 하나님께서 역사하셔서 돕는 사람을 붙여 주실 수는 있지만 도울 힘이 없는 인생을 우선하여 붙잡는 것은 지푸라기라도 잡고 싶은 인간의 심정일 수 있다. 성경은 이것을 어리석음이라고 단정하고 있다(시 146:3 - "귀인들을 의지하지 말며 도울 힘이 없는 인생도 의지하지 말지니").

16절에 "화 있도다 화 있도다 큰 성이여 세마포 옷과 자주 옷과 붉은 옷을 입고 금과 보석과 진주로 꾸민 것인데"하며 상인들이 한탄하고 있다. 사람은 저마다 보는 시각이 있다. 구두닦이는 신발을 보고, 이발사는 머리를 보고, 사람마다 사람을 평가하는 기준이 각각이다. 그런데 바벨론의 멸망 앞에서 상인들은 사치스런 옷과 보석만을 본다. 그가 지녔던 인생관과 가치는 아랑곳없고, 오직 물질만을 보고 이익이 없어진 것을 가슴 아파하고 비참한 바벨론에 아무 역할도 하지 않고 있다. 상인들은 개인주의, 배금주의의 표상이다. 인간이 돈으로 보이는 슬픈 시대가 앞으로 전개될 것이며, 이해관계만이 사귐의 척도가 될 것이다.

딤후 3:1-2a "너는 이것을 알라 말세에 고통하는 때가 이르러 사람들이 자기를 사랑하며 돈을 사랑하며…"

이러한 부가 한 시간에 망한다(10, 17, 19절). 땅의 왕들이 정치적 입장에서 멸망을 언급한 반면, 상인들은 경제적 견지에서 멸망을 다루고 있다(왈부드).

③ 17b절-19절 – 선장, 선객, 선원들의 애가

a) 17b절 "모든 선장과 각처를 다니는 선객들과 선원들과 바다에서 일하는 자들"

이들은 세 번째 부류로 해운업에 종사한 자들이다. 이들도 상인들과 마찬가지로 바벨론 멸망으로 인한 자신들의 손해를 애통해하는 한편, 자신들의 몰락도 닥칠 것이라고 예견하는 슬픔이기도 하다. 로마의 스키피오 장군이 카르타고가 17일 동안 불타서 소멸되는 것을 보고 "앞으로 로마도 저렇게 불타겠구나!" 하면서 눈물을 흘렸다고 한다. 다음 차례가 악인과 동고동락했던 자신들 차례임을 직감하였을 것이다.

b) 18b절 "이 큰 성과 같은 성이 어디 있느냐"

이 구절에서 바다의 왕자였던 두로의 멸망을 연상하게 한다(겔 26:17-18 "그들이 너를 위하여 슬픈 노래를 불러 이르기를 항해자가 살았던 유명한 성읍이여 너와 너의 주민이 바다 가운데에 있어 견고하였도다 해변의 모든 주민을 두렵게 하였더니 어찌 그리 멸망하였는고 네가 무너지는 그날에 섬들이 진동할 것임이여 바다 가운데의 섬들이 네 결국을 보고 놀라리로다 하리라"). 두로의 마음이 하나님 같은 체했기 때문에 몰락했던 것처럼(겔 28:6) 역사 속의 바벨론과 로마도 하나님인 체했던 교만과 사치로 멸망하였고, 장차 올 종말의 바벨론도 같은 수순을 밟으며 종지부를 찍게 될 것이다.

c) 19a절 "티끌을 자기 머리에 뿌리며 울며 애통하여…화 있도다

화 있도다"

'티끌'(히, '아파르')로 자기 머리에 뿌리는 것은 슬픔을 표현하던 히브리인들의 행동 중 하나이다(욥 42:6; 애 2:10; 겔 27:30)('화 있도다 화 있도다'는 10절 주해 참조).

하나님을 인정하지 않고 땅의 부를 추구하는 모든 자들은 그 권세가 아무리 하늘을 찌르더라도 그것은 잠시 뿐이요(19절 "한 시간에 망하였도다"), 두로, 바벨론, 로마, 짐승의 세력들같이 결국 멸망하게 된다(이필찬). 이 멸망의 최후 역사가 요한계시록에 나타난 바벨론에서 다시 한 번 극화(劇化)된다.

(3) 20절 – 바벨론 멸망을 기뻐하는 자들

바벨론 멸망을 슬퍼하는 세 부류인 땅의 왕들, 상인들, 해운업 종사자들의 대척점에 있는 하늘과 성도들과 사도들과 선지자들이 기뻐한다. 그 이유는 하나님께서 그들을 신원(伸寃, '되갚아 줌')하셨기 때문이다.

본문은 예레미야 51장 48-49절을 배경으로 하고 있다(그레고리 빌).

렘 51:48-49 "하늘과 땅과 그 안에 있는 모든 것이 바벨론으로 말미암아 기뻐 노래하리니 이는 파멸시키는 자가 북쪽에서 그에게 옴이라 여호와의 말씀이니라 바벨론이 이스라엘을 죽여 엎드러뜨림같이 온 세상이 바벨론에서 죽임을 당하여 엎드러지리라"

즉 그날에는 순교자의 수가 차고 음녀 바벨론의 죄악이 하늘에 사무쳤으므로(5절) 하나님께서 음녀 바벨론에게 공의로운 심판을 펼치실 것이다.

⑷ 21–24절 – 바벨론 멸망의 비참함

① 21절 "힘센 천사가 큰 맷돌 같은 돌을 들어 바다에 던져 이르되"

여기에 등장하는 힘센 천사는 일곱 인을 개봉할 때(계 5:2)와 작은 두루마리를 들고(계 10:1) 이미 두 번 나타났었다. 이제 7년 대환난이 끝나는 시점에서 세 번째 나오는 것이다.

'큰 맷돌 같은 돌을 바다에 던지는' 모습은 예레미야 51장 61-64절에 나오는 시종장 스라야의 행동을 상기시킨다. 옛적에 하나님을 대적했던 바벨론이 완전히 폐허가 됐듯이 종말에도 그러할 것이다. 아니, 더 심각하고 비참하게 멸망할 것이다.

렘 51:61–64 "스라야에게 말하기를 너는 바벨론에 이르거든 삼가 이 모든 말씀을 읽고 말하기를 여호와여 주께서 이곳에 대하여 말씀하시기를 이 땅을 멸하여 사람이나 짐승이 거기에 살지 못하게 하고 영원한 폐허가 되리라 하셨나이다 하라 하니라 너는 이 책 읽기를 다한 후에 책에 돌을 매어 유브라데 강 속에 던지며 말하기를 바벨론이 나의 재난 때문에 이같이 몰락하여 다시 일어서지 못하리니 그들이 피폐하리라 하라 하니라 예레미야의 말이 이에 끝나니라"

② 22–23a절 – 폐허가 된 바벨론의 참상이 4가지로 나온다.

a) 22a절 "거문고 타는 자와 풍류하는 자와 퉁소 부는 자와 나팔 부는 자들의 소리가 결코…들리지 아니하고"

음악이 사라진 세상이다. 사람들에게 기본적 욕구는 식욕이다. 식욕이 채워지면 분위기가 필요하다. 그래서 무드(mood) 있는 레스토랑을 선호한다. 아름다운 음악을 곁들인 식사는 마음을 기쁘게 한다. 한국도 예전에는 음악과 미술을 천시했다. 그만큼 여유가 없었기 때문이다. '개미와 베짱이'에 관한 우화가 프랑스에도 있다고 한다. 우리나라와 다른 점은 겨울이 되어서 베짱이가 개미를 찾아오면 개미가 베짱이에게 네 노래 덕으로 여름에 기쁨으로 일했다고 하면서 양식을 나누어 준다. 그래서 예술이 발달하게 되었다고 한다. 음악 없는 세상은 생각만 해도 삭막하다.

b) 22b절 - "어떠한 세공업자든지 결코 다시 네 안에서 보이지 아니하고"

세공업자(workman)가 사라진다는 것은 사람을 찾아보기 힘든 도시가 되었다는 것이다. 이차적으로 큰 성 바벨론의 산업이 붕괴될 것이다. 소돔과 고모라, 두로와 시돈, 카르타고, 폼페이와 같이 흔적을 찾아보기 어렵게 된다.

c) 22c절 "맷돌 소리가 결코 다시 네 안에서 들리지 아니하고"

문화, 생산뿐 아니라 곡식 빻는 소리조차 들리지 않는다. 하나님의 진노가 시작되면 철저하게 진노하신다. 북이스라엘의 여로보암, 바아사, 아합 왕가같이 나라도 하나님께서 징계하시면 초토화된다.

d) 23a절 "등불 빛이…비치지 아니하고"

렘 25:10 "내가 그들 중에서 기뻐하는 소리와 즐거워하는 소리와 신랑의 소리와 신부의 소리와 맷돌 소리와 등불 빛이 끊어지게 하리니"

하나님께서는 결코 단번에 심판하지 않으신다. 과거 옛적에 있었던 사건들을 성경에 기록하여 후대에 거울을 삼으신다. 인간의 완악함이 하나님 경고를 무시하고 배도의 길, 사치와 교만의 길을 반복해서 치닫고 있을 뿐이다. 신자가 성경을 늘 상고해야 하는 이유이며 복음을 전해야 하는 까닭이기도 하다. 예수 천당, 불신 지옥! 이것은 신자의 영원한 명제이다.

e) 23b절 "신랑과 신부의 음성이 결코 다시 네 안에서 들리지 아니하리로다"

인간 공동체가 사라짐을 의미한다. 오늘날 가족 해체, 통크족(TWO OLNY NO KIDS), 동성애 결혼은 그 전조현상이다. 성적 문란은 결국 가정을 무너뜨리고, 로마의 멸망 시 결정적 이유 중 하나가 가족의 붕괴였듯이(에드워드 기번), 마지막 바벨론 심판 때에도 유사하거나 더 심각해질 것이다.

③ 23c절-24절 – 바벨론 멸망의 이유 세 가지

a) 23c절 "너의 상인들은 땅의 왕족들이라"

바벨론은 돈을 버는 자가 권력자가 되었다. 이것은 배금주의 세상을 의미한다. 돈이면 만사형통인 세상이다. 물질만능주의 시대에 젖어 살면 하나님의 진노가 임한다.

마 6:24 "한 사람이 두 주인을 섬기지 못할 것이니 혹 이를 미워하고 저를 사랑하거나 혹 이를 중히 여기고 저를 경히 여김이라 너희가 하나님과 재물을 겸하여 섬기지 못하느니라"

하나님이 우리의 주인이 되실 때 물질은 좋은 하인이 될 것이다.

b) 23d절 "네 복술로 말미암아 만국이 미혹되도다"

복술(卜術)은 온갖 미신적 행위와 우상숭배를 뜻한다. 우상숭배와 이단뿐 아니라 관상, 사주팔자, 타로점 등 사탄의 힘을 빌려 사람을 미혹하는 모든 형태의 술수를 포함한다. 바벨론은 이미 고사, 무당 굿과 같은 미신적 행위와 점술이 국민들 마음에 자리 잡고 있으며 그런 행위를 부추기는 나라이다.

c) 24절 "선지자들과 성도들과 및 땅 위에서 죽임을 당한 모든 자의 피가 그 성중에서 발견되었느니라"

바벨론 멸망은 요한계시록 6장 9-10절에서 언급한 대로 예수 그리스도를 위한 증인의 삶을 살다가 죽임 당한 순교자들의 기도 소리에 대한 하나님의 응답이다. 의인의 피는 복수를 요청한다(창 4:10). 이는 결국 순교자들의 승리이며 공의의 결과이고, 예수 그리스도만이 피난처요 유일한 구주 되심을 다시금 천명하는 것이다.

마 23:35 "그러므로 의인 아벨의 피로부터 성전과 제단 사이에서 너희가 죽인 바라갸의 아들 사가랴의 피까지 땅 위에서 흘린 의로운 피가 다 너희에게 돌아가리라"

III

결론

(역사의 종말과 예수 재림)

19장

어린 양의 혼인 잔치(아마겟돈 전쟁의 종결)

요한계시록의 결론이 19장에서 시작되어야 할지 20장에서 시작되어야 할지 모호한 부분이 있다. 대체적으로 학자들의 견해나 주석서는 6-18장까지를 7년 대환난으로 보고 있다(무천년주의자들은 교회 천 년이 지속되면서 점점 환난의 강도가 심해지는 것으로 이해한다).

하지만 면밀히 고찰하면 17장, 18장의 바벨론 몰락 장면으로 7년 대환난은 끝맺음되고, 승리의 '할렐루야'가 네 번 울려 퍼지고(1-10절), 백마(Ecuus, '승리한 장군이 타고 입성하는 말') 타신 예수 그리스도(11-16절)와 아마겟돈 전쟁의 종결이 후반부(17-21절)에 나온다.

20장 천년왕국부터 결론이라고 보는 분들은 19장을 17-18장의 연장선상에서 이해하는 분들이고, 19장부터 결론이라고 판단하는 분들은 17-18장에 보았던 바벨론 멸망으로 7년 대환난을 매듭짓고 19장 상황은 예수 그리스도의 승리에 주안점을 두었다고 해석하는 분들이다. 본서는 후자의 견해에 따라 19장부터 결론으로 보고 있으나 맥락은 대동소이하다.

|**계 19:1-21**|

1이 일 후에 내가 들으니 하늘에 허다한 무리의 큰 음성 같은 것이 있어 이르
되 할렐루야 구원과 영광과 능력이 우리 하나님께 있도다
2그의 심판은 참되고 의로운지라 음행으로 땅을 더럽게 한 큰 음녀를 심판하
사 자기 종들의 피를 그 음녀의 손에 갚으셨도다 하고
3두 번째로 할렐루야 하니 그 연기가 세세토록 올라가더라
4또 이십사 장로와 네 생물이 엎드려 보좌에 앉으신 하나님께 경배하여 이르
되 아멘 할렐루야 하니
5보좌에서 음성이 나서 이르시되 하나님의 종들 곧 그를 경외하는 너희들아
작은 자나 큰 자나 다 우리 하나님께 찬송하라 하더라
6또 내가 들으니 허다한 무리의 음성과도 같고 많은 물소리와도 같고 큰 우렛
소리와도 같은 소리로 이르되 할렐루야 주 우리 하나님 곧 전능하신 이가 통
치하시도다
7우리가 즐거워하고 크게 기뻐하며 그에게 영광을 돌리세 어린 양의 혼인 기약
이 이르렀고 그의 아내가 자신을 준비하였으므로
8그에게 빛나고 깨끗한 세마포 옷을 입도록 허락하셨으니 이 세마포 옷은 성
도들의 옳은 행실이로다 하더라
9천사가 내게 말하기를 기록하라 어린 양의 혼인 잔치에 청함을 받은 자들은
복이 있도다 하고 또 내게 말하되 이것은 하나님의 참되신 말씀이라 하기로
10내가 그 발 앞에 엎드려 경배하려 하니 그가 나에게 말하기를 나는 너와 및
예수의 증언을 받은 네 형제들과 같이 된 종이니 삼가 그리하지 말고 오직 하
나님께 경배하라 예수의 증언은 예언의 영이라 하더라
11또 내가 하늘이 열린 것을 보니 보라 백마와 그것을 탄 자가 있으니 그 이름
은 충신과 진실이라 그가 공의로 심판하며 싸우더라
12그 눈은 불꽃 같고 그 머리에는 많은 관들이 있고 또 이름 쓴 것 하나가 있으
니 자기밖에 아는 자가 없고
13또 그가 피 뿌린 옷을 입었는데 그 이름은 하나님의 말씀이라 칭하더라
14하늘에 있는 군대들이 희고 깨끗한 세마포 옷을 입고 백마를 타고 그를 따르
더라
15그의 입에서 예리한 검이 나오니 그것으로 만국을 치겠고 친히 그들을 철장
으로 다스리며 또 친히 하나님 곧 전능하신 이의 맹렬한 진노의 포도주 틀을
밟겠고

[16]그 옷과 그 다리에 이름을 쓴 것이 있으니 만왕의 왕이요 만주의 주라 하였
더라
[17]또 내가 보니 한 천사가 태양 안에 서서 공중에 나는 모든 새를 향하여 큰
음성으로 외쳐 이르되 와서 하나님의 큰 잔치에 모여
[18]왕들의 살과 장군들의 살과 장사들의 살과 말들과 그것을 탄 자들의 살과 자
유인들이나 종들이나 작은 자나 큰 자나 모든 자의 살을 먹으라 하더라
[19]또 내가 보매 그 짐승과 땅의 임금들과 그들의 군대들이 모여 그 말 탄 자와
그의 군대와 더불어 전쟁을 일으키다가
[20]짐승이 잡히고 그 앞에서 표적을 행하던 거짓 선지자도 함께 잡혔으니 이는
짐승의 표를 받고 그의 우상에게 경배하던 자들을 표적으로 미혹하던 자라 이
둘이 산 채로 유황불 붙는 못에 던져지고
[21]그 나머지는 말 탄 자의 입으로부터 나오는 검에 죽으매 모든 새가 그들의
살로 배불리더라

1) 계시록 19장의 구조

⑴ 1–10절 – 승리의 찬양(네 번의 할렐루야)

① 1-5절 – 바벨론을 붕괴시킨 하나님 능력에 대한 천상의 찬양

② 6-10절 – 어린 양의 혼인 잔치(대종말)

⑵ 11–16절 – 백마를 타신 승리의 그리스도

⑶ 17–21절 – 짐승과 거짓 선지자의 최후(아마겟돈 전쟁의 종결)

2) 각 절 주해

(1) 1–10절 – 승리의 찬양(네 번의 할렐루야)

본 장에 기록된 네 번의 할렐루야는 이 땅의 마지막 심판인 바벨론 심판을 찬미하는 한편, 최후 승리에 대한 서곡을 장식하고 있다.

① 1절

a) "이 일 후에"

17-18장에서 언급되었던 바벨론 멸망이 마무리되고 19장부터 새로운 상황이 전개될 것을 암시한다(참조 4:1, 7:1, 9, 15:5, 18:1)(이필찬).

b) "하늘에 허다한 무리의"

'하늘에 허다한 무리'에 대한 견해는 두 가지이다. 하나는 하나님 보좌와 네 생물과 장로들을 둘러싼 천사란 의견이고(래드, 왈부드), 다른 하나는 성도의 무리라는 시각이다(플루머)(참조, 히 12:1a - "우리에게 구름같이 둘러싼 허다한 증인들이 있으니"). 여기서는 천군 천사와 구원받은 성도들 모두라고 보아야 적합하다.

c) "할렐루야"

할렐('찬양') 루('너희들') 야('야훼')는 '야훼를 찬양하라'는 뜻으로 특히 야훼 하나님의 구원과 영광과 능력을 찬양하라는 의미이다. 구약 시편에 23회, 신약에는 요한계시록에만 4회(계 19:1, 3, 4, 6), 총 27회 나온다. 특히 하나님의 구원과 영광과 능력을 찬양한다.

② 2절 – 하나님께서 찬양받으실 이유

a) 음녀 바벨론이 음행으로 땅을 더럽히고(헬, '에프세이로' - '더럽히다, 망하게 하다')

b) 하나님 종들의 피를 흘렸기 때문이다.
그래서 하나님의 심판은 참되고 의로우시다.

③ 3절
a) "두 번째로 할렐루야 하니"
단순한 반복이 아니라 하나님의 심판에 대한 당위성을 더욱 강조한 것이다(그레고리 빌).

b) "그 연기가 세세토록 올라가더라"
여기서 '연기'란 음녀 바벨론이 불에 타는 연기가 세세토록 올라감을 뜻한다. 이 연기는 두 짐승과 용(사탄), 그리고 그 추종자들이 던져질 '불과 유황이 타는 못'에서 피어나는 연기와 연결된다(계 19:20, 20:10, 14, 15).

하나님의 심판의 연기는 새삼스러운 것이 아니다. 이미 구약시대 에돔의 멸망에서도 시사한 바 있으며(사 34:9-10), 역사 속에서 화염과 연기로 잿더미가 된 도시와 국가를 찾아보는 것은 어렵지 않다. 이와 같은 경고음을 무시한 채 귀머거리 독사(시 58:4)처럼 반복된 죄악을 저지르다가 최후심판을 맞이하게 되는 것이다. "인간은 역사에서 아무것도 배우지 못한다"는 헤겔의 말은 우리가 주의 깊게 경청해야 할 말이다.

④ 4절 – 24장로(계 4:4 참조), 네 생물(계 4:6 참조)
이들의 찬양은 "아멘 할렐루야"였다. 구약시대나 초대교회 예배

시 주로 사용했으며, 오늘날에도 동방정교회를 따르는 러시아, 헝가리, 루마니아 등지에서 많이 사용하고 있다.

첫 번째 '할렐루야'는 천사와 성도의 송영이고, 두 번째 '할렐루야'가 이를 다시 한 번 강조하여 하나님 공의와 심판을 찬송한 것이라면 세 번째 "아멘 할렐루야"는 이십사 장로와 네 생물의 송영이다. '아멘'이란 '진실, 진리'를 의미한다. 하나님은 거짓이나 변개가 없으시다. 그리고 6절에서 살펴볼 '할렐루야'는 우주적 송영이다.

⑤ 5절 – 보좌에서 나는 음성이 성도들에게 찬송을 촉구하고 있다.

하나님의 종들이란 하나님을 경외하는 자들이다. 하나님의 종은 직분에 국한되지 않는다. 이사야는 하나님께서 명령하시매 벗은 몸과 벗은 발로 다니며 애굽과 구스의 징계의 예표가 되었다(사 20:2-3). 에스겔은 그 눈이 기뻐했던 즉 사랑하고 아꼈던 아내를 하나님께서 데려가시며 슬퍼하거나 울지 말라는 말씀에 순종했다(겔 24:15-18). 하나님은 호세아에게 음란한 여자 고멜에게 장가가서 음란한 자녀를 낳으라는 하나님 명령을 따름으로 이스라엘의 패역을 가슴에 담게 하시고 하나님의 애통을 맛보게 하심에 순종하였다(호 1:1-9). 우리 믿음의 선진들은 하나님 말씀에 가감 없이 순종하여 우리에게 말씀 순종의 본이 되었다(빌 3:17 - "형제들아 너희는 함께 나를 본받으라 그리고 너희가 우리를 본받은 것처럼 그와 같이 행하는 자들을 눈여겨보라").

"작은 자나 큰 자나 다 우리 하나님께 찬송하라"는 말씀은 무론 대소하고('small and great'), 즉 하나님을 경외하는 자들은 누구든지 하나님을 찬양하라는 요청이다.

⑥ 6절

a) "허다한 무리의 음성과도 같고 많은 물소리…큰 우렛소리와도

같은 소리…"

허다한 무리의 음성은 19장 1절과, 많은 물소리는 1장 15절과, 큰 우렛소리는 14장 2절과 병행된다고 볼 수 있는데 이와 같은 삼중적 장엄한 소리는 바벨론에 대한 공의적인 심판과 이후에 전개되는 하나님의 직접 통치와 연관이 있다.

b) "할렐루야 주 우리 하나님 곧 전능하신 이가 통치하시도다"

4절에서 앞서 말한 것같이 본 절에 나타난 네 번째 '할렐루야'는 우주적 송영이다. 이제 음녀 바벨론은 사라지고 세상 나라는 하나님과 예수 그리스도가 통치하는 영원한 나라가 될 것이다(그레고리 빌).

'통치하다'(헬, '에바실류센')라는 동사는 요한계시록에 일곱 번 사용되었는데 교회 공동체(5:10, 20:4, 6, 22:5 참조, '개역성경에는 왕 노릇 하다'로 되어 있다)와 예수 그리스도(11:15), 그리고 하나님에게 사용했다(11:17, 19:6)(이필찬).

⑦ 7-8절 "우리가 즐거워하고 크게 기뻐하며 그에게 영광을 돌리세"

전능하신 예수님께서 통치하고 모든 신자의 신랑이 되시기에 그 기쁨은 충만하다. '어린 양의 혼인 기약이 이르렀다'는 말은 이미 자신의 피로써 성도를 값 주고 사셔서 자신의 영적 약혼녀를 삼으신 그리스도께서 마침내 혼인함으로 영원한 나라에 들일 때가 되었음을 시사한다(헨드릭슨). 구약시대부터 하나님은 이스라엘 백성을 신부로 호칭하셨고(사 54:5-6, 62:5; 렘 3:9, 5:7, 23:14; 겔 16:6-14; 호 2:1-19), 예수님도 자신을 성도들의 신랑으로 비유하셨으며(막 2:19), 바울도 그리스도와 교회를 부부관계로 비유했다(고후 11:2; 엡 5:22-33)(《그랜드 주석》).

하나님은 질투하시는 하나님이시다(신 6:15). 신자가 우상숭배하는 것은 간음이다(출 34:14-17 - "너는 다른 신에게 절하지 말라 여호와는 질투라 이름 하는 질투의 하나님임이니라 너는 삼가 그 땅의 주민과 언약을 세우지 말지니 이는 그들이 모든 신을 음란하게 섬기며 그들의 신들에게 제물을 드리고 너를 청하면 네가 그 제물을 먹을까 함이며 또 네가 그들의 딸들을 네 아들들의 아내로 삼음으로 그들의 딸들이 그들의 신들을 음란하게 섬기며 네 아들에게 그들의 신들을 음란하게 섬기게 할까 함이니라 너는 신상들을 부어 만들지 말지니라"). 심지어 곁눈질조차 싫어하신다. 그런데도 이스라엘 사람들은 여호와의 목전에서 음행을 함으로 여호와의 노를 격발시켰다.

성도는 거룩한 행실이 중요하다. 이것은 믿음의 정절이다. 성도는 의로운 행실의 세마포 옷을 준비해야 하며, 하나님은 성도가 준비한 예복을 입도록 허락하신다. 신부의 예복 없이 라오디게아 교인처럼 벌거벗은 채 혼인예식에 참여할 수는 없다(마 22:11-14). 영적 신부의 옷을 '세마포'라고 지칭하는데 이는 의롭고 옳은 행실의 성도가 입는 옷으로, 요한계시록에는 이십사 장로들과(4:4) 하늘에 있는 성도들과(7:9) 천사들과(15:6) 하늘에 있는 군대들이 입는 의복으로 나타난다(19:14).

⑧ 9절

a) "천사가 내게 말하기를 기록하라"

요한계시록은 "기록하라"는 명령을 받고 쓴 책으로, 요한에게 임한 개인적 계시가 아니다.

b) "어린 양의 혼인 잔치에 청함을 받은 자들은 복이 있도다"

요한계시록에서 말하는 네 번째 복이다. 혼인잔치에 청함을 받은 사람은 이미 예수 그리스도의 약혼녀로 이 땅에 살면서 예수 그리스도와 천국을 사모하며 산다. 예수 소망, 천국 소망이 없는 자는 초청장이 없는 불신자들이다. 마라나타 신앙(maranatha, '주여 어서 오시옵소서')은 초대받은 영혼의 보이지 않는 증표이다.

c) "이것은 하나님의 참되신 말씀이라"

요한계시록은 틀림없는 하나님의 계시인 동시에 반드시 성취될 하나님의 말씀이다.

⑨ 10절

a) "내(요한)가 그 앞에 경배하려 하니…오직 하나님께 경배하라"

경배의 대상은 오직 하나님과 예수 그리스도이시다. 고넬료가 베드로에게 발 앞에 엎드려 절하자 베드로는 "일어서라 나도 사람이라"고 만류했다(행 10:25-26). 루스드라에서 바울과 바나바가 앉은뱅이를 일으켰다. 그러자 두 사도를 제우스와 헤르메스로 신격화하여 제사하려 하였고 그때 바울은 옷을 찢으며 거부했다(행 14:8-18).

요한도 피조물인 천사를 경배(천사 숭배)하려고 했다. 본문은 천사가 '하나님의 종'으로 자신이 숭배 대상이 아님을 분명히 했고, 이적을 행하든지 존경받을 대상이라 할지라도 경배 대상이 아님을 성경은 분명히 밝히고 있다. 잘못된 숭배와 숭배의 대상이 되려는 우쭐함은 인간 모두가 경계해야 할 죄악상이다.

b) "예수의 증인은 대언의 영이라 하더라"(NIV, "The testimony of Jesus is the Spirit of prophecy")

여기에 대한 해석은 크게 두 가지이다.

ⓐ 예수가 주신 증거는 예언의 핵심이다(Sweet).

즉, 예수님께서 주신 증거는 요한계시록에 잘 나타나며, 이 증거가 예언의 핵심적 내용을 차지하므로 하나님을 경배하는 이유가 된다.

ⓑ 예수께서 주시는 증거는 성령으로 말미암아 주어진 예언이다

(Swete).

양자 모두 설득력을 지닌 해석이라고 사료된다.

(2) 11–16절 – 백마를 타신 승리의 그리스도

공중에 강림하셔서 공중잔치를 성도와 함께하셨던 예수 그리스도께서 지상에 만왕의 왕, 만주의 주로 재림하시는 모습을 본 단락은 묘사하고 있다.

7년 대환난은 예수 그리스도께서 직접 재앙을 보내셨다기보다는 천사를 부리심으로 일곱 인, 일곱 나팔, 일곱 대접의 재앙을 일으키셨다. 필자는 전 3년 반이 지난 시점에 성도의 휴거가 있는 것으로 설명했다. 시점과 기간에 대한 학자들과 목사들의 견해는 다양하지만 예수님의 재림과 최종의 결말을 향해 현세(現世)가 치닫고 있다는 관점은 모두가 공유하는 불변의 진리이다.

구원주 예수 그리스도는 말구유에 오셔서 십자가를 지셨지만 심판주 예수 그리스도는 재림하셔서 능력으로 세상을 다스리실 것이다. 이것은 그리스도가 철장으로 질그릇을 깨뜨리듯 만국을 깨뜨리는 것이요(시 2:9; 계 2:27, 12:5), 최후의 추수이고(계 14:14-20), 음녀의 심판이며, 아마겟돈 전쟁을 의미하는 것이다. 16장 12-16절에 나타났던 세 영(귀신의 영)이 아마겟돈에 모이긴 했지만 구체적 결말이 제시되지는 않았다. 이제 승리하신 그리스도와 함께 아마겟돈 전쟁의 최후를 곧 목도하게 될 것이다(계 19:17-21).

① 11절

a) “또 내가 하늘이 열린 것을 보니”

요한계시록 4장 1절에서는 하늘에 한 문이 열렸고, 11장 19절, 15장

5절에서는 하늘의 성소가 열렸고, 이제는 하늘 자체가 열렸다. 계시의 완전한 실현을 보여주는 대목이다(박수암).

b) "보라 백마와 그것을 탄 자가 있으니"

요한계시록 6장 2절에 나오는 흰 말을 탄 자(적그리스도)와 다른 진정한 백마 탄 승리의 그리스도를 말한다. 주 예수님께서 공중에 임하실 때는 구름을 타고 오시지만(마 24:30; 막 13:26; 눅 21:27; 계 1:7) 7년 대환난 후 이 세상에 재림하실 때는 심판주로 오신다.

살후 1:7-10 "환난을 받는 너희에게는 우리와 함께 안식으로 갚으시는 것이 하나님의 공의시니 주 예수께서 자기의 능력의 천사들과 함께 하늘로부터 불꽃 가운데에 나타나실 때에 하나님을 모르는 자들과 우리 주 예수의 복음에 복종하지 않는 자들에게 형벌을 내리시리니 이런 자들은 주의 얼굴과 그의 힘의 영광을 떠나 영원한 멸망의 형벌을 받으리로다 그날에 그가 강림하사 그의 성도들에게서 영광을 받으시고 모든 믿는 자들에게서 놀랍게 여김을 얻으시리니 이는 (우리의 증거가 너희에게 믿어졌음이라)"

c) "그 이름은 충신과 진실이라"

예수 그리스도는 신실하시고(faithful) 참되시다(true). 예수님의 이와 같은 속성(屬性, attribute)이 악을 심판하는 준거가 된다. 따라서 예수님은 공의로 심판하며 싸우신다.

② 12-16절 - 재림주 예수 그리스도의 모습

a) 12a절 "그 눈은 불꽃 같고"

모든 것을 감찰(통찰)하시는 하나님이시다.

b) 12b절 "머리에는 많은 관(헬, '디아데마' – '왕관')들이 있고"

용들의 일곱 머리에는 각각 한 왕관이 있었고(12:3), 바다에서 나오는 짐승 역시 열 뿔에 왕관이 하나씩 있었다(13:1). 하지만 예수 그리스도는 만왕의 왕이시므로 많은 왕관을 쓰고 계신다.

c) 12c절 "또 이름 쓴 것 하나가 있으니 자기밖에 아는 자가 없고"

11-16절까지 예수 그리스도의 이름이 네 가지 나온다. 충신과 진실(11절), 예수님밖에 모르는 재림하실 때 밝혀질 이름(12절), 하나님의 말씀(13절), 만왕의 왕이요 만주의 주시다(16절).

d) 13a절 "그가 피 뿌린 옷을 입었는데"

피 뿌린 옷을 십자가 보혈로 보는 학자들이 있고(안드레스, 마운스), 이사야 63장 1-3절에 근거하여 그리스도께서 원수들을 진멸할 때 묻은 피로 이해하는 학자들이 있다(클라크, 래드). 필자는 전자를 지지하고 싶다. 그 이유는 다음 14절에 나오는 하늘에 있는 군대들이 희고 깨끗한 옷을 입고 백마를 타고 예수님을 따르기 때문이다. 선혈이 낭자했다면 예수님의 옷뿐 아니라 모든 군대의 옷들도 피투성이였을 것이다.

e) "그 이름은 하나님의 말씀이라"(헬, '호 로고스 투 쎄우')

신약성경에서 '하나님의 말씀'이란 용어를 그리스도의 이름에 적용한 사람은 사도 요한 외에는 없다(요 1:1, 14; 요일 1:1). 그래서 학자들은 요한계시록 저자가 사도 요한이라고 확신을 한다(바클레이, 알포드, 플루머 등). 이 이름은 예수 그리스도께서 마지막 때 세상을 말씀으로 심판하실 것을 예시하고 있다.

f) 14절 - 예수님은 세마포 옷을 입고 백마를 탄 하늘의 군대들을 거느리고 계신다.

여기서 '하늘의 군대들'이란 하늘의 천사들과(슥 14:3; 마 26:53; 살전 4:16) 구원받은 모든 성도를 일컫는 말이다(알포드, 찰스, 플루머, 마운스 등), 천군 천사가 만왕의 왕 예수 그리스도를 따라 지상의 마귀와 추종세력을 무찌르는 것은 당연하거니와 휴거되어 공중잔치에 참여했던 성도들도 대장 예수를 따라 지상 재림을 하여 원수 사탄의 세력들을 궤멸시킬 것이다. 그 무기는 하나님의 말씀이다(엡 6:17b - "성령의 검 곧 하나님의 말씀을 가지라").

g) 15a절 "그의 입에서 예리한 검이 나오니"

승리의 무기는 하나님의 말씀이다. 예수님의 입에서 말씀의 검이 나오고, 성도들이 말씀으로 무장하여 승리를 거둔다.

엡 6:17b "성령의 검 곧 하나님의 말씀을 가지라"

살후 2:8 "그때에 불법한 자가 나타나리니 주 예수께서 그 입의 기운으로 그를 죽이시고 강림하여 나타나심으로 폐하시리라"

(참조, 사 11:4b "그의 입의 막대기로 세상을 치며")

h) 15b절 "친히 그들을 철장으로 다스리며"

철장(철막대기)은 철저한 심판과 순교자와 의인의 신원을 상징한다.

i) "전능하신 이의 맹렬한 진노의 포도주 틀을 밟겠고"

하나님께서 '진노 혹은 분'을 내셨다는 표현은 6-19장에 13회나 나온다(박수암). 이 진노의 포도주 틀을 밟는 것은 신원(伸寃)의 피가 차고 넘친다는 강한 표현이다. 이 구절은 13절에서 언급한 이사야 63장

1-3절을 살펴보면 좋다. 구약시대 에돔의 선례가 마지막 때에도 그 이상 비참하게 재현될 것이다.

사 63:1-3 "에돔에서 오는 이 누구며 붉은 옷을 입고 보스라에서 오는 이 누구냐 그의 화려한 의복 큰 능력으로 걷는 이가 누구냐 그는 나이니 공의를 말하는 이요 구원하는 능력을 가진 이니라 어찌하여 네 의복이 붉으며 네 옷이 포도즙틀을 밟는 자 같으냐 만민 가운데 나와 함께 한 자가 없이 내가 홀로 포도즙틀을 밟았는데 내가 노함으로 말미암아 무리를 밟았고 분함으로 말미암아 짓밟았으므로 그들의 선혈이 내 옷에 튀어 내 의복을 다 더럽혔음이니"

j) 16절 "그 옷과 그 다리에 이름 쓴 것이 있으니 만왕의 왕이요 만주의 주라 하였더라"

예수님께서 백마를 타고 계시기 때문에 옷에 쓴 이름과 다리에 기록된 이름이 선명하게 보일 것이다. 이러한 위용에 찬 이름은 본래 구약(단 2:37), 중간기 문헌(에녹1서 9:4, 63:4; 마카비2서 13:3), 신약(딤전 6:15) 등에서 주로 하나님께만 사용되던 것이 요한계시록에서 예수님께도 사용되고 있다(계 17:14, 19:16). 이것은 다시 한 번 하나님과 예수님이 동등하심을 보여주는 것이다(이필찬).

(3) 17-21절 – 짐승과 거짓 선지자의 최후(아마겟돈 전쟁의 종결)

① 17a절 "또 내가 보니"

장면의 변화를 다시 말해 준다.

② 17b절-18절 "공중에 나는 모든 새를 향하여...모든 자의 살을 먹으라 하

더라"

예수 그리스도의 재림과 함께 시작된 "어린 양의 혼인잔치"(계 19:9) 마지막 하이라이트(highlight)는 아마겟돈 전쟁의 승리이며, 원수 사탄과 휘하 불신 조장 세력의 비참한 최후이다. 악의 심판이 얼마나 처절한지를 가늠할 수 있는 대목이다. 이미 왕들, 장군들, 장사들, 말과 탄 자들, 자유인들과 종들, 작은 자나 큰 자 모두가 썩어질 육체(헬, '사륵스')가 된 것이다. 그래서 죽은 시체를 먹는 새들이 모이는 것이다(마 24:28 - "주검이 있는 곳에는 독수리들이 모일 것이니라").

이 '살'은 창세기 6장 3절의 '육신'과 깊은 관련이 있으며(창 6:3 - "여호와께서 이르시되 나의 영이 영원히 사람과 함께하지 아니하리니 이는 그들이 육신이 됨이라"), 육체의 일을 하여(갈 5:19-21 - "육체의 일은 분명하니 곧 음행과 더러운 것과 호색과 우상숭배와 주술과 원수 맺는 것과 분쟁과 시기와 분냄과 당 짓는 것과 분열함과 이단과 투기와 술 취함과 방탕함과 또 그와 같은 것들이라 전에 너희에게 경계한 것같이 경계하노니 이런 일을 하는 자들은 하나님의 나라를 유업으로 받지 못할 것이요") 썩어질 육체가 된 것이다. 노아시대에는 수장이 되고, 소돔과 고모라 때에는 불과 유황의 벼락을 맞았던 그들이 마지막 때에는 새의 밥이 되는 것이다. 어린 양의 천국잔치 옆에 대조적으로 비참한 새 밥 잔치가 펼쳐지게 된다.

③ 19절 "또 내가 보매 그 짐승과 땅의 임금들과 그들의 군대들이 모여 그 말 탄 자(예수 그리스도)와 그의 군대와 더불어 전쟁을 일으키다가"

아마겟돈 전쟁을 말한다(계 16:12-16 주해 참조).

팁 포인트(Tip Point)

33. 재림과 종말

성경에 재림 구절이 구약에 1,845회, 신약에 318회, 총 2,163회 언급되었으며, 신약성경 중 23권이 예수님의 재림을 말씀하고 있다. 예수님 초림 약속보다 8배나 많다(장영일, 《예화창고》). 칼 바르트는 기독교의 핵심을 《그리스도론》과 《종말론》에 있다고 보았다.

재림의 징조는 소묵시록을 중심으로 요약하면 크게 다섯 가지이다.

1) 불법의 사람, 멸망의 아들, 거짓 그리스도의 출현이다.

2) 기근과 지진이다.

3) 민족과 민족, 나라와 나라 사이의 전쟁 빈발(頻發)이다.

4) 불법이 성하다.

5) 땅 끝까지 복음이 전해져야 끝이 온다.

B. J. 오로페자는 재림의 날짜는 알 수 없으나 재림의 날은 반드시 온다고 보았다. 이것은 성경의 진실된 약속이기 때문이다.

예수님의 재림은 다음과 같은 현상을 수반한다고 말씀한다.

1) 아버지의 영광 중에 오신다(마 25:31).

2) 번개의 번쩍임같이 순식간에 오신다(마 24:27).

3) 구름을 타고 오신다(마 24:30).

4) 생각하지 않은 때(도둑같이) 오신다(살전 5:1–3; 벧후 3:10).

5) 호령과 하나님의 나팔 소리가 울릴 때 강림하신다(살전 4:16–17).

6) 모든 눈이 볼 수 있도록 임하실 것이다(계 1:7).

빌리 그레이엄 – "우리는 지금 12시 5분 전에 살고 있다."

마틴 루터 – "예수님이 재림하시기 위하여 우주의 문고리를 잡고 계신다"(김장환, 《힘을 다하여 주님을 기다리라》).

종말(헬, '에스카토스' – '말세')은 기독교인들에게 절대 가치를 부여하는 단어이다. 종말은 예수님의 재림으로부터 비롯되어 완성된다. 이 종말이란 단어는 신약성경에 총 55회 나타난다. 이 종말(말세)은 구약성경 특히 예언서가 언급하는 '여호와의 날'의 연속선상에 있는 공식화된 전문 술어이다(장흥길). 이 종말은 역사의 종말이요, 은혜시대(교회시대)의 종말을 뜻한다. 역사의 종말 후에 신천신지가 도래하기 전 천년왕국 시대가 존재하는데 천년왕국은 본서 다음 장(계 20:1–6)에서 자세히 다루도록 한다.

~~~~~~

④ 20절

a) "짐승이 잡히고…표적을 행하던 거짓 선지자도 함께 잡혔으니"

거짓 삼위일체 즉 용과 짐승과 거짓 선지자들이 16장 12-16절에 아마겟돈 전쟁을 준비하기 시작했다. 그리고 19장 20절-20장 2절에 아마겟돈 전쟁이 종식되면서 짐승과 거짓 선지자는 불못으로, 용은 천 년 동안 결박되어 무저갱에 갇힌다.

본 절에서는 이 둘(짐승과 거짓 선지자)이 유황불 붙는 못에 던져지게 된다.

b) "유황불 못"

지옥을 가리킨다(계 14:20, 20:10, 14, 15, 21:8 등). 지옥은 어떤 곳인가?

ⓐ 하나님 진노의 포도주 잔을 마신 자가 가는 곳이다.

ⓑ 쉼이 없는 곳이다.
~~~~~~

ⓒ 문이 없다. 누가복음 16장 26절에 천국과 지옥 사이에 구렁텅이가 있어 오갈 수가 없다고 기록되어 있다.

ⓓ 기한이 없다. 차라리 죽으면 좋은데 영원한 형벌의 장소이다.

ⓔ 악한 사람들이 이를 갈고 있다(마 13:49, 25:30).

ⓕ 지옥의 배경이 되는 성경과 외경을 살펴보면 다음과 같다.

단 7:10-11 '보좌로부터 불이 강같이 흘러 짐승이 죽임을 당하고 그 시체가 상한 바 되어 타오르는 불에 던져졌으며'

에녹1서 54:1 '불로 타는 깊은 골짜기'

에녹1서 90:24-27 '악한 자들이 불이 타는 깊은 곳에 던져진다.'

에녹2서 10:2 '불의 강'

시빌라인의 신탁(Sibylline Oracle) '타오르는 위대한 불'(이필찬)

그러므로 최후 종말의 아마겟돈 전쟁에서 짐승과 거짓 선지자는 체포되고 그들의 군대는 전멸당한다.

거짓 선지자는 짐승의 표(666)를 받고 우상에 경배하던 사람들을 표적으로 삼아 미혹시켰던(delude) 자이다. 미혹을 받으면 지옥으로 동반 추락하게 된다(요일 4:6 - "우리는 하나님께 속하였으니 하나님을 아는 자는 우리의 말을 듣고 하나님께 속하지 아니한 자는 우리의 말을 듣지 아니하나니 진리의 영과 미혹의 영을 이로써 아느니라").

⑤ 21절 "그 나머지는"

짐승들과 거짓 선지자를 제외한, 짐승에 미혹되었던 땅의 임금들과 그 군대들을 가리킨다. 이들은 본절에서 말 탄 자(예수 그리스도)의 입에서 나오는 검(말씀)에 의해 죽는다. 그리고 모든 새가 그들의 살로 배불린다. 하지만 이들도 흰(白)보좌 심판 후에(계 20:11) 불못에 떨어지는 가련한 신세가 된다(계 20:14).

20장

천년왕국과 곡과 마곡의 전쟁

본장은 주의 재림과 사탄의 세력들의 멸망, 그리고 현 우주의 해체와 새 하늘과 새 땅의 도래를 예고하는 19장 1절-22장 5절에 걸친 대종말 사건들의 일련 기사의 연속 부분에 해당한다.

그런데 20장 1-6절에 나타난 천년왕국에 대한 부분은 요한계시록 전반에 걸쳐 가장 논란이 많은 부분으로, 다양한 학설이 나왔다. 크게 세 부분으로 나눌 수 있는데 전천년설(Premillennialism), 후천년설(Postmillennialism), 무천년설(Amillennialism)이다. 오늘날 후천년설을 신봉하는 사람은 거의 없다. 그리고 전천년설은 다시 세 부분으로 나눌 수 있는데 세대주의 전천년설(휴거 후 7년 대환난설), 역사적 전천년설(7년 대환란 후 휴거설), 그리고 전 3년 반 후 휴거설로 세분할 수 있다. 필자는 전 3년 반 후 휴거설을 지지한다고 앞서 밝힌 바 있다.

가장 대별이 되는 전천년설과 무천년설의 견해를 20장에서 도표화한 후 다양한 천년왕국설을 박스(box)처리해서 세분화하여 설명하고자 한다. 참고로 요한계시록 11장 2-4절에서 상술했던 "70이레"

를 참조, 비교하면 연속성과 함께 천년왕국에 관한 이해에 도움이 될 것이다.

|계 20:1–15|

1또 내가 보매 천사가 무저갱의 열쇠와 큰 쇠사슬을 그의 손에 가지고 하늘로
부터 내려와서
2용을 잡으니 곧 옛 뱀이요 마귀요 사탄이라 잡아서 천 년 동안 결박하여
3무저갱에 던져 넣어 잠그고 그 위에 인봉하여 천 년이 차도록 다시는 만국을
미혹하지 못하게 하였는데 그 후에는 반드시 잠깐 놓이리라
4또 내가 보좌들을 보니 거기에 앉은 자들이 있어 심판하는 권세를 받았더라
또 내가 보니 예수를 증언함과 하나님의 말씀 때문에 목 베임을 당한 자들의
영혼들과 또 짐승과 그의 우상에게 경배하지 아니하고 그들의 이마와 손에 그
의 표를 받지 아니한 자들이 살아서 그리스도와 더불어 천 년 동안 왕 노릇
하니
5(그 나머지 죽은 자들은 그 천 년이 차기까지 살지 못하더라)이는 첫째 부활
이라
6이 첫째 부활에 참여하는 자들은 복이 있고 거룩하도다 둘째 사망이 그들을
다스리는 권세가 없고 도리어 그들이 하나님과 그리스도의 제사장이 되어 천
년 동안 그리스도와 더불어 왕 노릇 하리라
7천 년이 차매 사탄이 그 옥에서 놓여
8나와서 땅의 사방 백성 곧 곡과 마곡을 미혹하고 모아 싸움을 붙이리니 그 수
가 바다의 모래 같으리라
9그들이 지면에 널리 퍼져 성도들의 진과 사랑하시는 성을 두르매 하늘에서
불이 내려와 그들을 태워 버리고
10또 그들을 미혹하는 마귀가 불과 유황 못에 던져지니 거기는 그 짐승과 거짓
선지자도 있어 세세토록 밤낮 괴로움을 받으리라
11또 내가 크고 흰 보좌와 그 위에 앉으신 이를 보니 땅과 하늘이 그 앞에서 피
하여 간데없더라
12또 내가 보니 죽은 자들이 큰 자나 작은 자나 그 보좌 앞에 서 있는데 책들
이 펴 있고 또 다른 책이 펴졌으니 곧 생명책이라 죽은 자들이 자기 행위를 따
라 책들에 기록된 대로 심판을 받으니

[13]바다가 그 가운데에서 죽은 자들을 내주고 또 사망과 음부도 그 가운데에서
죽은 자들을 내주매 각 사람이 자기의 행위대로 심판을 받고
[14]사망과 음부도 불못에 던져지니 이것은 둘째 사망 곧 불못이라
[15]누구든지 생명책에 기록되지 못한 자는 불못에 던져지더라

1) 계시록 20장의 구조

(1) 1–6절 – 용의 결박과 천년왕국

(2) 7–10절 – 곡과 마곡의 전쟁

(3) 11–15절 – 백보좌 심판과 생명책

팁 포인트(Tip Point)

34. 전천년설과 무천년설 비교

	전천년설	무천년설
지지층	초대교회 교부, 왈부드, 마운스, 무디, 아펜젤러, 언더우드, 길선주, 이상근, 박형용, 박윤선, 댈러스신학교, 성결교단, 오순절 계통 등	어거스틴, 루터, 칼빈, 아브라함 카이퍼, 렌스키, 헨드릭슨, 바클레이, 스웨트, 그레고리 빌, 장로교단 등
무저갱(1,3절)	아마겟돈 전쟁에 패한 짐승, 거짓 선지자, 용(사탄)이 한시적으로 갇혀 있는 장소.	구체적 장소가 아니라 그리스도의 부활로 인해 사탄이 치명적인 상처를 입고(창 3:15) 활동이 제한된 것을 말한다.
천년왕국의 기간(2,3,4,6절)	그리스도 재림 후 나타나는 문자적인 천년왕국으로 지상에 건설된다(사 11:6–9).	그리스도 초림부터 재림까지 전 기간

사탄(용)의 결박(2절)	사탄이 무저갱에 갇혀 있기 때문에 천 년 동안 평화의 시대가 지속됨.	그리스도의 부활로 인해 사탄이 머리가 상했기 때문에 발뒤꿈치를 물 수 있으나 결정적인 해는 입힐 수 없다(눅 10:17-18).
왕 노릇(4절)	주님과 함께 성도들이 천 년간 만국을 다스린다(다스림 받는 대상이 누구인지 분명하지 않고 모호하다).	신자가 복음의 권세로 세상을 다스리고 심판하는 것을 의미하며(11:3-6), 더 나아가서는 하나님 나라에서 주님과 함께 왕 노릇 하는 것을 예표한다(2:26). 또 죽은 성도들이 주와 함께 하늘나라에서 재림 때까지 왕 노릇 하는 것을 뜻한다.
사탄이 잠깐 놓임(3,7절)	천년이 차서 실제적으로 용이 잠시 풀려나는 것을 뜻한다.	그리스도의 부활로 거의 죽게 된 사탄이 주의 재림이 임박했을 때 기력을 회복하여(13:3) 주의 재림까지 마지막 발악을 하는 것, 즉 세상 권세를 잡는 것을 상징한다.
첫째 부활(5,6절)	예수 재림 때 신자들만이 부활하여 천년왕국에 들어가는 것을 말한다.	중생하여 영생을 얻는 것이다.
곡과 마곡의 전쟁(8,9절)	아마겟돈 전쟁은 사탄의 하수인인 짐승과 거짓 선지자에 의해 일어나는 재림 이전의 전쟁이고, 곡과 마곡의 전쟁은 천년왕국 이후에 사탄이 직접 지휘하는 역사 최후의 전쟁이다.	아마겟돈 전쟁과 동일한 전쟁이다(역사 최후의 전쟁).
마귀의 멸망(10절)	짐승과 거짓 선지자는 아마겟돈 전쟁으로 유황 불못에 던져지고, 사탄은 천년왕국 후 곡과 마곡의 전쟁에서 패함으로 역시 불과 유황 못에 던져진다.	아마겟돈 전쟁과 곡과 마곡의 전쟁이 하나이기 때문에 짐승, 거짓 선지자, 사탄이 동시에 지옥에 떨어진다.
둘째 사망(11-14절)	첫째 부활에 동참하지 못한 불신자들이 백보좌 심판 후 영벌 지옥에 떨어진다.	예수 재림 때 신자는 영생 천국 부활로, 불신자는 영원 지옥 부활에 처하게 된다.

(《그랜드 주석》 참조)

2) 각 절 주해

(1) 1-6절 – 용의 결박과 천년왕국

① 1절

a) "또 내가 보매"

새로운 장면으로 전환됨을 의미한다(5:1, 6:1, 12, 7:1, 9, 8:2, 13:1, 14:1).

b) "무저갱의 열쇠와 큰 쇠사슬을 그의 손에 가지고 하늘로부터 내려와서"

구치소와 같은 역할을 하는 무저갱은 풀려날 수 있는 열쇠가 있으나 지옥(영혼의 교도소)은 나갈 길이 없다. 마귀를 결박하는 큰 쇠사슬이 존재함을 본절에서 파악할 수 있다.

② 2절 "용을 잡으니 곧 옛 뱀이요 마귀요 사탄이라"

하와를 미혹했던 뱀이 세례 요한 때는 독사가 되었고(마 3:7), 요한계시록에 이르러서는 용이 되었다. 사탄의 권세가 점점 커졌으나 이미 예수님의 십자가에서 사탄은 패했고, 그 이후 교회시대에서 전쟁은 이미 끝났으나 영적 전투가 잔존해 있다. 하지만 여전히 믿는 자라도 사탄은 삼키려 하고 있으며(벧전 5:8), 7년 대환난 때는 마지막 발악을 하게 될 것이다. 성도는 대제사장 예수께서 이기신 싸움을 싸우고 있음을 명심하면서 최후의 승리까지 주님을 붙잡아야 한다.

③ 3절 "무저갱에 던져 넣어 잠그고...만국을 미혹하지 못하게 하였는데"

짐승과 거짓 선지자는 아마겟돈 전쟁 이후 유황 불못에 떨어졌고, 무저갱 속에 있는 용이 활동을 제지당하므로 죄악이 활개 치지 못하는 참 평화의 세상 천년왕국이 도래된다. 그런데 천 년 만에 용이 풀려난다. 하지만 용(사탄)은 예전과 변함없이 악의 원천이 되어 땅의 사방 백성을 모아 그리스도와의 일전을 벌인다(20:8 '곡과 마곡의 전쟁').

④ 4절 "또 내가 보좌들을 보니 거기에 앉은 자들이 있어 심판하는 권세를 받았더라"

보좌들은 그리스도의 보좌라기보다는 신앙을 지킨 자들의 보좌들이다('보좌들'이 복수이다). 이들에 대한 설명이 곧이어 나오는 두 부류의 사람들인데 '예수를 증언함과 하나님 말씀 때문에 목 베임 당한 자들'(순교자)과 '짐승과 우상에게 경배하지 않음으로 그 이마와 손에 표(666)를 받지 않은 자들'이다. 이들에게 '심판권'이 주어지고, 그리스도와 더불어 천 년 동안 왕 노릇 하는 '분봉왕권'이 주어진다(눅 19:11-27 '므나의 비유' 참조). 신천지 이단은 이 구절을 악용하여 자신들이 분봉왕이 되는 십사만 사천에 속한 자들로, 1884년 이후 신천지(천년왕국)가 도래했다고 미혹하여 신자의 영혼을 사냥하고 사회를 어지럽히는 것이다.

마 19:28 "예수께서 이르시되 내가 진실로 너희에게 이르노니 세상이 새롭게 되어 인자가 자기 영광의 보좌에 앉을 때에 나를 따르는 너희도 열두 보좌에 앉아 이스라엘 열두 지파를 심판하리라"
딤후 2:11-12 "미쁘다 이 말이여 우리가 주와 함께 죽었으면 또한 함께 살 것이요 참으면 또한 함께 왕 노릇 할 것이요 우리가 주를 부인하면 주도 우리를 부인하실 것이라"
계 5:10 "그들로 우리 하나님 앞에서 나라와 제사장들을 삼으셨으니 그들이 땅에서 왕 노릇 하리로다 하더라"

⑤ 5절 "(그 나머지 죽은 자들은 그 천 년이 차기까지 살지 못하더라)"

'그 나머지 죽은 자들'은 불신자들을 가리키는 말이며, 4절에 나오는 순교자와 신앙의 정절을 지킨 자들과 대조를 이루고 있다. 이들은 천년왕국 때에 부활하여 왕 노릇 하지 못할 뿐 아니라 도리어 지옥 형벌에 떨어지게 된다(계 21:8 참조).

⑥ 6절

a) "첫째 부활에 참여하는 자들은 복이 있고 거룩하도다"

본 절의 복은 요한계시록 7복 중 다섯 번째 복이다. 이들은 이미 살아생전에 예수님을 구주로 믿어 구원받은 자들이다. 지옥 심판에서 벗어나서 영원한 천국에 거하고 상급을 받을 유일한 통로는 예수님의 보혈뿐이다. 성경에 하나님의 사랑은 290번 기록되어 있다. 죄의 대속은 1,300번 나오며, 그중 '피'라는 단어가 700번이나 나온다(김홍도).

b) "그들이 하나님과 그리스도의 제사장이 되어 천 년 동안 그리스도와 더불어 왕 노릇 하리라"

요한계시록 2장 27절과 3장 21절에서 이기는 자에게 주시는 약속의 성취는 천년왕국설을 뒷받침하는 결정적 단서가 되는 구절이다.

천년왕국설은 구약에서도 이미 전조(foreshadowing)한 바 있는데(사 11:6-9, 65:18-25; 겔 37:24; 욜 3:18-20; 암 9:13; 슥 8:12, 14:17-19 등) 역사의 종말에 실현될 것이다.

첫째 부활에 참여할 자들이 받는 3가지 축복은 첫째, 영원 형벌을 면하는 것이요, 둘째, 하나님과 그리스도의 제사장이 되는 것이며, 셋째, 그리스도와 더불어 왕 노릇 하는 것이다(계 1:6 참조).

팁 포인트(Tip Point)

35. 천년왕국에 대한 다양한 견해(4가지)

(1) 영적 의미로 해석하는 견해

그리스도가 실제로 지상에 재림한다는 것을 인정하지 않는다.

이런 견해는 하나님 말씀에 대한 불신이나 영해(靈解)에 근거하고 있다.

(2) **후천년설**

천년왕국 이후에 예수 그리스도가 재림하신다는 견해로 17세기경 영국신학자 다니엘 호이비가 주장했으며, 서구 신학자들에게 상당한 호응을 얻었으나 20세기 들어 양차 세계대전이 발발하고 수많은 사상자를 내면서 현재는 설득력을 잃어가고 있는 학설이다. 20세기가 천년왕국이 되어 자신들이 지배자가 되리라고 생각했던 수많은 신자들에게 실망만을 안겨 주었다(하정호).

(3) **전천년설**

그리스도가 이 땅에 재림하여 천 년 동안 왕 노릇 하시고 성도들은 나라와 제사장(분봉왕)이 되어 세상을 지배한다는 학설이다. 이 전천년설은 초대교회 1-3세기까지 가장 강력한 학설이었으며, 이를 뒷받침한 성경이 요한계시록이다. 한국교회에도 전천년설이 유행하게 된 배경에는 1장 주해에서 이미 언급했듯이 전천년주의자 무디의 영향을 받은 아펜젤러와 언더우드, 그리고 길선주 목사에게 영향을 받았기 때문이다.

개략적인 도표는 다음과 같은데 전천년설도 3가지로 구분되어 있다.

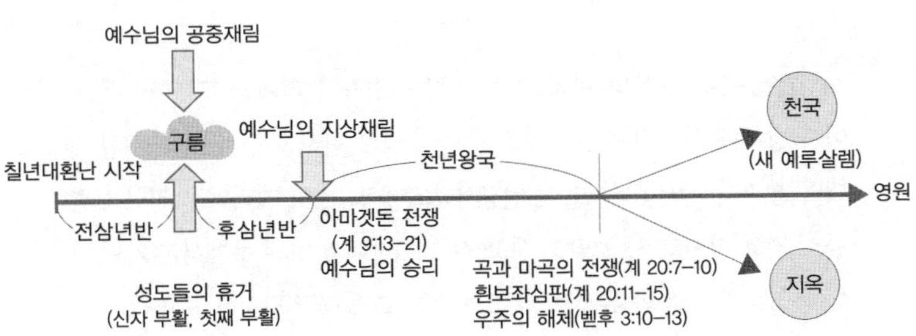

기본도표를 서술하면

① 예수님 공중 재림(살전 4:16-18)

② 지상 재림(행 1:11)

③ 아마겟돈 전쟁(용을 무저갱으로 보냄)

④ 천년왕국 시대(사탄이 제거된 시기)

⑤ 천 년이 찬 후 잠시 용을 놓아줌 → 다시 전쟁 준비 → 곡과 마곡의 전쟁, 말씀이신 예수 그리스도의 승리

⑥ 백보좌 심판(불신자의 부활)

⑦ 우주의 해체

⑧ 천국과 지옥(새 하늘과 새 땅이 내려옴)으로 약술할 수 있다.

시점에 따른 다양한 신학적 입장이 있을 수 있으나 여기서는 가장 논란이 되는 예수 재림시기에 관한 3가지 학설만을 다루려고 한다.

첫째, 한국 성결교회 등이 주장하는 전천년적 재림과 환난 전 휴거로 한국에서는 상당수의 지지층이 있다(세대주의적 전천년설). 7년 대환난이 오기 전 성도는 변화하여 공중 재림하시는 예수 그리스도를 영접하고, 예수님은 모든 천사와 함께 공중에 임하시기 때문에(마 25:31) 지상으로 밀려난 마귀의 세력들이 이 땅에 남아 있는 불신자를 괴롭힌다는 학설로, 증빙 성구는 노아와 롯의 시대의 비유(눅 17:26-33)를 들 수 있다.

눅 17:26-29 "노아의 때에 된 것과 같이 인자의 때에도 그러하리라 노아가 방주에 들어가던 날까지 사람들이 먹고 마시고 장가 들고 시집 가더니 홍수가 나서 그들을 다 멸망시켰으며 또 롯의 때와 같으리니 사람들이 먹고 마시고 사고 팔고 심고 집을 짓더니 롯이 소돔에서 나가던 날에 하늘로부터 불과 유황이 비 오듯 하여 그들을 멸망시켰느니라"

노아 때 노아 가족이 방주에 들어간 후 비가 내리고, 롯의 때에 롯이 소돔에서 벗어난 후에 불 심판이 임했던 것처럼 신자는 심판을 면한다는 견해이다.

둘째, 7년 대환난 중 전 3년 반(한 때 두 때 반 때, 1,260일)은 성도가 환난을 겪지만 극심한 환난을 겪지 않는다는 견해이다.

> **마 24:21-22** "이는 그때에 큰 환난이 있겠음이라 창세로부터 지금까지 이런 환난이 없었고 후에도 없으리라 그날들을 감하지 아니하면 모든 육체가 구원을 얻지 못할 것이나 그러나 택하신 자들을 위하여 그날들을 감하시리라"

끝까지 환난이 지속된다면 구원받을 자가 없을 것이라는 말씀을 주의깊게 살펴보면 성도에게 주어지는 은혜가 있음을 알 수 있다.

> **살전 4:16** "주께서 호령과 천사장의 소리와 하나님의 나팔 소리로 친히 하늘로부터 강림하시리니 그리스도 안에서 죽은 자들이 먼저 일어나고"

하나님의 나팔 소리가 불 때 주님이 강림하시고 성도들은 휴거가 된다. 그렇다면 요한계시록 일곱 인 재앙, 일곱 나팔 재앙, 일곱 대접 재앙 중 나팔 소리는 중간에 있지 아니한가?

전 3년 반과 후 3년 반의 근거가 되는 성구는 "한 때 두 때 반 때"로 성경에 세 번 나온다(단 7:25, 12:7; 계 12:14). 이 학설을 주장하는 사람들은 요한계시록 12장 14절에 나오는 '한 때와 두 때와 한 때의 반'은 1,260일(계 12:6)이며 전 3년 반을 가리키고, 다니엘 7장 25절에 나오는 '한 때와 두 때와 한 때의 반'은 1,260일이며 후 3년 반을 지칭하는 것으로 보고 있다.

한 가지 더 소개한다면, 요한계시록 3장 10절에서 빌라델비아 교회에게 주시는 축복 중 하나가 환난시대를 면하게 해주시겠다는 주님의 약속이다. 모든 신자가 환난을 면한다면 이 구절은 필요 없었을 것이다.

> **계 3:10–11** "네가 나의 인내의 말씀을 지켰은즉 내가 또한 너를 지켜 시험의 때를 면하게 하리니 이는 장차 온 세상에 임하여 땅에 거하는 자들을 시험할 때라 내가 속히 오리니 네가 가진 것을 굳게 잡아 아무도 네 면류관을 빼앗지 못하게 하라"

셋째, 7년 대환난을 다 겪은 후 주님의 지상 재림이 있을 것이라는 주장으로, 길선주 목사가 이에 속한다고 하겠다. 이와 같이 주장을 하는 역사적 전천년주의자들은 요한계시록 저술 당시 로마의 핍박과 성도들의 순교의 피를 생각하며 일사각오의 신앙을 다졌을 것이다.

> **계 2:10b** "네가 죽도록 충성하라 그리하면 내가 생명의 관을 네게 주리라"

이 말의 원뜻은 박해에도 부인하지 말고 죽기까지 충성하라는 뜻이다.

> **히 11:35–38** "여자들은 자기의 죽은 자들을 부활로 받아들이기도 하며 또 어떤 이들은 더 좋은 부활을 얻고자 하여 심한 고문을 받되 구차히 풀려나기를 원하지 아니하였으며 또 어떤 이들은 조롱과 채찍질뿐 아니라 결박과 옥에 갇히는 시련도 받았으며 돌로 치는 것과 톱으로 켜는 것과 시험과 칼로 죽임을 당하고 양과 염소의 가죽을 입고 유리하여 궁핍과 환난과 학대를 받았으니 (이런 사람은 세상이 감당하지 못하느니라) 그들이 광야와 산과 동굴과 토굴에 유리하였느니라"
> **약 1:12** "시험을 참는 자는 복이 있나니 이는 시련을 견디어 낸 자가 주께

서 자기를 사랑하는 자들에게 약속하신 생명의 면류관을 얻을 것이기 때문이라"

약 5:7–11 "그러므로 형제들아 주께서 강림하시기까지 길이 참으라 보라 농부가 땅에서 나는 귀한 열매를 바라고 길이 참아 이른 비와 늦은 비를 기다리나니 너희도 길이 참고 마음을 굳건하게 하라 주의 강림이 가까우니라 형제들아 서로 원망하지 말라 그리하여야 심판을 면하리라 보라 심판주가 문 밖에 서 계시니라 형제들아 주의 이름으로 말한 선지자들을 고난과 오래 참음의 본으로 삼으라 보라 인내하는 자를 우리가 복되다 하나니 너희가 욥의 인내를 들었고 주께서 주신 결말을 보았거니와 주는 가장 자비하시고 긍휼히 여기시는 이시니라"

위와 같은 성경 구절은 얄팍한 신앙에 대해 당시와 후대에 도전을 주었을 것이다.

전천년주의를 요약하면 문자주의, 미래적 해석에 근거하여 천 년간 예수 그리스도의 지상통치가 이루어진다는 것이다. 그리고 요한계시록 20장에 나타난 부활은 육체적 부활이다. 전술한 바와 같이 7년 대환난을 교회가 겪지 않고 환난 전 휴거를 주장하는 사람들이 세대주의적 전천년주의자라면, 7년 대환난을 경험한 후 남은 자가 휴거된다고 보는 사람들을 역사적 전천년주의자라고 분류하는데, 성결교단 같은 경우 전자를 교단헌법에 명시하고 있다(하정호).

(4) 무천년설

2세기 말엽 이레니우스도 성도들의 휴거와 보상을 믿는 전천년주의자였음을 역사적으로 고찰할 수 있다. 그 이후 파피아스(Papias), 케린투스(Cerintus), 네포스(Nepos) 등에 의해 반대에 부딪혔으며, 전천년설을 못마땅하게 여겼던 오리겐은 요한계시록에 흠집을 내지 않으면서 천년왕국을 반대하는 이론을 내게 되었는데 이것이 바로 무천년설이다(하정호). 이러한 무천년설의 영향을 가장 강력하게 받은 교부가 어거스틴이었다. 그리고 이 사상은 칼빈과 루터에게도 이어져서 장로교는 무천년설을 따르는 사람들이 대세를 이루고 있다. 그리고 상당수의 학자들이 이를 지지하고 있다.

반대의견의 발단은 예수 그리스도의 재림이 지연되었기 때문에 문자적으로 해석하는 데 어려움에 봉착했기 때문이다.

> **마 16:27-28** "인자가 아버지의 영광으로 그 천사들과 함께 오리니 그때에 각 사람이 행한 대로 갚으리라 진실로 너희에게 이르노니 여기 서 있는 사람 중에 죽기 전에 인자가 그 왕권을 가지고 오는 것을 볼 자들도 있느니라"
>
> **마 24:33-35** "이와 같이 너희도 이 모든 일을 보거든 인자가 가까이 곧 문 앞에 이른 줄 알라 내가 진실로 너희에게 말하노니 이 세대가 지나가기 전에 이 일이 다 일어나리라 천지는 없어질지언정 내 말은 없어지지 아니하리라"

예수 재림이 지연됨에 따라 궤도 수정을 필요로 했는데 이것이 무천년설이며, 그리스도와 함께 천년왕국은 시작되었으며 천년왕국은 교회 천년시대로 탈바꿈하게 되었다. 무천년설은 재림 지연의 모순을 극복하는 긍정적 측면과 함께 또 다른 모순도 내포한다. 그들은 주의 임박한 재림에 대한 기대가 하나님의 통치방식으로 변경되면서 교회통치를 부각시켰고, 이스라엘에게 부여된 약속들은 실제로 성취되지 않을 것이라고 가르쳤다. 따라서 전천년설을 무기한 연기시킴으로써 재림의 기대를 약화시켰고, 다른 한편 여전히 사탄의 활동이 현세대 즉 교회시대에도 현저히 활동하고 있음으로 해서 천년왕국의 평화를 설득시키기에는 역부족인 모순점을 또다시 안게 되었다.

⑵ 7–10절 – 곡과 마곡의 전쟁

① 7절 "천 년이 차매 사탄이 그 옥에서 놓여"

천년왕국이 끝나고 무저갱에 갇혀 있던 사탄이 옥에서 놓임을 받자 곡과 마곡의 군대를 미혹하여 바다의 모래 수같이 많이 모아서 하나님을 다시금 대적한다. 이는 앞서 살펴본 아마겟돈 전쟁(계 19:17-21)과 좋은 대조를 이룬다.

아마겟돈 전쟁(19:17–21)	곡과 마곡의 전쟁(20:7–10)
용과 짐승과 거짓 선지자의 입에서 나오는 세 더러운 귀신의 영이 온 천하 왕들을 선동하여 어린 양 예수께 대적함(16:14).	사탄이 곡과 마곡의 군대를 선동하여 성도들과 전쟁을 함.
어린 양의 입에서 나오는 검으로 사탄의 군대를 멸망시킴.	하늘에서 불이 나와 곡과 마곡을 멸망시킴
짐승과 거짓 선지자가 불 못에 던져짐.	사탄도 천 년 후 곡과 마곡의 전쟁에서 패한 후 지옥 불못에 떨어짐.

위의 도표를 비교해 보면 무천년설이 주장하는 것처럼 아마겟돈 전쟁과 곡과 마곡의 전쟁을 동일시하는 것은 무리가 있다.

② 8절

a) "땅의 사방 백성"

하나님을 대적하는 불신자들을 의미한다.

b) "곡과 마곡"

곡과 마곡의 개념은 주로 에스겔 38-39장을 배경으로 하는데, 이 전쟁은 인류 최후의 전쟁이다.

팁 포인트(Tip Point)

36. 곡과 마곡의 전쟁

곡과 마곡의 전쟁의 배경이 되고 있는 구약의 예언서는 에스겔서이다. 요한계시록이 가장 많이 인용한 구약책은 첫째가 에스겔이고, 둘째가 스가랴이다(이동원). 그중에서 곡과 마곡에 관한 내용은 에스겔 38-39장에 집중되어 있다. 본래 에스겔에 의하면 '곡'은 로스와 메섹과 두발 왕을 지칭하며, '마곡'은 곡이 다스리는 지명이다(겔 38:2). 에스겔 선지자는 유다 왕국 말엽 BC 583-571까지 대략 22년간 사역하였다. 그는 BC 586년 유대의 패망을 목격했으며, 포로로 잡혀간 지 9년째에 아내를 잃었다(겔 24:16). 국가와 가정의 비극을 경험했던 그는 후반기에 이르러 위로와 소망의 메시지를 이스라엘 백성에게 전했다. 에스겔 36장은 성령님으로 말미암아 황무했던 땅이 비옥한 옥토로 뒤바뀌고, 37장에서는 마른 뼈에 대언을 하니 생기가 들어가서 주의 군대를 이루었다(겔 37:1-10). 유다와 이스라엘이 주님 손 안에서 하나가 되는 은혜를 입고 다윗(예수 그리스도의 예표)이 다스리는 나라가 된다. 38장에 이르러 마곡 땅을 다스리는 곡이 강력한 9개 이방연합군을 결성하여 이스라엘과 전쟁을 일으킨다(겔 38:7-8). 그리고 그 결과가 에스겔 39장 17-20절에 나열되어 있다.

겔 39:17-20 "주 여호와께서 이같이 말씀하셨느니라 너 인자야 너는 각종 새와 들의 각종 짐승에게 이르기를 너희는 모여 오라 내가 너희를 위한 잔치 곧 이스라엘 산 위에 예비한 큰 잔치로 너희는 사방에서 모여 살을 먹으며 피를 마실지어다 너희가 용사의 살을 먹으며 세상 왕들의 피를 마시기를 바산의 살진 짐승 곧 숫양이나 어린 양이나 염소나 수송아지를 먹듯 할지라 내가 너희를 위하여 예비한 잔치의 기름을 너희가 배불리 먹으며 그 피를 취하도록 마시되 내 상에서 말과 기병과 용사와 모든 군사를 배부르게 먹일지니라 하라 주 여호와의 말씀이니라"

이러한 곡과 마곡의 전쟁 승리의 전조가 된 사건은 헬라의 안티오쿠스 에피파네스와 그의 군대에 의해 성취되기는 했으나 실제로 에스겔 39장이 표현한 커다란 승리를 거둔 전쟁은 역사 속에 없었다. 곡과 마곡의 전쟁의 실현은 요한계시록 20장 7-10절에 와서야 가능할 것임을 시사하고 있다. '땅의 사방 백성'에 관해서는 악령의 군대(a demonic army), 천년왕국 시대에 태어난 사람들, 불신자들 등 여러 견해가 있으나 필자는 '불신자들'이라는 해석을 가장 선호한다. 그 이유는 바로 다음에 나올 백보좌 심판이 불신자 심판이기 때문이다. 그러므로 순서적으로 보면 아마겟돈 전쟁에서 짐승과 거짓 선지자가, 곡과 마곡의 전쟁의 결과로 용이, 백보좌 심판 이후에 불신자가 유황 불못으로 들어간다고 해석하는 것이 가장 논리적이라 할 것이다.

[참조]

1) 박수암은 '땅의 사방 백성'을 악령의 군대로 보고 있다(Wikenhauser, Fiorenza, Lohse, Rissi, Roloff, Kraft, Sweet, Aune).

2) Mealy는 죽었다가 살아나 심판 받은 불신자들을 제외한 불신자로 본다.

3) 아마겟돈 전쟁의 살육에서 살아남은 자들(Beasley-Murray)

4) 천년왕국에서 태어난 자들과 번성한 자들(왈부드, 박형용, 김응조)로 보는 4부류가 있는데, 실제적으로 천년왕국에서 분봉왕의 주체는 선명하나 다스림 받는 백성이 누구인지는 불분명하다.

필자는 '땅의 백성'이 3), 4)라는 의견을 선호하는데 그 이유는 불신자에 대한 백보좌 심판이 차후에 나오기 때문이고, 다른 하나는 천년왕국에서 태어난 사람들이 평화의 때를 보내기는 하지만 그들의 본성이 성화되지 않았으며 사탄의 악한 마음도 여전하여 사탄이 미혹하자 '땅의 백성'이 사탄 편에 선다고 해석하는 것이 문맥에 일관성이 있기 때문이다. 그래야 불신자에 대한 지옥 형벌의 당위성이 제공되므로 전체 문맥의 통일성을 가져온다.

c) "미혹하고"

사탄은 천 년의 구치소 생활에도 변한 바 없다. 더 큰 범죄자가 되어 출소한 범죄자와 같다. 에덴동산의 하와를 미혹하고(창 3:4) 온 천하의 임금들을 미혹하듯(계 16:14) 천년왕국시대에 다스림 받는 불신자를 또다시 미혹한다. 미혹(속임, 선동)은 사탄의 초지일관한 특성이다. 사탄과 미혹된 추종세력(불신자)은 다시금 하나님과 성도에게 공격을 감행한다.

③ 9절

a) "그들이(바다 모래 수와 같은 사탄의 군대)…성도들의 진과 사랑하시는 성을 두르매"

성도들의 진은 성도들의 신앙공동체를 의미하며(플루머) '사랑하시는 성'은 아직 새 예루살렘이 하늘에서 내려오기 전이므로 천년왕국 때 건설된 성도들의 교회로 보아야 할 것이다.

b) "하늘에서 불이 내려와 그들을 태워 버리고"

성도를 지키시는 하나님께서 성도와의 전쟁을 허락하지 아니하시고 말씀과 성령의 소멸하는 불을 하늘로부터 보내셔서 마귀를 소멸하신다.

렘 5:14 "그러므로 만군의 하나님 여호와께서 이와 같이 말씀하시니라 너희가 이 말을 하였은즉 볼지어다 내가 네 입에 있는 나의 말을 불이 되게 하고 이 백성을 나무가 되게 하여 불사르리라"

히 12:29 "우리 하나님은 소멸하는 불이심이라"

④ 10절 "미혹하는 마귀가 불과 유황 못에 던져지니"

아마겟돈 전쟁으로 지옥에 떨어진 짐승과 거짓 선지자와 함께 그들을 뒤에서 배후조종했던 악의 근원 마귀도 유황 불못에 떨어진다(마 25:41). 마귀의 거짓 삼위일체가 영원 형벌에 처해진 것이다.

⑶ 11–15절 – 흰(白)보좌 심판과 생명책

① 11절

a) "내가 크고 흰 보좌와 그 위에 앉으신 이를 보니"

짐승, 거짓 선지자(아마겟돈 전쟁), 사탄의 심판(곡과 마곡의 전쟁)에 이어 불신자 심판이 나온다. 생명책에 녹명되지 않은 불신자뿐 아니라 사망과 음부도 심판을 받게 된다(14절). 여기서 '흰'은 천국과 관련된 색깔이며(박수암), 일반적으로 '백(白, white)보좌 심판'이란 용어를 사용하고 있다.

'보좌에 앉으신 이'는 심판의 권세를 하나님으로부터 위임받은 만왕의 왕 예수 그리스도이시다.

b) "땅과 하늘이 그 앞에서 피하여 간데없더라"

백보좌 심판과 함께 현 우주는 해체가 되고 무시간(無時間)의 영원 세계로 들어간다.

사 51:6 "너희는 하늘로 눈을 들며 그 아래의 땅을 살피라 하늘이 연기 같이 사라지고 땅이 옷같이 해어지며 거기에 사는 자들이 하루살이같이 죽으려니와 나의 구원은 영원히 있고 나의 공의는 폐하여지지 아니하리라"

벧후 3:10-12 "그러나 주의 날이 도둑같이 오리니 그날에는 하늘이 큰 소리로 떠나가고 물질이 뜨거운 불에 풀어지고 땅과 그중에 있는 모든 일이 드러나리로다 이 모든 것이 이렇게 풀어지리니 너희가 어떠한 사람이 되어야 마땅하냐 거룩한 행실과 경건함으로 하나님의 날이 임하기를 바라보고 간절히 사모하라 그날에 하늘이 불에 타서 풀어지고 물질이 뜨거운 불에 녹아지려니와"

② 12절 "책들이 펴 있고 또 다른 책이 펴져 있으니 곧 생명책이라 죽은 자들이 자기 행위에 따라 책들에 기록된 대로 심판을 받으니"

구원의 생명책이 있고, 행위록(책들)이 있다. 구원은 생명록과 관련이 깊고, 행위록은 신자와 불신자 모두에게 해당하는 책들이다. 신자는 옳은 행위에 따라 상급을 받을 것이고, 불신자는 악행을 저지른 기록을 예수님의 피로 사함을 받지 못한 까닭에 마귀 삼위일체와 더불어 지옥 불에 떨어지는 가련한 신세가 된다.

팁 포인트(Tip Point)

37. 생명책, 기념책, 행위책

성경에는 세 종류의 책이 나온다.

첫 번째가 생명책이다. 생명책에 이름이 기록된 사람들은 예수 그리스도를 구주로 믿은 자들이다. 생명책에 녹명된 자는 부활과 천국을 보장받는 사람들이다. 그래서 예수님께서는 귀신을 쫓아내는 것보다 이름이 하늘에 기록된 것을 더 기뻐하라고 하셨다(눅 10:20 – "그러나 귀신들이 너희에게 항복하는 것으로 기뻐하지 말고 너희 이름이 하늘에 기록된 것으로 기뻐하라 하시니라"). 바울 역시 동역자들이 생명록에 기록되어 있음을 분명히 했다(빌 4:3). 요한계시록에서도 생명록에 기록된 이름은 구원의 근거가 되고 있다(계 17:8, 21:27). 심지어 예정론의 근거가 되는 구절도 있음을 주목할 필요가 있다.

> **계 13:8** "죽임을 당한 어린 양의 생명책에 창세 이후로 이름이 기록되지 못하고 이 땅에 사는 자들은 다 그 짐승에게 경배하리라"

문제는 생명록에 한 번 기록되면 그 효력이 영원한가에 있다. 다른 말로 "한 번 구원은 영원한 구원인가?"에 대한 접근이다. 한 번 구원은 영원한 구원임을 제시하는 성경 구절이 여러 곳에 산재하고 있음은 두말할 나위가 없다. 그 예를 다음 세 곳만 소개하겠다.

> **롬 8:38–39** "내가 확신하노니 사망이나 생명이나 천사들이나 권세자들이나 현재 일이나 장래 일이나 능력이나 높음이나 깊음이나 다른 어떤 피조물이라도 우리를 우리 주 그리스도 예수 안에 있는 하나님의 사랑에서 끊을 수 없으리라"
> **마 16:18** "또 내가 네게 이르노니 너는 베드로라 내가 이 반석 위에 내 교회를 세우리니 음부의 권세가 이기지 못하리라"
> **요 10:29** "그들을 주신 내 아버지는 만물보다 크시며 아무도 아버지 손에서 빼앗을 수 없느니라"

하나님께서 하나님 자녀들을 마귀에게 빼앗길 리 없다.

하지만 구원의 상실에 관한 구절도 상존(相存, co-existing)하고 있음을 부인할 수 없다.

출 32:32-34 "그러나 이제 그들의 죄를 사하시옵소서 그렇지 아니하시오면 원하건대 주께서 기록하신 책에서 내 이름을 지워 버려 주옵소서 여호와께서 모세에게 이르시되 누구든지 내게 범죄하면 내가 내 책에서 그를 지워 버리리라 이제 가서 내가 네게 말한 곳으로 백성을 인도하라 내 사자가 네 앞서 가리라 그러나 내가 보응할 날에는 그들의 죄를 보응하리라"

계 3:5 "이기는 자는 이와 같이 흰옷을 입을 것이요 내가 그 이름을 생명책에서 결코 지우지 아니하고 그 이름을 내 아버지 앞과 그의 천사들 앞에서 시인하리라"

시 9:5 "이방 나라들을 책망하시고 악인을 멸하시며 그들의 이름을 영원히 지우셨나이다"

두 번째가 기념책이다.

이 책은 구원뿐 아니라 상급 받는 사람을 위한 책이다. 기념책에 기록되는 복은 여호와를 경외하는 경건한 자를 위한 것이다(구원과 상급).

말 3:16 "그때에 여호와를 경외하는 자들이 피차에 말하매 여호와께서 그것을 분명히 들으시고 여호와를 경외하는 자와 그 이름을 존중히 여기는 자를 위하여 여호와 앞에 있는 기념책에 기록하셨느니라"

렘 17:10 "나 여호와는 심장을 살피며 폐부를 시험하고 각각 그의 행위와 그의 행실대로 보응하나니"

세 번째는 행위책이다.

이 책은 악행 책이다. 이 악행을 모세가 율법에 따라 기소를 하지만 변호사(헬, '파라클레토스', 요 14:16-17 참조) 되신 예수 그리스도께서 십자가의 대속을 말씀하지 않으심으로 예수님을 구주로 영접하지 않은 불신자는 영벌 지옥에 떨어지게 된다.

롬 2:6 "하나님께서 각 사람에게 그 행한 대로 보응하시되"

③ 13절

a) "바다가 그 가운데에서 죽은 자들을 내주고"

둘째 부활 즉 불신자의 부활로 심판 부활을 뜻한다.

요 5:29 "선한 일을 행한 자는 생명의 부활로, 악한 일을 행한 자는 심판의 부활로 나오리라"

b) "사망과 음부도 그 가운데에서 죽은 자들을 내주매"

13절 상반절의 '바다'는 악의 영역을 상징하는 표현이다(그레고리 빌). 앞으로 살펴볼 21장 1절의 새 하늘과 새 땅에서는 '바다도 다시 있지 않다'고 명시되어 있다. 이처럼 '사망과 음부'도 악의 영역, 불신자의 죽음의 영역을 나타내는 바다와 동의어로 보아도 무방하다. 사망은 예수 생명의 반대요, 음부(히 '스올', 헬 '하데스')는 불신자의 지옥 대기소로 낙원(신자의 천국 대기소)과 대칭 관계에 있다. 따라서 바다, 사망, 음부가 불신자를 내줌으로 불신자는 자기 행위대로 심판받고 영벌 지옥에 떨어진다.

④ 14절

a) "사망과 음부도 불못에 던져지니"

바벨론의 멸망(17-18장), 짐승과 거짓 선지자의 멸망(19:20), 사탄의 멸망(20:10), 불신자의 멸망(20:13)에 이어 '사망과 음부'도 불못에 던져진다(20:14). '사망과 음부'는 인류 최대 최후의 적이다.

고전 15:26 "맨 나중에 멸망 받을 원수는 사망이니라"

'음부'는 불신자의 영혼이 예수 재림 때까지 머무는 장소로, '낙원'(Paradise, '신자의 영혼이 예수 재림 시까지 머무는 곳')의 반대 개념이다. 불신자의 육신은 흙으로 가고 그 영혼만 고통 받는 곳이라 해서 '음부'라고 한다. '음부'가 심판의 대상이 되어 사라진다는 말은 차후부터 더 힘든 차원의 세계, 즉 부활한 육체와 영혼이 함께 영원한 지옥 형벌로 옮겨간다는 것을 의미한다.

b) "이것은 둘째 사망 곧 불못이라"

'불못'은 지옥의 다른 이름으로 짐승, 거짓 선지자, 사탄, 불신자의 영혼과 육체가 아울러 영원히 고통 받는 곳이다. 지옥은 유황불이 영원히 불타는 장소인 동시에 구더기도 죽지 않는다(막 9:48). 첫째 사망이 육적 죽음을 뜻한다면 '둘째 사망'은 불신자가 겪는 영원한 사망이다. 신자는 두 번 태어나고(重生, 'born again') 한 번 죽지만 불신자는 한 번 태어나고 두 번 죽는다. 이 '둘째 사망'이 영원한 사망이며 지옥이고 유황 불못이다.

⑤ 15절 "누구든지 생명책에 기록되지 못한 자는 불못에 던져지더라"

구원의 조건은 인품이나 지위가 아니라 생명책에 그 이름이 녹명되었는가이다. 어린 양의 생명책에 기록되는 유일한 방법은 예수 그리스도를 믿고 길 되신 예수님을 끝까지 따르는 것이다.

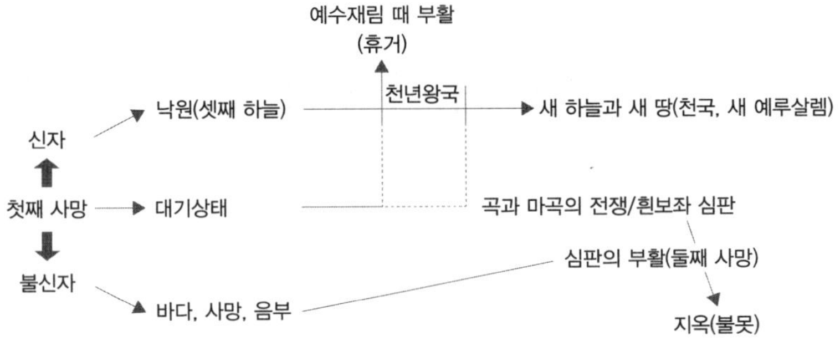

(이필찬, 《내가 속히 오리라》 도표(p862)와 비교참조)

21장

새 하늘과 새 땅

요한계시록 21장 1절에서 22장 5절까지는 신자가 대망하던 새 하늘과 새 땅에 대한 기록이다(신천신지). 새 하늘과 새 땅은 구약에서 여러 번 언급된 것이다(시 102:25-26; 사 65:17, 66:22; 참조. 에녹서 45:4-5)(권성수). 처음 하늘과 처음 땅은 죄와 인간의 반역으로 사라졌지만 마지막 때에 하나님의 구속과 심판이 완성되면서 새 하늘과 새 땅으로 대치된다. 특히 '새 예루살렘'은 '옛 예루살렘'의 대칭 개념이다. 요한은 예루살렘 멸망(AD 70) 후 4반세기가 지난 시점에서 영원한 '새 예루살렘'의 환상을 본 것이다. 이것은 하드리안 황제 박해하에 살았던 당시 신자들에게 놀라운 희망이었음에 분명하다. 또한 역사 속에 고난을 겪고 있는 신자들의 소망이었음을 부인할 수 없으며, '새 예루살렘'은 요한이 보았던 대로 반드시 하늘에서 내려올 것이다.

| 계 21:1-27 |

1또 내가 새 하늘과 새 땅을 보니 처음 하늘과 처음 땅이 없어졌고 바다도 다시 있지 않더라

2또 내가 보매 거룩한 성 새 예루살렘이 하나님께로부터 하늘에서 내려오니
그 준비한 것이 신부가 남편을 위하여 단장한 것 같더라
3내가 들으니 보좌에서 큰 음성이 나서 이르되 보라 하나님의 장막이 사람들
과 함께 있으매 하나님이 그들과 함께 계시리니 그들은 하나님의 백성이 되고
하나님은 친히 그들과 함께 계셔서
4모든 눈물을 그 눈에서 닦아 주시니 다시는 사망이 없고 애통하는 것이나 곡
하는 것이나 아픈 것이 다시 있지 아니하리니 처음 것들이 다 지나갔음이러라
5보좌에 앉으신 이가 이르시되 보라 내가 만물을 새롭게 하노라 하시고 또 이
르시되 이 말은 신실하고 참되니 기록하라 하시고
6또 내게 말씀하시되 이루었도다 나는 알파와 오메가요 처음과 마지막이라 내
가 생명수 샘물을 목마른 자에게 값없이 주리니
7이기는 자는 이것들을 상속으로 받으리라 나는 그의 하나님이 되고 그는 내
아들이 되리라
8그러나 두려워하는 자들과 믿지 아니하는 자들과 흉악한 자들과 살인자들과
음행하는 자들과 점술가들과 우상숭배자들과 거짓말하는 모든 자들은 불과
유황으로 타는 못에 던져지리니 이것이 둘째 사망이라
9일곱 대접을 가지고 마지막 일곱 재앙을 담은 일곱 천사 중 하나가 나아와서
내게 말하여 이르되 이리 오라 내가 신부 곧 어린 양의 아내를 네게 보이리라
하고
10성령으로 나를 데리고 크고 높은 산으로 올라가 하나님께로부터 하늘에서
내려오는 거룩한 성 예루살렘을 보이니
11하나님의 영광이 있어 그 성의 빛이 지극히 귀한 보석 같고 벽옥과 수정같이
맑더라
12크고 높은 성곽이 있고 열두 문이 있는데 문에 열두 천사가 있고 그 문들 위
에 이름을 썼으니 이스라엘 자손 열두 지파의 이름들이라
13동쪽에 세 문, 북쪽에 세 문, 남쪽에 세 문, 서쪽에 세 문이니
14그 성의 성곽에는 열두 기초석이 있고 그 위에는 어린 양의 열두 사도의 열
두 이름이 있더라
15내게 말하는 자가 그 성과 그 문들과 성곽을 측량하려고 금 갈대 자를 가졌
더라
16그 성은 네모가 반듯하여 길이와 너비가 같은지라 그 갈대 자로 그 성을 측
량하니 만 이천 스다디온이요 길이와 너비와 높이가 같더라

[17]그 성곽을 측량하매 백사십사 규빗이니 사람의 측량 곧 천사의 측량이라
[18]그 성곽은 벽옥으로 쌓였고 그 성은 정금인데 맑은 유리 같더라
[19]그 성의 성곽의 기초석은 각색 보석으로 꾸몄는데 첫째 기초석은 벽옥이요
둘째는 남보석이요 셋째는 옥수요 넷째는 녹보석이요
[20]다섯째는 홍마노요 여섯째는 홍보석이요 일곱째는 황옥이요 여덟째는 녹옥
이요 아홉째는 담황옥이요 열째는 비취옥이요 열한째는 청옥이요 열두째는
자수정이라
[21]그 열두 문은 열두 진주니 각 문마다 한 개의 진주로 되어 있고 성의 길은
맑은 유리 같은 정금이더라
[22]성 안에서 내가 성전을 보지 못하였으니 이는 주 하나님 곧 전능하신 이와
및 어린 양이 그 성전이심이라
[23]그 성은 해나 달의 비침이 쓸 데 없으니 이는 하나님의 영광이 비치고 어린
양이 그 등불이 되심이라
[24]만국이 그 빛 가운데로 다니고 땅의 왕들이 자기 영광을 가지고 그리로 들어
가리라
[25]낮에 성문들을 도무지 닫지 아니하리니 거기에는 밤이 없음이라
[26]사람들이 만국의 영광과 존귀를 가지고 그리로 들어가겠고
[27]무엇이든지 속된 것이나 가증한 일 또는 거짓말하는 자는 결코 그리로 들어
가지 못하되 오직 어린 양의 생명책에 기록된 자들만 들어가리라

1) 계시록 21-22장의 구조

(1) 21:1-8절 – 새 하늘과 새 땅

(2) 21:9-10절 – 하늘에서 내려오는 새 예루살렘

(3) 21:11-22:5절 – 새 예루살렘의 모습

① 11-17절 – 새 예루살렘의 모습 각주

② 18-21절 - 새 예루살렘에 사용된 재료

③ 22-27절 - 새 예루살렘의 영화로운 생활

④ 22:1-5절 - 새 예루살렘의 복된 생활

(4) 22:6-21절 - 후기

2) 각 절 주해

(1) 1-8절 - 새 하늘과 새 땅

① 1절

a) "내가 새 하늘과 새 땅을 보니"

창세기의 처음 하늘과 처음 땅과 비교하면 이해가 쉽다.

창세기의 천지 창조	요한계시록의 새 하늘과 새 땅
해와 달과 별이 비춘다.	주님의 영광으로 빛난다(21:23).
실낙원(Lost Paradise)	영원한 부활과 축복(2:7, 22:2)
마귀의 간교한 승리와 인간의 패배	마귀의 결박과 어린 양과 성도의 승리
범죄한 아담과 하와가 여호와의 낯을 피함.	전능하신 하나님 앞에 나아가 함께 장막에 거함(21:3).
생명나무로 가는 길이 막힘.	생명나무를 향한 길이 열림(22:14).

b) "처음 하늘과 처음 땅이 없어졌고 바다도 다시 있지 않더라"

성경에는 천지가 없어진다, 바뀐다, 하늘이 연기같이 사라진다, 땅이 옷같이 해어진다 등 새 하늘과 새 땅의 창조에 관한 말씀이 많이 있다(시 102:26; 사 51:6, 65:17). 이 말씀의 뜻이 우주의 변동인 것만은 확실하다. 하지만 문제가 발생하는 것은 '새'(헬, '카이노스')라는 단어 때문에 비롯된다. 크게 두 가지 학설이 있는데, 하나는 루터파의 견해로 처음 하늘과 처음 땅이 완전히 소실되고 소멸되어 새 세계가 열린다는 것이다. 다른 하나는 칼빈을 위시한 개혁자들의 주장으로 완전 소멸이 아니라 갱신(renew)이라는 입장이다.

그 첫째 이유로는 태초의 천지창조가 완벽하고 보시기에 좋았기에 망가진 세계를 그리스도의 구속으로 '새로워짐'을 의미한다. 둘째, 인간의 타락도 영이 새로워질 때 육도 새로워지는 것이다. 그러므로 벗고자 함이 아니요 덧입고자 함이다(고후 5:2). 그러므로 만유는 새 창조가 아니라 갱신이다. 셋째, '새'라는 말은 무에서 유로의 창조가 아니라 재창조를 의미하기 때문이다. 그것은 마치 타락한 인간을 재창조함같이(중생과 부활), 죄로 인해 폐허가 되고 오용된 처음 하늘과 처음 땅의 개조를 뜻한다. 넷째, 용해는 소멸이 아니라 변형인 까닭이다. 불에 타서 없어지고 뜨거운 불에 녹아짐은 용해이다(벧후 3:12-13 - "하나님의 날이 임하기를 바라보고 간절히 사모하라 그날에 하늘이 불에 타서 풀어지고 물질이 뜨거운 불에 녹아지려니와 우리는 그의 약속대로 의가 있는 곳인 새 하늘과 새 땅을 바라보도다"). 이것은 결코 소멸이 아니라 변형을 의미한다(석원태).

어쨌든 새롭게 녹여서 빚어지는 새로운 질서의 세계임은 분명하다. 육체가 썩어질 것으로 심고 썩지 아니할 것으로 다시 살아나며, 욕된 것으로 심고 영광스러운 것으로 다시 살아나며, 약한 것으로 심고 강한 것으로 다시 살아나는 것처럼(고전 15:42-43), 이전 창조세계 더욱이 썩어진 세계와는 비교할 수 없는 새로운 세계가 영원토록 열릴 것이다. 순간에서 영원으로, 파멸에서 구속으로, 옛것에서 새것으로 옮겨질 것이다.

c) "바다도 다시 있지 않더라"

바다는 용이 거주하던 곳(사 27:1, 51:9; 욥 26:13), 선민을 괴롭히던 짐승이 나오던 곳(계 13:1), 죽음을 상징하던 곳이다. 묵시문학에서도 바다는 사탄의 근거지로 표현되었다(모세의 승천기 10:6)(박수암).

② 2절

a) "또 내가 보매(장면 전환) 거룩한 성 새 예루살렘이 하나님께로부터 하늘에서 내려오니"

거룩한 성 예루살렘은 타락의 성읍, 패망의 성읍 큰 성 바벨론(계 14:8, 16:19, 17:5, 18:10, 19)과 대조를 이루고 있다. 성도의 본향은 세상 부귀와 무역의 상징인 바벨론이 아니라 거룩한 성이다.

새 예루살렘의 출처는 하나님께서 좌정하고 계신 하늘이다.

b) "그 준비한 것이 신부가 남편을 위하여 단장한 것 같더라"

예수 신랑께서 통치하시는 나라와 어울리는 새 예루살렘은 순결한 신부인 성도를 맞이하기 위한 거룩한 도성이다.

③ 3절

a) "하나님의 장막(거처, dwelling)이 사람들과 함께 있으매"

하나님과의 동행이 선악과 사건 이후 단절되었다. 그 이후 하나님과의 교제는 성막을 통해 이루어졌으며(레 26:11-12), 신약시대로부터 십자가 사건으로 휘장이 찢어지면서 새롭고 산 길, 즉 하나님께 나아가는 길이 생겼다. 신약시대에 예수 그리스도의 보혈로 구속받은 자는 예배를 통해 직접 하나님께 나아가는 만인제사장이 된 것이다. 현 세대에서 부분적이었던 희미한 만남이 그날에는 온전해질 것이다(고전 13:12).

b) "그들은 하나님의 백성이 되고 하나님은 친히 그들과 함께 계셔서"

구약시대부터 약속하신 언약의 말씀(창 17:7, 8; 출 19:5, 6; 렘 24:7)이 새 예루살렘에서 완전히 성취된다(《그랜드 주석》).

④ 4절 "모든 눈물을 눈에서 닦아 주시니…처음 것들이 다 지나갔음이러라"

천국에 없는 것을 나열해 보면 처음 하늘과 처음 땅, 바다가 없고(계 21:1), 사망이 없고, 애통과 곡, 아픈 것이 없고(계 21:4), 성전이 없고(계 21:22), 해와 달의 비췸이 없고(계 21:23), 밤이 없고(계 21:25), 저주가 없다(계 22:3)(석원태).

처음 것들 즉 이 세상(현세, 現世)은 생로병사가 있는 이별과 눈물의 땅이다. 이것을 정확히 파악한 종교가 불교이다. 그래서 마음에 와 닿기 때문에 심취하는 것이다. 불교는 엑스레이(X-ray)를 찍은 것과 같다. 인생의 문제와 번뇌는 알았지만 근본 해결책인 예수 그리스도를 모르는 것이다. 치료와 행복, 영생의 길은 오직 예수 그리스도이시다.

⑤ 5절 "보좌에 앉으신 이가 이르시되 보라 내가 만물을 새롭게 하노라"(1b절 주석 참조)

보좌에 앉으신 하나님께서(계 4:2) 이 말은 신실하고 참되니 기록하라고 말씀하신다. 기록된 하나님 말씀은 확고히 불변하는 로고스이기 때문이며, 다른 한편 음성은 제한적이지만 기록은 시공을 초월하기 때문이다.

⑥ 6절

a) "이루었도다"

예수님께서 십자가상에서 말씀하셨던 가상칠언 중 여섯 번째 말씀을 연상하게 한다('finished'). 여기서는 십자가에서 '다 이루신 것'을 온전히 구현하는 자리이다. 이미 잡힌 바 된 그것을 잡으러 쫓아갔던 바울처럼(빌 3:12 - "내가 이미 얻었다 함도 아니요 온전히 이루었다 함도 아니라 오직 내가 그리스도 예수께 잡힌 바 된 그것을 잡으려고 달려가노라") '이미-아직 아니'(already-not yet)의 미완성의 완성이 온전히 이루어졌다("It is done").

b) "나는 알파와 오메가요 처음과 마지막이라"

1:8	1:17	21:6	22:13
알파와 오메가	처음과 나중	알파와 오메가 시작과 끝	알파와 오메가 처음과 나중 시작과 끝
하나님	예수님	하나님	예수님

(이필찬)

위에서 표시한 도표처럼 하나님(예수님)은 처음이요 마지막, 창조요 부활이시며 시간(역사)과 영원이시다.

c) "내가 생명수 샘물을 목마른 자에게 값없이 주리니"

새 창조의 역사는 값없이(헬, '도레안') 하나님으로부터 주어진다. 구원도 하나님의 은혜요, 새 예루살렘과 생명수(영생의 물)까지도 값없이(은혜로) 주어진다.

요한복음 4장에 나타난 수가 성 여인은 늘 목마른 인생을 살았다. 인생은 갈급하다. 돈에 목마르고, 권력에 목마르고, 헛된 것을 찾아 헤매다가 죽을 때 물을 찾으며 죽는 것이 인생이다. 예수님은 수가 성 여인에게 영원토록 목마르지 않는 성령의 샘물을 주셨다(요 4:14 - "내가 주는 물을 마시는 자는 영원히 목마르지 아니하리니 내가 주는 물은 그 속에서 영생하도록 솟아나는 샘물이 되리라"). 신자는 맛보기로 주어졌던 영생수를 이제 저 천국에서 마음껏 마시며 기쁨을 누리게 될 것이다.

사 55:1 "오호라 너희 모든 목마른 자들아 물로 나아오라 돈 없는 자도 오라 너희는 와서 사 먹되 돈 없이, 값 없이 와서 포도주와 젖을 사라"

⑦ 7절 "이기는 자는 이것들을 상속으로 받으리라"

요한계시록 2-3장에 나타난 소아시아 일곱 교회에서 살펴보았던 것처럼 '이기는 자'에게 주님의 약속은 성취되고, 새 예루살렘과 함께 생명수도 유업으로 얻게 될 것이다. 뿐만 아니라 '이기는 자'는 하나님의 아들이 되고 백성이 된다. 할렐루야! 성도여, 유혹에 승리하고, 환난에 승리하고, 세상과 마귀에 승리하라!

⑧ 8절 – 지옥에 떨어질 자들을 나열하고 있다(계 21:27, 22:15 참조).

요한계시록에서 천국에 못 들어가고 유황불에 떨어질 자들(둘째 사망)을 살펴본다.

a) 두려워하는 자들(헬, '데일로이스')

박해로 말미암아 신앙을 저버린 자이다(플루머).

b) 믿지 아니하는 자들(헬, '아피스토이스')

불신자들을 말한다. 따라서 '불신 지옥'은 성경적이다.

c) 흉악한 자들(헬, '엡델뤼그메노이스')

우상숭배를 조장하거나 사탄을 추종하거나 거짓 교사를 뜻한다. 우상숭배, 음행하지 말라고 하면서 우상을 도둑질하고 뒤에서 음행하는 자들이다.

d) 살인자들(8절, 22:15)

6계명을 범한 자

e) 음행하는 자들(8절, 22:15)

7계명을 범한 자

f) 점술가들(8절, 22:15)(헬, '파르마코이스')

타로카드(tarot card), 손금쟁이, 사주팔자, 전문적 역술인, 점성술사 등을 말한다.

g) 우상숭배자들(8절, 22:15)

1, 2계명을 범한 자

h) 거짓말하는 모든 자들(8, 27, 22:15)(헬, '프슈데스')

일차적으로는 거짓말을 습관적으로 하는 자이며, 이차적으로는 성도를 미혹한 영지주의자, 니골라 당, 발람 같은 거짓 선지자, 이세벨의 교훈을 따른 자이다. 한마디로 이단이다.

i) 속된 것을 행하는 자(27절)

세상 사람 즉 육에 속한 사람이다(롬 8:6 - "육신의 생각은 사망이요 영의 생각은 생명과 평안이니라"). 일례로 노아시대 때 타락한 자들이다.

j) 가증한 일(27절)(히, '토에바')

신명기, 잠언, 에스겔에 자주 등장하는데 하나님께서 괘씸하게 여기시는 것, 즉 우상숭배를 하거나 이웃집 여인과의 성적 관계를 가질 때 불결하다는 의미로 사용되었다.

k) 개들(22:15)

남창(男娼, 신 23:17-18)이나 유대교 율법주의자들(빌 3:2) 혹은 회개하고 다시 옛날로 돌아간 자들이다(히 6:4-8; 벧후 2:20-22, '배교자').

위에 열거한 사람들은 둘째 사망의 해를 받는다고 했다. '둘째 사망'이란 무엇인가? 성경에는 세 종류의 사망이 나타난다.

첫째, 영적 사망으로 생명의 근원이신 하나님과 단절된 상태를 말한다. 그러므로 예수님의 십자가로 말미암아 하나님과 연결되지 않으면 사람은 흙으로 돌아가고 만다. 모든 인류는 영적 사망과 육체적 생명을 지닌 존재로 태어난다.

둘째, 육적 사망이다. 아담의 후손은 성도나 불신자 모두가 육적 죽음을 경험한다(히 9:27 - "한 번 죽는 것은 사람에게 정해진 것이요 그 후에는 심판이 있으리니").

셋째, 영원한 사망이다. 영적 사망의 최후상태로 현세에서 예수 그리스도에게 접붙임을 받지 못한 사람은 영원한 사망에 이르게 된다. 결국 세상 끝 날 고통과 슬픔, 영원한 형벌을 받는 것으로, 성경은 이를 가리켜 둘째 사망이라고 한다.

⑵ 9-10절 - 하늘에서 내려오는 새 예루살렘

21장 9절부터 22장 5절까지는 새 예루살렘에 관한 기록이다. 본문은 새 예루살렘의 기원이 하나님 자신이시며, 그 성의 모양과 규모에 대해 밝히고(묘사하고) 있다.

① 9절 – 일곱 대접의 재앙을 일으킨 일곱 천사 중 하나가 '거룩한 성 새 예루살렘'을 사도 요한에게 보이려고 등장한다.

이는 재앙으로 정화시킨 세계에 새 예루살렘이 하늘로부터(KJV, "out of heaven from God") 내려오는 환상의 서곡(序曲, prelude)이다.

그 천사가 제일 처음 보여준 어린 양은 신랑 되신 예수 그리스도이시며, '거룩한 성'은 그리스도의 영적 신부인 성도들의 공동체를 의미한다(《그랜드 주석》).

② 10절 "성령으로 나를 데리고"

안내자가 천사에서부터 성령으로 바뀌는데 이것은 에스겔 40장 1절 이하에서 여호와의 권능이 에스겔을 이끄셔서 성전을 보이셨던 환상을 연상시킨다(겔 11:1a절 참조 - "그때에 주의 영이 나를 들어올려서 여호와의 전 동문 곧 동향한 문에 이르시기로 보니…").

(3) 21:11–22:5 – 새 예루살렘의 모습

① 11–17절 – 새 예루살렘의 모습 각주

a) 11a절 "하나님의 영광이 있어"

새 예루살렘의 첫 번째 특징은 '하나님의 영광'이다. 장로교 시조인 존 칼빈의 좌우명도 '하나님께 영광'이었다. 영광(히, '쉐키나')은 '무겁다'는 뜻으로 '스스로 있는 자'에게만 있는 것인데 하나님의 주권, 구원, 선, 사랑을 담고 있다. 구약에서 하나님을 보면 곧 죽음을 의미했으나 영광의 광채를 신자가 받으면 큰 혜택을 받았다. 하나님의 영광이 만물에 비추었고(시 66:4) 교회에 나타났으며(사 60:1), 사람에게 비췰 때는 축복이 임하였고, 사람에게서 떠날 때는 비극과 초라함이 남겨졌다(삼상 4:21-22 - "이르기를 영광이 이스라엘에서 떠났다 하고 아이 이름을 이가봇이라 하였으니 하나님의 궤가 빼앗겼고 그의 시아버지와 남편이 죽었기 때문이며 또 이르기를 하나님의 궤를 빼앗겼으므로 영광이 이스라엘에서 떠났다 하였더라"). 신약에서는 하나님의 영광이 예수님께 나타났으며(요 1:14 - "말씀이 육신이 되어 우리 가운데 거하시매 우리가 그의 영광을 보니 아버지의 독생자의 영광이요 은혜와 진리가 충만하더라"), 그 영광의 극치는 십자가였다. 이 예수께서 영광 중에 계시고, 영광 중에 다시 오실 것이며, 새 예루살렘에서 영광의 빛으로 영원히 계실 것이다.

11b절 "그 성의 빛이 지극히 귀한 보석 같고 벽옥과 수정같이 맑더라"

여기서 '빛'에 해당하는 헬라어 '포스테르'는 빛 자체가 아니라 빛을 반사하는 물체를 의미한다. 세례 요한이 말씀이 아니라 소리이듯이 신자는 빛이 아니라 빛을 반사하는 존재이다(마 5:16).

(벽옥과 수정은 계 4:3, 6 참조.)

b) 12a절 "크고 높은 성곽이 있고"

성곽(헬, '데이코스', 성벽 'fortification')은 세상과 구별된 거룩을 의미한다. 성벽이 크고 높다고 표현하고 있는데 그 성벽의 높이는 144규빗(70m)이다(17절). 새 예루살렘 성의 규모는 길이와 너비와 높이가 12,000스다디온(1스다디온: 185m), 환산하면 2,220km나 되는 엄청난 크기이다(16절). 144는 12x12로 구약의 교회와 성취로서의 신약의 교회가 하나가 되어 하나님의 온전한 백성을 이루고 있음을 알 수 있다. 이러한 의도는 열두 기둥에 새겨진 열두 사도의 이름(14b절)과 열두 진주 문에 쓰여진 열두 지파의 이름(12b절)을 통해 더욱 확증된다. 이러한 표현 방식으로 성벽과 성전의 규모를 통해 도시의 완전성

(completion)과 장엄함(magnitude)과 안전(security)과 거룩(holiness)을 보여주고 있다(이필찬).

12b절 "열두 문이 있는데"

열두 문은 이스라엘 열두 지파를 상징하는데 문에 열두 천사가 있다. 그리고 문에 열두 지파의 이름을 썼다. 신약은 구약과의 단절이 아니다. 구약이 뿌리라면 신약은 나무와 열매와 같다. 우리는 천국의 수문장이 베드로라는 말을 많이 사용하곤 하는데 본문에 따르면 천사가 수문장이다. 신자들의 성품이나 배경이 열두 지파처럼 다양하지만 오직 예수의 신앙을 가진 신자들은 성문을 통과할 수 있다. 르우벤같이 한순간 욕망의 실수를 저질렀던 인간도, 시므온이나 레위 같은 살인자도, 유다같이 아둘람에서 방황하고 타락했던 자도 예수님의 보혈로 씻음 받으면 천국 문에 넉넉히 들어간다. 우리의 공로가 아니라 오직 예수의 베푸신 은혜로 말미암아 가능하다. 다만 롯의 아내처럼 세상을 뒤돌아보지 말아야 한다.

c) 13절 "동쪽에 세 문, 북쪽에 세 문, 남쪽에 세 문, 서쪽에 세 문이니"

에스겔이 바라보았던 새 예루살렘의 모습을 연상시키고 있다. 그런 점에서 구약과 신약은 예언과 성취이며, 긴밀한 상관성을 유지하고 있다.

겔 48:30-35 "그 성읍의 출입구는 이러하니라 북쪽의 너비가 사천오백 척이라 그 성읍의 문들은 이스라엘 지파들의 이름을 따를 것인데 북쪽으로 문이 셋이라 하나는 르우벤 문이요 하나는 유다 문이요 하나는레위 문이며 동쪽의 너비는 사천오백 척이니 또한 문이 셋이라 하나는 요섭 문이요 하나는 베냐민 문이요 하나는 단 문이며 남쪽의 너비는 사천 오백 척이니 또한 문이 셋이라 하나는 시므온 문이요 하나는 잇사갈 문이요 하나는 스불론 문이며 서쪽도 사천오백 척이니 또한 문이 셋이라 하나는 갓 문이요 하나는 아셀 문이요 하나는 납달리 문이며 그 사방의 합계는 만 팔천 척이라 그날 후로는 그 성읍의 이름을 여호와삼마라 하리라"

동서남북 어디나 열려진 구원의 보편성을 암시하고 있다(바클레이).

d) 14절 "그 성의 성곽에는 열두 기초석이 있고 그 위에는 어린 양의 열두 사도의 열두 이름이 있더라"

열두 지파가 구약시대 야곱을 중심으로 이루어진 선민의 계보라면, 신약시대 열두 사도는 예수 그리스도의 복음을 전파하는 신약시대의 선민이며 영적 이스라엘을 의미한다. 구약의 출발점이 아브라함의 믿음이라면, 신약은 복음 즉 예수 그리스도가 주체이다. 완전한 교회의 상징인 새 예루살렘은 예수 그리스도의 열두 사도에 기초를 두고 있다(신앙고백 위에 세워진 교회).

e) 15a절 "내게 말하는 자가"

9절에 언급된 천사와 동일하다.

15b절 "그 성과 그 문들과 성곽을 측량하려고 금 갈대 자를 가졌더라"

11-14절에서 새 예루살렘의 기본적인 건축 구조물을 소개하고, 15-17절에서는 그 건축물을 측량한다. 천사가 금 갈대 자를 가지고 있는데 이것은 새 예루살렘을 측량하기 위한 도구로 에스겔 40장 3절의 갈대를 연상시킨다. 그런 점에서 요한계시록 21-22장은 에스겔

40-48장을 배경으로 쓰여졌음을 간과할 수 없다(이필찬). 다른 한편, 본서 11장에서도 요한은 지팡이 같은 갈대로 하나님의 성전과 그 제단과 거기서 예배하는 자들을 측량하도록 명령을 받았다(계 11:1). 11장에서의 측량은 성도의 보호를 목적한 측량이었던 반면, 본절에서 행해진 측량은 새 예루살렘의 장엄한 크기와 완전성을 측량하기 위한 것이다. 11장의 측량이 현세 교회와 순교자를 위한 측량이었다면, 후자는 영원 세계의 새로운 도성을 측량한 것이다(박수암).

금 갈대는 금으로 된 막대기(NIV, "a measuring rod of gold")로 측량의 순수성, 완전성, 성도의 영광과 축복을 상징하고 있다.

f) 16절 "그 성은 네모가 반듯하여…길이와 너비와 높이가 같더라"

새 예루살렘 성은 12,000스다디온으로 완전 수 12에 만수(滿數) 1,000을 곱한 것으로 무수히 많음을 상징하는데(렌스키), 구원받을 자의 충만한 수를 의미하고 있으며, 정방형의 모습을 통해 완전성을 더욱 강화하고 있다.

g) 17a절 "그 성곽을 측량하매 백사십사 규빗(약 45-50cm)이니"

16절의 12,000스다디온에 이어서 본절에 나타난 144도 12지파×12사도를 의미하며, 완전성을 상징하는 숫자이다(7장, 14장의 십사만 사천 참조).

17b절 "사람의 측량 곧 천사의 측량이라"(NIV, "by man's measurement, which the angel was using")

사람이 실제로 사용하는 측량 방식을 천사가 이곳에서 직접 사용했다는 의미를 지닌다(플루머). 이는 상상 속에 이루어진 것이 아니라 장차 천국에서 실제로 이루어질 일임을 천명하는 것이다.

② 18-21절 - 새 예루살렘에 사용된 재료

새 예루살렘에 관하여 전술한 9-17절이 새 예루살렘의 모습을 묘사했다면, 두 번째 단락에 해당하는 18-21절에서는 성을 지은 정금과 보석을 나열하고 있는데 이것은 천국에서 누릴 성도의 영화로운 삶을 예표한다고 하겠다. 특히 본절과 20절에서 열거된 열두 보석은 이스라엘 대제사장의 흉패에 장식된 보석들을 반영하고 있으며(출 28:17-20), 두로 왕의 의복에 장식된 보석들에 비견되기도 한다(겔 28:13). 하지만 전자가 성도의 아름다움과 특징을 나타낸다면, 후자는 멸망해 버린 세상 영광의 상징이라고 할 수 있다.

a) 18절 "그 성곽은 벽옥(jasper)"

b) 18절 "그 성은 정금인데 맑은 유리 같더라"

정금은 믿음, 불변, 순수를 나타낸다.

c) 19-20절 - 성곽의 기초석

첫째, 벽옥(jasper). 푸른빛. 납달리 지파 - 천국 상징

둘째, 남보석(sappire). 맑은 하늘색. 시므온 지파 - 견고함을 상징

셋째, 옥수(chalcedony, 마노). 녹색. 보는 방향에 따라 색이 변한다. - 아름다움을 상징

넷째, 녹보석(emerald). 초록빛 바다색. 르우벤 지파 - 그리스도의 은혜를 상징

다섯째, 홍마노(sardonyx). 살색. 갓 지파 - 그리스도의 권세를 상징

여섯째, 홍보석(carnelian, 루비). 붉은색. 유다 - 그리스도의 왕권을 상징

일곱째, 황옥(chrysolite). 황금색. 잇사갈 지파 - 그리스도의 희생

을 상징

여덟째, 녹옥(beryl). 푸른색. 단 지파 - 정복자 즉 이기는 신앙을 상징

아홉째, 담황옥(topaz). 다양한 색깔 - 구원의 보편성을 상징

열째, 비취옥(chrysoprase). 황녹색 - 믿음을 상징

열한째, 청옥(jacinth, 호박). 다양한 색깔. 에브라임 지파 - 고난 후에 영광을 주신다.

열두째, 자수정(amethyst). 적갈색. 베냐민 지파 - 중독을 제거한다(헬, 아메뒤스토스).

(이동원, 《열두 문 열두 돌》, 《카리스 주석》 등)

새 예루살렘 성의 12개의 기초석과 대제사장 가슴에 달린 흉패의 보석이 맞물린 것을 통해 신구약의 연속성, 천국 성도의 다양성, 교단의 특징과 함께 그리스도께서 선택하신 신부의 존귀와 아름다움을 가늠할 수 있다.

d) 21a절 "그 열두 문은 열두 진주니 각 문마다 한 개의 진주로 되어 있고"

열두 사도는 구약 이스라엘 전통을 계승한 것이고, 본절은 미래의 예루살렘을 묘사한 이사야 54장 12절과 일맥상통한다.

사 54:12 "홍보석으로 네 성벽을 지으며 석류석으로 네 성문을 만들고 네 지경을 다 보석으로 꾸밀 것이며"

현재와 같이 인공 진주가 생기기 전 고대에서 진주란 가장 값비싼 보석이었다. 항차 이 진주가 얼마나 큰지 '진주로 문을 만들었다'

는 구절은 찬란함의 극치를 상상하고도 남음이 있다.

e) 21b절 "성의 길은 맑은 유리 같은 정금이더라"

성의 길은 18절에 나온 성곽(예루살렘 성벽)과 같은 '유리 같은 정금'이다. 정금의 성곽과 길, 그리고 진주문과 찬란한 보석 성을 상상해 보라. 신앙생활이 힘들 때 소망 중에 저 천국을 바라보라.

③ 22-27절 – 새 예루살렘의 영화로운 생활

아름답고 찬란한 새 예루살렘 성에 들어가는 자는 회개에 합당한 열매를 맺은 자이며(마 3:8), 빛의 자녀이고(요일 1:7), 생명책에 기록된 자들이다. 천국 생활에 대해 사도 요한은 다음과 같이 약술하고 있다.

a) 22절 "성 안에서 내가 성전을 보지 못하였으니…전능하신 이와 및 어린 양이 그 성전이심이라"

창세기에 나타난 에덴동산 시절에 아담과 하와는 하나님과 자연스럽게 교제하고 교통했다. 선악과로 말미암아 일차적으로 죽음과 고통이 찾아왔고, 이차적으로 아벨을 죽인 가인으로 인하여 가인의 후예는 하나님과 단절을 맞이하게 된다(창 4:14). 가인의 후예와 하나님의 자녀들이 접촉하면서 하나님 자녀들은 세속화되어 갔다. 이것이 노아 홍수요, 소돔 성의 롯이 주는 교훈이다. 그래서 선민 이스라엘은 세상과 다른 높은 곳에 올라가 거주했다. 창세기 34장에 디나의 추행사건과 시므온과 레위의 급습을 통해 야곱은 비로소 '벧엘'(아버지의 집, 교회의 전신)을 기억하고 구별된 곳으로 올라가게 된다. 세상은 추행, 살인, 야비함, 도주와 추격, 거짓이 난무하는 곳이었지만 '벧엘'은 하나님의 전이요, 주님이 지배하시는 장소였다.

이외에도 성전사상은 노아 방주의 구원, 속죄 장소인 성막, 만민의 기도하는 집이었던 솔로몬 성전, 회복과 영광의 스룹바벨 성전, 그리고 포로기의 회당에 이르기까지 지속되었으며, 성전은 이스라엘 민족이 하나님과 만나고 기도하며 성경연구를 통해 하나님 음성을 듣는 처소였다.

신약시대에 이르러 성전이 폐해졌지만 더 놀라운 그리스도의 몸 된 교회가 세워졌다(요 2:19). 이제는 특정한 제사장뿐 아니라 예수님을 믿는 자는 누구나 만인제사장이 되어 하나님을 뵐 수 있는 특권이 주어졌다. 신약시대는 성령의 시대요, 은혜의 시대인 동시에 교회시대를 의미했다. 장차 영원한 나라에서는 구약의 그림자였던 성전과 심지어 교회까지도 사라지고, 참 성전 되시고 교회 되신 예수님과 함께 영원히 거하게 될 것이다.

사 54:12 "홍보석으로 네 성벽을 지으며 석류석으로 네 성문을 만들고 네 지경을 다 보석으로 꾸밀 것이며"

b) 23절 "그 성은 해나 달의 비침이 쓸 데 없으니 이는 하나님의 영광이 비치고 어린 양이 그 등불이 되심이라"

하나님과 예수님께서 영광의 빛이 되시므로 그 찬란함이 피조물의 어떤 것보다도 밝다. 하나님은 영광 중에 계시고 어두움이 조금도 없으시다.

요일 1:5b "하나님은 빛이시라 그에게는 어둠이 조금도 없으시다는 것이니라"

사 60:19-20 "다시는 낮에 해가 네 빛이 되지 아니하며 달도 네게 빛을 비추지 않을 것이요 오직 여호와가 네게 영원한 빛이 되며 네 하나님이 네 영광이 되리니 다시는 네 해가 지지 아니하며 네 달이 물러가지 아니할 것은 여호와가 네 영원한 빛이 되고 네 슬픔의 날이 끝날 것임이라"

c) 24절 "만국이 그 빛 가운데로 다니고 땅의 왕들이 자기 영광을 가지고 그리로 들어가리라"

여기서의 '만국'이란 이사야 60장 3절을 반영한 구절로 구원받은 하나님의 모든 백성을 뜻한다(헨드릭슨, 플루머 등). 다른 한편 '만국'이 주는 의미는 유대인과 이방인, 빈부귀천을 차별 없이 대하시는 하나님의 보편적(catholic) 사랑을 내포하고 있다. 예수님 안에서 우리는 한 형제요 자매이며, 영적 가족이요 거룩한 나라이다(벧전 2:9-10).

여기서 "땅의 왕들"이란 어린양의 피로 구속받고 인내로 면류관을 썼던 하나님의 택한 백성으로, 그리스도와 함께 왕 노릇(계 20:4)했던 참 신자로 보아야 전체 문맥에 어긋남이 없다. 이미 기독교를 박해했던 세상 왕들이 심판의 불로 정죄 받은 정황이 20장 11-15절에 기록되어 있기 때문이다. 믿는 자는 천년왕국 시대에 분봉왕의 은총을 누리고, 영원 천국시대에서는 영광 중에 예수님의 빛 가운데로 나아갈 것이다.

d) 25절 "낮에 성문들을 도무지 닫지 아니하리니 거기에는 밤이 없음이라"

빛이나 낮의 반대 개념이 '밤'이다. 이 세상은 낮과 밤이 있지만 하나님은 온전한 빛이시므로 회전하는 그림자도 없으시다(약 1:17b). 이 세상에 사는 한 사망과 애통과 곡함과 아픔이 있게 마련이다(계 21:4). 인간은 사랑받은 것만큼 아픔이 있다. 부부 애정이 각별했기에 배후자의 사별 후 그만큼 슬퍼야 하고 우울증이 찾아온다. 유명배우가 알코올 중독, 마약, 자살로 치닫는 이유는 사람들의 사랑이 떠날 때 붙잡지 못하기 때문이다. 사랑했던 까닭에 상처받는 것이다. 인간 사랑은 한마디로 '본전치기 사랑'이다(《열 가지 초월적 은사》).

불교에서 말하는 영원은 세월 속의 영원이다. '씨를 뿌리고 싹이 나고 열매를 맺고 죽기'를 반복하는 이 세상 속의 영원이다. '낳고 죽고'를 반복하는 전생-이생-내생의 반복이 그들이 말하는 영원이다. 그들은 안타깝게도 시간을 빠져나가는 부활과 영원의 문이 되시는 예수 그리스도를 발견하지 못한 것이다. 그렇기 때문에 모든 인간은 예수 그리스도를 만나기 전까지 어둠 속을 헤매고 방황하게 마련이다. 어둠은 타락을 의미한다. 그래서 사도 바울은 "어둠의 일을 벗어 버리라"(롬 13:12b), "빛의 열매를 맺으라"고 말씀한다(엡 5:9). 총명이 어두워진 까닭에(엡 5:18a) 앞날이 캄캄한 것이다. 이제 더 이상 천국에서 그와 같은 타락, 절망, 고통, 슬픔, 죽음은 존재하지 않는다(시 139:12 참조).

e) 26절 "사람들이 만국의 영광과 존귀를 가지고 그리로 들어가겠고"

24절의 반복이다(《그랜드 주석》, 플루머).

성도들은 영원한 천국에서 영생과 상급, 그리고 면류관을 얻게 될 것이다(면류관에 대해서는 계 3:11 참조).

마 5:11-12 "나로 말미암아 너희를 욕하고 박해하고 거짓으로 너희를 거슬러 모든 악한 말을 할 때에는 너희에게 복이 있나니 기뻐하고 즐거워하라 하늘에서 너희의 상이 큼이라 너희 전에 있던 선지자들도 이같이 박해하였느니라"

f) 27절 - 천국에 들어가는 자와 못 들어가는 자

들어가는 자: 생명록에 기록된 자

못 들어가는 자: 무엇이든지 속된 것이나 가증한 일 또는 거짓말 하는 자(계 21:8 참조)

팁 포인트(Tip Point)

38. 연옥설

로마 가톨릭은 베드로전서 3장 19절을 근거로 연옥설(煉獄說)을 만들었다.

벧전 3:19 "그가 또한 영으로 가서 옥에 있는 영들에게 선포하시니라"
시 142:7 " 내 영혼을 옥에서 이끌어 내사 주의 이름을 감사하게 하소서 주께서 나에게 갚아 주시리니 의인들이 나를 두르리이다"

'연옥'(煉獄, Purgatory)이란 말 그대로 '불타는 감옥'이다. 초대교부들의 말을 빌리면 키프리안은 믿음을 지킨 성도들, 특히 순교자들은 즉시 궁극적 구원을 얻지만 예수님을 믿기는 했으나 박해를 이기지 못한 성도들은 연옥이라는 정화의 장소에서 죗값을 치르고 천국으로 향할 수 있다고 보았다. 연옥의 불을 통하여 인간이 정화되는 것은(고전 3:15) 복수가 아닌 하나님의 자비의 과정이다. 니사의 그레고리도 역시 인간 안에 있는 여호와의 형상이 회복되기 위해서 정화의 고통스런 과정이 필요하다고 보았다.

중세의 신학을 집대성한 토마스 아퀴나스도 죽은 자의 영혼이 땅에서 지은 죄를 정화의 불을 통과함으로써 깨끗하게 된다는 연옥설을 지지하였다. 그리고 그 벌을 감하는 방편으로 신자들의 중보기도, 미사, 헌금 등이 유효하다는 주장을 폈다. 연옥교리는 1336년 교황 베네딕트 12세 때 로마 가톨릭의 공적교리로 선포되었다. 그래서 신자가 부활 때까지 잠자고 있다는 교회의 전통적 수면설은 거부되었고, 죽은 자들은 죽음과 동시에 하나님의 심판을 받는다고 보았다. 로마 가톨릭의 입장에서 보면 지옥은 회복이 없는 저주의 장소이지만 연옥은 죄를 참회하고 천국을 향할 수 있는 소망의 장소이다.

그러나 연옥설은 다음과 같은 문제점이 있다.

첫째, 성경적 근거가 희박하다. 로마 가톨릭은 마태복음 12장 32b절에 "오는 세상에서도 사하심을 얻지 못하리라"를 증빙구절로 제시하고 있다. 이 말씀은 '성령을 훼방하지 말라'는 데 역점을 둔 말씀으로 문맥상 이해함이 맞다. 또한 고린도전서 3장 15절에 나오는 "자신은 구원을 받되 불 가운데서 받은 것 같으리라"는 말씀으로 연옥교리를 정당화했다. 이 말씀도 반석 즉 예수 그리스도 위에 세운 공적이라야 시험과 환난 중에도 그대로 있으며, 연단 속에서 견딘 믿음의 중요성을 강조하는 것이라고 보아야 타당하다. 다수의 고대 교사들은 이 불은 '환난이나 십자가'로 이해했다. 그리고 "받은 것 같으리라"고 했지 "받으리라"고 명시한 것도 아니다.

둘째, 연옥설은 배교한 사람에 대한 연민, 그 자식들과 친지들에 대한 배려, 교회 재정을 염두에 둔 인간적 합리화이다.

셋째, 죽은 자의 정화를 위해 살아 있는 신자의 대리보상이 가능하다고 본 것은 비성경적이다. 구원은 인간의 노력으로 주어지지 않을 뿐더러 다른 사람의 공력대여, 사후 구원의 가능성은 인간적 발상일 수는 있어도 참된 구원교리가 될 수 없다.

구원은 오직 예수, 오직 은혜, 오직 믿음으로만 가능하다.

22장

새 예루살렘의 복된 생활과 후기(에필로그)

요한계시록 22장은 요한계시록의 마지막인 동시에 신구약 성경의 종결부분이기도 하다. 요한계시록의 묵시(Apocalypse)의 핵심인 예수 그리스도의 재림(헬, '파루시아')과 마라나타(Maranatha) 사상이 대미를 장식하고 있다.

|계 22:1-21|

1또 그가 수정같이 맑은 생명수의 강을 내게 보이니 하나님과 및 어린 양의 보좌로부터 나와서

2길 가운데로 흐르더라 강 좌우에 생명나무가 있어 열두 가지 열매를 맺되 달마다 그 열매를 맺고 그 나무 잎사귀들은 만국을 치료하기 위하여 있더라

3다시 저주가 없으며 하나님과 그 어린 양의 보좌가 그 가운데에 있으리니 그의 종들이 그를 섬기며

4그의 얼굴을 볼 터이요 그의 이름도 그들의 이마에 있으리라

5다시 밤이 없겠고 등불과 햇빛이 쓸 데 없으니 이는 주 하나님이 그들에게 비

치심이라 그들이 세세토록 왕 노릇 하리로다
6또 그가 내게 말하기를 이 말은 신실하고 참된지라 주 곧 선지자들의 영의 하
나님이 그의 종들에게 반드시 속히 되어질 일을 보이시려고 그의 천사를 보내
셨도다
7보라 내가 속히 오리니 이 두루마리의 예언의 말씀을 지키는 자는 복이 있으
리라 하더라
8이것들을 보고 들은 자는 나 요한이니 내가 듣고 볼 때에 이 일을 내게 보이
던 천사의 발 앞에 경배하려고 엎드렸더니
9그가 내게 말하기를 나는 너와 네 형제 선지자들과 또 이 두루마리의 말을 지
키는 자들과 함께 된 종이니 그리하지 말고 하나님께 경배하라 하더라
10또 내게 말하되 이 두루마리의 예언의 말씀을 인봉하지 말라 때가 가까우니라
11불의를 행하는 자는 그대로 불의를 행하고 더러운 자는 그대로 더럽고 의로
운 자는 그대로 의를 행하고 거룩한 자는 그대로 거룩하게 하라
12보라 내가 속히 오리니 내가 줄 상이 내게 있어 각 사람에게 그가 행한 대로
갚아 주리라
13나는 알파와 오메가요 처음과 마지막이요 시작과 마침이라
14자기 두루마기를 빠는 자들은 복이 있으니 이는 그들이 생명나무에 나아가
며 문들을 통하여 성에 들어갈 권세를 받으려 함이로다
15개들과 점술가들과 음행하는 자들과 살인자들과 우상숭배자들과 및 거짓말
을 좋아하며 지어내는 자는 다 성 밖에 있으리라
16나 예수는 교회들을 위하여 내 사자를 보내어 이것들을 너희에게 증언하게
하였노라 나는 다윗의 뿌리요 자손이니 곧 광명한 새벽 별이라 하시더라
17성령과 신부가 말씀하시기를 오라 하시는도다 듣는 자도 오라 할 것이요 목
마른 자도 올 것이요 또 원하는 자는 값없이 생명수를 받으라 하시더라
18내가 이 두루마리의 예언의 말씀을 듣는 모든 사람에게 증언하노니 만일 누
구든지 이것들 외에 더하면 하나님이 이 두루마리에 기록된 재앙들을 그에게
더하실 것이요
19만일 누구든지 이 두루마리의 예언의 말씀에서 제하여 버리면 하나님이 이
두루마리에 기록된 생명나무와 및 거룩한 성에 참여함을 제하여 버리시리라
20이것들을 증언하신 이가 이르시되 내가 진실로 속히 오리라 하시거늘 아멘
주 예수여 오시옵소서
21주 예수의 은혜가 모든 자들에게 있을지어다 아멘

1) 계시록 22장의 구조

본장 1-5절은 21장에서 살펴본 새 예루살렘의 모습에 대한 연속 부분이면서 종결부이고, 6-21절은 요한계시록 전체에 대한 후기인 동시에 신구약 성경을 마무리 짓는 에필로그(epilogue)의 성격을 띠고 있다.

(1) 1–5절 – 새 예루살렘의 복된 생활

(2) 6–21절 – 후기(에필로그)

A. 후기의 내용
B. 후기의 구조
C. 후기의 각 절 주해(계 22:1–5 연속)

2) 각 절 주해

(1) 1–5절 – 새 예루살렘의 복된 생활

창세기	요한계시록
에덴동산	새 예루살렘(천국, 새 에덴)
처음 하늘과 처음 땅(창 1–2장)	새 하늘과 새 땅(계 21:1–2)
생명나무와 강(창 2:9–14)	생명나무와 생명수 강(계 22:1–2)
아담과 하와(창 2:18–25)	어린 양 예수 그리스도와 신부인 성도(계 21:9)
뱀(사탄)의 승리(창 3:1–7)	사탄의 패배(계 20:7–10)

저주 선언(창 3:14–19)	저주가 사라짐(계 22:3)
원 복음(창 3:15)	복음의 성취(계 21–22장)
죽음의 시작(창 3:19)	죽음의 사라짐(계 21:4)
실낙원(창 3:24)	새 에덴의 회복(계 21:26–27)
천사가 에덴과 생명나무의 길을 지킴 (창 3:24)	천사가 새 예루살렘을 보여줌(계 21:9–12)

(《그랜드 주석》 참조)

요한이 최종적으로 말해 주고 있는 새 예루살렘(천국)의 모습은 새로운 에덴을 배경으로 한다.

① 1절 "수정같이 맑은 생명수의 강을 내게 보이니"

창세기에 흘렀던 네 개의 강 즉 비손 강, 기혼 강, 힛데겔 강, 유브라데 강을 연상시킨다(창 2:10-14). 이 강들은 세상을 풍요롭고 비옥하게 했지만 생명의 강은 아니었다. 그리고 에스겔이 환상 중에 보았던 차고 넘치는 축복과 치료의 강가를 연상시키기도 한다(겔 47:1-12). 왈부드(Walvoord)는 성령의 생수가 흘러넘치는 강가로 이해했다(요 7:37-39). 필자는 요한복음 4장 14절에 준거하여 생명수의 강이란 영원무궁한 생명수를 공급하는 강으로 보고 싶다. 생명수 강의 출처는 에스겔 강가에 흘러넘쳤던 은혜의 강물이나 생수의 강처럼 어린양 보좌로 흘러나온다.

② 2절 "강 좌우에 생명나무가 있어"

생명나무는 창세기 때 에덴동산에도 있었으나 선악과의 범죄로 인해 하나님께서 그룹과 화염검으로 지키셔서 인간의 접근을 허락지 않으셨다. 새 에덴 예루살렘 성에는 생명나무가 존재하고, 성도가 이 영생의 과실을 마음껏 먹도록 허락되었다. 생명나무는 달마다 실과를 맺으며, 그 나무 잎사귀는 만국을 소성시킨다(헬, '테라퓨오' – '고치다')(겔 47:12 참조). 예수님은 부활하신 후 여전히 못자국과 창자국이 있었다. 혹자는 이러한 예수님의 모습 때문에 불구나 장애인들이 천국에서도 동일한 상태가 아닐까 염려한다. 예측하건대 천국에서는 심령과 육체가 생명나무 덕택에 온전케 될 것이다. 순교자가 우리를 신원해 달라는 호소의 간구도 치료되고 우리의 연약함, 심지어 노쇠함까지도 회복될 것이다.

이단들은 이 구절을 인용하여 생명나무가 셋이 존재한다고 거짓 주장을 펼친다. 창세기 때 생명나무, 생명나무이신 예수 그리스도, 그리고 교주 자신을 끼워 넣어서 자신을 생명나무라고 호도하여 신자를 미혹하고 길 되신 예수님에게서 떠나게 함으로 지옥의 낭떠러지로 가게 한다. 생명나무는 오직 예수 그리스도 한 분이시다. 영원한 천국에서 예수 그리스도를 통해 영생과 치료, 심지어 지고의 복락을 누리게 될 것이다. 아멘, 할렐루야!

③ 3절

a) "다시 저주가 없으며"

예수 그리스도께서 십자가에 달리심으로 천국 백성은 저주에서 해방되었다(갈 3:13 - "그리스도께서 우리를 위하여 저주를 받은 바 되사 율법의 저주에서 우리를 속량하셨으니 기록된 바 나무에 달린 자마다 저주 아래에 있는 자라 하였음이라"). 저주는 미워하는 대상에게 재앙이나 불행이 일어나도록 비는 것을 의미한다. 선악과 사건은 축복이 저주로 바뀌는 계기가 되었다. 뱀이 저주를 받고, 아담과 하와의 범죄로 인해 땅도 저주받았다. 이제 새 하늘과 새 땅, 새 예루살렘, 새 에덴에서는 다시는 저주가 없고 행복이 영속될 것이다.

b) “하나님과 어린 양의 보좌가…그의 종들이 그를 섬기며”

‘섬기며’(헬, ‘라트류수신’)는 ‘예배하다’ 혹은 ‘봉사하다’의 의미로, 천국에서는 모든 신자가 하나님께 예배하고 섬기는 삶을 살 것을 나타낸다(롬 9:4; 히 9:1 등)(《그랜드 주석》, 그랜트 오즈번).

④ 4절 “그의 얼굴을 볼 터이요 그의 이름도 그들의 이마에 있으리라”

구약의 최대의 축복은 하나님의 얼굴을 보는 것이다(창 32:30 - ‘브니엘’(하나님의 얼굴) 참조, 민 6:25-26; 시 84:7; 마 5:8; 요일 3:2; 히 12:14 등)(Aune).

창세기 4장 14절에서 가인은 하나님의 징계로 하나님의 얼굴을 볼 수 없었다. 모세조차도 하나님의 얼굴을 볼 수 없었다(출 33:20). 그래서 하나님을 뵈었던 마노아 부부나 이사야가 자신들이 망했음(죽음)을 선언하였다. 하지만 이들처럼 하나님의 은혜로 죽지 않고 영광 중에 계시는 하나님을 뵈옵고 생명을 부지했을 뿐 아니라 도리어 큰 은혜를 입은 하나님의 사람들이 있었다. 신약시대에 와서는 예수님을 통해 자신의 얼굴을 사람들에게 보이셨다(요 1:18 - “본래 하나님을 본 사람이 없으되 아버지 품 속에 있는 독생하신 하나님이 나타내셨느니라”). 하지만 마음이 청결한 자, 보혈로 씻음 받은 자만이 하나님을 볼 수 있다(마 5:8). 그리고 영원한 천국에서 하나님의 종들이 하나님을 밝히 볼 것이다(고전 13:12). 하나님의 종들의 이마에 이름이 새겨져 있다는 것은 하나님의 소유 즉 인침과 관련이 깊다(계 7:3 참조).

⑤ 5절

a) “다시 밤이 없겠고 등불과 햇빛이 쓸 데 없으니”(계 21:23 참조)

b) “그들이 세세토록 왕 노릇 하리로다”

천년왕국에서는 그리스도와 더불어 왕 노릇 하지만 천국에서는 하나님께서 통치하시고 신자는 하나님의 양자로서 하나님의 영광에 참여하여 영생 복락 누릴 것을 뜻한다. 여기서의 왕 노릇은 신자가 불신자를 다스린다거나 신자가 신자를 다스린다는 뜻이 아니다. 새 예루살렘의 주인공이신 예수 그리스도와 교회공동체가 새롭게 창조된 만물을 다스리게 된다는 뜻이다.

(2) 후기(6-21절)

A. 후기의 내용

이 부분은 요한계시록의 후기 부분으로 독자가 다시 한 번 명심해야 될 사항들이 기록되어 있다(그랜트 오즈번, 마운스, 롤로프, 스웨트, 박수암 등). 후기(epilogue)의 핵심은 첫째, 요한계시록 말씀의 권위를 확증하는 것이요(22:6, 8, 16, 18-19), 둘째, 주님의 재림의 긴박성을 강조하는 것이며(22:7, 10, 12, 20), 셋째, 프롤로그(prologue 서문)격인 1장의 내용을 반복함으로써 통일성을 이루고 있다.

a) 요한에게 천사를 보내어 위탁된 예수 그리스도의 계시임을 밝힌다(계 1:1, 9-10, 22:8-10).

b) 예수 그리스도가 알파요 오메가이시다(계 1:8, 22:13).

c) 재림의 임박성을 분명히 한다(계 1:7, 22:7, 12, 20).

d) 요한계시록은 교회 예배 시 읽는 책이다(계 1:3, 11, 22:18).

e) 성도의 신앙과 인내를 격려한다(계 1:3, 22:7, 12, 14).

f) 묵시의 형식을 빌려 기록되었다(계 1:1, 22:10-11).

g) 본서는 편지의 형식을 띠었다(계 1:4, 22:21).

h) 현세의 심판과 교회의 구원을 주제로 한다(계 1:7-8, 22:11-17).

i) 요한계시록 2-3장에 소개된 소아시아 일곱 교회를 향한 권면들이 후기에도 반복되어 있다(계 1:4, 11, 22:18).

– 순교를 각오하라(계 2:10, 13, 22:14).
– 니골라 당, 발람의 교훈, 이세벨의 음행을 물리치라(계 2:6, 14, 20, 22:15, 19).
– 예언의 말씀을 지키라(계 3:10, 22:17).
– 내가 속히 오리라(계 2:16, 3:11, 22:7, 12, 20).
– 내가 너희 각 사람의 행위대로 갚아 주리라(계 2:23, 22:12) 등(박수암).

따라서 본서는 전체의 통일성을 이해하고 견지해야 마땅하며, 신앙의 각오를 다지고 읽을수록 마라나타의 소망을 품어야 바른 접근이라 하겠다.

B. 후기의 구조

a) 두루마리(요한계시록)의 진정성(22:6-7)

b) 천사의 명령(22:8-11)
ⓐ 하나님만을 경배하라(22:8-9).
ⓑ 이 예언의 말씀을 인봉하지 말라(22:10).
ⓒ 불의와 거룩의 갈림길(22:11)

c) 주님께서 주시는 여섯 가지 말씀(22:12-19)
ⓐ 상을 갖고 속히 오리라(22:12).
ⓑ 알파와 오메가 되시는 재림주 예수님(22:13)
ⓒ 구원받을 성도와 구원받지 못할 자(22:14-15)
ⓓ 예수님의 추가 정체성: 광명한 새벽별(22:16)
ⓔ 생명수로의 초청(22:17)
ⓕ 예언의 말씀을 가감하지 말라(22:18-19).

d) 성도의 소망: 마라나타(22:20)

e) 끝맺는 축도(22:21)

(그랜트 오즈번, 《요한계시록》, p. 977 참조)

C. 후기의 각 절 주해(계 22:1-5 연속)

[후기(계 22:6-21)의 각 절 주해는 넘버링(numbering)의 일치를 위해 본장 '2) 각 절 주해'를 연속하여 번호 매김을 하도록 한다.]

⑶ 6-21절 - 후기(에필로그)

7년 대환난과 새 예루살렘에 대한 환상과 계시는 끝나고, 사도 요한 곁에는 그를 안내하던 천사만 남아서 이미 나왔던 요한계시록 주제들을 다시 등장시킨다(바클레이, 왈부드, 마운스, 이상근, 박수암 등).

① 6절 "이 말은 신실하고 참된지라(계 21:5 참조)…선지자들의 영의 하나님이…"

표준새번역은 6절의 난해한 구절을 다음처럼 반역하고 있다. "천사가 또 나에게 말하였습니다. '이 말씀은 믿음직하고 참되다. 예언자들에게 영을 내려주시는 주 하나님께서 그분의 종들에게 곧 일어날 일들을 보여주시려고, 그의 천사들을 보내셨다.'"

② 7절

a) "내가 속히 오리니"

본절에서 헬라어 해석상 아주 중요한 부분을 짚고 넘어가고자 한다. '오리니'(헬, '에르코마이')는 헬라어 원문상 현재형이므로 혹자는 예수님께서 이미 재림하신 상태임을 강조한 표현이라고 주장하고 있다. 하지만 이러한 해석은 '내가 속히 왔다'는 엉뚱한 해석이 되므로 요한계시록 전체 문맥상 맞지 않다. 헬라어에서 현재형 속에 미래적 용법이 있음을 감안하여 속히 오실 주님의 생생함을 묘사하고 있다고 보아야 정확한 해석이 된다.[참조: 독일어 문법서 BDR 323항 'Futurischer Gebrauch des Präsens'(현재의 미래적 용법)으로 예언에 이런 용례가 자주 사용된다. 예) 마 17:11 - "예수께서 대답하여 이르시되 엘리야가 과연 먼저 와서 모든 일을 회복하리라"]

b) "이 두루마리의 예언의 말씀을 지키는 자는 복이 있으리라"

이 말씀은 요한계시록 여섯 번째 축복으로 첫 번째 축복과 흡사하다(계 1:3 참조). 예수님을 영접하는 것으로 구원이 완성되는 것이 아니다. 거룩한 성도로 매일 성화되어야 언젠가 천국에서 영화로운 모습으로 영원히 살게 된다. 거룩한 성도는 말씀대로 살아야 하고, 신앙을 지켜야 하며, 끊임없이 죄를 회개하면서 예수님을 닮아가야 한다.

③ 8-9절 "천사의 발 앞에 경배하려고 엎드렸더니...그리하지 말고 하나님께 경배하라"(계 19:10 참조)

요한은 또 한 번 자신도 모르게 천사 앞에 경배하려는 실수를 범한다. 19장 10절에는 계시를 보고 너무 황홀해서, 본절에서는 계시의 내용이 너무 신비해서 천사 숭배의 오류를 범한다. 다시금 확언하거니와 천사는 경배의 대상이 아니다. 경배의 대상은 오직 하나님이시다. 그러나 하나님께서는 이러한 사도 요한의 반복된 실수를 선용하셔서 독자로 하여금 천사숭배를 금지시키시는 하나님의 말씀을 명심하도록 하신다.

④ 10절 "이 두루마리의 예언의 말씀을 인봉하지 말라 때가 가까우니라"

구약 다니엘서에는 하나님께서 주신 환상과 말씀을 인봉하라고 하셨다. 그 이유는 여러 날 후의 일이기 때문이다(단 8:26, 12:4, 9). 그러나 본 절에서는 예언의 말씀을 인봉하지 말라고 명령하신다. 그만큼 종말의 때가 가까웠고, 주님의 재림이 임박한 까닭이다. 초대교회 때 재림 신앙은 대단하였을 것이다. 역사 속에 주님 재림에 대한 예언과 불발은 여러 번 반복되어 왔다. 잘못된 예언은 심각한 후유증을 초래했다. 심지어 주님의 재림을 언급하면 세대주의로 몰아 이단시하는 경향마저 생겼다.

하지만 주님 승천 이후 주님을 만난 사람들의 마음에는 한결같이 주님의 재림을 고대하는 마라나타의 신앙이 내재되어 있다. 우리는 "주 예수님 공중에 임하실 때 나 일어나 맞이하리"(찬송가 391장 4절)라고 찬송 부르며 "마라나타"라는 복음성가도 즐겨 부르면서도 정작 주님 재림의 신앙은 희석되어 가고 있다. 필자가 부족함에도 불구하고 요한계시록 집필을 시도한 가장 큰 이유는, 주님의 재림을 학수고대하는 재림 신앙을 이 시대에 외치고 싶어서이다.

⑤ 11절 "불의를 행하는 자는 그대로 불의를 행하고 더러운 자는 그대로 더럽고 의로운 자는 그대로 의를 행하고 거룩한 자는 그대로 거룩하게 하라"

말세가 될수록 선인과 악인의 구분은 뚜렷해진다. 마태복음의 법칙이 그러하고(마 25:29 - "무릇 있는 자는 받아 풍족하게 되고 없는 자는 그 있는 것까지 빼앗기리라") 마태복음 13장 24-30절에 나타난 알곡과 가라지의 비유에서도 시사하는 바가 크다. 마태복음 13장 29절에 "주인이 이르되 가만두라 가라지를 뽑다가 곡식까지 뽑을까 염려하노라"고 예수님은 말씀하셨다. 처음에는 알곡과 가라지의 구분이 힘들다. 그러나 추수 때가 되면 알곡과 가라지는 쉽게 식별된다. 사도 바울의 최후 서신인 디모데후서 3장 13절에도 "악한 사람들과 속이는 자들은 더욱 악하여져서 속이기도 하고 속기도 하나니"라고 말세의 증상을 예단했다. 종말에는 선한 사람은 더욱 거룩하게 되고, 악인은 더욱 악을 향해 질주할 것이다.

⑥ 12절

a) "내가 속히 오리니"(계 22:7a 참조)

후기 부분에만 네 번 언급된 것처럼 주님은 임박한 재림을 강조하신다. 그 이유는 고난 받는 당신의 백성에게 소망과 용기를 주시기 위함이다. 하지만 이런 약속에도 불구하고 주님의 재림은 왜 지체되는가? 베드로후서 3장 8-9절이 좋은 힌트를 준다.

> **벧후 3:8-9** "사랑하는 자들아 주께는 하루가 천 년 같고 천 년이 하루 같다는 이 한 가지를 잊지 말라 주의 약속은 어떤 이들이 더디다고 생각하는 것같이 더딘 것이 아니라 오직 주께서는 너희를 대하여 오래 참으사 아무도 멸망하지 아니하고 다 회개하기에 이르기를 원하시느니라"

b) "내가 줄 상이 내게 있어 각 사람에게 그가 행한 대로 갚아 주리라"

독자 여러분은 하나님으로부터 큰 은혜를 받고 하나님께 해드린 것이 없으니 지금 오시지 말라고 하는 순진한 기도를 해 본 적이 있는가? 신자에게 최대의 소망은 구원과 상급(reward)이다. 하나님은 하나님의 존재를 믿고 진지하게 하나님께 나아가는 자에게 상을 주신다(히 11:6). 산상수훈에 나오는 마지막 여덟 째 복이 박해받는 자에게 수여되는 복이다. 이들에게 천국뿐 아니라 큰 상도 약속하셨다(마 5:10-12). 하나님은 원수를 사랑해도 상을 베푸신다(마 5:43-48). 하나님은 믿음으로 행한 모든 일에 대하여 천국에서 반드시 갚아 주신다.

⑦ 13절 "나는 알파와 오메가요 처음과 마지막이요 시작과 마침이라"

헬라어에서 알파는 첫 글자이고 오메가는 마지막 글자이다. 즉 처음과 마지막, 시작과 마침이란 의미로 같은 말을 세 번 반복함으로 창조주이시면서 심판주 되시는 예수님을 표현하고 있다(계 21:6b 참조).

⑧ 14절 "자기 두루마기를 빠는 자들은 복이 있으니"(요한계시록 일곱 번째 복)

본절에 대하여는 두 가지 견해가 있다. 하나는 자기 두루마기를 빠는 자들이란 순교자를 의미한다는 학설이다. 어린 양의 피에 계속 옷을 빨고 있으니 순교를 맞이한 자들을 가리킨다고 본다(마운스). 다른 하나는 요한계시록 7장 14절에 언급되었듯이 그리스도의 보혈로 자기 죄를 계속 씻는 자가 복이 있다는 해석이다. 필자는 후자의 견해를 지지한다. 그리스도 보혈의 은혜로 속죄를 입은 자가 천국에 입성하기 때문이다.

'두루마기를 빠는'(헬, '플뤼논테스')이란 단어는 원어를 고찰할 때 분사형으로 계속 반복되는 행위를 의미한다. 엄밀히 말하면 '그리스도의 보혈로 계속 성화되어 가는 자'가 복이 있다고 보아야 마땅하다[참고, sanctification(성화)의 'san'은 피(血)를 의미한다].

생명나무는 계 22:2, 성(city)은 계 21:2 '거룩한 성'(Holy City) 참조.

⑨ 15절 "다 성 밖에 있으리라"

천국에 들어가지 못할 자들이 요한계시록 결론부에서 세 번(계 21:8, 27, 22:15) 나열되고 있다.

개들, 술객들, 행음자들, 살인자들, 우상숭배자들, 거짓말을 좋아하며 지어내는 자들에 대하여는 계 21:8 참조.

⑩ 16절

a) "나 예수는 교회들을 위하여 내 사자를 보내어…증언하게 하였노라"

요한계시록은 예수님이 사자(使者=angel, '천사')를 통해서 그리고 사도 요한에게 계시함으로써 교회를 대상으로 주신 말씀이다. 요한계시록 1장 1절의 '계시'의 말씀은 사도 요한 개인이 아니라 사도 요한을 통해 교회에 일러 주시는 말씀임을 분명히 하고 있다. 여기에서 혼동되기 쉬운 '계시'에 대하여 정리해 보고자 한다.

팁 포인트(Tip Point)

39. '계시'(revelation)에 관하여

개혁교회의 계시관을 요약해 보면, 이성의 빛으로 인식 가능한 일반 계시(롬 1:19-20, 2:14-15; 시 19:1-3 참조)로는 "구원을 위해서 필수적인 하나님의 지식과 뜻에 대한 지식에 결코 도달할 수 없다"(고전 1:21, 2:13-14)라고 주장한다(《웨스트민스터 신앙고백》 1장 성경). 《대한예수교장로회 신앙고백서》도 성경에 관한 장에서 계시에 대해 간단하게 언급하는데, 자연(롬 1:20)이나 역사(단 2:36-45)나 인간의 본성(행 17:27; 롬 1:19)을 통한 일반 계시를 인정하지만 완전한 계시는 성육신하신 예수 그리스도이고, 그리스도에 대해 증언하는(요 5:39, 46) 성경이 가장 확실한 계시라고 주장한다(1장 4항).

이에 덧붙여서 로마 가톨릭은 구원관이나 마리아 숭배 등 심각한 기독교 교리의 일탈이 있음을 전제하고, 로마 가톨릭의 계시론은 개혁교회에서 논란 중에 있는 직접 계시에 대한 좋은 통찰력을 제공하고 있다. 개혁교회의 계시관은 말씀의 신학이 강조됨에 따라 비교적 약화되어 있다는 것은 주지의 사실이다. 개인적인 기도의 응답도 넓은 의미의 계시이다. 따라서 응답이나 계시에 관한 명확한 정의나 설명이 부족함으로 논란이 잦아질 수밖에 없다.

로마 가톨릭은 '공적 계시'와 '사적 계시'로 구분하여 '사적 계시'는 교회의 권위로 인정되지만 신앙의 유산에 속한 것은 아니라고 주장한다. '사적 계시'들은 "그리스도의 결정적 계시를 '개선'하거나 '보완'하는 것이 아니라 역사의 한 시대에서 계시에 따른 삶을 더욱 충만하게 살 수 있도록 돕는 데 지나지 않는다"라고 규정하고 있다(《가톨릭교회 교리서》 67조). 그러므로 예수 그리스도가 계시의 완성이란 입장은 불변의 진리이나, 은사 혹은 응답에 의한 계시적 요소는 절대적이지 않으며 부분적이고 불완전함을 인지한다면 상호간의 상충과 공박에서 벗어나는 접촉점을 갖게 된다(《로마(천주)교회 성경관에 관하여》 참조).

b) "나는 다윗의 뿌리요 자손이니 곧 광명한 새벽 별이라 하시더라"

'다윗의 뿌리요 자손'이란 말은 예수 그리스도의 육적 계보이다(마 1:1 - "아브라함과 다윗의 자손 예수 그리스도의 계보라"). '광명한 새벽별'이란 예수 그리스도의 신성을 나타내는 말로, 온 우주를 통치하시고 영원에서 영원까지 인도하시는 참 하나님이심을 보여주는 예수님의 칭호라 하겠다(계 2:28 참조).

롬 1:3-4 "그의 아들에 관하여 말하면 육신으로는 다윗의 혈통에서 나셨고 성결의 영으로는 죽은 자들 가운데서 부활하사 능력으로 하나님의 아들로 선포되셨으니 곧 우리 주 예수 그리스도시니라"

⑪ 17절

a) "성령과 신부가 말씀하시기를 오라 하시는도다"

신부는 성령의 영감을 받고 성령과 함께 사역하는 교회를 가리킨다. 따라서 본절은 예수 그리스도의 복음으로의 초청을 말한다. 본절이 "내가 속히 오리라"는 주님의 말씀에 대해 "어서 오시옵소서"라는 응답으로 보는 학자가 있으나(플루머) 문맥상으로 어색하다. 필자는 성령과 교회 공동체(신부)가 성도 한 사람 한 사람을 은혜의 생명수로 초청하는 메시지라고 이해하고 싶다. 물론 생명수의 본체는 생명이신 예수 그리스도이시다.

b) "듣는 자도 오라 할 것이요 목마른 자도 올 것이요 또 원하는 자는 값없이 생명수를 받으라 하시더라"

'듣는 자'는 예언의 말씀을 듣는 자들이며(계 1:3), '목마른 자'는 의에 주리고 목마른 자이며(시 42:1; 마 5:6), '원하는 자'는 생수의 근원되시는 하나님을 찾는 자이다(렘 2:13 참조). 여기서 '생명수'란 값없이 마실 수 있는 영생수를 의미한다(사 55:1 참조).

팁 포인트(Tip Point)

40. 안상홍 증인회

'안상홍 증인회' 교주 안상홍은 안식교에서 이탈하여 창교자가 되었다. 1985년 뇌졸중으로 사망했으며, 1988년 올림픽 경기장 재림, 2002년 재림, 2012년 재림 등을 여러 번 외치다가 재림이 불발되자 교주 안상홍이 이미 재림했다는 억지를 부리고 있다. 그럼에도 불구하고 수만 명의 교세를 유지하면서 기독교 이단의 거대 세력으로 자리 잡고 있다.

안상홍 교주의 영적 아내 장길자는 안상홍 교주 사후 오늘 본문의 말씀을 오용하여 안상홍은 성령님, 신부는 자신임을 자처하였다. 신부가 교회를 의미한다는 것은 주지의 사실이다. 한 구절을 더 소개하면, 창세기 1장 27절에 나오는 "하나님이 자기 형상 곧 하나님의 형상대로 사람을 창조하시되 남자와 여자를 창조하시고"를 해석하면서 하나님의 형상대로 남자와 여자가 창조되었으니 하나님도 남자 하나님(안상홍)과 여자 하나님(장길자)이 있다고 거짓 주장을 폈다. 하나님(히, '엘로힘')이 복수형인 것은 삼위일체 하나님의 증거이지 남자 하나님, 여자 하나님을 의미하는 것은 결코 아니다. 이단들은 신자의 눈에 말씀의 검정 렌즈를 씌워서 아무것도 못 보게 한다. 이것이 이단의 수법이다. 말씀의 검정 렌즈가 맹목적 이단 신자를 양산한다. 또한 그들은 지옥으로 몰고 가는 거짓 목자에 속아서 멸망을 향해 전력질주를 하고 있는 것이다.

《이단분류 및 반증교리》

⑫ 18-19절 – 두루마리의 예언의 말씀을 가감하지 말라.

요한계시록은 정확 무오하고 완전한 책이다. 요한계시록 내용을 가감하면 재앙이 임할 것을 경고하고 있다. 그런 연유로 칼빈도 요한계시록 주석은 손대지 않았다. 또한 난해 구절이 존재하고 문맥 파악이 용이하지 않다. 하지만 다른 성경과 마찬가지로 요한계시록 역시 정경이고, 종말과 재림과 천국에 대해 분명한 메시지로 독자에게 다가오고 있다.

요한계시록뿐 아니라 성경 66권 모두 스스로 영적 권위와 진리를 소유하고 있다. 코란, 몰몬경, 원리강론, 신세계성경 등 거짓 성경을 더하면 두루마리에 기록된 재앙들을 더할 것이며(18절), 초대교회 때 등장했던 마르시온같이 성경을 자의적으로 제한하면 생명나무와 거룩한 성에 참여함을 제하신다고 엄중히 말씀하신다. 그러므로 성경은 소중히 다루어져야 하며, 이단이 나름대로의 경전을 보유하면 쉽게 사그라들지 않는다.

신 4:2 "내가 너희에게 명령하는 말을 너희는 가감하지 말고 내가 너희에게 내리는 너희 하나님 여호와의 명령을 지키라"
잠 30:5-6 "하나님의 말씀은 다 순전하며 하나님은 그를 의지하는 자의 방패시니라 너는 그의 말씀에 더하지 말라 그가 너를 책망하시겠고 너는 거짓말하는 자가 될까 두려우니라"

다시 원론으로 돌아가서, 왜 요한계시록은 가감하지 말 것을 재앙의 말씀으로 경고했을까?

첫째, 예언의 말씀의 저자가 하나님 자신이시기 때문이다(딤후 3:16).

둘째, 함부로 해석함으로 진리에서 벗어나기 때문이다(벧후 1:20-21).

셋째, 성경은 다양성과 함께 통일성을 지닌 하나님의 말씀이기 때문이다.

넷째, 하나님의 말씀은 반드시 성취될 것이기 때문이다.

마 5:18 "진실로 너희에게 이르노니 천지가 없어지기 전에는 율법의 일점 일획도 결코 없어지지 아니하고 다 이루리라"

⑬ 20절

a) "이것들을 증언하신 이가 이르시되 내가 진실로 속히 오리라"

임박한 주님의 재림에 대한 세 번째 확증이다(계 22:7, 12). 세 번 반복은 최상급을 의미한다.

b) "아멘 주 예수여 오시옵소서"

'아멘'은 '진실로 그렇습니다'라는 뜻으로 주님의 재림 확언에 대한 성도의 소망을 담은 답변이다.

'주 예수여, 오시옵소서'라는 말은 본래 '주께서 임하시느니라'(고전 16:22)는 뜻을 가진 아람어 '마라타나'를 헬라어로 번역한 것으로(헬, '에르쿠 퀴리에 예수'), 이 말은 초대교회 성도들이 널리 사용했던 인사말이었으며, 초대교회 성찬식에 공식적으로 사용된 기도문이었다(존슨). 이 한마디 속에 고난에 대한 승리, 재림의 대망, 천국의 기대가 모두 내포되어 있다.

⑭ 21절 "주 예수의 은혜가 모든 자들에게 있을지어다 아멘"

묵시문학이면서 신약의 다른 서신들같이 축도(마지막 인사)로 끝을 맺었다. '모든 자'에 관하여는 불신자까지 포함하고 있다는 설(메츠거, 부르스, 벧후 3:9 참조)과 신자만을 대상으로 했다는 설로 나뉜다(스웨트). 하지만 분명한 사실은 주님이 오실 때 부활하여 새 예루살렘에 들어가기 위해서는 주 예수의 은혜를 힘입어야 한다는 것이다(《그랜드 주석》). 차제에 축도(benediction)는 축복과 인사의 내용을 담고 있으며, 기도가 아님을 밝혀 둔다. 만일 축도가 하나님께 드리는 기도라면 '예수님의 이름으로' 기도해야 당연하다. 기도가 하나님께 드리는 언어라면 축도는 사람에게 하는 것이므로 '예수님의 이름으로' 하지 않는 것이다. '있을지어다'는 일종의 기원형 혹은 청유형으로 '~을 바랍니다'의 뜻이다. 그러므로 축도는 기도가 아니라 강복선언이면서 끝인사이다.

신자는 마라나타의 신앙을 마음속에 품고 살아야 인내와 소망, 구원과 상급으로의 삶을 믿음의 선진들같이 경주할 수 있다. 끝으로 사도 요한의 축도처럼 주 예수의 은혜가 이 책을 접하는 모든 사람에게 함께하기를 바란다.

▌편집 후기

부족한 사람을 통하여《정통 요한계시록》을 발간하게 하신 하나님께 먼저 영광을 돌립니다. 많은 분들의 도움과 사사(私師)를 통해 여기까지 왔습니다. 그리고 그 학문과 배움의 토대 위에 세워진 보잘것없는 보리떡이 주님의 손에 들려져서 이웃의 생명 양식으로 역사되길 원하는 마음으로 요한계시록 저술을 시도했습니다.

마라나타 신앙이 희석되고 주님의 재림을 외치는 사람들이 양치기 소년 같은 취급을 당하는 이 시대를 보고 마음이 아팠습니다. 이러한 시대적 배경이 저로 하여금 무천년설을 이해했지만 전천년주의 입장을 견지하도록 했습니다.

이단들이 활개 치는 시대의 중심에는 요한계시록에 대한 잘못된 해석과 이해가 자리 잡고 있습니다. 정통교단에서는 잘못된 해석의 오류를 염려하면서 신학교에서조차 잘 취급하지 않습니다. 목사님들도 성도님들에게 잘 설교하지 않습니다. 그 이유는 배운 바가 없고, 칼빈과 같은 조심성이 연구와 도전에 장애가 되기 때문입니다(계 22:18-19 참조). 부흥사나 기도원장의 요한계시록 강해는 상당한 문제점을 안고 있는 경우가 한국 기독교 역사에서 그동안 적지 않았습니다.

이러한 약점과 무지의 빈틈을 타고 이단들의 공략이 감행되어 수많은 성도를 빼갔습니다. 이단들은 백지상태의 교인들을 미혹시키는 자의적 해석에 능숙합니다. 성경만 갖고 다가가니까 그릇된 사설에 넘어가기 쉽고, 교회가 금지시킨 알레고리 해석이 교인들에게는 도리어 못 들어 본 성경 해석이라 참신함을 느끼게 합니다. 십사만 사천, 육백육십육(666) 등과 같은 구절을 빙자하여 수많은 이단들이 교회를 허물어 왔습니다. 차제에 학자나 목사와 같은 분들뿐만 아니라 평신도도 동참할 수 있는 책을 쓰고 싶었습니다.

이 책을 쓰기까지 고마운 분들이 있습니다. 먼저 91세의 고령에도 불철주야 기도하시는 어머니입니다. 짧은 지면에 다 쓰지 못하는 믿음의 어머니 이완규 권사님께 감사를 드립니다.

대전성지교회 당회원들과 교인들에게 진심어린 사랑과 감사를 드립니다.

제가 많이 부족한데도 추천사를 써주신 김삼환 목사님, 장영일 총장님, 김명용 총장님, 김성기 목사님, 김영권 총장님, 김도훈 교수님, 황민효 총회 이단상담소 소장님과 글을 쓰는 데 조언을 아끼지 않으셨던 장흥길 교수님께도 감사를 드립니다. 머지않은 미래에 저에게 사랑을 베푸시고 영향을 주셨던 부모님과 영적 스승들과 귀한 목사님들에 관한 책을 쓰고 싶습니다. 사장시키기에는 너무도 보배로운 삶을 사셨던 분들을 세상에 알림으로 하나님의 역사하심과 향기 나는 삶을 나누고 싶습니다.

쿰란출판사 이형규 사장님과 오완 부장님, 타이핑과 교정, 그림 등으로 수고해 주신 동역자 김성수 목사님, 이성웅 목사님, 박은이 집사님에게도 감사를 드립니다.

언제나 예수님, 기도, 그리고 남편밖에 모르는 영원한 내 사랑 박현숙과 독일에서 박사과정을 밟고 있는 딸 에스더에게 진정어린 감사를 보냅니다.

참고문헌

성 경

- 개역개정판
- 개역한글판
- 천주교 외경
- Holynet 다국어 성경
- Nestle-Aland 26판
- NIV Korean-English Explanation Bible

국내 서적

《가톨릭 교회 교리서》(제2판). 서울: 한국천주교중앙협의회, 2018.

권성수. 《요한계시록》. 서울: 도서출판 횃불, 1999.

《그랜드 주석》. 서울: 성서 아카데미, 2000.

김경일. 《공자가 죽어야 나라가 산다》. 서울: 바다, 1999.

김명용. "오늘에 있어서의 개신교회와 로마 가톨릭 교회의 논쟁점", 《교회와 신학》 제26집, 서울, 장로회신학대학교, 1994.

______. "교회와 종말", 강의록, 1994.

______. "기독교와 천주교의 비교연구", 《교회와 신앙》. 서울: 한국교회문화사, 1999, 11월호.

______. 《칼 바르트의 신학》. 서울: 이레서원, 2007.

김상복. 《요한계시록 강해》. 서울: 나침반, 1993.

______. 《당신은 확실히 구원받았습니까?》. 서울: 나침반, 1994.

______. 《잃어버린 왕좌》. 서울: 도서출판 횃불, 1995.

______.《성령님 사랑해요》. 서울: 선교횃불, 2001.

김장환.《힘을 다하여 주님께 봉사하라》. 서울: 나침반, 2007.

______.《힘을 다하여 주님을 기다리라》. 서울: 나침반, 2007.

김재진 외 6인.《개혁교회의 종말론》. 서울: 장로교출판사, 2013.

김진원.《천주교에도 진리가 있는가?》. 서울: 도서출판 경건, 2014.

김홍도.《불기둥 29, 30》(설교집). 서울: 불기둥사, 2007.

남병식.《바이블 문화코드》. 서울: 생명의말씀사, 2011.

대전광역시 기독교연합회 이단, 사이비대책위원회.《우리 시대의 이단들》. 서울: 두란노, 2011.

대한예수교장로회 총회.《로마(천주)교회 성경관에 관하여》. 서울: (통합) 이단대책위원회, 2020.

대한예수교장로회 총회.《헌법》. 서울: 한국장로교출판사, 2012.

류모세.《열린다 성경 식물이야기》. 서울: 두란노, 2008.

목창균.《종말론 논쟁》. 서울: 두란노, 1998.

박수암.《신약주석 요한계시록》. 서울: 대한기독교서회, 2018.

박윤선.《성경주석 요한계시록》. 부산: 영음사, 1968.

박형민.《요한계시록》. 대전: 주향감리교회(비매품).

방관덕.《주해설교 요한계시록》. 서울: 한국기독교연구원, 1988.

석원태.《요한계시록강해 상, 하》. 서울: 생명의말씀사, 1993.

《신구약 강해설교연구 대계》. 서울: 기독지혜사, 1992.

심상효.《마태복음에 나타난 교회론》. 장로회신학대학교(석사논문), 2002.

______.《복음적 영어성경공부》. 대전: 대전성지교회출판부, 2014.

______.《10가지 초월적 은사》. 서울: 나침반, 2016.

______. 《이단분류 및 반증교리》. 대전: 임마누엘, 2020.
양형주. 《평신도를 위한 쉬운 요한계시록》. 브니엘, 2020.
왕대일. 《새로운 구약주석 – 이론과 실제》. 서울: 성서연구사, 1996.
______. 《목회자의 실패, 목회자의 성공》. 서울: 대한기독교서회, 2000.
이동원. 《요한계시록 강해》. 서울: 나침반, 1992.
______. 《마지막 싸움 마지막 승리》. 서울: 나침반, 1992.
______. 《거룩과 회복의 비전》. 서울: 나침반, 2000.
______. 《열두 문 열두 돌》. 서울: 나침반, 2015.
《이단정보》. 대전: 대전서노회 이단상담소, 2018.
이만석. 《베일 벗긴 이슬람》. 서울: 4HIM, 2015.
이만석 외 1인. 《왜 대부분의 테러범은 무슬림인가?》. 서울: 4HIM, 2016.
이승구. 《코넬리우스 반틸》. 서울: 살림, 2007.
이필찬. 《내가 속히 오리라》. 서울: 이레서원, 2011.
장영일. 《구약신학의 역사적 기초》. 서울: 장로회신학대학교 출판부, 2003.
______. 《아차산에서 에베레스트 정상까지》. 서울: 쿰란출판사, 2013.
장흥길. 《요한계시록》. 교안, 2016.
정기문. 《역사보다 재미있는 것은 없다》. 서울: 신서원, 2000.
정동섭. 《제4회 총회이단상담사 교육》. 서울: 대한예수교장로회총회, 2019.
정승훈. 《종교개혁과 칼빈의 영성》. 서울: 대한기독교서회, 2001.
조병호. 《신구약중간사》. 서울: 통독원, 2012.
진용식. 《이만희 실상 교리의 허구》. 기독교포털뉴스, 2019.
《카리스 종합주석》(26권, 27권). 서울: 기독지혜사, 2008.
하정호. 《한국성결교회 재림론》. 군산: 진달래출판사, 2016.

홍영기. 《중보기도 용사들아》. 교회성장연구소, 2009.

_____. 《기도부흥 프로젝트》. 도서출판 바울, 2004.

국내 번역서

그랜트 오즈번. 김귀탁 역, 《BECNT. 요한계시록》. 서울: 부흥과개혁사, 2016.

그레고리 빌 외 1인. 김귀탁 역, 《요한계시록 주석》. 서울: 도서출판 복있는사람, 2016.

데이비드 E. 아우내. 김철 역, 《World Biblical Commentary》. 서울: 도서출판 솔로몬, 2004.

드와이트 펜테코스트. 임병일 역, 《세대주의 종말론》. 서울: 대한기독교서회, 1998.

렌스키. 배영철 역, 《요한계시록》. 서울: 백합출판사, 1981.

메튜 헨리. 서기산 역, 《베드로, 요한, 유다, 계시록(성서주석시리즈 45)》. 서울: 기독교문사, 1988.

바클레이. 고영춘 역, 《계시록(성서주석시리즈 16)》. 서울: 기독교문사, 1987.

버트런드 러셀. 송은경 역, 《나는 왜 기독교인이 아닌가》. 서울: 사회평론, 2011.

에드워드 기번. 한은미 역, 《로마제국 쇠망사》. 경기도 고양시: 북프렌즈, 2008.

캐서린 곤잘레스 외 1인. 안효선 역, 《웨스터민스터 신약강해(요한계시록)》. 서울: 에스라서원, 1999.

존 F, 왈부드. 장동민 역, 《요한계시록 주석시리즈 30》. 서울: 두란노, 1989.

터크, R. 장귀복 역, 《베이커성경주석》. 서울: 기독교문사, 1988.

팀 라이히. 김의자 역, 《요한계시록 해설》. 서울: 보이스사, 1980.

Boettner, L. Roman Catholicism. 이동훈 역, 《로마 가톨릭 사상평가》. 서울: 기독교문서선교회, 1992.

Calvin J. Calvin: Institute of the Christian Religion. 김종흥 외 3인 공역, 《기독교강요》. 서울: 생명의말씀사, 1993.

Calvin J. 원광연 역, 《기독교강요》. 경기도: 크리스탈 다이제스트, 2013.

Heinrich, K. 《국제성서주석 요한묵시록》. 서울: 한국신학연구소, 1983.

Holl, K. 전경연 역, 《신약의 교회개념》. 서울: 대한기독교서회, 1992.

J. 매싱버드 포드, 최홍진 역, 《앵커바이블: 요한계시록》. 서울: CLC, 2017.

Kuby, G. Die Globale Sexuelle Revolution. 정소영, 《글로벌 성혁명》. 서울: 예원프린팅, 2018.

영문 서적

Aune, D, E. Revelation. 17-22, WBC52C. Nashville: Nelson, 1998.

Charles, R.H. The Revelation of St. John. The International Critical Commentary. Edinburgh: T&T Clark, 1920.

Harrington, W. J. Revelation. Sacra Collegeville: The Liturgical Press, 1993.

Mounce, R.H. The Book of Revelation. NICNT. Grand Rapids: Eerdmans, 1990.

Plummer, A. "The Revelation of St. John the Divine", The Pulpit

Commentary. Grand Rapids: Eerdmans, 1950.

Ramsey, B. The Book of Revelation. Pennsylvania: The Banner of Truth Trust, 1984.

Sweet, J.P.M. Revelation. Philadelphia: Westminster, 1979.

Swete, H.B. The Apocalypse of St. John. Grand Rapids: Eerdmans, 1951.

Walvoord, J. F. The Revelation of Jesus Christ. Chicago: Moody Press, 1866.

사전류

《기독교 백과사전》(lnternet.Daum)

문정일. 《성경한자용어사전》. 서울: 두란노, 2020.

《성경 비전 사전》(lnternet.Daum)

《아가페 성경 사전》. 서울: 청아문화사, 1996.

장흥길. 《신약성경용어해설집》. 서울: 도서출판 한국성서학, 2017.

THE ANCHOR BIBLE DICTIONARY (NY: DOUBLEDAY, 1992).

THEOLOGICAL DICTIONARY of the NEW TESTAMENT (USA: Wm B. Eerdmans Publ. Co, 1976).

정통 요한계시록

1판 1쇄 인쇄 _ 2020년 12월 5일
1판 1쇄 발행 _ 2020년 12월 10일

지은이 _ 심상효
펴낸이 _ 이형규
펴낸곳 _ 쿰란출판사

주소 _ 서울특별시 종로구 이화장길 6
편집부 _ 745-1007, 745-1301~2, 747-1212, 743-1300
영업부 _ 747-1004, FAX 745-8490
본사평생전화번호 _ 0502-756-1004
홈페이지 _ http://www.qumran.co.kr
E-mail _ qrbooks@daum.net / qrbooks@gmail.com
한글인터넷주소 _ 쿰란, 쿰란출판사
페이스북 _ www.facebook.com/qumranpeople
인스타그램 _ www.instagram.com/qrbooks
등록 _ 제1-670호(1988.2.27)
책임교열 _ 최진희·박은아

 ISBN 979-11-6143-448-3 93230